徐行可先生年譜

馬志立 著

長江出版傳媒
崇文書局

圖書在版編目（CIP）數據

徐行可先生年譜 / 馬志立著. -- 武漢 : 崇文書局,
2022.6
ISBN 978-7-5403-6622-3

Ⅰ. ①徐… Ⅱ. ①馬… Ⅲ. ①徐行可（1890-1959）
—年譜 Ⅳ. ①K825.41

中國版本圖書館CIP數據核字（2022）第012162號

策　　劃　李艷麗
責任編輯　胡　欽　朱小雙
封面設計　甘淑媛
責任校對　董　穎
責任印製　李佳超

徐行可先生年譜
XU XINGKE XIANSHENG NIANPU

出版發行　長江出版傳媒　崇文書局
地　　址　武漢市雄楚大街268號C座11層
電　　話　(027)87677133　郵　編　430070
印　　刷　湖北恒泰印務有限公司
開　　本　880mm×1230mm　1/32
印　　張　15.25　插　页　5
字　　數　38千
版　　次　2022年6月第1版
印　　次　2022年6月第1次印刷
定　　價　98.00元

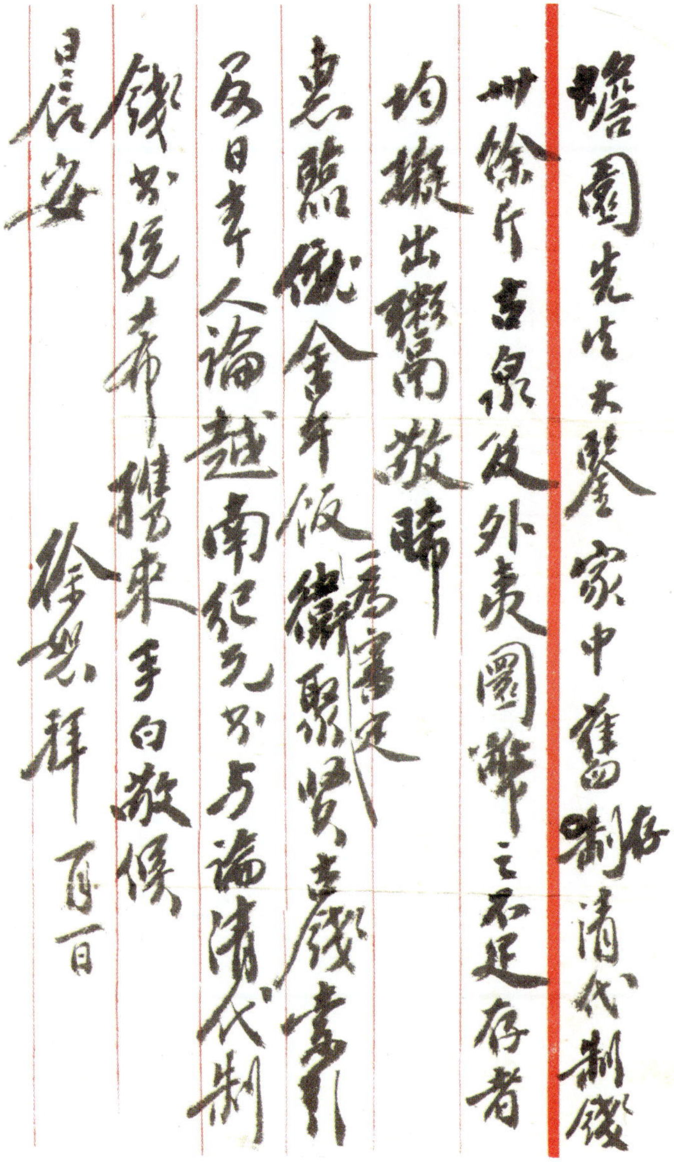

蟾園先生大鑒：家中舊存清代制錢卌餘斤，吉泉及外表圖幣之不足存者，均擬出讓，敬請惠臨賜鑒。全年假一為審定，聚賢堂錢書及日本人論越南紀元與論清代制錢等幾本，擬攜來手白敬候

晨安

徐恕拜 百日

徐恕致歐陽蟾園書（私家收藏）

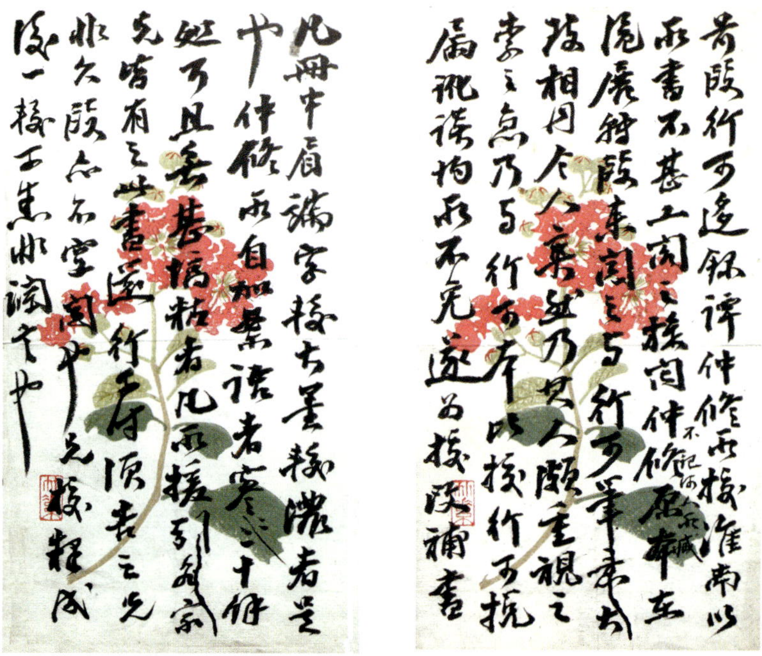

王秉恩書

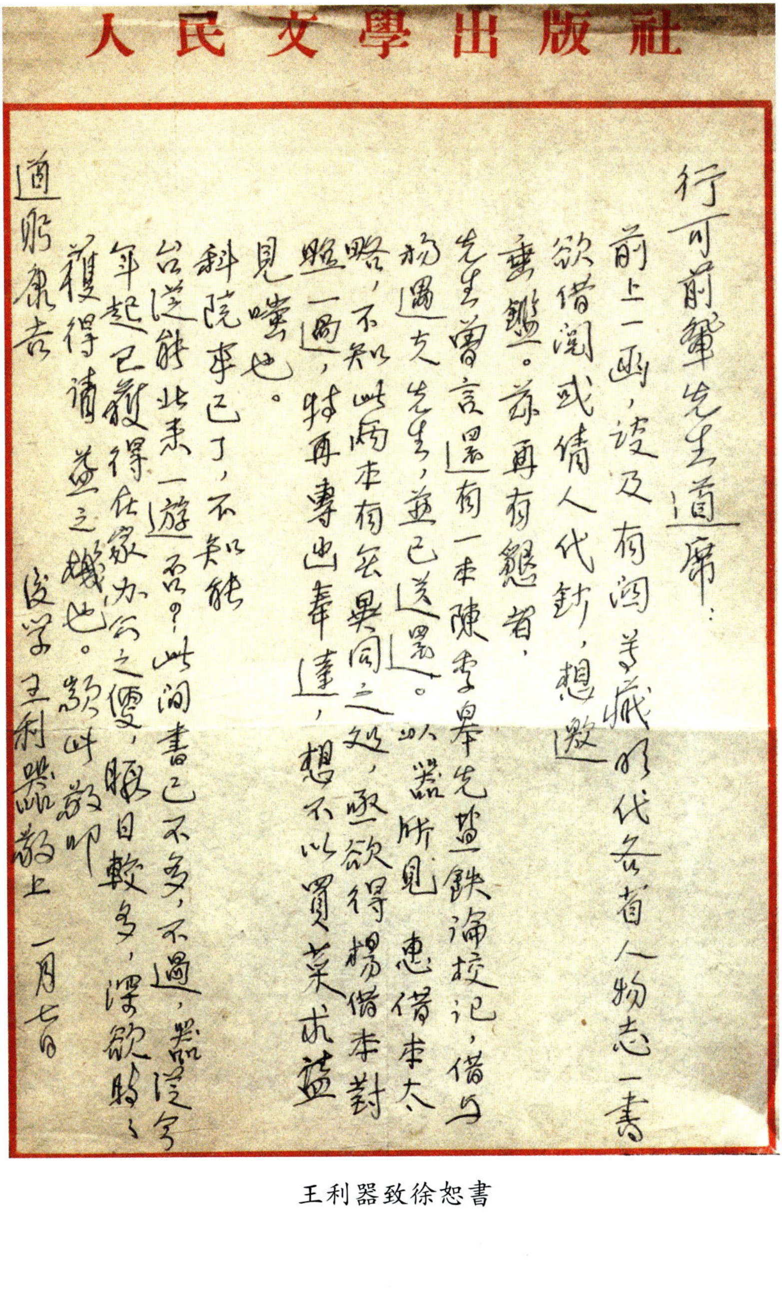

人民文學出版社

行可前輩先生道席：
前上一函，諒及有閲尊藏明代各省人物志一書
欲借閲或倩人代鈔，想邀
垂鑒。茲再有懇者，
先生曾言還有一本陳李皋先生鹽鐵論校記，借與
楊遇夫先生，並已送還。以器所見，惠借本太
略，不知此兩本有無異同之處，亟欲得楊借本對
照一過，特再專函奉達，想不以買菜求益
見嗤也。
科院事已了，不知能
台從能北來一遊否？此間書已不多，不過，器從今
年起已獲得住家辦公之優，暇日較多，深欲時時
獲得請益之機也。耑此敬叩
道履康吉
後學王利器敬上 一月七日

王利器致徐恕書

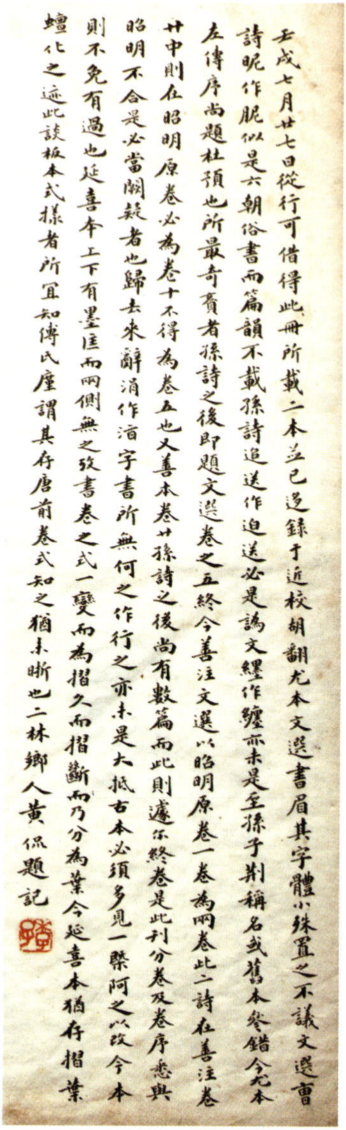
壬戌七月廿七日從行可借得此冊所載二本並已迻錄于近校胡刻尤本文選書眉其字體小殊置之不議文選曹詩晲作朓似是六朝俗書而篇題不載孫詩追送作迫送必是譌文纆作纏亦未是至孫子荆稱名或舊本參錯今尤本左傳序尚題杜預也所最奇異者孫詩之後即題文選卷之五終今善注文選以昭明原卷一卷為兩卷此二詩在善注卷廿中則在昭明原卷必為卷十不得為卷五也又善本卷廿孫詩之後尚有數篇而此則遽作終卷是此刊分卷及卷序悉與昭明不合是必當闕疑者也歸去來辭涓作涓字書所無何之作行之亦未是大抵古本必須多見一槩阿之以改今本則不免有過也延喜本上下有墨匡而兩側無之致書卷之式一變而為摺久而摺斷而乃分為葉今延喜本猶存摺葉蟺化之迹此談板本式樣者所宜知傅氏廑謂其存唐前卷式知之猶未晰也二林鄉人黃侃題記

黃侃跋《籑喜廬叢書》本《文選殘卷》《陶集殘卷》

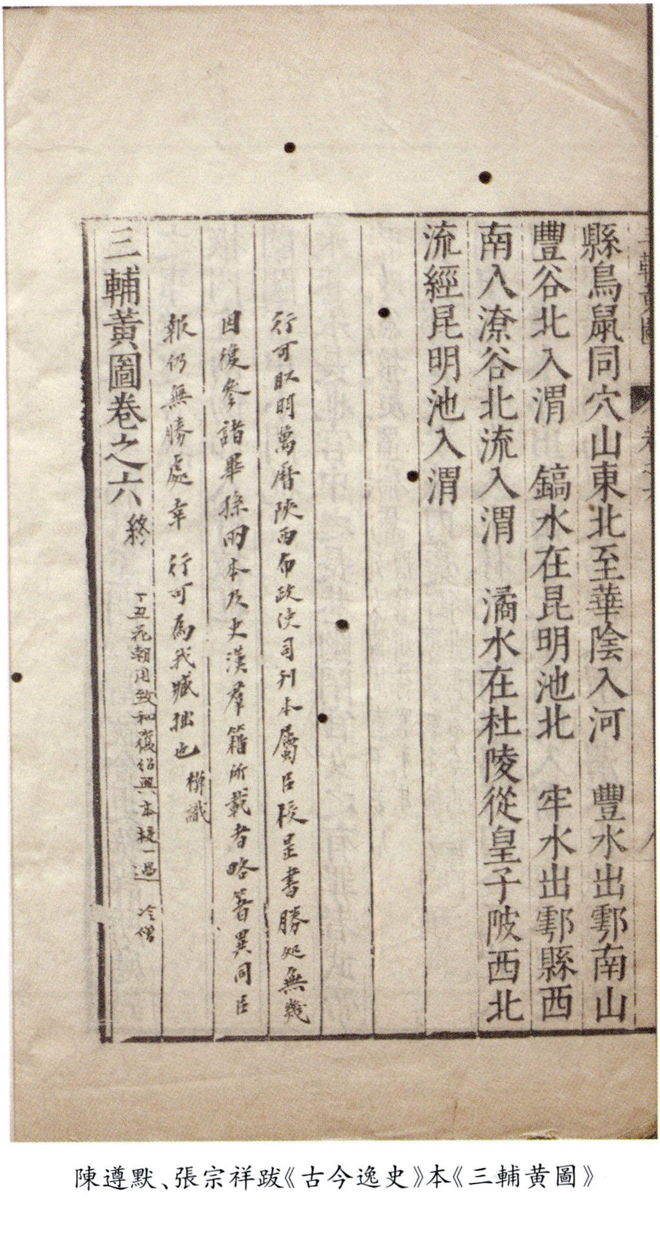

陳遵默、張宗祥跋《古今逸史》本《三輔黄圖》

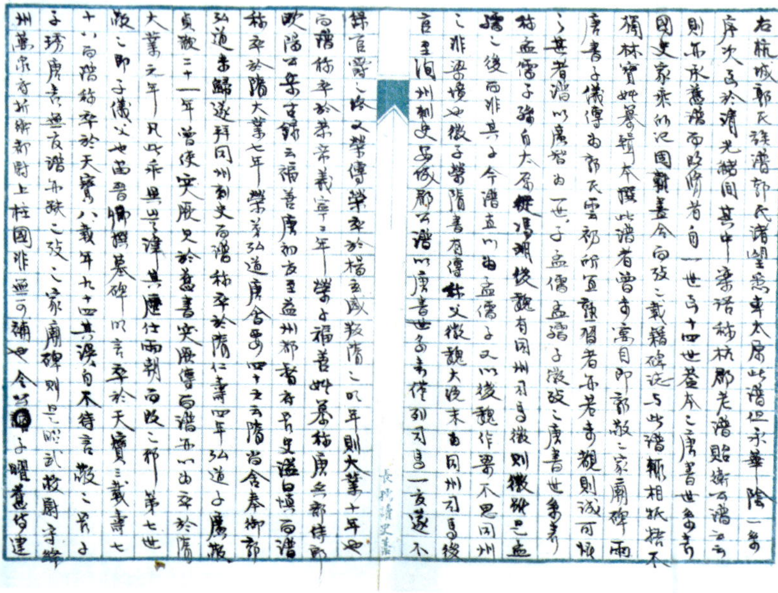

唐長孺跋《郭氏族譜》一

中四年卒新舊志三年而譜云貞元五年誤曜弟暧卒於貞元
三年贈代國公晉曙豈得於五年尚存暧兩唐書本傳均言贈
太傅而譜云贈太保亦不合其卒在貞元十六年見於憲宗實錄譜
云貞元九年誤二冊有元魏土三郭暧贈左僕則本傳是而譜
非暧子釗舊傳稱文宗大和四年十一月卒又釗妻沈氏均有所見
譜皆失載釗弟鏦尚順宗女德陽郡主順宗即位改封漢陽公
主譜逕稱德陽公主蓋以為天子女不當稱郡主不知尚之猶在
德宗時而其後又改封也舊傳鏦卒於長慶二年十月譜亦失
載鏦弟銛新傳稱長慶三年暴卒全唐文錄沈亞之郭暧墓
誌稱長慶二年卒年三十七自當從誌譜則並不載卒年及年
壽郭晞兩唐書均稱子儀弟幼明子姓纂作子雲子唐書
世系表亦列幼明下而注云譜云子雲子則姓纂本之郭氏譜也此譜
仍列幼明下知其所承之老譜非由唐宋舊譜而來矣長孺案
陋儒以習見之書證之其違戾若此然此譜蓋未足據
何可先生屬為題後書此歸之不足以塞　明問也
乙未春末吴江唐長孺

唐長孺跋《郭氏族譜》二

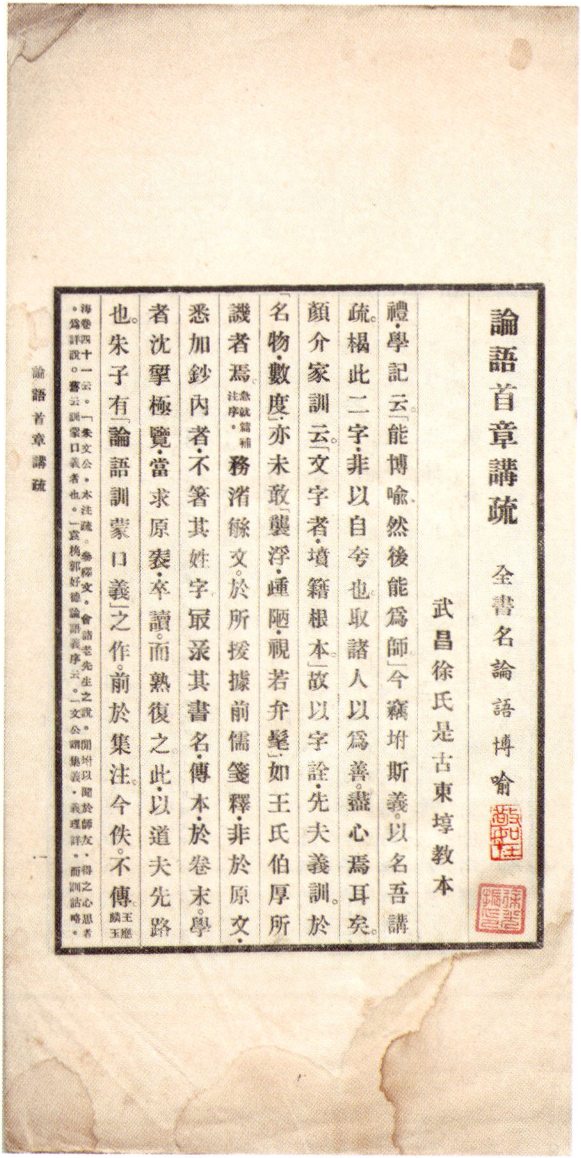
論語首章講疏　全書名論語博喻

武昌徐氏是古東埻教本

禮・學記云。「能博喻。然後能爲師」今竊坿斯義。以名吾講疏。楬此二字・非以自夸也。取諸人以爲善。蠢心焉耳矣。顏介家訓云。「文字者・墳籍根本」。故以字詮・先夫義訓。於「名物・數度」亦未敢「襲浮・踵陋・視若弁髦」如王氏伯厚所譏者焉。(急就篇補注序。)務渚餘文。於所援據前儒箋釋・非於原文・悉加鈔內者・不箸其姓字。冣䅘其書名・傳本・於卷末。學者沈擥極覽・當求原袠・卒讀。而熟復之此・以道夫先路也。朱子有「論語訓蒙口義」之作。前於集注。今佚。不傳。(王應麟玉海卷四十一云。「朱文公。本注疏。參釋文。會諸老先生之說。開坿以聞於師友・得之心思者・爲詳說。書云訓蒙口義者也。」袁桷郭好德論語義序云。「文公謂集義・義理詳・而訓詁略。)

論語首章講疏　一

《論語首章講疏》卷端(私家收藏)

目　録

附録(徐行可集)

凡　例

一、是譜用陰曆紀年月日，因譜主多用之。辛亥革命以前用清代年號，其後用民國紀年。一九四九年起用公元紀年。凡譜主自署無法肯定爲陽曆者，均以陰曆視之。友朋日記僅以陽曆紀年月日者，引用時换爲陰曆，同時標注陽曆，凡本用陰曆或陽曆、陰曆同用者，僅録陰曆。凡陰曆年末而陽曆已至下年者，陽曆跨年時予以標注。

二、是譜按年月日順序排列。凡僅知悉年月者置於月末，以“是月”紀之。知悉季度者置於季末，以“是春”之類紀之。知悉年份者置於年末，以“是年”紀之。據推測無法確認者，冠以“約”字。年月無考者，酌情附於適當位置。

三、是譜譜主以字行，除古籍版本著録、發表作品署名用姓名（徐恕）者外，本譜多以先生稱之，間用“徐行可”“行可先生”字樣。

四、是譜涉及人物，一律稱名。不知姓名者，依其字號行文。

五、是譜引用材料，包括但不限定於書信，去其平闕之式。原有注釋置於圓括號之中，注釋之注釋用小號字表示。引用日記，語句較長者先予摘要後引用全文，若寥寥數語一目瞭然者則直接引出。個别文字或句讀與原出處小異者，屬是譜有意改動。

六、是譜引用譜主舊藏典籍，若存批校題跋之類具有唯一性者，標注索書號。凡收入《徐行可舊藏善本圖録》者，標注其頁碼。

七、是譜輯録譜主舊藏之題跋，尤其是未刊布者，以免前人心血長期淹没。

八、是譜於譜主友朋，多不做介紹。歿於譜主生前者，按卒年輯入。

九、是譜正譜之外，以譜後輯録譜主身後之事。

十、是譜之作，得衆多師友之助，均於相關注釋明確標識。

家　世

徐行可（1890—1959），名恕，號彊誃，以字行，湖北武昌人。常自署“徐恕”“恕”“行可”“彊誃”“弜誃”，偶署“藏棱”“桐子”“彊詸”“彊宧”“守元有室主”“武昌遺黎徐恕”“貞勝書宬主人”等。室名齋號用“知論物齋”“藏棱庵”“箕志堂”“桐風廎”“賞詩閣”“思玄室”“是古東塾”等。

先生家世不詳。雖有“洪州高士後”印，僅表仰慕而已。祖星五，父惠卿，其事不彰。略有祖産，家道殷實。然而，先生少遭孤露，教養以至成立，全賴繼母魏太夫人之功。妻鄭氏①，側室一，有子七名：孝寬、孝威、孝定、孝寔、孝宓、孝同、孝寅。有女十一人，長女孝婉（嫁余遜）、第五女孝婺（1911—2007，嫁楊明照②）、第七女孝嬰 、第九女孝嬨、第十女孝妟、第十一女孝媞，另有長於第五女者嫁文德陽而早卒，其餘五女早歿。據徐孝宓之女徐力文言，行可先生之女，名字“女”在左邊者，出自側室。

---

① 杜建國主編《不爲一家之蓄，俟諸三代之英——徐行可先生捐贈古籍文物五十周年紀念集》，武漢出版社，2009 年，第 12 頁。以下簡稱《徐行可先生捐贈古籍文物五十周年紀念集》。

② 楊珣、王恩平編著《弢翁外傳——憶龍學泰斗楊明照先生二三事》，四川大學出版社，2016 年，第 46—49 頁。

長子孝寬（1914—？[①]），字孟博，師從劉賾、吴承仕、陸宗達，曾在北平求學十年，多次出現在楊樹達《積微翁回憶録》中。國立北平圖書館曾致函葉景葵爲陸穎明（宗達）、徐孟博（孝寬）等四人求贈《諧聲譜》，收到餽贈之後，徐孝寬曾有書致謝。[②]

第三子孝定，字正叔，曾在家塾講授《左傳》。[③]

第四子孝寔，字君實，其《春秋左氏傳鄭義輯述》發表於《文史》第八輯，林葆恒編《詞綜補遺》卷六收入其《買陂塘（壽姚忻安六十生日）》三首。[④]

第五子孝宓，原湖北省圖書館副館長，版本目録學家。

先生之子，多應邀爲乃父作傳。孝宓撰《湖北省藏書家紀事·徐行可》[⑤]、《湖北省志·人物志稿》之《徐行可》[⑥]，孝寔撰《大藏書家徐行可》[⑦]、《武漢市志·人物志》之《徐行可》[⑧]，孝定撰《大

① 徐行可《致盧弼書》言及徐孝寬八字“甲寅，乙巳，癸丑，乙卯”，見本譜一九四〇年。

② 丁小明、柳和城整理《新見近現代名賢尺牘五種》，鳳凰出版社，2019年，第239、244頁。

③ 孫麗華《陳毓羆：曲徑通幽處，桃園苦尋覓》，收入中國社會科學院青年人文社會科學研究中心編《學問有道——學部委員訪談録》，方志出版社，2007年，第1154頁。

④ 林葆恒編《詞綜補遺》，書目文獻出版社，1992年，第334—336頁。又，林葆恒編、張璋整理《詞綜補遺》，上海古籍出版社，2005年，第239頁。

⑤ 徐孝宓《湖北省藏書家紀事·徐行可》，收入《湖北省圖書館建館八十周年》，湖北省圖書館，1984年。

⑥ 湖北省地方志編纂委員會《湖北省志·人物志稿》，光明日報出版社，1989年，第977—978頁。

⑦ 徐孝寔《大藏書家徐行可》，收入《武漢人物選録》（《武漢文史資料》1988年增刊）。

⑧ 武漢地方志編纂委員會《武漢市志·人物志》，武漢大學出版社，1999年，第158—159頁。

藏書家徐行可事略》[1]。哲嗣所撰，於先生之生平交游、重點收藏、捐贈義舉，一一綜述，高屋建瓴，要言不煩，客觀公正，可謂蓋棺定論之作。

賢者識大，不賢者識小。今以屑屑，慘作續貂之舉。

① 徐孝定《大藏書家徐行可事略》，《武漢文史資料》1994 年第 2 輯。

清光緒十六年至民國九年（1890—1920）

清光緒十六年（1890）　庚寅　一歲

祖星五，父惠卿。

生年據徐孝定《大藏書家徐行可事略》，祖、父據黄侃《徐母魏太夫人六十生日獻壽文》，父亦見劉鳳章《七十自敘》[①]。

黄侃《徐母魏太夫人六十生日獻壽文》云：

> 歲在己未，侃自京師還教武昌，始得交徐行可氏……行可嘗爲余自述生平，知其少遭孤露，而教養之以至成立者，實繼母魏太夫人之力。侃雖升堂修敬，親瞻慈範，薰然其仁，顧未得知德行之詳。今年十一月，行可來江寧，就余賃居而徵文于余，以開歲七日爲太夫人六十生日也。於是侃始得受讀行可所述太夫人事，益知行可篤學立名，其來有自。太夫人孝感魏氏，世爲冠族，令譽遠章。年二十一，來歸我惠卿先生，爲繼妻。其時君舅星五先生尚存，家道鼎盛。太夫人恪修婦職，禮無違者。行可生甫踰稘，恩勤鞠養，有若天性。斯固母德之常，而亦衰俗所稀有已。既而惠卿先生以劬學早歿，星五先生尋以壽終。行可年方十二，下惟一弟，太夫人撫此二孤，獨支門户，

---

① 劉鳳章《七十自敘》，民國木活字印本。版心題“劉氏宗譜卷之十七藝文”，葉碼起第十七葉，訖第三十葉，附見於民國湖北省立第一師範學校鉛印本《東游紀略》。以下引文均作《劉氏宗譜》卷十七第某葉。

其爲勞苦，豈可勝言。清季士尚游學，行可亦奉母命，遠適日本，俄以弟喪，廢業而還。自此母子煢煢，相依爲命……歲在著雍執徐季冬之月。①

劉鳳章《七十自敘》云：

予館徐惠卿家，徐君與予交最深，論天下大事輒合，相與研究中西政治。②

三月廿四日（5 月 12 日），先生出生。

壬戌年三月十八日（1922 年 4 月 14 日）《黄侃日記》云：

歸途遇行可，偕至其家（行可此月廿四日生日，約飲），弈至夜，借《小學攷》六册歸。③

案：是年庚寅，故先生亦有“惟庚寅吾以降”印章多枚。④

清光緒十七年（1891）　辛卯　二歲

母歿。繼母魏氏來歸。

黄侃《徐母魏太夫人六十生日獻壽文》引先生自述云：“少遭孤露，而教養之以至成立者，實繼母魏太夫人之力。”先生“生甫踰期”，繼母來歸，則生母當於去年或今年逝世，姑置於此。

魏太夫人“年二十一，來歸我惠卿先生，爲繼妻”。民國十八年（1929）人日，魏太夫人六十大壽，則年二十一時正值是年。

清光緒十八年（1892）　壬辰　三歲

清光緒十九年（1893）　癸巳　四歲

清光緒二十年（1894）　甲午　五歲

清光緒二十一年（1895）　乙未　六歲

---

① 黄侃《黄季剛詩文集》，中華書局，2016 年，第 593—595 頁。

② 《劉氏宗譜》卷十七第十九葉。

③ 黄侃《黄侃日記》，江蘇教育出版社，2001 年，第 146 頁。

④ 《徐行可先生捐贈古籍文物五十周年紀念集》第 113—114 頁。

清光緒二十二年（1896） 丙申 七歲

清光緒二十三年（1897） 丁酉 八歲

清光緒二十四年（1898） 戊戌 九歲

至晚此年，先生已從學黄陂劉鳳章先生。劉鳳章《七十自敘》云：

時值甲申、甲午迭喪師之後，朝廷方議變法。予館徐惠卿家，徐君與予交最深，論天下大事輒合，相與研究中西政治。壬寅科，朝議變制義爲策論。①

《論語首章講疏》之《集朱文公集集句十二絶》之五自注：

幼從父執黄陂劉耘心師鳳章問業。②

清光緒二十五年（1899） 己亥 十歲

父殁。徐震《祭徐母魏太夫人文（行可之母）》云：

壹政允釐，贊軌十載。天難匪忱，君子捐背。抑哀奉養，舅年綦高。喪服甫除，閔凶仍遭。③

黄侃《徐母魏太夫人六十生日獻壽文》云：

既而惠卿先生以劬學早殁，星五先生尋以壽終。行可年方十二，下惟一弟，太夫人撫此二孤，獨支門户，其爲勞苦，豈可勝言。

據此，先生繼母魏太夫人主中饋之第十年，父親逝世。祖父逝世時，先生年方十二。

---

① 《劉氏宗譜》卷十七第十九葉。

② 徐行可《論語首章講疏》，民國鉛印本，第六十葉。案：是書不題著者，卷端題“武昌徐氏是古家塾教本”（第一葉）。正文前小序落款“弜誃斆人”（第二葉）。《後語》言“初草此疏，息男孝定佐余搜檢名例”（第三十九葉）。先生致金毓黻、盧弼書均言撰有此書，據此確定作者。

③ 穀梁箋記，徐震撰，稿本。湖北省圖書館藏，索書號：經五/5673。此文附於此書。

清光緒二十六年（1900）　庚子　十一歲

清光緒二十七年（1901）　辛丑　十二歲

祖歿。

清光緒二十八年（1902）　壬寅　十三歲

清光緒二十九年（1903）　癸卯　十四歲

清光緒三十年（1904）　甲辰　十五歲

清光緒三十一年（1905）　乙巳　十六歲

清光緒三十二年（1906）　丙午　十七歲

清光緒三十三年（1907）　丁未　十八歲

游學日本。徐孝定《大藏書家徐行可事略》言“17歲留學日本，次年以弟喪歸國”。徐孝宓《楊守敬與徐行可》言“1907年留學日本，翌年因弟去世回國”。[①]今姑繫於是年。

先生在日本就讀何校、何種專業，未知。今可知者，先生在日本曾收得唐寫經《維摩詰經》卷，見民國十三年（1924）十二月五日條。

清光緒三十四年（1908）　戊申　十九歲

弟喪，歸國。

清宣統元年（1909）　己酉　二十歲

清宣統二年（1910）　庚戌　二十一歲

四月，請楊守敬題唐寫經《維摩詰經》卷（上）。

具諸佛智。翁覃溪取《張遷碑》“東里潤色”四字題於子產廟殘石研冊上，張叔未所謂天生妙義者。行可得日本古寫《維摩詰經》，囑以舊拓龍藏寺碑中“具諸佛智”四字題其端，亦可

---

① 吴丈蜀主編，湖北省文史研究館編《楚天筆薈》，上海書店出版社，1993年，第89—90頁。

謂自然巧合者矣。宣統庚戌四月，鄰蘇老人。（鈐“楊守敬印”“星吾七十以後作”印）①

五月，楊守敬跋先生今年所得《李府君神道碑》，跋云：

去年春，余在金陵端匋齋署中，見王弇州藏本，有弇州跋、翁覃溪跋，末署計九百七十字。又見張叔未本，定爲宋拓，跋云有“夫人竇氏”者明拓，有“并序”二字者宋拓。又見葉吉士半本，皆宋拓也，而以弇州本爲最舊。余嘗得舊拓裝本，存字挍多，以中間不完之字尚未盡剪去也。擬復鈎刻之木，念此碑三十行，行七十字，全碑有二千餘字，海内未必無整拓完本，因亦不甚奇之，携之日本，以易古書。及見弇州、叔未本，乃知天壤間已無不缺字之本，幸油□雙鈎本尚存篋中，今年春乃以入木。刻既竣，徐君行可乃得此本，爲天門蔣氏故物，“竇氏”字不壞，“并序”二字已泐，據叔未言是爲明拓，然“亦登厥官”“亦”字尚不誤作“三”，則亦未必非宋拓。蓋此本墨色沈古，拓法精良，幾與弇州本埒，叔未、吉士二本似不及。又弇州本“及”下“太常”上衍“掌”字，“尋拜右……將軍”誤“拜”爲“科”，是猶有補綴之失。此本皆不誤，尤可寶貴。惜余刊版已成，未能互校之也。宣統庚戌五月鄰蘇老人記，時年七十有二。（鈐“楊守敬印”白文方印、“星吾審定”白文方印。）②

案：《李府君神道碑》即《雲麾將軍碑》，李府君即唐雲麾將軍李思訓。又，楊守敬與行可先生的交往，詳見徐孝宓《楊守敬與徐行可》。

---

① 《徐行可先生捐贈古籍文物五十周年紀念集》第107頁。

② 鄰蘇老人跋五紙，現存湖北省博物館。先生舊藏拓本，或即《徐行可先生捐贈古籍文物五十周年紀念集》所著録之明末拓本，見該書第111頁。

清宣統三年（1911） 辛亥 二十二歲

至晚是年六月，已從楊守敬處獲得日本古鈔卷子無注本《文選》。楊守敬《曹子建〈七啓〉八首跋》：

此《文選》雖無著録，而余所得古鈔卷子無注本，第一卷欄格標記旁注亦有陸善經《音決鈔》《集注》諸書，即《經籍訪古志》所稱温故堂藏本，今歸江夏徐恕……宣統三年六月廿有三日宜都楊守敬記，時年七十有三。[①]

是年，武昌起義爆發，清帝退位。

民國元年（1912） 壬子 二十三歲

三月，購得《湖海集》，跋云：

壬子三月，偶遊勸業場中，於舊書攤上覓得是集，乃錢塘沈用濟詩也，其姓字不審何故爲人燒去。行可。（鈐“徐長公”印）[②]

案：此書尚有先生“鄂渚徐氏藏本”“江夏徐氏”“徐恕私印”三印，連同“徐長公”共四印，相對罕見於先生舊藏，當爲早年所用。

至於是年，先生已購得藏書若干。今可知者，至少包括清蕭穆校《徐騎省集》兩部，均爲清光緒十七年（1891）黟縣李氏刻本，其中一部存一九五一年正月先生跋。其文曰：

蕭敬孚先生手斠本，所據校改者題“徐公文集”，當依明州本勘寫。蕭君别有據朱竹垞藏鈔本校録者，亦歸敝篋，均於辛壬丕變前得之，忽忽已逾四十年矣，尚未披誦一過。前人之勞，

---

① 楊守敬撰，楊先梅輯，劉信芳校注《楊守敬題跋書信遺稿》，巴蜀書社，1996年，第164—166頁。

② 湖海集不分卷，清沈用濟撰，清抄本，湖北省圖書館藏，索書號：集二/7396。

古緣所萃，殊媿負之也。辛卯春孟武昌徐恕。①

民國二年（1913） 癸丑 二十四歲

民國三年（1914） 甲寅 二十五歲

民國四年（1915） 乙卯 二十六歲

八月，姚景瀛借校并跋先生藏《静庵集》，跋云：

張君渭漁寄來吴兔床先生手輯此詩稿本，借此細校，彼此均有訛脱，爲兩家互補之。乙卯八月虞琴校竟記。（鈐“景瀛印”白文方印）②

案：此書自姚景瀛處易得，先生親筆題端“吴兔床先生手寫静庵集”并鈐“彊宧”印。姚氏爲張光弟校勘另一吴騫鈔本，故自先生處借校，爲兩家互補訛脱并作跋。張氏舊藏現存我國臺灣，姚景瀛跋云：

吾友張君渭漁藏有吴兔床先生手輯朱静盦詩稿本，知余有謄清本一册，囑爲校正，適敝藏被徐君行可以戴文節畫扇易去，今復借校，彼此均有訛脱，爲兩家互補之。乙卯秋中，虞琴記。③

又，張光弟，字渭漁，浙江海寧人，卒於民國六年（1917）。又，先

---

① 徐騎省集三十卷補遺一卷，宋徐鉉撰；校徐集札記一卷，清朱孔彰撰，清光緒十七年（1891）黟縣李氏刻本，清蕭穆校。湖北省圖書館藏，索書號：集二/6063、集二/6064。徐恕跋見集二/6063。

② 静庵集一卷附録一卷，明朱妙端撰，清吴騫輯；附録一卷，明周濟等撰。清吴騫抄本。姚景瀛校并跋，湖北省圖書館藏，索書號：善/1411。《徐行可舊藏善本圖録》第256頁。

③ 朱静庵自怡集一卷，明朱妙端撰，清乾隆間海寧吴騫鈔本，姚景瀛跋。“中央圖書館特藏組”編《標點善本題跋集録》，“中央圖書館”，1992年，第641—642頁。

生舊藏有姚景瀛題扇[1]，又曾借其藏唐畹農點定本《宋金元詩永》。該書先生題：

> 借姚虞琴丈（景瀛）藏唐琬農點定本，劉君竫晦爲迻録。弜誃。[2]

“畹（一作琬）農”，清唐翰題號，名參敫。[3]劉君竫晦，見民國五年（1916）。

是月底至九月初，侍師劉鳳章游泰山。劉鳳章《七十自敘》民國四年（1915）條云：

> 八月聖誕節，各省派員與祭。本省孔教會派予爲代表。及抵曲阜，黎公有電派予爲代表。大總統派陳博士焕章爲代表。祭畢，陳博士及予登場講經。予講《周易》大義，衍聖公令貽頗領之。次日，謁陵。每遇勝迹，均攝影以誌鴻爪。著有謁聖記，待刊。即日過汶水北上，赴泰安，登岱。予見岱嶽樵子，心儀之，於是有岱樵之號。同游者，王君文甫，徐生行可。回省，已届夏曆九月初矣。[4]

十月二十二日，唐醉石爲先生治印“曾在徐行可處”。朱文，邊款“西泠印社唐源鄴，乙卯十月廿二日”。[5]

二十五日，唐醉石爲先生治印“徐恕審釋金石文字記”。白文，

---

① 《徐行可先生捐贈古籍文物五十周年紀念集》第 107 頁。

② 宋金元詩永二十卷補遺二卷，清吴綺選，清康熙十七年（1678）思永堂刻本。湖北省圖書館藏，索書號：善/2442。

③ 賈繼用《吴中四傑年譜》，齊魯書社，2014 年，第 332—333 頁。

④ 《劉氏宗譜》卷十七第二十七至二十八葉。劉松餘《劉鳳章與徐行可之間的師生情誼》，《湖北文史》2017 年第 1 期。

⑤ 昌少軍《唐醉石年譜》，收入《西泠印社》第 41 輯（《西泠印社早期社員唐醉石研究・紀念〈西泠印社〉創辦十周年專輯》），西泠印社，2014 年，第 37 頁。

邊款“行可道兄屬刻，醉石峕客漢上。乙卯十月廿又五日”[①]。

是月，唐醉石爲先生治印“江夏徐氏所收舊槧鈔本”，朱文，邊款“行可道兄屬篆，乙卯十月，西泠印社唐源鄴製於漢臯”[②]。

是年，唐醉石爲先生治印“徐恕”。白文，邊款“醉石”。[③]

民國五年（1916） 丙辰 二十七歲

三月十九日，劉治爲先生校畢《唐詩鼓吹》。卷十末浮簽劉治題：

丙辰三月十九日，治識。[④]

案：劉治，字静晦，亦作竫晦，黄侃言“行可家塾師”[⑤]，行可先生自言“戚友”，見民國十年（1921）春於東莞倫明處借鈔《暨陽答問》之原印活字本條。劉治常協助先生鈔校事，亦有少許私人藏書，藏書印有“劉治”“治”“静晦讀書之記”“静晦”等印。《黄季剛詩文集》收録《與劉静晦書》[⑥]，即致其人者。是書佚名録清趙執信、

① 此據湖北省博物館藏印。昌少軍《唐醉石年譜》載一九一五年唐醉石治印“徐恕審釋金石文字記”，白文有邊，邊款“行可道兄屬刻，醉石時客漢上，乙卯十月有廿五日”。一九二七年唐醉石治印“徐恕審釋金石文字記”，白文，邊款“行可道兄屬刻，醉石時客漢上。丁卯十月有五日”。一九四五年十月唐醉石治印“徐恕審釋金石文字記”，仿漢白文，邊款“行可道兄屬刻，醉石時客滬上。乙酉十月二十有三日”。以上依次見《唐醉石年譜》第37、39、43頁。案：據此年譜，唐醉石曾三次治印“徐恕審釋金石文字記”，均爲白文，邊款大同小異，日期和地點略有差異。實則，先生用於舊藏古籍之“徐恕審釋金石文字記”印，僅一枚而已。

② 昌少軍《唐醉石年譜》，第37頁。

③ 昌少軍《唐醉石年譜》，第37頁。

④ 唐詩鼓吹十卷，金元好問輯，元郝天挺註，明廖文炳解，清錢朝鼒、王俊臣校註，清王清臣、陸貽典參解，清抄本。湖北省圖書館藏，索書號：善/1472。

⑤ 《黄侃日記》第129頁。

⑥ 黄侃《黄季剛詩文集》，第506—507頁。

紀昀評，劉治以浮簽通校一過。鈐先生“曾歸徐氏彊誃”“行可大利”“鄂渚徐氏”“知論物齋”“顏氏家訓曰借人典籍皆須愛護先有缺壞就爲補治此亦士大夫百行之一也”印，其中“徐恕私印”“鄂渚徐氏藏本”爲先生早年所用，亦見民國元年（1912）三月所購《湖海集》。

十一月，吴隱爲先生治印“徐恕長壽”。白文，邊款“古璽文字大半籀斯之前未易得，其神似一。□司先生正之。丙辰冬月，石潛并記”。①

案：“□司”，當爲“行可”。

十二月，吴隱爲先生治印“藏棱庵”。白文，邊款“圓腴含蒼勁，古璽文佳處未易仿佛。丙辰嘉平，潛泉隱”。②

是冬，吴隱爲先生治印“彊誃讀碑記”。白文，邊款“吾友丁鶴廬近□《悲庵印賸》，雪窗展對，因略師其意。丙辰冬日，石潛吴隱”。③

案：“□”，據湖北省博物館藏實物爲“萶”字。

又，吴隱爲先生治印，其二原無年款，姑附於此。

“藏棱庵”。朱文，邊款“仿鐘鼎文字作印，是亦三代兩漢之書也。潛泉”。

“彊誃”。朱文，邊款“彊誃先生屬，仿漢朱文，連日奇寒，呵凍爲之，恨弗能工也。遯庵”。④

是年，旅居漢皋之王禔爲先生治“徐恕”印。朱文，邊款爲：

① 沈慧興《吴隱印學活動年表（簡）》，收入西泠印社編《西泠印社創始人吴隱研究》，榮寶齋出版社，2009年，第71頁。

② 沈慧興《吴隱印學活動年表（簡）》，第71頁。

③ 沈慧興《吴隱印學活動年表（簡）》，第71頁。

④ 沈慧興《吴隱印學活動年表（簡）》，第74頁。

“福庵夢中篆得此印，即起刻之”。①

民國六年（1917） 丁巳 二十八歲

十月十六日，校并跋《行朝録》，跋云：

> 是本可補正徐氏鑄學齋刻本訛挩不下數十事，然此抄亦奪誤滿帋，因以徐刻勘斠一過。其人名數字兩異者，亦朱書於旁，俟後之讀者更定焉。丁巳十月十六日鐙下。彊誃。（鈐“恕”朱文方印）②

是月，王禔爲先生治印“奇許相借錯許攻”。白文，邊款“千番百軸光熊熊，奇許相借錯許攻。吾鄉龔定庵詩也。行可富收藏精鑒别，余來鄂渚深得攻錯之益，刻此報之。丁巳十月，福庵”。③

十一月，王禔爲先生所得吴熙載印補款。

“包誠字興言又字子克”印，邊款“彊誃得包氏印章，斷爲吴讓老所刻。吴包有子淵伯魚之誼。是印波磔神妙，深造宛鄰，爲讓老手筆無疑，寶之寶之。福庵記，時丁巳十一月朔日”。

“包興言書畫記”印，邊款“彊誃得此印，審定爲讓之手刻，福庵爲之補款”。

---

① 周建國《王福庵（1880—1960）印學年表》，收入西泠印社編《西泠印社早期社員、社史研討會論文集》，西泠印社，2006 年，第 240 頁。又，王禔所治“徐恕”此印及其邊款，見《中國現代美術全集·篆刻》，江蘇美術出版社，1997 年，第 40 頁。

② 行朝録三卷，清黄宗羲撰，清抄本，清汪能肅校并題識，羅振常、徐恕校并跋，潘承弼校并題詩，上海圖書館藏。圖版見上海圖書館編《上海圖書館善本題跋真蹟》，上海辭書出版社，2013 年，第 4 册第 478—482 頁，徐恕跋見第 479 頁；録文見侯怡敏、郭立暄、陳先行整理《上海圖書館善本題跋選輯·史（續）》，《歷史文獻》第 3 輯，第 72—73 頁。

③ 周建國《王福庵（1880—1960）印學年表》，《西泠印社早期社員、社史研討會論文集》，第 240 頁。

“宛鄰弟子”印，邊款“此讓翁刻印未署者，福庵審定補記”。

“包誠私印”（大），邊款“福庵審定此印爲吴讓翁手鐫，今歸徐氏彊誃，觀者寶之。丁巳十一月并記”。

“包誠私印”（小），邊款“此爲讓翁刻印無疑，彊誃寶之。福庵”[①]。

十二月，贈王禔《十經文字通正書》鈔本。王禔跋云：

丁巳嘉平月，藏棱庵主人徐行可據激素飛清閣藏本照鈔見貽。戊午二月朔日，王壽祺福盦氏記，時客鄂渚。[②]

是年，華陽王氏於武昌鉛印清包世臣撰《小倦游閣文稿》[③]，或爲先生所校[④]。

至晚是年，携彭元瑞舊藏祁氏澹生堂鈔本《咸平集》至南昌，南城李之鼎假録一過，後刻入《宋人集》。李氏鈔本現存臺灣，李振唐跋云：

此彭文勤公親筆識語，朱筆所書，字迹秀挺可喜，鄂中徐行可以重貲得諸漢上，乃彭氏舊藏祁氏淡生堂鈔本也。行可携來南昌，假録一過，以備刊入《宋人集》中。戊午正月二十日

① 周建國《王福庵（1880—1960）印學年表》，《西泠印社早期社員、社史研討會論文集》第241頁。

② 十經文字通正書十四卷，清錢坫撰，民國抄本，王禔跋，上海圖書館藏。圖版見《上海圖書館善本題跋真蹟》第3册第27—28頁，王禔跋見第28頁。

③ 小倦游閣文稿二卷，清包世臣撰，民國六年（1917）華陽王氏菊飲軒鉛印本。

④ 小倦游閣文稿二卷，清包世臣撰，民國華陽王氏菊隱軒抄本，徐恕校并跋，重慶市北碚區圖書館藏，見中國古籍總目編纂委員會編《中國古籍總目·集部》，中華書局、上海古籍出版社，2012年，第1843頁。

振唐書。[1]

案：先生所藏之本，至晚民國二十七年（1938）十月已易手，該書後爲傅增湘所得[2]，今藏中國國家圖書館。傅增湘《藏園羣書題記》卷十三《明淡生堂鈔本咸平集跋》云：

全書經彭文勤手校，奏議數首爲友人徐行可以《文鑑》對勘。南城李振唐據以刊入《宋人集》丁集中。[3]

民國七年（1918） 戊午 二十九歲

春，寄清光緒間葉德輝刻《沈下賢文集》於夏口李鳳高，倩其校以王同愈藏鈔本。

四月，李鳳高爲先生校畢《沈下賢文集》并跋，其跋云：

唐《沈下賢集》宋元祐刊本、明翻大字本均罕流傳，邵氏位西曾見瓶花齋刻本，後二卷已鈔補，則刊本之絶響人間可知矣。近今海内藏書大家如菰里瞿氏、苕谿陸氏所藏，大抵皆源於馮氏已蒼鈔本，轉相傳録，亥豕雜遝，不堪卒讀。射利之徒，輒將無名氏原序添改字句以示秘笈（如原序結尾"惜其政恐其於因"下添一"欲"字，末又添"惜乎志有待而未能也"九字，陸本已然，瞿本無之）。今湘中葉氏庸陋寡識，轉據竄入字句爲元祐實無刊本之證，誤矣。錢氏《敏求記》已明明云刊於元祐（丙申緣於誤記，《提要》已指出之），范氏天一閣藏有鈔本，其序尾亦曰"因命工刻鏤以廣其傳"，得二説而證之，益信元祐時

---

① 咸平集三十卷，宋田錫撰，民國六年（1917）南城李氏宜秋館鈔校本，李振唐手跋并過録清彭元瑞題記。《標點善本題跋集録》第485頁。

② 傅增湘《藏園羣書經眼録》卷十三《咸平集三十卷》云："此集爲鄉人白堅所得，頃索來，擬收之。戊寅十月十五日。"傅增湘《藏園羣書經眼録》，中華書局，1983年，第1118頁。

③ 傅增湘《藏園羣書題記》，上海古籍出版社，1989年，648頁。

實有刊本。葉本之序實經後人竄改，以眩奇未足據爲典要。元和王勝之先生藏有注音書室鈔本，紙墨甚舊，原序尚未竄改，舊鈔之可貴者。其中雖有譌脱，勝老已取沈乙盦先生及葉本校過（沈名曾植，其本有朱竹垞印記，行欵字數皆同，均出元祐刻本無疑）勘其是非，號稱精本。辛亥變起，倉卒返蘇，因以此册屬高保存。今春，勝老書來索還。徐君行可聞其事，以葉刊寄贛，屬與王本一校。對勘之下，時有相異者，其佳勝實出葉本上，因一一用墨筆標識眉間。沈校則標明沈本。然集内尚多難解處，往聞勝老云瞿氏藏有兩本，皆經名人幾番校勘，定可依據。行可喜校書，異日覓得瞿本相校，使譌訛盡去，不更善之善者，故書以告之。戊午夏初拙翁李鳳高校畢識於饒州税局。（鈐“拙翁審定”朱文方印、“鳳高别號拙翁”朱文方印）①

是歲，假清紀昀批《玉臺新詠》移録本與上虞羅振常。羅振常《善本書所見録補》之《玉臺新詠》云：

乙卯之秋，有人自福州來，載蠹籍數簏。謂得自閩中舊家，中多殘籍，大率爲黄氏千頃堂故物，而亦有近時刊本。其人不别良窳，一例索重值，因檢謝在杭藏抄本數册，與紀文達手批此書，而議價不諧，獨留此，還其餘。蓋平日心儀文達爲人，見其手蹟不復能捨也。惟書僅存兩卷，其餘缺如，輒以爲憾。去年徐君行可恕爲言，篋中有傳録全本。自郵筒假來校之，兩本相同，因取吴注刊本，補録其前八卷，遂成完書，誠快事也。

① 大唐創業起居注三卷，唐温大雅撰，清光緒三十一年（1905）繆荃孫刻藕香拾零本。黄侃批，徐恕校并跋。湖北省圖書館藏，索書號：善/2902。案：李鳳高跋《沈下賢文集》夾置該書。

他山之益，永銘弗諼。時己未季冬八日，羅振常記。①

案：“己未”，一九一九年。先生藏清紀昀批《玉臺新詠》移録本，今藏湖北省圖書館，别紙過録羅振常跋。先生另有手校之本，今藏國家圖書館，有專文考述。②

是年，購得《柳集點勘》。③ 石士《〈柳宗元集〉與陳景雲的柳集點勘記》云：

> 一九一八年徐行可先生購得此書鈔本，筆者長輩曾借來録副，並覆勘一過，校訂訛字十餘處，惜會見徐行可先生時忘記詢問這部鈔本的收藏始末，後又過了十餘年，羅振常又從徐藏鈔本刊印成書，在上海蟫隱廬發行。由於刊印不多，中經兵火，流傳更少，而知道的人也不甚注意它。④

案：石士乃華陽王氏子弟。

至晚是年，先生已獲清趙之謙《仰視千七百二十九鶴齋叢書》第六集之版片。楊守敬原編、李之鼎補編《增訂叢書舉要》卷四十八《近代叢書部七》之《仰視千七百二十九鶴齋叢書》第六集案語云：

> 此書版近歸鄂垣徐行可，尚未續印。趙氏刊第六集，見者甚少。函致徐君寄六集目，迄未得也。⑤

---

① 羅振常撰，汪柏江、方俞明整理《善本書所見録》，上海古籍出版社，2014年，第237頁。

② 張蕾《徐行可校訂〈玉臺新詠校正〉考述》，《文獻》2018年第2期。

③ 《徐行可舊藏善本圖録》第245頁。

④ 石士《〈柳宗元集〉與陳景雲的柳集點勘記》，《藝林叢録》第7編，商務印書館香港分館，1961年，第14頁。

⑤ 增訂叢書舉要八十卷，楊守敬原編、李之鼎補編，民國七年（1918）南城李氏宜秋館鉛印本。

民國八年（1919） 己未 三十歲

春，劉家立爲先生過録《西溪叢語》清黄丕烈校。劉家立跋：

此黄蕘圃手校。己未春季，假海王村瀚文齋主存本對校一過，以應行可道兄之屬。七十又五老人劉家立耴翁記。（鈐“家立”白文楕圓印）[①]

又，先生批《郘亭知見傳本書目》卷十《西溪叢語三卷》條：

有劉家立依黄蕘圃校鵜鳴館本並録錢遵王、吴枚庵二家校語迻録本。恕復見勞顨卿校澹生堂、汲古閣本，命人寫於上。[②]

七月，李尹桑爲先生治印“爲夸目録散黄金”。《李鉨齋先生印存》該印李尹桑邊款：

行可以所藏古匋拓墨寄貽，爲刻定公詩句以答厚意。己未七月，桑。[③]

八月十日，校讀《治齋讀詩蒙説》并跋：

《昭代叢書》已集刊入此書。

八年秋仲十日鐙下讀竟，弜誃。（鈐“徐行可”朱文方印）[④]

案：是書先生通校一過。衍字，用“衍”字朱文圓印印其上。誤字，用“誤”字朱文圓印印其上，藍筆旁注正確之字。

是月，李尹桑題贈先生《黟山人印存》兩種。

---

① 西溪叢語二卷，宋姚寬輯，清嘉慶九年（1804）照曠閣刻本，劉家立過録清黄蕘圃校跋，徐恕倩人過録清勞權校跋。湖北省圖書館藏，索書號：善/1596。《徐行可舊藏善本圖録》第193頁。

② 郘亭知見傳本書目十六卷，清莫友芝撰，民國鉛印本，徐恕批校，湖北省圖書館藏，索書號：史十四/1024。

③ 李鉨齋先生印存，鈐印本，出版時間不明。承蒙湖北省博物館羅恰轉致全書掃描件。

④ 治齋讀詩蒙説一卷首一卷，清顧成志撰，清鈔本，徐恕校并跋。湖北省圖書館藏，索書號：善/2969。

隨齋藏印，鉥齋拓寄行可道兄。己未八月。（鈐“李尹桑”白文方印）①

鉥齋拓贈，行可道兄鑒録。己未八月。（鈐“李尹桑”白文方印）②

九月，以《守山閣叢書》、《粤雅堂叢書》之《續世説》校一鈔本并跋：

己未杪秋，以守山閣、粤雅堂兩本訂補譌奪，行篋無書，於卷中人地異同未能是正，故兩存之。鄂渚徐恕識于石保行次。

此書又有王謇跋：

徐恕字行可，武昌人，曾教授舊都諸太學。富藏書，精鑒別。此校僅根據通行本，尚不足見其所長也。改制乙亥，匏盧。③

又《郘亭知見傳本書目》卷十一《續世説十二卷》徐恕批：

恕以一鈔本及伍刊校于守山閣本上。④

案：先生所校《守山閣叢書》本《續世説》，朱筆録《粤雅堂叢書》本，藍筆録鈔本。⑤

是秋，臨清姚覲元校王謨本《説苑》一過。先生批《拜經樓藏

---

① 黟山人印存不分卷，清黄士陵篆，民國鈐印本。湖北省圖書館藏，索書號：善/2360。

② 黟山人印存不分卷，清黄士陵篆，民國鈐印本。湖北省圖書館藏，索書號：善/2361。

③ 續世説十二卷，宋孔平仲撰，清抄本，徐恕校并跋，王謇跋，蘇州圖書館藏。蘇州圖書館編著《蘇州圖書館藏善本題跋》，國家圖書館出版社，2018年，第226—227頁。本條爲上海博物館陳才惠示。

④ 郘亭知見傳本書目十六卷，清莫友芝撰，民國鉛印本，徐恕批校。湖北省圖書館藏，索書號：史十四/1024。

⑤ 續世説十二卷，宋孔平仲撰，清道光二十四年（1844）金山錢氏刻守山閣叢書本，徐恕校。湖北省圖書館藏，索書號：善/2522。

書題跋記》卷四《説苑》條：

此書後歸海寧查氏，光緒甲申姚覲元見之，校于王謨本上。己未秋恕見姚本，復取王刻臨斠一過。乙丑九月以詒徐積餘。①

十月，華陽王氏自先生處借鈔清沈欽韓《新唐書正誤》，先生此前從新昌胡思敬處借得也。

十二月八日，爲華陽王氏校《新唐書正誤》并跋。《静晤室日記》卷六十八民國二十一年（1932）陽曆12月20日：

午後，詣榮公叔章宅，閱其藏書。公喜聚未刊稿本或傳抄本，書約三十餘種，近得華陽王氏藏書，尤多可珍之書，玆爲晰舉於下。晚間邢隅之邀飲大陸春。

華陽王氏藏書

《新唐書正誤》二册，不分卷，沈欽韓（文起）撰。每半頁十二行，每行二十四字，未刊本。朱絲欄，板心無字，頁前上角有“華陽王氏”四字，頁後下角有“菊存堂”三字。

武昌徐行可跋其後云：“文起此書寫於汲古閣本《唐書》上，原稿藏新昌胡氏問影樓，菊存先生移録一本，屬爲校字，時己未嘉平八日也。”（末書一“恕”字，又有“徐恕手校”小印）

王氏秉恩序稱：“徐行可從江西胡思静處借得，從而借鈔。己未十月十三日。”②

案：“菊存先生”，華陽王秉慜也。

① 拜經樓藏書題跋記五卷附録一卷，清吴壽暘纂，清道光二十七年（1847）刻本，徐孝定過録清章壽康校。湖北省圖書藏，索書號：善/2421。

② 金毓黻著、《金毓黻文集》編輯整理組點校《静晤室日記》，遼瀋書社，1993年，第4册第2896—2897頁。《静晤室日記索引》“徐恕”（徐行可）條未載。感謝遼寧省圖書館劉冰提供《静晤室日記索引》“徐恕”條之照片。

是年，黄侃執教於武昌，先生與之訂交。黄侃《徐母魏太夫人六十生日獻壽文》云：

歲在己未，侃自京師還教武昌，始得交徐行可氏。[①]

是年，上海商務印書館影印出版《四部叢刊》，《敬業堂集》底本可見先生藏書印。

案：是書牌記云“上海涵芬樓景印原刊本原書板匡高營造尺五寸五分寬四寸一分”。影印本卷端可見“爲夸目録散黄金”“徐恕”印，卷五十目録後可見“鄂渚徐氏經籍金石書畫記”“江夏徐生”“小字六一”印。

民國九年（1920）　庚申　　三十一歲

二月，李尹桑題贈一圓璽拓本一紙。

圓鉢。去臘得於市廛，拓寄行可道兄法家審定。庚申二月，鉢齋。[②]

四月，校并跋《夢溪筆談》，過録元陳仁子序和明沈儆炌跋。

（過録）楮先生喜讀外家傳語，張華盡天下奇秘書……大德乙巳春，茶陵古迂陳仁子刊于東山書院并序。

庚申四月，於書坊中得明萬曆壬寅刊本，校讀一過并補寫陳古迂序于右。原書半板十行，行廿字，無補續，首行題“《夢溪筆談》全編卷幾”。[③]

五月，校并跋《讀書敏求記》，跋云：

---

① 《黄季剛詩文集》第593—595頁。

② 寄盦印存□□卷，清黄士陵篆，清末至民國鈐印本。湖北省圖書館藏，索書號：善/2362。圓璽拓本一紙，夾置此書之中。

③ 夢溪筆談二十六卷補筆談三卷續筆談一卷，宋沈括撰，清光緒三十二年（1906）番禺陶氏愛廬刻本。徐恕校并跋。湖北省圖書館藏，索書號：善/2968。

庚申夏五月以阮本校，箸其異文于下方。（鈐“行可”朱文長印）①

案：此書存劉家立過録清吴騫、陳鱣等批校。先生所云阮本，即阮福刻本也。另，先生過録清黄丕烈跋於福葉。

同月，假劉家立藏鈔本校《傳硯齋叢書》本《里堂家訓》并跋。

庚申夏五，假劉丈劍白原抄勘讀一過。劉丈云里堂先生所著《書義叢抄》，于邗上見有寫本，未及副墨，記此待訪。藏棱。②

六月，先生藏《容齋隨筆》《容齋續筆》殘宋本轉讓與涵芬樓。《張元濟全集》第7卷《日記》1920年8月2日（六月十八日）“雜記”：

傅沅叔來信，云宋本《鶴齋隨筆》《續筆》一千三百元，全歸公司。③

案：“鶴”當爲“容”。同書同卷1921年1月13日（十二月五日）、14日（十二月初六日）“雜記”均作“《容齋隨筆》《容齋續筆》”。④

《藏園羣書經眼録》卷八《容齋隨筆十六卷續筆十六卷》云：

後余代涵芬樓收之，價一千二百金，印入《四部叢刊》中。⑤

---

① 讀書敏求記四卷，清錢曾撰，清雍正四年（1726）趙孟升松雪齋刻本，湖北省圖書館藏，索書號：史十四/4。《徐行可舊藏善本圖録》第120—122頁。

② 傳硯齋叢書，清吴丙湘輯，清光緒十一年（1885）儀徵吴氏刻本。里堂家訓二卷，清焦循撰。湖北省圖書館藏，索書號：叢一/543。

③ 《張元濟全集》第7卷《日記》，商務印書館，2007年，第224頁。徐行可和張元濟交往，參考張人鳳、柳和城編著《張元濟年譜長編》，上海交通大學大學出版社，2011年。

④ 《張元濟全集》第7卷《日記》，第257頁。

⑤ 《藏園羣書經眼録》第690—691頁。

案：先生舊藏爲宋嘉定五年（1212）章貢郡齋刻本，《四部叢刊續編》以此爲底本，該書現藏蘇州圖書館。又，先生於《容齋隨筆》用力甚勤，曾有撰述之願而未果。《徐行可教授與沈紹期校長論收藏書籍書》實取材於《容齋隨筆》，且云：

恕曾得《隨筆》《續筆》宋贛州本，《三筆》《四筆》弘治中李瀚刊本，黄虎癡分類彙鈔本。又得一本，簡端撮鈔宋人雜箸中論事與此書同異諸條于上，又于吴興蔣孟蘋家得見嚴修能舊藏明錫山華氏會通館活字本，于北平書肆、東方圖書館兩見傳録何義門評本，一爲吴兔床手寫。擬踵翁元圻注《紀聞》前事注之，因循未果，願以勖之諸子。①

是夏，假清紀昀校《玉臺新詠》移録本與華陽王秉恩。《上海圖書館藏善本題跋真蹟》之《玉臺新詠》跋云：

河間紀文達公手校《玉臺新詠》原本今不知所在。江夏徐君行可富收藏，有此迻録本。大人假得，命文燾迻録。又於友人處得文達原書，惟祇九、十兩卷，卷末又有文達校記，卷九首葉又有文達收藏及校定兩章，均一一景橅。時爲宣統庚申夏季。九、十兩卷爲表兄晏達如（紹璋）景橅。今歲命工重裝，竝志原始於後。宣統癸亥夏五端午後三日華陽王文燾記。（鈐“叔濟識語”朱文方印）②

九月，跋《原濟山水册》，於第十二頁過録清黄之雋《題研旅畫册》，倩書安吴趙滂。

① 徐恕《徐行可教授與沈紹期校長論收藏書籍書》，《文華圖書科季刊》第3卷第3期（韋棣華女士紀念號），民國二十年（1931）九月出版。

② 玉臺新詠十卷，陳徐陵輯，清吴兆宜注，清程際盛删補，清乾隆三十九年（1774）刻剜改印本，王文燾録清紀昀批校，王文燾跋。《上海圖書館藏善本題跋真蹟》第16册第96頁。

（過録）家研旅先生，奇士也，遊踪無不至……此即其鬱鬱無所洩其奇者也。

此册中有三幀左下方鈐研旅印，檢《黄白山杜詩説》凡例，中有“是編成，家研旅携示維揚諸公”語，審研旅氏黄，當即石公所稱爲燕思者之别字。庚申杪秋，讀黄公《㕓堂集》得此文，始審兩人交甚摯，石公題識有“念昔遊”語，可證爲晚年作，故出尋常者萬萬也。江夏徐恕記，安吴趙滂書。①

是月，校楊守敬《隋書地理志攷證》并跋，跋云：

朱筆依三次校改本改，墨筆依熊固之先生藏閲本録。庚申杪秋。②

案：校於清光緒二十二年（1896）鄰蘇園刻本之上。《隋書地理志攷證》第三次校改本牌記署時爲“光緒辛丑四月”，即清光緒二十七年（1901）。

十月二十六日，録《困學紀聞》卷十九《評文》一則於《重刊成化東坡七集》本。

（過録）“王輔嗣吐金聲於中朝，此子復玉振於江表。微言之緒，絶而復續，不意永嘉之末，復聞正始之音。”晉人之稱衛玠，蓋所尚者清談也。正始，魏齊王芳年號。胡武平（宿）啓，以“正始之遺音”，對“奪朱之亂雅”。陸務觀嘗摘其誤，王季海（淮）行《東坡贈太師制》云：“博觀載籍之傳，幾海涵而地負，遠追正始之作，殆玉振而金聲。”恐亦襲武平之誤也。若正

① 張珩《木雁齋書畫鑒賞筆記》，上海書畫出版社，2015 年，第 4 册第 2874 頁。

② 隋書地理志攷證八卷，楊守敬撰，清光緒二十二年（1896）鄰蘇園刻本。湖北省圖書館藏，索書號：善/1514。《徐行可舊藏善本圖録》第 81—82 頁。

始之清談，非所以稱坡公。

庚申孟冬二十有六日晨起讀王深寧《紀聞》，知此制出王文定手，漫録於右。恕。（鈐“行可”朱文方印）①

又，是書先生校以明嘉靖本，手録明繆宗道《江西布政司重刊蘇文忠公集義例》并題：

繆本恕叚自華陽王氏欽菊軒。《東坡集》卷八弟一頁前有“彭城”長方印、“天啓甲子”“匪庵”二印，皆朱文。“求赤氏”“錢孫保印”二方印，皆白文。坿記。

案：“繆本”當即明嘉靖刻本。“欽菊”二字當互乙。先生與華陽王氏兄弟有舊，此亦其交往之一證。

十一月十八日，先生有信與張元濟，後者請孫毓修代擬覆信。《張元濟全集》第7卷《日記》是日“收信”欄爲“徐行可信”。② 同書第1卷《書信》之《致孫毓修》之八十二云：

前請撰《四庫全書》意見，需用甚急，請速復。又徐行可復信亦祈代擬（前日送去），費神感感。又前日送去徐行可覆信，亦祈代擬，費神感感。此上星如吾兄，弟張元濟頓首。九年十二卅日。③

十二月十六日，跋《原濟山水册》，録石濤小傳於册前空頁，倩書趙滂。

（過録）瞎尊者失其旅名，廣西梧州人，前朝靖藩裔也……

① 東坡集四十卷後集二十卷續集十二卷奏議十五卷應詔十卷内制十卷外制三卷，宋蘇軾撰，清光緒三十四年（1908）至宣統元年（1909）寶華盦刻本，徐恕校并跋。湖北省圖書館藏，索書號：善/2876。

② 《張元濟全集》第7卷《日記》，第253頁。

③ 《張元濟全集》第1卷《書信》，第553頁。案：該信録文第二、三句顯然重出。

作善知識行徑云。外史氏曰：負矯世絶俗之行者，多與時不合，往往召求全之毁。瞎尊者秉高潔之性，又安肯汎汎若水中梟隨波上下哉？宜乎爲世俗所憎也。

右傳清康熙間江陰陳定九鼎作，見其所纂《留溪外傳》中，較他書所記石公書爲詳，因屬安吴趙君公沛録弁册首。

庚申嘉平既望，弜誃。[①]

① 張珩《木雁齋書畫鑒賞筆記》第4册第2875頁。

民國十年至十九年（1921—1930）

民國十年（1921）　辛酉　三十二歲

春，游北京達三月之久。

正月，於海王邨弘遠堂書肆見鈔本《爾雅小箋》，遂鈔録其《序目》和題記於《鄦齋叢書》本上，用“知論物齋書鈔”稿紙過録鈔本卷上《釋詁》之首條“胎”字，以存款式，末署“辛酉正月見此書於海王邨弘遠堂書肆”。[①]

是月，購得清孔傳鐸《紅萼詞》《紅萼軒杜詩匯二種》。先生跋後者云：

> 書友于瑞臣自濟南得此寫本以見眎，余先一日得孔傳鐸（字振路，號牖民）《紅萼詞》二卷，中有自題《紅萼軒菩薩蠻》一闋，卷尾校字列名者爲其男繼濩、繼溥二人。此選必出其手，因以十金致之，時辛酉孟月也。忽忽已一紀，而瑞臣殁已三年矣，撫卷憮然。壬申莫春之初，弜誃漫識。
>
> 武陵趙慎畛《榆巢雜識》（卷下）：衍聖公孔傳鐸於雍正時刻聖蹟圖像，疏乞御製敘文，弁簡以藏。[②]

二月，借校《天下金石志》，過録楊補識語并跋。

---

① 鄦齋叢書二十種，徐乃昌輯，清光緒二十六年（1900）南陵徐氏刻本。湖北省圖書館藏，索書號：叢一/598。

② 紅萼軒杜詩匯二種六卷，清孔傳鐸輯，清鈔本。子目：杜詩分體四卷，杜詩分韵二卷。湖北省圖書館藏，索書號：善/2390。

（過録）此司直手校予帙也，好友云亡，遺澤可念，向藏護笥中。辛卯春，慧男枉尋郊居，語及此書，云遭亂失板，欲重梓於吴門。肯構之志足欽，即以付之。梓成，幸仍還此帙，并新書見貽，俾予藏如故，以傳子孫，或有能守者，永爲佳語云。古農楊補識。（摹印“古農”）

是書有大興李爽棠修訂本（實無所訂，僅覆刻耳），于序後有楊無補識語，知原板刻成，旋即亡失，印本在爾時珎重乃爾，况今又將三百年耶。辛酉二月假友人藏李本校録竟因識。弜誃。[1]

是月，劉賾移録先生所藏宋本《廣韵》之清何焯校語。跋云：

民國十年二月見江夏徐氏所藏依何義門編修本校過之宋本《廣韵》于先生所，即以朱筆迻録之。（鈐“楚人鎦賾”白文方印。）[2]

三月，獲交張宗祥，假得清譚獻校《意林》。跋云：

復堂此敘，校本卷中無之。又得見嚴鐵橋、繆藝風文中有論《意林》者各一篇。辛酉杪春，遊京師，獲交冷僧先生，從假此本，還書之日，爲録三家文賸後，聊代一瓻之意云尒。時壬戌夏五初十日，徐恕。（鈐“徐行可”“臣恕之印”）[3]

案：此本今藏浙江圖書館。明年，爲酬借書之誼，行可先生倩人鈔

---

① 天下金石志十五卷附録一卷，明于奕正編，明崇禎刻本。湖北省圖書館藏，索書號：史十五/1017。

② 廣韵五卷，宋陳彭年撰，清光緒十五年（1889）湘南書局刻古經解彙函本，劉賾跋并録清何焯校。湖北省十堰市鄖陽區圖書館藏。

③ 意林五卷補一卷，唐馬總撰；意林補遺一卷，清張海鵬增訂；意林闕目一卷，清嚴可均撰，民國元年（1912）湖北官書處刻本（補一卷配張宗祥抄本），張宗祥校跋并過録清譚獻校跋、清楊調元跋、單丕跋，徐恕跋。浙江圖書館藏。

録譚獻《意林敘》、嚴可均《馬總意林闕目敘》和繆荃孫《意林跋》，凡六葉，先生以朱筆斷句校字并跋。先生倩劉治過録清譚獻校跋、清楊調元跋、單丕跋以及張宗祥校於清光緒三年（1877）湖北崇文書局刻本者，湖北省圖書館存兩部，其一鈐“徐恕讀過”“曾歸徐氏彊誃”“静晦讀書之記”“劉治”“治”印，存謝善詒跋（癸亥重陽謝善詒弈塾借校畢），是書先生親筆鈔附《復堂文續》之《意林敘》。①其一先生自校倩人鈔補之《意林逸文》，且云“下方校文依别下齋本”。該書卷二第十四葉《陸賈〈新語〉二卷》之“犬不夜吠，雞不夜鳴，家若無聲，官府若無事”條，先生批“恕按原書作‘寂然若無聲’。‘寂’别體或作‘家’，此‘家’字乃‘家’之誤。”。②

檢王天海、王韌撰《意林校釋》卷二《陸賈〈新語〉二卷》“家若無聲，官府若無事”句校記云：“此二句《治要》作‘寂然無聲，官府若無人’，錢本作‘寂然若無聲，官府若無吏’”③，指出“家”乃“寂”之誤。

檢劉文典《莊子補正》卷一下《齊物論》云：“顔成子遊立侍乎前，曰：‘何居乎？形固可使如槁木，而心固可使如死灰乎？’”郭象注：“死如槁木，取其家莫無情耳。”《釋文》云：“家，音寂。本亦作‘寂’。今注作‘寂寞’。”④顯然，先生之校，信而有徵。《意林校釋》卷二《莊子十卷》之第六條即“形固可使如槁木，心固可使如死灰”，郭象注和《釋文》同作“家”。⑤

---

① 意林六卷，唐馬總撰，清光緒三年（1877）湖北崇文書局刻本（卷六配抄本）。湖北省圖書館藏，索書號：善/1516。

② 意林六卷，唐馬總撰，清光緒三年（1877）湖北崇文書局刻本（卷六配抄本）。湖北省圖書館藏，索書號：子十/1081。

③ 王天海、王韌《意林校釋》，中華書局，2014年，第220頁。

④ 劉文典《莊子補正》，中華書局，2015年，第35頁。

⑤ 王天海、王韌《意林校釋》，中華書局，2014年，第154頁。

又，先生另有《意林》校本，校於清光緒三年（1877）湖北崇文書局刻本之上，卷端先生題："朱筆録嚴鐵橋校藏本，墨筆校廖自顯悳潛刻本。"①

是春北京之行，購得清勞格校《歐陽行周文集》殘本。跋云：

辛酉北遊，得此殘本于宏遠堂中，有勞季言校語。忽忽已十三年矣，不審首册尚在天壤間否。彊誃。②

購得高鴻裁鈔本《經攷》，校以李文藻鈔本。跋云：

辛酉春，于都門得此鈔本，書賈韓子元過我寓廬見之，云李南澗原本在其肆中，卷尾有錢曉徵印記。濰縣高翰生多蓄異書，故有是本。今歸君篋，宜珍重藏之也。余因向韓君假得李本，勘斠一過。讀斁記此。桐子。③

又，先生跋清光緒二十六年（1900）南陵徐氏刻《鄦齋叢書》本《經攷》亦言及此事，見民國十三年（1924）正月三日條。

購得清翁祖庚校《施註蘇詩》。徐恕致陳乃乾信札之八云：

十三年前在北平，曾得翁祖庚校本，恐其不備，故請借校富晉之本，他日當以翁校奉覽也。④

於東莞倫明處借鈔《暨陽答問》之原印活字本。跋云：

此書《常州先正遺書》栞本非完帙。辛酉春，客都門，於東莞倫喆如先生許見原印活字本，假歸倩人迻書。遺書中所存

① 意林五卷，唐馬總撰，清光緒三年（1877）湖北崇文書局刻本。湖北省圖書館藏，索書號：子十/1080。

② 歐陽行周文集十卷，唐歐陽詹撰，清鈔本，清勞格校，存卷五至十。湖北省圖書館藏，索書號：善/2381。

③ 《上海圖書館善本題跋真蹟》第3册第26頁。案：《經考》五卷，清戴震撰，高鴻裁辨蟫居抄，徐恕校并跋，謝善詒題識，上海圖書館藏。

④ 虞坤林《徐恕致陳乃乾信札十八通》，《文獻》2007年第3期。

各條，皆不緟寫，記其原次于書眉，以存原本面目。記之者爲戚友劉竫晦先生，謹識其名于卷尾。徐恕弜誃。[①]

獲《周易推》，倩胡玉縉作跋。跋云：

狄叔潁先生是書，雜采漢宋説，以象數義理兼通爲主。每卷題“蕭山毛氏原本”，而不全載其文。凡用原文者，注上加○，本其文而參計之者加△，然祇什之一二。其明從毛説明駮毛説，則又見於夾注中，體例未爲盡善。毛有《繫辭》以下，此書無之。其書既依今本，不應無注，而序文明稱六卷，則似非殘闕，疑不能明也。所引諸説，大致以康熙間《周易折中》爲藍本。後引古説及近人説，則補録於空方……孜先生有《孔孟編年》及《質疑》諸書，多前人所未發，此書不特無家法，且多學究氣息，未解何故。然其間去取雖不甚當，而皆根據先儒，終非冥心臆測者可比，又無異端曲説牽合傅會之弊，在《易》説中亦頗純正。好事者如能重爲修改，亦不可廢之書也。徐君行可近從廠肆得此，出以見示，爲僭跋而歸之。辛酉吴縣後學胡玉縉，時年六十有三。(鈐“縉印”印)[②]

案：此跋收入《許廎經籍題跋》，題“《周易推》書後”。“狄叔潁先生是書，雜采漢宋説，以象數義理兼通爲主。”《許廎經籍題跋》云：“《周易推》六卷，溧陽狄子奇撰。子奇字叔穎。是編以毛奇齡本古推《易》法箸《仲氏易》，其源與朱熹‘卦變’之説相表裏，而謂《坎》《離》《震》《艮》《巽》《兑》六卦，亦自《臨》《觀》等卦推

① 暨陽 畣問四卷，清蔣彤輯，民國十年（1921）武昌徐氏鈔本，徐恕跋。湖北省圖書館藏，索書號：善/1489。

② 周易推六卷，清狄子奇撰，清抄本，胡玉縉跋，湖北省圖書館藏，索書號：善/1428。《續修四庫全書》經部第32册影印，胡玉縉跋原爲一紙，影印時因版面原因切分爲二。《徐行可舊藏善本圖録》第8頁。

來，殊爲倒置，因即其書修改，合者留，不合者易，後又重加釐正，分爲六卷，別題此明。前有道光丁亥自序，爲武昌徐氏（名恕，字行可）所藏手稿清本，行間眉端，添注甚夥，間有塗改，審係一人手迹。徐氏近從廠肆得此，出以見示。大旨雜采漢、宋說，以象數、義理兼通爲主。卷首有《易象》《易例》二篇，一列漢、晉以來諸儒逸象，一列各家說《易》義例。”自“每卷題‘蕭山毛氏正本’”至“在《易》説中亦頗純正”，《許廎經籍題跋》“於”爲“于”，“先生”爲“子奇”，“亦頗純正”爲“亦爲純正”，餘毫無差別。“好事者如能重爲修改，亦不可廢之書也。徐君行可近從廠肆得此，出以見示，爲借跋而歸之。辛酉吴縣後學胡玉縉，時年六十有三。”《許廎經籍題跋》作“過而廢之，毋寧過而存之矣（毛氏《推易始末》四卷，惠棟《松崖筆記》極詆其六子卦綜、乾坤主變之説。《謙卦》下引蔡景君、侯果、荀爽、虞翻四説，其義本同，而分爲推《易》、主變、旁通三説。自記）”。①

鈔清臨清徐氏《徂徠集校記》并跋，跋云：

辛酉春旅京，見臨清徐氏歸樸堂校本，寫副并勘讀一過。弜誃。②

跋《原濟山水册》第二頁，倩書王禔。

程哲緟刻《羅鄂州小集》，凡例云搜遺訂誤，多採諸汪君文冶洋度，汪先生行事可攷者如是。辛酉春以弘治本《鄂州集》校程本，得此漫記，福厂爲弜誃書。③

---

① 胡玉縉撰、吴格整理《續四庫提要三種》，上海書店出版社，2002，第406—408頁。

② 徂徠集校記二卷，清徐坊、徐埴撰，民國十年（1921）武昌徐氏知論物齋鈔本。湖北省圖書館藏，索書號：善/1418。

③ 《木雁齋書畫鑒賞筆記》第4册第2871頁。

跋《原濟山水册》第十二頁，倩書王禔。

辛酉春來京師，遊廠肆，得朱少河錫甫鈔本《章實齋遺文》，其《元次山集書後》云集爲淮南黄父研旅刊。余攷索黄先生名，久弗得，乃于此篇遇之，喜甚。余時假館東城王福盦宅，因急述記此，倩福盦書之，弜誃。[①]

録《歸石軒畫談》一則於《原濟山水册》第二副頁并跋，倩書趙滂。

（過録）劉子重官廣文時得石濤册……亦不知今藏其家否也。

楊息柯（翰）《歸石軒畫談》有此憶語一則，弜誃記。[②]

三月十八日，已抵達上海，是日晚應李之鼎約，同座者鄭孝胥、朱孝臧、徐乃昌、蔣汝藻、姚景瀛、劉承幹等。《求恕齋日記》云：

晚至都益處，應李振唐之招，同座者鄭蘇戡、朱古微、徐積餘、徐行可、蔣孟蘋、姚虞琴（名景瀛，杭州臨平鎮人，此地公茂鹽棧之副經理）、李柯生（振唐胞弟）。[③]

又《鄭孝胥日記》云：

赴都益處李振唐之約，晤武昌徐恕，字行可。[④]

二十二日，應高時顯、蔣汝藻之約，同座者丁仁、姚景瀛、金（紹）城、金紹堂、金紹坊等。宴後，先生出示新近於京滬所得書。

---

① 《木雁齋書畫鑒賞筆記》第 4 册第 2875 頁。

② 《木雁齋書畫鑒賞筆記》第 4 册第 2875 頁。

③ 劉承幹《求恕齋日記》，國家圖書館出版社影印本，2016 年，第 6 册第 384—385 頁。

④ 中國歷史博物館編、勞祖德整理：《鄭孝胥日記》，中華書局，1993 年，第 4 册第 1866 頁。

《求恕齋日記》云：

至振華旅館，應高欣木、孟蘋之招，同座者徐行可（名恕，武昌人，亦講究收藏書籍之人）、劉佐泉（杭州人，前福建知縣，辛亥後在申行醫）、丁輔之、姚虞琴、王子松（杭州人，銀行業中之人）、金鞏伯、仲廉、季言昆仲。散後徐行可出示新近在京滬所得各書，十時後返家。①

二十五日，劉承幹致書先生。《求恕齋日記》云：

王二南來（名南，杭州人，老貢生，向在各處游幕，年已六十九歲，尚未留鬚，望之如五十餘人。張馨谷有函來介紹也。）……囑也詩作函復孫鏡蓉，醉愚作函致外舅、章一山、徐行可、徐曉霞、朱古微。②

二十七日，《鄭孝胥日記》云：

過振華旅館訪徐恕行可，不遇。

二十八日，回訪鄭孝胥，同行者丁敬、羅振常。出示黃道周、黃宗羲書札，請鄭孝胥爲前者題詩。《鄭孝胥日記》云：

徐行可、丁輔之、羅子經來。行可示黃石齋信札一通，求爲題詩；又有黃梨洲《與顔光敏書》，求爲其孫補一衿，自稱八十六病叟，疑其子弟所爲也。③

案：《與顔光敏書》，是年黃侃亦曾鈔録，《黃侃日記》壬戌年正月初五（1922年2月1日）云“檢得去年在行可家倉猝所鈔黃太沖與顔修來書”。④

二十九日，劉承幹宴先生與王南、姚景瀛、丁敬、高時顯、金

① 《求恕齋日記》第6册第387頁。

② 《求恕齋日記》第6册第389頁。

③ 《鄭孝胥日記》第4册第1867頁。

④ 《黃侃日記》第70頁。

（紹）城、金紹堂、金紹坊、蔣汝藻等於嘉業堂。《求恕齋日記》云：

晚徐行可、王二南、姚虞琴、丁輔之、高欣木、金鞏伯、仲廉、季言、蔣孟蘋先後來，談良久，宴諸君於嘉業堂。散後，復小談良久而去。①

三十日，先生宴劉承幹、鄭孝胥、鄒壽祺、姚景瀛、丁敬、高時顯、蔣汝藻、金（紹）城、金紹堂、金紹坊等於陶樂居。《求恕齋日記》云：

晚至陶樂居，應徐行可之招，同席者鄭蘇堪、鄒景叔、姚虞琴、丁輔之、高欣木、孟蘋、鞏伯、仲廉、季言，散後即歸。②

又《鄭孝胥日記》云：

赴徐行可之約於陶樂春，晤鄒景叔。③

是月，題贈《李元賓文集》鈔本與蔣汝藻。

汪謝城取多本校定是集，以應蔣季卿先生之請，式訓堂主人福墨，亦未刊布，今季卿先生後人孟蘋道兄將刊其鄉先喆遺書，因以爲贈，俾傳刻以完其先志云。辛酉季春，弜誃徐恕。④

案：是鈔本今藏臺灣，此即《傳書堂藏書志》卷四所著録之《李元賓文集五卷補遺一卷》，該條云：

---

① 《求恕齋日記》第6册第390—391頁。

② 《求恕齋日記》第6册第391頁。

③ 《鄭孝胥日記》第4册第1867頁。

④ 李元賓文集五卷，唐李觀撰，鈔本，徐恕跋。《標點善本題跋集録》第464頁。"中央圖書館特藏組"編《"中央圖書館"善本題跋真跡》，"中央圖書館"，1982年，第1991頁。吴格《〈傳書堂藏書志〉中所載湖州藏書史料》，收入王紹仁主編《江南藏書史話》，上海古籍出版社，2009年，第572頁。

先叔祖寄嶔先生藏舊鈔本，屬汪剛木先生以它本校之。原本久佚，此本乃張碩卿大令所鈔，復手自校正。徐君行可得之鄂渚，乃以寄余。雖非原本，亦可云吾家舊物矣。有“章壽康藏”一印。①

四月初七，《鄭孝胥日記》云：

徐行可來，以黄荛田書直幅贈余，求題顧炎武書扇。②

二十一日（5月28日），張元濟致孫毓修信，提及日前先生出借之鈔本《鮚埼亭集》。《張元濟全集》第3卷《書信》之《致孫毓修》之九十五云：

前徐行可借來抄本《鮚埼亭集》比刻本如何？有佳處否？現有人持來求售，乞示進止。孫星如先生。張元濟。十年五月廿八日。③

是月，獲繆荃孫舊藏清嘉慶張氏刻本《建康實録》，先生跋清光緒二十八年（1902）甘氏桑泊草堂刻本《建康實録》云：

辛酉四月遊扈瀆，得藝風堂藏虞山張氏栞本。④

京滬期間，獲清苗夔《説文聲讀考》稿本。是年六月十二日先生《致孫毓修書》云：“前在京滬所得書以苗先麓手稿本《説文聲讀考》爲最，書凡八册。”

是月，過南京，留三日。月底，返漢。

案：是年六月二十七日先生致孫毓修信言“歸家未浹旬，即值省垣

① 王國維撰、王亮整理《傳書堂藏書志》，上海古籍出版社，2014年，第899頁。

② 《鄭孝胥日記》第4册第1867頁。

③ 《張元濟全集》第1卷《書信》，第555頁。

④ 建康實録二十卷，唐許嵩撰，校勘一卷，清甘曾沂撰，清光緒二十八年（1902）甘氏桑泊草堂刻本。湖北省圖書館藏，索書號：善/1566。

兵變”，則先生於四月下旬抵家。

五月初二日（6月7日），武昌城内駐軍嘩變。①

移家漢口法蘭西租界。移居租界見是年六月二十七日致孫毓修信。先生所居爲法租界，見民國二十一年九月十八日（1932年10月17日）條。

六月十二日，覆信孫毓修。還涵芬樓《冷齋夜話》，贈孫毓修明弘治沈頡刻《賈子新書》殘本，推薦商務印書館印行稿本《説文聲讀考》。信札如右：

星如先生撰席：辱惠書，示及《鮚埼亭外集》校本、《蔡中郎集》宗文堂本，藝風故物，尚存書肆，未審直各若干？幸示。前過寧僅留三日，一至圖書館，勘得嘉業堂所鈔校本《蔡集》，即自館中所藏羅鏡泉校本迻録。歸家未浹旬，即值省垣兵變，敝宅處城西北隅，幸未罹劫。鑒於時局亂方未艾，鄂處天下之中，爲南北所必争，當局不能保境衛民，於兹事變已可槩見，遂不得不在漢口租界覓屋爲移家之計。月來收拾圖籍、屏當、家具，致無暇校録各書，兼疎椾候，甚罪。兹將校畢元槧《冷齋夜話》先寄呈，乞代還之菊老並乞申謝假書之惠。幐寄弘治沈頡刊本《賈子新書》（缺三、四二卷）奉貽，以《藝風藏書記》中有此本，以歸鄴架，可就近景補，俾成完書也。前在京滬所得書以苗先麓手稿本《説文聲讀考》爲最，書凡八册，如貴館能付景印，當勝墨版萬萬。惟原書行字甚密（行字同《聲類表》），未能縮景入《涵芬樓秘笈》，宜别印單行。如菊老有意付印，當以原書郵呈。匆復，即候箸安，不宣。菊老前未有

① 武漢地方志編纂委員會主編《武漢市志·大事記》，武漢大學出版社，1990年，第71頁。

函叩，乞致拳拳。弟徐恕頓首。六月十二日。[①]

案：先生假涵芬樓藏《冷齋夜話》校明末汲古閣刻《津逮秘書》本，過録清黄丕烈、繆荃孫跋。

（過録）《冷齋夜話》所見本，此爲最古矣，惜是坊刻，故多訛舛，余先蓄一本，係殘帙，後從嘉禾友人處借得補全，以備藏弆。頃書賈獲一全本，中所闕失錯亂，復賴前本鈔寫更正，亦一快事。壬申中秌後十日記。復翁。

（過録）《夜話》以此本爲最古，蕘圃言之矣。陸氏所藏同《提要》所舉，兩目亦與此本合，内缺三葉，黄補二葉，又九卷《開井法禁蚶方》只存末數語，似缺一葉，然號數聯接，不可解。敝藏舊鈔，已去此條矣。荃孫讀畢謹識。

鈔補缺葉必須同是一刻，或新書而行款字數同者，尚是其次。否則寧增空葉，不妄補。

辛酉夏六月假涵芬廔藏原本校録。徐恕。[②]

又，先生尚收藏明萬曆會稽商氏半埜堂刻稗海本《冷齋夜話》，是書存"徐恕讀過"等印。

二十七日，覆信孫毓修，贈《蕭敬孚文稿》，繳還明徐子器刻《蔡中郎集》。信札如右：

星如先生大鑒：近兩奉來翰。審校本《謝山外集》已歸鄴架，它日少閑當移書相假。桐城《蕭敬孚文稿》有《嚴評〈全集〉跋》二篇，恕篋中適有蕭集福本，便以奉貽，乞哂存。前

① 馬驥整理《宗舜年、徐乃昌、徐恕致孫毓修信札》，上海圖書館歷史文獻研究所編《歷史文獻》第18輯，上海古籍出版社，2014年，第325頁。編年從馬驥考證。

② 冷齋夜話，宋釋惠洪輯，明末虞山毛氏汲古閣刻津逮秘書本，徐恕校并跋。湖北省圖書館藏，索書號：善/2918。

寄殘弘治本《新書》，以《藝風藏書記》卷二載有此本，恐必流入書肆，故以轉贈，可就近借鈔成完書也。《蔡集》徐刻第九卷第二頁左半板模糊，疑藝風所藏或是初印，故向陳氏索閲。尊友藏本是頁字亦不可辨，謹由郵局寄繳，乞詧入。承作介，並謝。敬候起居，不宣。六月二十七日。徐恕頓首上。[①]

八月，黄侃書贈先生“雲悲海思廬”齋名。

雲悲海思廬。鄙者取蕭綜語，自名其居。今日醉以它嚣魏牟之論，不復用斯言。行可道兄既賞之，敬以移贛。辛酉八月，侃。[②]

十月十三日，詣黄侃，不遇。《黄侃日記》云：

予携田兒以十一日發太原，兹晨已達漢口，凡行二晝夜，用銀近百圓。既抵漢口，天方向明……徐行可來，未見。[③]

十一月四日，《黄侃日記》云：

徐行可來。詣行可，借《十三經音略》三本，《金石全例》廿四本。[④]

十二日，《黄侃日記》云：

行可來，值有客，不得與談。[⑤]

二十六日，《黄侃日記》云：

行可來。[⑥]

十二月十六日，邀黄侃至家，借得《經學通論》一册，借與黄

① 馬驥整理《宗舜年、徐乃昌、徐恕致孫毓修信札》，《歷史文獻》第18輯，第326頁。編年從馬驥考證。

② 王曉鐘《黄侃與徐行可收藏及其書藝》，《書法叢刊》2016年第3期。

③ 《黄侃日記》第26頁。

④ 《黄侃日記》第31頁。

⑤ 《黄侃日記》第32頁。

⑥ 《黄侃日記》第35頁。

侃《周易集解》等三種。《黄侃日記》云：

雨。劇寒，簷溜多冰。飯後徐行可來，邀余至其家晚飯，余不欲往，彼堅曳余同行，且假《經學通論》中《春秋》一卷去。至後，與陳勉公及一蔡姓手談，爐無煴火，足寒欲跔，遂歸。出，則道無行車，雨著物輒凝，路滑如蠟，寒不可忍。此經所謂“雨而木冰”者也。借得岱南閣本孫星衍《周易集解》十册，《鄭氏佚書》（袁均輯）《易注》一册、吴汝綸《深州風土記》六册（吴書《物産篇》有一節論深州文化之衰，歸咎于考證之學，此亦奇論也。）……《湖北通志》續脩數十年而成，耗錢數十萬，而蕪雜顛倒，了無裁正之功。聞人言其後序至不通。昨在行可處略翻其《藝文志》。①

二十五日，詣黄侃請作研銘，借得《顔氏家訓斠記》。《黄侃日記》云：

行可來，屬作一研銘。作成而屢以爲不安，求竄易；又持山西圖書館員田君刻郝懿行《顔氏家訓》校語去；又云將以上年余手點文《樊南文集補編》贈余。②

案：《黄季剛詩文集》收入《徐氏硯銘》云：

徐氏作器自有紀，默然守玄次奇字，深湛之思類揚子，不慕朱丹及青紫，用晦如明易之理。

徐氏作器自有程，禮堂矻矻書六經，案前書帶長青青，几上雁足光熒熒，其間古墨發其馨。

知白然後守黑，不腐然後括囊。當仁然後不讓，達變然後安常。繫此四義，貴在衡量，執一廢一，豈云蹈乎大方？③

① 《黄侃日記》第45—46頁。

② 《黄侃日記》第53頁。

③ 《黄季剛詩文集》第645—646頁。

不知有無當日所作者。

二十六日，贈黄侃《樊南文集補編詳注》，晚與黄侃等人手談。《黄侃日記》云：

過午始起，徐行可來，以《樊南文集補編詳注》贈余……行可、梅僧、蔚農來，手談至夜。[①]

二十九日，詣黄侃，請爲丁仁母親作輓聯。借得《經學通論》一册，借出《尚書孔傳參正》。《黄侃日記》云：

仍陰寒。昨夕臥看《樊南文補編》。行可持丁母魏夫人狀，屬作輓聯（仁和魏錫曾字稼孫女，撰《績語堂碑録》者）。家有八千卷樓藏書，後歸南京圖書館……行可復借《經學通論·詩》一卷去（并前借二册），云以王益吾《尚書孔傳参正》見借（是書曾爲《經學通論》所稱，謂其兼采古今，至爲詳備）……令華兒借得《尚書孔傳参正》（凡卅六卷，光緒卅年虚受堂刊）六册來。[②]

三十日，《黄侃日記》云：

行可還《經學通論·詩、春秋》二册來，復借餘三册去。[③]

年末，爲蔣孟蘋購致乃祖舊藏《青瑣高議》《岑嘉州集》《浮溪集》三種。《傳書堂藏書志》卷三校鈔本《青瑣高議前集十卷後集十卷》云：

此道光己酉先大父鈔校本。亂後散失，歸巴陵方氏，有方柳橋手書《宋史·藝文志》等六則。辛酉歲暮武昌徐君行可爲余自鄂渚購歸，與《岑嘉州集》《浮溪集》凡三種，皆先大父手澤也。有先大父名字印。[④]

---

① 《黄侃日記》第54頁。

② 《黄侃日記》第56—57頁。

③ 《黄侃日記》第60頁。

④ 《傳書堂藏書志》第779頁。吴格《〈傳書堂藏書志〉中所載湖州藏書史料》，收入王紹仁主編《江南藏書史話》，第572頁。

《傳書堂藏書志》卷四鈔本《浮溪遺集十五卷附録一卷》云：

此集即元趙子常汸所編《浮溪文粹》，明正德中刊，易名“遺集”。此吴氏瓶花館所抄，每葉闌外有“西泠吴氏繡谷亭鈔本”九字。吾鄉劉疏雨、范白舫兩先生遞藏，後歸先大父，亂後失之，辛酉歲暮，徐君行可爲余自鄂渚購歸。有“蟫華”“繡谷熏習”“疏雨熏習”“華笑廎藏”及先大父名字諸印。[①]

是年，借譚獻校《淮南子》過録本、李明哲《淮南義訓疏補》稿本與劉家立。劉家立《淮南集證》之《校正淮南内篇札記》云：

予於辛卯年在京口時，從友人處假顧氏千里《淮南校勘記》一册，係以道藏本校莊刻者，因迻録於莊本之上，是爲校讀《淮南》之始……《淮南書》博大精深，網羅先秦古籍至爲完備。譚復堂氏謂爲九流之鈐鑰，欲求百家之學者，當以此爲權輿。譚氏曾於莊本校録諸家之説，友人徐君行可有迻録本，向其假閲，其搜輯與予大致相同，其自校各條採入書内。又，漢陽李星樵太史撰《淮南義訓疏補》之作，其書繁徵博引，詮釋精皜，凡關乎訂訛棨誤者全行採入，其餘限於篇幅，不及備録……此書自光緒辛卯年起，至丙申春蕆事，當日僅一草訂本，存於篋笥，尚待謄真。壬子癸丑閒，僑廑南昌，友人豐城熊君譯元見而好之，謂可作《淮南》讀本，因命寫官録一清本。兹假得譚氏、李氏兩書，又增訂數十條，實爲幸事。第千年古籍流傳到今，其中可議者尚多，自愧盲學，不能多事研求，世有好學深思之士，亮其孤陋，董而正之。

七十七老人耴翁自識。[②]

① 《傳書堂藏書志》第 975—976 頁。

② 淮南集證二十一卷，劉家立撰，民國十三年（1924）中華書局鉛印本。案：是書民國十三年五月初版，民國二十三年（1934）八月再版。

案：己未年劉家立爲行可先生過録《西溪叢語》校語時自署“七十又五老人劉家立耴翁記”，則七十七歲正值辛酉年。

又，行可先生藏有《淮南子》校本多種，吴則虞《〈淮南子〉書録》云：

《淮南子》二十一卷，趙曦明校本。敬夫讐子書甚多，《吕覽》《淮南》其最者。《吕覽》畢氏靈巖山館刻本已采用，《淮南》則僅有傳録本，丙申徐行可先生借録，（自十一卷至二十一卷）。嗣見盧校本亦有敬夫校語在内。①

《淮南子》二十一卷，周廣業校本。校於莊刻本上，徐行可先生有過録本，校語甚少。②

《淮南子》二十一卷，繆荃孫校本。據宋本藏本以校莊本，并迻録趙曦明、孫志祖、勞格諸家校語，字跡端整，不似筱珊之筆，蓋倩人所鈔録。徐行可先生舉以貽余。③

《淮南訓義疏補》，李明哲。明哲，字星樵，漢陽人。無刻本，稿藏徐行可先生家，劉家立《集證》迻録甚多，然未備也。廌書行可，願乞一瓻，人事倥偬，久缺不報，未幾聞耗，此書終不可得見。④

至晚是年，黄侃已爲先生書懸壁聯以及其先人舊聯。

硬黄新寫蘭亭帖，飛白輕描薤葉文。桐風廎懸壁，楚秀庵主人。⑤

① 吴則虞《〈淮南子〉書録》，載《文史》第2輯，中華書局，1963年，第303頁。

② 吴則虞《〈淮南子〉書録》，載《文史》第2輯，第304頁。

③ 吴則虞《〈淮南子〉書録》，載《文史》第2輯，第305頁。

④ 吴則虞《〈淮南子〉書録》，載《文史》第2輯，第308頁。

⑤ 王依平《黄侃及其書蹟》，《書畫藝術》2013年第1期。

蟬蜕塵埃弦琴觴酒，雅意林壑飯羹濯纓。先人舊聯書承行可道兄尊屬，楚秀庵黄侃。①

案：黄侃《楚秀庵日記》殘存部分，起1921年11月12日，訖12月31日。② 1922年1月1日（辛酉年十二月初四），黄侃啓用“六祝齋”。③ “硬黄新寫蘭亭帖”，當和先生收得《寶鴨齋蘭亭》相關。④

又，黄侃亦爲行可先生書宋王安石句，時間不明，姑附於此：

難披梗莽尋千古，獨倚青冥望八荒。荆公句書似行可道兄先生，黄侃。⑤

民國十一年（1922） 壬戌 三十三歲

正月初二，詣黄侃賀歲，還書，黄侃托刻“羅趙前頭且眩書”印，先生告其羅趙確有其人。《黄侃日記》云：

行可來謁歲并還書，託其刻一印文曰“羅趙前頭且眩書”（此蘇子瞻《次韻孫莘老》詩句。自注：莘老見稱政事與書，而莘老書至不工。查慎行注引葛立方《韵語陽秋》云：世之言惡札者，必曰“羅趙”。然“羅趙”容爲何人，仍待攷）。

行可云“羅趙”有其人。暇當問其出處。⑥

檢《晉書》卷三十六《衛恒傳》云：

恒善草隸書，爲《四體書勢》曰：“羅叔景、趙元嗣者，與伯英並時，見稱於西州，而矜巧自與，衆頗惑之。故英自稱

① 王依平《黄侃及其書蹟》，《書畫藝術》2013年第1期。

② 《黄侃日記》第26—37頁。

③ 《黄侃日記》第38頁。

④ 尹一梅《寶鴨齋藏〈蘭亭〉綜述》，收入曾君主編《2011年蘭亭國際學術研討會論文集》，故宫出版社，2014年，第408頁。

⑤ 王依平《黄侃及其書蹟》，《書畫藝術》2013年第1期。

⑥ 《黄侃日記》第63頁。

‘上比崔、杜不足，下方羅、趙有餘’。”①

辛棄疾《稼軒詞編年箋注》（定本）卷四《西江月》（粉面都成醉夢）云：

詩在陰何側畔，字居羅趙前頭。②

案：張芝字伯英，羅暉字叔景，趙襲字元嗣。羅、趙善草書，詳見唐張彦遠《法書要録》卷九《張懷瓘〈書斷〉下》。

二十日，《黄侃日記》云：

今日令華兒詣行可借書，未遇。③

二十二日，詣黄侃，贈其寒具一包。黄侃來，借去《證類本草》《本草衍義》兩種。先生詢黄侃爲學之要。《黄侃日記》云：

行可來坐（留贈寒具一苞）……訪行可，借得武昌醫館刻唐慎微《證類本草》三十一卷，目一卷，十六册。寇宗奭《本草衍義》二十卷，二册。行可詢余以爲學之要。余遜謝而告之，謂宜及此盛年，家又非窶，專治一學，上可攀汪小米，下亦不失爲鈕玉樵，因論及治經之術。④

二十三日，爲黄侃踐行，其擬明日赴太原，然終未成行。《黄侃日記》云：

徐行可治具移飲余家，爲余餞行，坐有劉、姚、陳三君，晚飲後手談二局而散。⑤

二十四日，《黄侃日記》云：

① 唐房玄齡等撰《晉書》，中華書局，1974年，第1065頁。

② 辛棄疾撰、鄧廣銘箋注《稼軒詞編年箋注》（定本）卷四，上海古籍出版社，2007年，第397—398頁。

③ 《黄侃日記》第112頁。

④ 《黄侃日記》第114頁。

⑤ 《黄侃日記》第115頁。

致徐行可片，謝昨日餞席。[①]

二十八日，詣黄侃，留《李氏易解賸義》，借回《八朝全詩》《敬原精舍詩》。《黄侃日記》云：

午行可來，以《槐廬叢書》内李富孫輯《李氏易解賸義》三卷一册見借，尋而梅僧、孝先來，談至夜去。行可借去丁福保刻《八朝全詩》一箱廿册、《敬原精舍詩》二册去……校讀《易解賸義》竟，此三日來快事也。[②]

是月，題《嘉祐集》，秋日再題。

《困學紀聞》（卷十七）云："《大樂十二均圖》，楊次公作也，編於《老蘇集》。"誤矣。是集在宋時已有竄亂，不第《辨姦》一論也。壬戌正月，弜誃。

東坡《和淵明郭主簿》詩云："雀鷇含淳音，竹萌抱靖節。"自注云："此兩句先君少時詩，失其全篇。"壬戌之秋讀蘇和陶詩及此，又記。弜誃。[③]

二月三日，詣黄侃，留《李申耆年譜》《小德録》。《黄侃日記》云：

行可來、梅僧來、若夔至夜始去。行可留蔣彤編《李申耆年譜》三卷、《小德録》一卷（彤字丹稜）共一册（劉嘉業堂刊）借余閲。又有《暨陽答問録》四卷一册，亦彤録申耆之説。稱"暨陽"者，申耆嘗爲江陰暨陽書院山長也。書似語録，未爲甚精，而又詆諆漢學。至云今人講漢學，殊可恨。異哉！申

① 《黄侃日記》第117頁。

② 《黄侃日記》第118—119頁。

③ 嘉祐集十五卷，宋蘇洵撰，民國商務印書館影印《四部叢刊》本。徐恕跋。湖北省圖書館藏，索書號：善/2845。

者乃有此説乎？翻帑一過，仍付行可持去。①

四日，詣黄侃久談，留稿本《古詩存目録》。《黄侃日記》云：

行可來，久談，以楊星吾先生所輯《古詩存目録》六册（少三國一册）見示，并言當贈余《玉臺新詠》（近日刊成）一册。楊書即據馮惟訥《古詩紀》爲底本，而疏其出處（亦不完全）。塗改糾錯，殊不可理（此其第二次本）。昔年楊欲端尚書爲之刊本，端辭之，蓋知其書未佳也。先師劉君曾勸楊先刊《目録》。不知其書實未成也。余勸行可據此以作《詩紀校勘記》，不必于馮外更著一書。《詩紀》有遺，爲補苴而别成一編可也。此書明日當竭一日之力翻之。②

六日，贈黄侃《玉臺新詠考異》，踐四日之諾也。《黄侃日記》云：

行可贈余所校《畿輔叢書》本《玉臺新詠考異》（紀容舒撰，十卷二册）。③

所贈之書，行可先生題云：

壬戌春仲，取篋中福本，依舊所校者迻録一過，敬詒季剛先生。恕。（鈐"徐行可"朱文方印）④

十八日，詣黄侃，擬出借武昌府後街宅。留新購書四種，收回《古詩存目》。《黄侃日記》云：

行可來，言府後街有一宅。彼即宅主，願以僦予，約余後日往相之。又留新購書四種借余閲。其二皆湘潭胡元玉子瑞著。

① 《黄侃日記》第 120 頁。

② 《黄侃日記》第 121 頁。

③ 《黄侃日記》第 122 頁。

④ 玉臺新詠考異十卷，清紀容舒撰，清光緒五年（1879）刻畿輔叢書本，徐恕校。湖北省圖書館藏，索書號：善/2274。

《鄭許字義異同評》二卷……其《漢書鉤沉》一卷……胡錫燕伯薊《詩古音繹》一册……此即《説文通檢》……以楊惺吾《古詩存目》第二次稿七册還行可，無暇一翻，當俟佗日耳。①

十九日，《黄侃日記》云：

飯後，詣若夔，遇行可。在彼手談，至夜歸。②

二十日，《黄侃日記》云：

行可言，《永嘉叢書》内有《集韵校正》一書，思借閲。又言，當贈余《類篇》。③

二十一日，黄侃邀沐浴，日暮同至府後街宅。先生請其跋鐫書橱語，借出《韵府拾遺》。《黄侃日記》云：

詣鴻磐樓入浴，剪足爪。侍者服事周到，可喜。因邀行可同浴，浴後赴青龍巷飯，飯後至若夔家小坐。行可以李業興志請徐遵明贈謚文“託心淵曠，置情恬雅。處静無悶，居約不憂”四語鐫書厨爲編號之用，屬余作跋。借得雷復編《韵府拾遺》四册五卷。雷爲江晉三弟子，其書頗可觀，惟偶有小誤……行可有宅在府後街十三號，今暮雖同往一觀，承其美意，不索屋直，俟商母親而後覆。④

又，黄侃曾爲先生作《徐氏〈通鑑〉厨銘》，未知其時，姑附於此。

多識蓄德，莫要乎史，矧四部之繁穰，必用史爲綱理。尊莫若經，奥莫若子，澔汗無津，非可以訓蒙士。爰求君實、原父之書，俾以畢沅、夏燮所紀。納之一籄，便繙尋耳。上如几，取其可凭；下如笥，取其可庤。徐氏作銘詔後嗣，知古知今從

① 《黄侃日記》第124—125頁。
② 《黄侃日記》第125頁。
③ 《黄侃日記》第126頁。
④ 《黄侃日記》第126頁。

此始，勉力務之必有喜。①

二十三日，黄侃來書，又來久談，示以《學衡》兩册。有書賈持《鐵橋漫稾》求售，黄侃與之議價不諧。《黄侃日記》云：

王秉衡來，因作一書（内附潛江朱母誄）致行可，爲覓館，且言僦屋事（一須納僦金，二詢其屋後一家遷否）。梅僧來，因書聲母千文半幅。同出散步，至魁賓園飯，邀若夔至。飯後獨偕若夔至其家，復詣行可久談（有書賈持《鐵橋漫稾》至彼所，余欲購之，予價一千二百文，彼不肯售）。行可以《學衡》二册示余，内有余門人張文澍、鍾歆二人之作。②

二十四日，贈黄侃《絶妙好詞箋》，復留四册請其圈點。《黄侃日記》云：

行可以《絶妙好詞箋》兩本貽余（有塗圈可惜），復留《絶妙好詞箋》附《續鈔》四册余所，囑余圈點。③

二十五日，詣黄侃手談。《黄侃日記》云：

文欽、行可來，手談十六局，負甚。最後已將收子入匳矣，而忽勝，盡還所負。因悟世事反覆誰得知，而劉毅非不能盧之談，猶爲志驕見淺也。④

二十七日，《黄侃日記》云：

姚仙舟來，同訪行可不遇。⑤

二十九日，與劉治詣黄侃，賀其生日，手談至夜。留《義門集》。《黄侃日記》云：

---

① 黄侃《黄季剛詩文鈔》，湖北人民出版社，1985年，第73頁。
② 《黄侃日記》第127頁。
③ 《黄侃日記》第127頁。
④ 《黄侃日記》第129頁。
⑤ 《黄侃日記》第129頁。

余生日，生三十七年矣……梅僧、行可、若夔、蔚農來，賀余生日，手談至夜去。劉静晦（行可家塾師）來……行可見借《義門集》六册。[①]

三月初三，《黄侃日記》云：

行可令□貫送《鐵橋漫稾》四册來。價二千。[②]

初四，《黄侃日記》云：

若夔、行可、梅僧談至夜。[③]

初五，黄侃來，留《鐵橋漫稾》，回贈《類篇》，同至府後街宅，催促租户他徙。過南樓養正小學，同訪劉鳳章師不遇。《黄侃日記》云：

閲《鐵橋漫稾》竟，出詣行可，即以《鐵橋漫稾》假彼觀之。偕相新宅，促居後院者覓宅他徙，遂持行可所贈《類篇》三十一册還（本三十二册。其十四册上中兩卷一册，因闕葉十二，行可倩其家塾師劉君代鈔未斁）。適天將雨，電光矆閃，懼有雷，乃匆匆歸。過南樓養正小學，訪劉君文卿不值，遂拉行可乘車送余歸。[④]

初六，同黄侃至南樓養正小學訪劉鳳章師，黄侃取得先生所購《學衡》卷三。至黄侃寓所手談達曉。《黄侃日記》云：

薄暮挈田兒出遊，越高觀山，至若夔所小坐。若夔言，有人匄予爲壽序，託彼爲介。歸途遇行可，復遇肇一，同至一枝栖逆旅略坐，仍偕行可至南樓養正小學訪劉文欽，遇姚仙舟、陳和生，邀至來寓手談，遂達曉。向日殊無此事，後當戒之

① 《黄侃日記》第129—130頁。

② 《黄侃日記》第130頁。

③ 《黄侃日記》第131頁。

④ 《黄侃日記》第132頁。

（在文欽處取得行可所購《學衡》卷三）。①

十二日，借《佩觿》等五種與黄侃。詣黄侃，請其書《太玄》聯語，手談至十二時。《黄侃日記》云：

作片致行可借得《佩觿》《字鑑》《六書故》《刊正九經三傳沿革例》《經典文字辨正》五種。爲耀先、孟然作楹帖。行可來以朱格紙屬書余所集《太玄》聯。同出詣若夔不遇，因至行可家，復相偕還余所，邀蔚農來手談，至十二時去。②

案：黄侃書《太玄》聯語如右：

新鮮自求光于己，華芳用臧利當年。集《太玄》語，以今隸書詒弜誃主人。壬戌三月，黄侃。③

十六日，詣黄侃，留《孟子音義》和《錢氏四種》，告其王國維已影印敦煌所出《切韵》殘卷。十七日《黄侃日記》云：

昨夕行可來。假我《孟子音義》（二卷，《通志堂經解》本與宋蔡模《孟子集疏》卷八已下合册）、錢獻之《十經文字通正書》（十四卷二册）、《車制考》（一卷）、《詩音表》（一卷）、《爾雅釋地四篇注》（一卷，已上合册，此錢氏四種本），其餘一種曰《論語後録》，凡書四册。《詩音表》真是奇作，當細紬繹之也。行可言陸慈《切韵》，今日敦煌石室出書有其殘本。王國維曾影印之。余頗欲行可致書王君求之也。④

十七日，黄侃、譚若夔來，借去《列女傳》《説文韵譜》《漢鐃歌釋文箋正》。《黄侃日記》云：

閲《説文通檢》末卷。櫛髮須面。詣若夔（送昨代收錢十

---

① 《黄侃日記》第137—138頁。

② 《黄侃日記》第142頁。

③ 《徐行可先生捐贈古籍文物五十周年紀念集》第11頁。

④ 《黄侃日記》第145—146頁。

圜），小坐，共訪行可。於案上翻思賢講舍重定李遵王《周易集解纂疏》王先謙、陳寶彝序。余以爲遵王書自必傳。寶彝必以爲有疵纇，不妨别作糾繆，無勞因儴筆削，使李書失其本真。寶彝事類操戈，名偏附驥，殊可忿也。至王君譏遵王不應以漢學解兼義，不悟王、韓、孔固有陰用舊説者。遵王特爲疏通證明之，使人知王學與僞圖臆説畢竟有别。良工心苦，王君非之何乎？向行可假得阮刻《列女傳》四本、馮桂芬刻《説文韵譜》二册、王先謙《漢鐃歌釋文箋正》一册。①

十八日，涂遇黄侃，偕歸家，弈至夜，借出《小學攷》。《黄侃日記》云：

向勉公借得醫書一册，日本《大藏經目録》一册。歸途遇行可，偕至其家（行可此月廿四日生日，約飲），弈至夜，借《小學攷》六册歸。②

二十一日，詣黄侃，示其江有誥書三種，送劉治補鈔《類篇》闕葉，弈至子夜。《黄侃日記》云：

行可來，以江有誥書三種見示（在廣倉學窘所印《學術叢編》第十九、廿二兩卷中），以劉静晦代鈔《類篇》見付，明當裝繕之。邀熊、王來弈，至子夜罷。③

二十七日，詣黄侃，留《四庫提要·經部》《駢雅訓纂》《莊子集解》，又送《類篇》闕葉。《黄侃日記》云：

從行可借得《四庫提要·經部》《駢雅訓纂》《莊子集釋》。行可又以静晦代鈔《類篇》數葉帶來，令女容裝綴之，從此此

---

① 《黄侃日記》第146頁。
② 《黄侃日記》第146頁。
③ 《黄侃日記》第148頁。

書完全不缺也。①

是月，假丹徒余氏藏《施註蘇詩》，移录黎簡批校。其跋云：

墨筆依黎簡民先生讀本。壬戌杪春，假丹徒余氏藏本迻録。弜誃。②

案：先生收藏多部《施註蘇詩》。此丹徒余氏藏本，或即今武漢圖書館藏本，昔日爲漢陽李鳳高贈與余澤如者。

四月五日，校畢《淮南鴻烈間詁》并跋。

壬戌四月五日斠竟。彊誃。③

七日，黃侃柬約十三日晚飯，其母生辰也。《黃侃日記》云：

發柬告諸友，以十三日母親生辰，請來晚飯（行可、若夔、梅僧、蔚農、孝先、文欽、勉公）。④

十八日，黃侃跋借自先生之《尚書孔傳參正》。

壬戌春從徐恕借閲，四月十八日閲竟。有三事爲撰書人掜擘。今文無徵者衆，既云今文有序，何以不盡合於《大傳》？清儒欲排僞傳，而所釋多不辭。至勦襲陳言以著書，無所發明而自詡，是彼都人士之所同，不足專責王氏。黃侃季剛題記。（鈐“季子”朱文方印）⑤

案：辛酉十二月二十九日（1922 年 1 月 26 日）先生借與黃侃《尚書

① 《黃侃日記》第 153 頁。

② 施註蘇詩四十二卷總目二卷，宋蘇軾撰，宋施元之、顧禧註，清邵長蘅等删補；蘇詩續補遺二卷，清馮景補註；王註正譌一卷，清邵長蘅撰；東坡先生年譜一卷，宋王宗稷編，清刻本。湖北省圖書館藏，索書號：善/1695。

③ 淮南鴻烈間詁二十一卷，漢許慎撰，清末抄本，徐行可校，浙江圖書館藏。

④ 《黃侃日記》第 158 頁。

⑤ 尚書孔傳參證三十六卷，王先謙撰，清光緒三十年（1904）虛受堂刻本，黃侃跋。湖北書圖書館藏，索書號：善/2166。

孔傳參正》。黄念田《蘄春黄先生遺著提要》、黄焯編次《量守廬羣書箋識》、王欣夫《蛾術軒篋存善本書録》均載黄侃跋。

三十日，題《陳書》以詒劉治，其辭云：

遊書肆見此本，舊有圈點，是畧諳義法者所爲。購歸用詒静晦先生，可爲正讀，兼續點定其未完諸卷也。時玄黓奄茂孟夏月晦日。恕。[①]

同日，胡思敬卒，年五十二。[②]

案：先生與胡思敬有舊，曾向其假録沈欽韓《新唐書正誤》，又贈其清魯一同墨梅四幀、篆印兩方，胡思敬有書致謝，該書未知年月，姑置於此，以存二人交往之爪痕。又，佐胡思敬校刻《豫章叢書》之劉家立，先生亦與之有舊。《退廬箋牘》卷三《答徐行可書》云：

日前抵省，得見尊贈魯通甫墨梅四幀、篆印兩方。梅可以伴歲寒，印可以訂石交，意隆物厚，感謝何可罄言。執事坐擁百城，兼以餘力致藏金石字畫，高懷雅致，自與俗殊。大凡人之生也，有性不能無情。感情物而動，清濁分焉。濁者好貨好酒好色好博，最下者好奔走夤緣，清者好古玩好音樂好花木，進而好書籍好金石字畫，則尤高人一等。然古人之於情，特寄焉而已，不敢溺也。溺則爲物所累，且奪吾盡性之功。五常皆具於性，六經四書之言，炳如日星，雖竭全力赴之，未易盡也。能盡性矣，好金石字畫固佳，即好色好酒亦何至爲物所累。不能盡性，好酒好色好博，固流爲小人，即好書籍好金石字畫，豈能謬託於君子。昔之賞鑒家無過於蔡京、賈似道、嚴世蕃，

① 陳書三十六卷，唐姚思廉撰，清光緒十年（1884）上海同文書局石印本。徐恕跋。湖北省圖書館藏，索書號：善/1507。

② 雷鳴《胡思敬年譜》，南昌大學2007年碩士學位論文。

今之賞鑒家無過於端方、張蔭桓。昔之目録家有錢謙益，今之目録家有繆小山、傅增湘、董康，其人之賢不肖何如？蓋不問而可知矣。僕與執事同有此癖，自言而自蹈之，抑何可笑，然不可不互相儆戒也。貴鄉國初有金先生會公，文格在熊、劉之上，其所著《居業堂集》，未知有無刻本。近世有興國萬先生、漢陽關先生，皆有譔述，著籍弟子甚多，可得聞歟？曩在京獲交蘄水陳仁先，又因仁先得知費君丹階、饒君竹生、謝君鳳蓀，皆好學深思，慷慨負志節，未之見也。三君踪跡，近託何所，所晤時乞代致傾慕之忱。兵禍迭更，而天心尚未厭亂，願努力加餐，爲道自重。臨穎惶悚，不盡欲言。[①]

是月，跋《孟子私淑録》。

《經韵廔集》卷七《答程易田書》中舉丁小山札語云：得《原善》初稿二本，《孟子字義疏証》一本，細細校勘，知孔刻之挩誤。丁君亦於師處往來最熟者。又舉程札云《疏証》定本改云《緒言》云云。此本鈔自菉風堂，書題“孟子私淑録”，當是《疏證》初稿。案頭適無孔本，異他日得之，須互校也。壬戌四月，弜誃。[②]

五月八日，黄侃之母田太夫人逝世[③]，先生賻錢十萬，和劉鳳章師等共送祭饌。七月二十一日《黄侃日記》云：

母没時，侃僅存前爲人作碑潤筆錢廿三千，張馥哉寄資用餘五十五圓，九姊寄母錢廿圓，即日賴行可贈錢百千成禮。

① 退廬箋牘四卷，胡思敬撰，民國十三年（1924）南昌退廬刻本，卷三之第二十二至二十三葉。

② 孟子私淑録三卷，清戴震撰，民國武昌徐氏鈔本，徐恕跋。湖北省圖書館藏，索書號：經七/3464。

③ 《黄侃日記》第163—164頁。

母没而未來親弔者題名（已謝者規識之）：徐行可〇（再）。[1]

賻錢者題名：徐行可百千。[2]

劉文卿、静晦、葛次孚、徐行可、姚仙舟、陳梅僧、譚若夔送祭饌一筵。[3]

初十，奉還所借張宗祥藏清譚獻校《意林》并跋，見民國十年暮春條。

六月十七日，持劉師培校《文子》注本以示黄侃。黄侃《跋徐行可所藏劉先生手校〈文子〉注本》云：

壬戌六月十七日，行可持是本見示，展視筐當上校語，乃先師儀徵劉君手跡。所據諸書，皆其幽居白雲觀時，見之道藏中者也。幸歸行可，使侃今者猶能捧玩欷歔。劉君没時，其書皆散，蔡元培諸人，始欲藏其書於大學。知君未没前，曾以未成書之稾數種付侃，來書督索不可少稽緩，既而爲德不卒，舉君書悉付其族人。天津書店遂往往見君手批書籍，此亦命也。才高運屯，所遭逢不若其家子駿、光伯遠甚，已足傷心，矧此殘編，復何足道？君卒於己未歲九月廿七日，心喪之制，倏已盈期，追憶平生，宛然心目，循摩是册，不知淚之何從也！[4]

是月，請黄侃校《南宋四家律選》。七月二十一日《黄侃日記》云：

七七日後，間翻古籍，計校《閣帖》大王書三卷，爲行可

① 《黄侃日記》第165頁。
② 《黄侃日記》第167頁。
③ 《黄侃日記》第168頁。
④ 《黄季剛詩文集》第552—553頁。

校彭元瑞選《南宋四家律詩》五卷。又自校葉刻《沈下賢集》，爲審伯校錢坫《説文斠詮》、尤本《文選注》。《選注》校評，頗有苦心，亦以此度悲憂窮蹙之日月而已。①

案：黄侃自記其母逝世七七日乃閏（五）月二十七日，百日爲七月二十日。② 黄侃校本，除行可先生藏書印之外，尚有其子“徐孝寔”“君寶”印。各卷末均題“黄侃校”并鈐“季子”印，卷端黄侃題：

行可屬黄侃斠。壬戌六月，侃在倚廬中，梵誦之郤，未廢丹鉛。古稱“大功廢業”，矧斬焉衰絰中乎？誠自劾自恨也。（鈐“季子”）

卷五末題“都五卷八十一紙二萬五千九百二十一字”。雖無名款印章，仍可斷定乃行可先生親筆。③

七月，黄侃從先生借得清乾隆間長洲葉氏海録軒刻朱墨套印本《文選》，以與胡克家刻本對看，至十四日閲畢并跋，跋云：

壬戌七月從行可借，以與胡本對看。黄侃記。

義門於注頗有校訂之功，此刻乃悉從蔓汰。至書眉攷證校讐之語，稍可觀者，余仲林已悉取之，不煩看此也。

義門論文亦有精語，而有三弊未袪：一曰時代高下之見，二曰俗文門法之見，三曰體裁朦溷之見。惜也！研精數十年而所得僅此也。

校覈書籍，百聞不如一見。學者見書未廣，宜知思適之義。切不可信人之説，亂改書，而葉星衛則一未諳體要腹笥儉陋之人，但以刻書附名爲得計耳。

---

① 《黄侃日記》第 169 頁。

② 《黄侃日記》第 165 頁。

③ 南宋四家律選五卷，清彭元瑞選評，民國武昌徐氏鈔本。湖北省圖書館藏，索書號：集三/2101。《徐行可舊藏善本圖録》第 305—306 頁。

壬戌七月十四夕閲斁。緐帬此書，費數日之力，寧無小補，還當多謝前修。匡謬指瑕，非有成見，鏡不辭照，豈可遺媸。缾亦婁空，疇能矜滿。後來閲者，幸勿呵焉。績芸人黄侃季子記。[①]

二十二日，詣黄侃，囑書胡思敬輓聯，示以《籑喜廬叢書》本《文選殘卷》《陶集殘卷》，《常州先哲遺書》本《文選考異》，《鄦齋叢書》本《續方言又補》《説文諧聲孳生述》。借得黄侃批《説文雙聲疊韵譜》。《黄侃日記》云：

夕，行可來，以《纂喜廬叢書》（德清傅雲龍懋元刻）景日本延喜本《文選》第五殘卷，又《常州先正遺書》（盛宣懷刻）尤本《文選考異》一卷見示，又以徐乃昌刻自著《續方言》又《補》二卷、陳卓人先生著《説文諧聲孳生述》兩册見假。又貽余慎自愛軒刻（黄梅梅雨田）《字鑑》一册、《佩觿》一册。行可近購《四部叢刊》中有影宋本六臣注卅册。余略一展視，疑即尤本之所出，它日當假來校覈。有此則無庸以重價買茶陵矣。又聞鳴沙石室《古籍叢殘》卅卷中（羅振玉印，六册三十元）有唐永隆寫本《文選》卷二，又唐寫本，又卷第廿五，又隋寫本。凡《文選》四種，擬乞行可買之，以供校讐。行可屬余書胡瘦唐侍御輓聯（今夏没），撰句云："青鎖拜封章，豈願多言類端木（侍御以辛亥春疏言，新政速貧、速亂、速亡。尋罷官。其年遜國）；黄冠歸故里，仍將高節媲文山（侍御爲道士服十年餘）。"行可假余批鄧廷楨《説文雙聲疊韵譜》一册去。[②]

---

① 文選六十卷，南朝梁蕭統輯，唐李善注，清何焯評點，清乾隆長洲葉氏海録軒刻朱墨套印本，湖北省圖書館藏，索書號：善/2173。

② 《黄侃日記》第169頁。"行可近購四部叢刊中有影宋本六臣注卅册"，程千帆案：本字下疑脱"文選"二字。

二十四日，黄侃鈔録清洪亮吉上錢大昕書，先生所藏也。《黄侃日記》云：

洪稚存上錢少詹事書（行可所藏，凡三紙，箋角有華并“富春”二字。印一，文曰“徐氏書”。）

後學洪亮吉頓首肅啓，辛楣先生大人閣下：束髮以來……甲辰六月十九日，亮吉再頓首肅啓（凡五十五行）。

適手邊錢集缺與洪書一卷，洪集尚未借以來，無由校勘。惟有塙知其誤者……細審此書，疑非北江自筆。①

二十五日，黄侃記録先生言梁啓超暑假來漢演説事。《黄侃日記》云：

行可日前言梁啓超來鄂，赴中華大學暑假講演。第一日發講，即有無數笑柄。彼云：春秋時，楚都武昌，三國時，吴亦都武昌。又舉湖北先賢五人：老、莊、屈子、葛相，蓮以道安。夫楚凡四都，未嘗居鄂；吴雖中徙，乃今鄂城。老則苦縣；莊爲蒙人；諸葛，陽都；道安，扶柳。楚國惟善以爲寶，寧不欲致彼衆賢？君子不輕去其邦，恐不必玩斯芳草。②

二十六日，黄侃來，借去《洪北江集》、《錢竹汀集》、戴氏《經考》、《誠齋全集》。南昌黄鏞乞黄侃爲其母作墓表，先生爲之介。劉鳳章師來。《黄侃日記》云：

行可介南昌黄文衡（名鏞）來，乞爲其母氏作表，遂共出至行可家，借得《洪北江集》十本、《錢竹汀集》一單本（卷卅三至卅七）、戴氏《經考》五卷二册（南陵徐氏刻）、《誠齋全集》廿本（乾隆甲寅吉水楊祠刻）。至暮反。劉文卿來訪不直，

---

① 《黄侃日記》第171—173頁。

② 《黄侃日記》第173頁。

直于行可處。[1]

二十七日，黄侃跋借自先生之《籑喜廬叢書》。黄侃來，帶回《廣韵》，借去《瘞鶴銘》《宋詩紀事》。黄侃跋《籑喜廬叢書》本《文選殘卷》《陶集殘卷》云：

壬戌七月廿七日，從行可借得此册，所載二本並已迻録于近校胡翻尤本《文選》書眉，其字體小殊，置之不議。《文選》曹詩“昵”作“䏺”，似是六朝俗書，而《篇》《韵》不載。孫詩“追送”作“迫送”，必是譌文。“纓”作“纏”，亦未是。至孫子荆稱名，或舊本參错，今尤本《左傳序》尚題杜預也。所最奇賨者，孫詩之後即題“《文選》卷之五終”，今善注《文選》以昭明原卷一卷爲兩卷，此二詩在善注卷廿中，則在昭明原卷必爲卷十，不得爲卷五也。又善本卷廿孫詩之後尚有數篇，而此則遽尔終卷，是此刊分卷及卷序悉與昭明不合，是必當闕疑者也。《歸去來辭》“涓”作“涾”，字書所無，“何之”作“行之”，亦未是。大抵古本必須多見，一槩阿之以改今本，則不免有過也。延喜本上下有墨匡而兩側無之，致書卷之式，一變而爲摺，久而摺斷，而乃分爲葉。今延喜本猶存摺葉蟺化之迹，此談板本式樣者所宜知。傅氏廑謂其存唐前卷式，知之猶未晰也。二林鄉人黄侃題記。（鈐“季子”朱方印）[2]

又《黄侃日記》云：

過録傅雲龍景日本延喜十三年良峰衆樹刊葉子本《文選》殘卷于林翻胡本之書題餘紙。其字體小殊，置之不辨，惟“昵”作“䏺”，似出六朝俗書；孫子荆詩“追逆”作“迫送”，必爲

① 《黄侃日記》第175頁。

② 籑喜廬叢書，清傅雲龍輯，清光緒十五年（1889）德清傅氏日本東京刻本，湖北省圖書館藏，索書號：叢一/636。

譌字，“縪”作“纆”，亦未是。至孫子荆稱名，或本舊題，尤本《左傳序》尚題杜預也。所最奇侅者，孫詩之後即題“《文選》卷之五終”。今善注分昭明原卷，此在廿卷，則昭明必爲卷十。又善本卷廿孫詩之後尚有數首，而此遽然終卷，是分卷、卷序悉與昭明不合，恐此未必是昭明《文選》也。又過録傳景唐天祐二年龍興寺沙門光遠刊《歸去來辭》（并上，皆在傅所刻《纂喜廬叢書》中），“涓”作“湝”，字書無（惟有湝字）；“何之”作“行之”，亦誤也。舊本必須多見，一概阿之以改今本，則嗜古者之愚。藏書家之所用自矜異，非學問之要矣。延喜本上下有墨框而無縱闌，蓋初改卷爲葉，尚存卷子舊式也。暮至行可處借得《瘞鶴銘》一册、《宋詩紀事》一單本（卷卅二至卅五），取還《廣韵》五册。①

案：二十二日黄侃借去《纂喜廬叢書》。

二十八日，《黄侃日記》云：

行可借去手校《十三經》一巨册、胡氏《文選攷異》二册、耀先所讀《文選》七册。②

又，陸宗達《季剛先生與〈手批白文十三經〉》：

辛酉年批校後，季剛先生則開始補記書中異文。標至《禮記·學記》時，徐行可來，中途借去過録，數月乃還。於是，全書異文至壬戌年九月一日始標訖。③

是月，請黄侃書傅山題倪元璐畫扇詩。

只此寥寥筆，教人不敢輕。畫圖成甚事，國難成英靈。俗

① 《黄侃日記》第176—177頁。

② 《黄侃日記》第181頁。

③ 武漢老齡科學研究院、武漢成才大學主編：《黄侃紀念文集》，湖北人民出版社，1989年，第43頁。

物論真贋，吾儕敬姓名。爭傳揭包老，亦復擅丹青。

右，傅青主先生題倪文正公畫詩，稱“蓉庵老詞宗政”，下署“方外山”，畫乃一摺扇。行可見於武昌，欲購未得，常用慊然。今歲夏，偶獲文正書一幀，歡喜無量，因憶青主是詩，令侃書之，裝置倪帖之下，竊印景行，如晤二賢于一室。行可稽古之樂，誠非常人所有哉，爰依傅韵敬題一章，辭曰：

渡江留索靖，心視亂離輕。得見山陰妙，如親上相靈。煙雲隨筆跡，日月焕鴻名。更憶韓康老，披圖眼爲青。

壬戌七月後學黄侃題于行可所廬之桐風廡。①

案：湖北省博物館收藏行可先生捐贈倪元璐帖多種，黄侃此題附於倪元璐行書《楚辭句軸》。② 又，現藏武漢博物館之傅山《草書題倪鴻寶畫扇詩》扇面，或即行可先生欲購而未得者。黄侃書“國難成英靈”，武漢博物館藏扇面爲“國難見英靈”，小異。③

八月初二，《黄侃日記》云：

行可處借來《唐、宋詩紀事》各一部，見貽御用殘朱一錠。作書與行可，謝不爲黄鏞作文。④

初五，黄侃爲先生及劉治各書一聯，既而來訪，借去《通俗編》《東方雜誌》《四聲等子》《南北朝文鈔》《莊子注》《大桴山人偶存稿》《湖北金馬考》。《黄侃日記》云：

又爲静晦作一聯云：“山浸半陂唯一碧，日曬西海有餘明。”

---

① 李海珉《南社書壇點將録》，蘇州大學出版社，2012 年，第 409—414 頁。王曉鐘《黄侃與徐行可收藏及其書藝》，《書法叢刊》2016 年第 3 期。

② 王依平《名臣之典範，異態之書風——倪元璐其人其書》，《書畫藝術》2005 年第 4 期。

③ 朱莉主編《毫素生春——武漢博物館藏清代書畫珍品録》，文物出版社，2017 年，第 35 頁。

④ 《黄侃日記》第 188 頁。

又爲行可撰一聯云："有聞必行，請師仲氏；無物不可，試詰莊生。"眼鏡玳瑁架忽折一支，出買之，遂至行可處，借得《通俗編》十二册、《東方雜誌》第十七卷第八號、《四聲等子》一册、彭兆蓀《南北朝文鈔》二册、司馬彪《莊子注》二册、鄉先達陳主事詩《大桴山人偶存集》一册、《湖北金馬考》卷八至卷十，一册；又索得朱錠一條。行可約余渡江饕夷饌，遂購沙沃碘兩瓶，迫暮還舟，風煙慘黮，令人不怡。入城抵寓，表針已指辛時矣。①

案：八月七日（9 月 27 日）至九月五日（10 月 24 日）《黄侃日記》常大段鈔録《通俗編》。黄侃《通俗編》箋識，收入黄焯編次《量守廬羣書箋識》。又，《通俗編》存黄侃借書及讀畢時題識如下：

壬戌八月黄侃從行可借讀。（鈐"侃"朱文方印）

壬戌九日黄侃季剛讀一過竟。（鈐"黄侃"白文方印、"季剛"朱文方印）②

如此，此書黄侃重陽節讀畢。

十一日，持示黄侃清陳詩《湖北金石存佚攷》。《黄侃日記》云：

行可持來陳愚谷先生《湖北金石考》第一册。③

十二日，《黄侃日記》云：

① 《黄侃日記》第 194 頁。

② 通俗編三十八卷，清翟灝撰，清乾隆十六年（1751）無不宜齋刻本。黄侃批并跋。湖北省圖書館藏，索書號：善/2194。《徐行可舊藏善本圖録》第 46 頁。

③ 《黄侃日記》第 210 頁。壬戌八月十七日（1922 年 10 月 7 日）《黄侃日記》云："令介臣鈔陳愚谷《湖北金石存佚考》卷九蘄州及全書《自序》校刻姓氏目録，書凡廿二卷，所載蘄州《金石記》，目如左。"見第 215 頁。

行可持示何屺瞻立軸，疑贋物也。[①]

十四日，《黄侃日記》云：

從行可借《荀子集解》《韓非子集解》各一部。[②]

二十二日，示黄侃《鄭徵君遺書》和《楹聯大觀》。《黄侃日記》云：

行可以花近樓刊《遵義鄭徵君遺書》八册（文集六卷、詩集九卷、後集四卷、遺集一卷，附《屈盧詩集》四卷），吴興張氏松管齋藏聯、平湖葛氏愛日吟廬藏聯、順德鄧氏風雨樓藏聯、亞土板印凡二册（外署“楹聯大觀”）見示。[③]

九月二日，《黄侃日記》云：

詣行可不遇。[④]

二十四日，《黄侃日記》云：

行可送來一印，王福厂刻。[⑤]

是秋，將李尹桑所治“爲夸目録散黄金”印轉贈易均室。《李鉨齋先生印存》存該印易均室邊款：

是鉨極得黟山師金文行氣，弜宧一旦舉以見贈，爲之狂喜，極屬鉨齋證盟。壬戌秋旅園記。[⑥]

案：此印乃李尹桑於己未（1919）七月爲先生所治。

十一月二十四日（1923 年 1 月 10 日），録《廣韵土地名鈔》五卷，以詒熊會貞。先生跋云：

---

① 《黄侃日記》第 211 頁。
② 《黄侃日記》第 211 頁。
③ 《黄侃日記》第 226 頁。
④ 《黄侃日記》第 244 頁。
⑤ 《黄侃日記》第 258 頁。
⑥ 《李鉨齋先生印存》。

《廣韵》釋氏族文，前人有爲作疏證者，其所釋水地未聞有注也。今者蘄柳黄侃覃精是書有年，將爲之箋，而於此亦病未能也，爰取是書釋水地者加朱識，命人録之，以詒固之學長老先生，俟它日桑酈書疏成，踵爲之箋，庶吾黨之幸也，於黄君尤有餴焉。十二年一月十日，武昌徐恕行可上。①

案：是書用“知論物齋書鈔”稿紙，卷端題“桐風高寫本”。

十二月初六（1月22日），孫毓修卒。②

是年，張宗祥自先生處影鈔《世説新語》三卷。張宗祥《鐵如意館手鈔書目》云：

田氏此書，後歸徐行可兄。壬戌，在漢借影是册。③

案：張宗祥影抄《世説新語》三卷，今藏浙江圖書館，存張宗祥跋，署時爲壬戌年十一月。徐行可先生舊藏，係田吴炤影抄自日本，今藏上海圖書館。④

約是年，向承周、陳遵默受聘於漢上某私塾，自是與黄侃及先生結識交游。先生襄助和推介兩人著述，兩位亦多爲先生校書。向宗魯《説苑校證》之《敘例》：

是書時求異本，僻處西陲，苦難如志。及來漢上，得友徐氏弜誃，輾轉假閲，一鴟無靳。所據校者，有宋咸淳本、明楚府本、何良俊本、程榮本、楊鐣本、何鏜本、天一閣本，及世俗通行王謨本、崇文局本、新景印明鈔本。⑤

---

① 廣韵土地名鈔五卷，徐恕輯，民國十二年（1923）武昌徐氏知論物齋鈔本。徐恕跋。武漢圖書館藏。感謝武漢圖書館李茜惠示書影。

② 柳和城《孫毓修評傳》，上海人民出版社，2001年，第46頁。

③ 《鐵如意館手鈔書目》，收入浙江省文史研究館編、曹錦炎主編《張宗祥文集》，上海古籍出版社，2013年，第1册第244—245頁。

④ 《上海圖書館藏善本題跋真蹟》第9册第304—308頁。

⑤ 向宗魯《説苑校證》，中華書局，1987年，《敘例》第2頁。

屈守元跋向宗魯遺著《〈周易疏〉校後記》云：

先師向宗魯先生名承周，四川巴縣人。一九二〇年前後，在成都存古學堂從井研廖季平（平）先生學。一九二二至一九三一年，在漢口教書，與蘄黄季剛（侃）、武昌徐行可（恕）諸先生游。①

屈守元《〈説苑校證〉序言》言向宗魯：

國學院畢業後，一九二二至一九三一年的十年間，在漢口作家庭教師。當時經營紡織的三位工商業家共同聘請向先生教授他們子女的古典文學，受業者不過十許人。向先生教讀之暇，得以肆力於樸學，一意探求戴（震）、錢（大昕）、段（玉裁）、王（念孫）諸大師實事求是的治學塗徑。與蘄春黄季剛（侃）先生、武昌徐行可（恕）先生游，兩先生皆博覽羣書，又好收藏，善本精鈔，相互通假。那時正是向先生的壯盛之年，平生學業，最爲猛晉，著述也以此時爲繁富。②

又，羅元暉《考據學家向宗魯先生》云：

1922年，武漢裕華紗廠主持者蘇泰餘、黄師讓、姚××三人，爲子女辦一專館（私塾），有學生十餘人。蘇泰餘與文伯魯爲姻親，托文在渝聘請教師，經文推薦，聘向宗魯教文史，陳季皋教語文，李嘉會教數學……在此教館期間，向宗魯與黄侃（字季剛，號運甓，别號病禪，湖北蘄春人）、徐恕（行可）結識交游……他把研究成果輯録成册，所校《文選》，就是用徐恕所藏湖北宜都楊守敬（字惺吾，清末著名書法家）從日本得來珍貴的無注印本三十卷，逐一校定寫成。稍後，他對《説苑》《史通》《淮南子》等書的校注，都是得黄、徐藏書的不吝借助

① 向宗魯遺著《〈周易疏〉校後記》，收入《中國歷史文獻研究集刊》第3集，嶽麓書社，1983年，第90—99頁。屈守元《跋》見第99頁。

② 向宗魯《説苑校證》,《序言》第5頁。

而撰寫成的。[①]

約是年，程頌萬爲先生桐風廎題詩。《程頌萬詩詞集》卷十三《壬戌癸亥》之《徐行可桐風廎》云：

伯陽之堂西有廎，猗桐峨峨覆其頂。百城汲古食在井，井毒滋兮杍可從。爾樹特立江流東，廎兮廎兮深爾容。[②]

案：該詩位於該卷第二首，姑編年於壬戌。

民國十二年（1923）　癸亥　三十四歲

二月，囑黄侃録清李必恒集《世説新語》句。

幼輿宜巖石置，司州可林澤遊。弜誃屬録高郵李北岳集《世説》詩句，癸亥二月，蘄黄侃。[③]

差可羣心獻酬，具令齒牙得利。李必恒集《世説》句爲弜誃主人書，癸亥二月，侃。[④]

四月十九日，校《李文公集》并跋。

蕭敬孚先生手校本在夏口李鳳高槼亭家，余從李丈假得，臨斠一過。十二年四月十九日勘斁記此，弜誃。

明成化乙未邵武郡守馮師虞刊本，蕭先生未之見也。臨校時取景印馮本勘對，未通校也。俟異日更讀之。弜誃又記。（鈐“弜誃閒業”朱文長印、“精摇靡覽”朱文楕圓印）[⑤]

九月九日，謝善詒借校先生藏《意林》畢，跋云：

---

① 羅元暉《考據學家向宗魯先生》，收入成都市政協文史學習委員會編《成都文史資料選編》（教科文衛卷下·人物薈萃），四川人民出版社，2007年，第103—106頁。

② 程頌萬《程頌萬詩詞集》，湖南人民出版社，2009年，第175頁。

③ 王依平《黄侃及其書蹟》，《書畫藝術》2013年第1期，第54頁。

④ 王依平《黄侃及其書蹟》，《書畫藝術》2013年第1期，第56頁。

⑤ 三唐人集，清馮焌光輯，清光緒南海馮氏讀有用書齋刻本。湖北省圖書館藏，索書號：善/2951。

癸亥重陽謝善詒弈塾借校畢。（鈐“硯穀”朱方印）[1]

案：此即先生自張宗祥處過録譚獻校本之一，參見民國十年暮春條。

十一日，鈔校《長安獲古編》目録并跋。

靈鶼閣刻《嘉蔭簃藏器目》，斷至秦，止復佚師器父鼎、白正父匜二器。癸亥重陽後二日，寫校目録竟記此。弜誃。[2]

秋，蔡繩祖贈以《建康實録》鈔本。

約是月，先生藏《羅兩峰畫羅漢册二十二葉》，由上海中華書局影印出版。

案：影印本版權頁題“藏者徐行可”“鑒定者高野侯”“發行者上海中華書局”“中華民國十二年十月發行”。該册存先生藏印“曾歸徐氏彊誃”“鄂渚徐氏經籍金石書畫記”。[3] 高時顯，字欣木，號野侯，辛酉三月先生在上海曾與其晤面。

十月初一，收到金陵文海山房主人馮培基所寄甘氏刻本《建康實録》，發願校勘此書。四日，校首卷畢。十三日，與傅朗西、劉治同讀卷二畢。先生跋甘氏刻《建康實録》云：

辛酉四月遊扈瀆，得菣風堂藏虞山張氏棐本。今年秋蔡子且盦以所藏書鈔本詒余。十月朔金陵書友文海山房主人馮培基爲致是刻至，因發願勘讀。立冬後三日校卷首畢。

（卷二末）癸亥十月十三日與傅子朗西劉子竫晦同讀斁。[4]

---

① 意林六卷，唐馬總撰，清光緒三年（1877）湖北崇文書局刻本（卷六配抄本）。湖北省圖書館藏，索書號：善/1516。

② 長安獲古編二卷補編一卷，清劉喜海輯，清光緒三十一年（1905）劉鐵雲刻本。湖北省圖書館藏，索書號：史十五/1079。

③ 羅聘《羅兩峰畫羅漢册二十二葉》，中華書局，民國十二年（1923）影印本。

④ 建康實録二十卷，唐許嵩撰，校勘一卷，清甘曾沂撰，清光緒二十八年（1902）甘氏桑泊草堂刻本。湖北省圖書館藏，索書號：善/1566。

案：是年十月初一立冬。文海山房主人所致書爲清光緒二十八年(1902)甘氏桑泊草堂刻本，是書先生僅校卷一至二。至此先生已收得三個版本《建康實録》：清嘉慶張氏刻本、清抄本和甘氏刻本。除卻卷一至二校於本書，卷三至二十則另有校記兩册：一册“以張本校甘本，行數以甘本爲準”，一册“以抄本校張本，行數以張本爲準”。[①] 可惜，最終未能董理成文。日後，先生得知酈承詮有意從事是書，主動出借藏書，助成其事。

又，傅朗西，當爲先生助手之一，曾爲先生抄録《水經註疏》。[②]

是月，黄侃來，觀唐寫經《維摩詰經》卷（下）。

癸亥十月觀于行可齋中因題。蘄春黄侃。同觀者黄人望張紹華。(鈐“黄侃季剛”印)[③]

十一月二十八日，黄侃題先生藏《谷郎碑》。

欲窺譙戍殘銘真筆，意非假道雙井不可。對比殊寶，令人不復悵想上皇山樵。癸亥十一月二十八日，山谷後人黄侃題記。[④]

十二月十二日至十六日，校《大唐創業起居注》并跋，跋云：

書眉斠語録友人陳季皋遵默本，用紫筆。

(卷上末）癸亥嘉平月十二日用學津本以朱筆校此卷訖竟。

(卷中末）十四日下稷校於漢口寓齋。弜誃。

(卷下末）十四日夜校斁。十六日取《通鑑考異》所引勘讀

---

① 建康實録校記不分卷，徐恕撰，稿本。湖北省圖書館藏，索書號：善/2780。

② 郗志群《〈水經注疏〉版本考》，《中國史研究》2002年第2期。案：該文言：“傅朗西之名，徐先生當時未作進一步解釋，此處依讀音寫出。”行可先生題跋證實郗志群據徐孝宓讀音寫作“傅朗西”絶對正確。

③ 《徐行可先生捐贈古籍文物五十周年紀念集》第107頁。

④ 王曉鐘《黄侃與徐行可收藏及其書藝》，《書法叢刊》2016年第3期。

併録梅磵注文示長女孟嬴。恕記。

（繆荃孫跋末）長女孟嬴年十五矣，喜讀唐人文。冬日無事，授以此書，使知敘事之灋。弜誃。[①]

案：先生長女名孝婉，此書亦有“徐孝婉”印。

二十六日，《求恕齋日記》云：

囑醉愚作函致徐行可。[②]

是年，先生屬黄侃摹小長蘆館所刻明黄道周書（聞警出山詩七首）殘拓本。

此小長蘆館所刻黄石齋書，吾友徐行可得其殘拓，令侃摹之。其刻于用筆起止多所繆失，侃迺以意正之。漳浦人品學術誠無俟言，此帖雖出于戎馬倥偬之日，而法度完存，非同狂恣。際此書道中癢，得見先正典型，亦不異過江索靖三帋尔。易世後癸亥，後學黄侃記。[③]

是年，南城李之鼎宜秋館刻《宋人集丁編》，其中宋田錫《咸平集》實鈔自先生所藏明澹生堂鈔本，參見民國六年條。

民國十三年（1924）　甲子　三十五歲

正月三日，以清高鴻裁辨蟫居鈔本校《郿齋叢書》本《經攷》。是日讀首卷，至五月既望讀畢卷二至三。

辛酉春游京師，得濰縣高翰生鴻裁辨蟫居鈔本，與此本皆自李南澗本迻書。李氏元本尚存翰文齋書肆，假歸旅舍勘讀一過。今春取校是刻，并臨邵二雲先生圈勒于上。甲子正月三日

① 大唐創業起居注三卷，唐温大雅撰，清光緒三十一年（1905）繆荃孫刻藕香拾零本。黄侃批。徐恕校并跋。湖北省圖書館藏，索書號：善/2902。

② 《求恕齋日記》第7册第369頁。

③ 王曉鐘《黄侃與徐行可收藏及其書藝》，《書法叢刊》2016年第3期，第93—96頁。

讀首卷斁，漫識卷尾。徐恕。

高氏本乙丑歲以贈貴筑楊咊甫先生之子壽同（通）。丙寅孟夏暴書，偶記于是古東塾之南榮。彊誃。

甲子夏五既望讀二卷三卷斁。恕。(鈐“行可”印)①

三月三日（4月6日），讀《王荆公唐百家詩選》，訖卷一。該卷末題：

十三年四月六日，是日上巳日也，讀斁。（鈐“徐恕”白文方印)②

案：《王荆公唐百家詩選》二十卷，宋王安石編，清康熙四十三年（1704）商丘宋犖刻本，清蔣杲過録何焯校，佚名校。③

是月，假潛江易氏藏明嘉靖新安程氏刻《晞髪集》校清光緒本并跋，跋云：

嘉靖乙卯新安程煦刊本自有跋，又有玉泉吴勳、冽山王景象二序。後萬曆壬子天都潘一駒又有跋，云此集及《演繁露》《山居四要》三書皆祖母程氏家舊刻，向在予齋中，其二書爲諸父景升先生携去，與《涉江》諸稿併遺回禄，是刻予所恡留，故得獨存云云。潛江易氏有此本，甲子春三月叚得校讀一過。徐恕記。(鈐“行可”朱文長印)④

---

① 鄦齋叢書二十種，徐乃昌輯，清光緒二十六年（1900）南陵徐氏刻本。湖北省圖書館藏，索書號：叢一598。

② 陝西師範大學黄壽成教授惠示書影。

③ 是書收入黄永年、賈二强撰集《清代版刻圖録》，浙江人民出版社，1997年，第1册第85—86頁。

④ 晞髪集十卷遺集二卷補一卷，宋謝翱撰；天地間集一卷，宋謝翱録；冬青樹引註一卷附録一卷登西臺慟哭記註一卷附録一卷，宋謝翱撰，明張丁輯；清光緒二年（1876）韓陽秋井家塾刻本。徐恕校并跋。湖北省圖書館藏，索書號：善/2916

五月二日，托王禧延將《玉臺新詠》兩部（程際盛《箋注》本，紀容舒《考異》本即紀昀評本）送至徐乃昌，屬其寫刻後者，以廣其傳。《徐乃昌日記》云：

徐行可交王錫生帶來批校本《玉臺新詠》兩部（一本程際盛本，一紀容舒本。六月五日交王錫生寄還。行可住武昌府署後街十四號。五月三十日答復）。①

案："王錫生"名禧延，見是年六月五日條。所謂紀容舒《考異》本，實紀昀所作，歸美其父。民國十三年（1924）甲子五月二十九日《徐乃昌日記》：

前徐行可寄示紀文達評本（過評）《玉臺新詠》（吴注程删補本），屬爲仿海鹽張氏刻《查初白詩評》例寫刻。閲後羅子經跋語（己未季冬），始知紀批原本僅存九、十兩卷（手批抄本），與行可藏本同（僅缺文達手跋），復假徐藏，亦過録吴注本。他日再向子經索紀手批九、十兩卷一閲也。②

三十日，示黄侃清陳澧手書對聯，黄侃爲作跋。

水葉山條芳春如繪，筆談琴旨永日自怡。養雲五兄先生雅鑒，陳澧蘭甫。

粤中儒業至東塾而郅隆，其音均之學，尤能翦薙榛蕪，開示途徑。然世有讀其書而不悉其閎美所在者，徒歌頌《讀書記》《漢儒通義》以便剽襲，未爲知先生也。行可出示斯聯，媅翫竟日，觸感題此。甲子五月晦，後學蘄州黄侃記。③

囑黄侃校翁方綱行書軸。

---

① 徐乃昌撰，西南大學圖書館整理《徐乃昌日記》，國家圖書館出版社，2015 年，第三册第 447 頁。

② 《徐乃昌日記》第三册第 472 頁。

③ 《清陳澧行書八言聯》，《書法叢刊》2016 年第 3 期，第 84 頁。

行可出眎此幀，小有損缺，檢本集著其挩字於左

序　第一行　湖半缺

……

甲子五月晦，蘄春侃寫記於徐氏彊簃。[1]

同日，《徐乃昌日記》云：

覆徐行可書（答論《玉臺新詠》校記）[2]

是月，黄侃題贈《實其文齋文續鈔》一册。

甲子仲夏詒行可足下。孤侃識。[3]

案：是書乃黄侃尊人之作。

六月五日，徐乃昌托王禧延寄還《玉臺新詠》兩部。《徐乃昌日記》云：

將徐行可藏《玉臺新詠箋注》本、《考異》本交王錫先（禧延）轉寄。[4]

十二日，黄侃來齋飲酒并題《湘綺樓聯語》，其題云：

甲子六月十二日，行可招飲齋中，得見王丈此集，要言之於灑脱中見才氣功力耳。黄侃。

昔年聞王丈訃，曾挽一聯，復和作一聯，今録於此：學枉公羊憐無餅責，術同主父幸不鼎烹。[5]

---

① 周璐《治學嚴謹，筆筆有出處——小議翁方綱及其作品》，《書法叢刊》2008 年第 5 期；《黄侃跋翁方綱行書軸》見封底。

② 《徐乃昌日記》第三册第 475 頁。

③ 實其文齋文續鈔一卷，清黄雲鵠撰，清光緒間刻本。湖北省圖書館藏，索書號：集二/6358。

④ 《徐乃昌日記》第 3 册第 478 頁。

⑤ 湘綺樓聯語四卷，王闓運撰，清咸豐七年（1857）湘綺樓刻本。上海朵雲軒拍賣有限公司 2019 年春季藝術品拍賣會古籍版本專場，第 1068 號。鈐："黄焯藏書"印。

十七日，以明萬曆本校清光緒邵武徐氏刻《花間集》畢并跋，跋云：

墨筆依萬曆壬寅玄覽齋刊巾箱本校。

十三年六月十七日鐙下斠斁。萬曆本亦有勝處，足正兩宋本之誤。①

二十四日，陳乃乾交羅振常所借先生藏《紹興十八年同年小録》二種（明刻本及清乾隆鈔本）於徐乃昌。《徐乃昌日記》云：

陳乃乾交羅子經借徐行可藏宋登科録二種。又校《經孜》，乃乾過録。《紹興十八年同年小録》（一明刻本，一乾隆己酉鈔本）②

是月，移録潛江易忠籙校《花間集》畢并跋，跋云：

用王半塘四印齋景宋鄂州本校，宋本半板十行，行十七字，淳熙年册子紙印。

甲子盛夏段潛江易穭園斠本迻書竟，彊誃識。③

案：第一條跋或爲移録。

是月，黄侃酒後爲先生書宋黄庭堅《花氣熏人帖》。

花氣熏人欲破禪，心情其實過中年。春來詩思何所似，八節灘頭上水船。甲子六月，彊誃招飲被酒後書，侃。④

是夏，自趙滂處收得明董其昌書《錢忠所神道碑銘》真迹。行可先生批清末刻本《關隴輿中偶憶編》第卅七葉《香光書錢忠所神道碑銘》云：

甲子夏，安吴趙公沛在京師得此碑真蹟以歸余，直銀餅廿

① 花間集十卷，五代趙崇祚編，清光緒十四年（1888）邵武徐氏刻本，徐恕校并跋。湖北省圖書館藏，索書號：善/2888。

② 《徐乃昌日記》第3册第489頁。

③ 花間集十卷，五代趙崇祚編，清光緒十四年（1888）邵武徐氏刻本，徐恕校并跋。湖北省圖書館藏，索書號：善/2888。

④ 王依平《黄侃及其書蹟》，《書畫藝術》2013年第1期。王曉鐘《黄侃與徐行可收藏及其書藝》，《書法叢刊》2016年第3期。

十四枚。[①]

案："安吴趙公沛"，即趙滂也，庚申、辛酉年先生倩書其人。先生所獲，或即《湖北省博物館藏徐氏捐贈文物目録》載明董其昌《行書錢公碑銘》。[②] 至九月，黄侃爲先生題"思玄室"：

思玄室。行可新得文敏錢公志真蹟，因以思玄名室，以志欣喜。甲子九月，侃。[③]

七月七日，先生托陳乃乾將《經攷》兩部（清高翰生辨蟫居鈔本、先生手校《鄦齋叢書》本）送至徐乃昌。《徐乃昌日記》云：

陳乃乾來。留徐行可藏濰縣辨蟫居高氏（翰生多蓄異書）寫本戴東原《經攷》五卷，又以李南澗原本校過（李本在北京瀚文齋韓子元鋪）。又校拙刻《鄦齋叢書》一本。[④]

十一至十二日，校《大唐創業起居注》卷上并跋，跋云：

甲子七月十一日以《津逮祕書》校，與學津本同者于字上加一墨點以識之，十二日校完。弜誃。[⑤]

是月，借校羅氏蟫隱廬藏天一閣本《羅昭諫集》并跋，跋云：

范氏天一閣本每頁十八行，行十八字。甲子七月從蟫隱廬叚得校録。弜誃。[⑥]

---

① 關隴輿中偶憶編一卷，清張祥河撰，清末刻本，徐恕批校并跋。湖北省圖書館藏，索書號：子十/1294。

② 《徐行可先生捐贈古籍文物五十周年紀念集》第118頁。

③ 王曉鐘《黄侃與徐行可收藏及其書藝》，《書法叢刊》2016年第3期。修改處承王曉鐘鈔示。

④ 《徐乃昌日記》第3册第499頁。

⑤ 大唐創業起居注三卷，唐温大雅撰，清光緒三十一年（1905）繆荃孫刻藕香拾零本。徐恕校并跋。黄侃批。湖北省圖書館藏，索書號：善/2902。

⑥ 羅昭諫集八卷，五代羅隱撰，清康熙九年（1670）張瓚刻，道光四年（1824）補刻後印本。徐恕校并跋。湖北省圖書館藏，索書號：善/2952。

九月，囑黄侃書陳介祺所撰聯。

日守舊編尋孔樂，天留古器補秦燔。

行可道兄以陳介祺所撰聯屬書，下句非予意所善也。甲子九月，侃。①

十月二十二日，徐乃昌托羅振常寄還先生《經攷》二種及舊鈔《紹興十八年同年小録》，留後者之明刻本。贈先生影宋《法華經》和《六朝墓志菁華》。《徐乃昌日記》云：

致徐行可書（寄還舊鈔、新校《經考》各二本，又舊鈔《紹興同年録》二册。留假明刻《紹興同年録》，以校新刻。附贈影宋《法華經》四册又《六朝墓志菁華》十六册。交羅子經寄武昌府署後街十四號。）②

致羅子經書（寄徐行可書。又祝枝農《羅湖野録》交還。附郵費一元。）③

十二月二日，徐乃昌收悉先生所寄《雲仙散記》。《徐乃昌日記》云：

徐行可來書。前函收到，今寄舊鈔《雲仙散記》一册假校。④

五日（12月30日），持示黄侃唐寫經《維摩詰經》卷（上），黄侃爲題數語。

甲子歲不盡一日，行可持示歡喜無量。蓋是日適予生弟三子念祥之弟三日也。仰馮經力，右彼生長，行可亦此兒善知識已。白衣黄侃。

---

① 王依平《黄侃及其書蹟》，《書畫藝術》2013年第1期。

② 《徐乃昌日記》第4册第42頁。

③ 《徐乃昌日記》第4册第43頁。

④ 《徐乃昌日記》第4册第75頁。

此唐寫而在日本得之者，星吾世兄遽謂日本古寫，小誤。侃又記。(鈐“季子”朱文方印)①

案：甲子年十二月小盡，不盡一日即二十八日。如此，則黄念祥似生於甲子年十二月二十五日（1925 年 1 月 19 日）。然而，《黄侃日記》甲子十二月初八日（1925 年 1 月 2 日）載“念祥八字：甲子，丙子，庚辰，丙子”②，則黄念祥生於甲子十二月二日（1924 年 12 月 27 日），出生第四日爲十二月五日（12 月 30 日），故此處黄侃云“甲子歲不盡一日”乃指西曆。

十一日，借《東方雜誌》第二十一卷第九號與黄侃。黄侃來晚餐并作書。《黄侃日記》云：

行可處借來《東方雜誌》第廿一卷第廿號，内有吴敬恒《國音沿革序》一篇，其以《廣韵》後所載辨十四聲例法，即《隋書·經籍志》所謂“西域胡書能以十四字貫一切音者”，自詡特見……又假得《六朝墓誌精華》（有正局印）十六册。至湖大教育廳取師範大學校章夜還之于校。晚至行可處飯，并爲作書。③

十二日，徐乃昌以先生所寄《雲仙散記》舊鈔本校畢《藝海珠塵》本。《徐乃昌日記》云：

徐行可寄舊鈔《雲仙散記》十卷，出自明新安黄正位校刻本，爲翰林院藏書也。次序與宋本不類，《藝海珠塵》本雖一卷，次弟大致相同。黄本卷六全缺，而以卷十接續之，各卷中黄本亦多出若干條。今以《珠塵》本校記如左……向年所覆宋

① 《徐行可先生捐贈古籍文物五十周年紀念集》第 107 頁。王曉鐘《黄侃與徐行可收藏及其書藝》，《書法叢刊》2016 年第 3 期。

② 《黄侃日記》第 260 頁。

③ 《黄侃日記》第 261—262 頁。

本，係以稽古堂本訂正訛字作札記耳。[1]

十三日，《黄侃日記》云：

行可允以所藏石印《九通》贈我，又約余鈔纂顧黄公《字説精華》。[2]

案：顧景星，蘄春人，其《黄公説字》，《四庫全書總目》列爲存目。行可先生所藏爲鈔本[3]，稿本現存湖北省蘄春縣圖書館。

是日，徐乃昌覆書先生，寄還《雲仙雜記》，附贈《隨庵叢書正續編》。《徐乃昌日記》云：

覆徐行可書（寄還瓶花齋藏舊鈔《雲仙雜記》十卷一册。贈《隨庵叢書正續編》竹紙印本。）[4]

十五日，《黄侃日記》云：

行可以《黄公説字》鈔本五十鉅册至。[5]

十八日，《黄侃日記》云：

行可贈予《九通》，取至。[6]

二十四日，屬黄侃書顧印愚集宋秦觀，王安石句。

已煩逸少書陳蹟，更與靈均續舊文。

顧印伯集少游、介甫句，行可先生屬迻録。甲子小歲，黄侃書於堇坡寓廬。[7]

是月，謝善詒題借讀先生藏清高鴻裁辨蟫居抄本《經攷》。

---

① 《徐乃昌日記》第4册第82—84頁。

② 《黄侃日記》第262頁。

③ 黄公説字四十五卷，清顧景星撰，民國武昌徐氏藏棱庵抄本。湖北省圖書館藏，索書號：經/599。《徐行可舊藏善本圖録》第63頁。

④ 《徐乃昌日記》第4册第85頁。

⑤ 《黄侃日記》第262頁。

⑥ 《黄侃日記》第262—263頁。

⑦ 王依平《黄侃及其書蹟》，《書畫藝術》2013年第1期。

甲子涂月，洎州謝善詒研轂借讀訖。（鈐“謝生如願”朱文方印）[1]

是月，示黄侃以《謝幼槃集斠記稿》，黄侃題端并跋。

楊星吾先生手書《謝幼槃集斠記稿》，黄侃署。

行可以星翁手書《謝幼槃集斠記》見示。案星翁所著《日本訪書志》卷十四有《竹友集》一條有云：金山錢氏小萬卷樓所刊謝本，其誤脱不下數百事，乃别爲札記，入《續群書拾補》中。今《續群書拾補》未有成書。此一小册，固星翁手蹟，彌可寶貴已。江西詩派，吾蘄有一夏二林與焉，遺文散落，不可復完，因披謝集，益增慨想。上元甲子冬十二月蘄春黄侃記。（鈐“黄侃季剛”白文方印）[2]

民國十四年（1925） 乙丑 三十六歲

正月初三，《黄侃日記》云：

出至行可家借書（《十七史商榷》《廿二史考異》）。[3]

初七，《黄侃日記》云：

在行可家借得《史姓韵編》。[4]

二月初九，徐乃昌收悉先生贈書三種（影鈔明新安黄正位校刻本《雲僊雜記》、鈔本《古韵通説》、日本刻本劉向《新序》）。《徐乃昌日記》云：

徐行可寄贈書三種：《雲僊雜記》十卷（唐馮贄，瓶花齋吴氏鈔，明黄正位校本，有翰林院印）、《古韵通説》廿卷（龍啓

① 《上海圖書館善本題跋真蹟》第3册第26頁。

② 謝幼槃集斠記稿一卷，楊守敬撰，稿本，黄侃題端并跋。湖北省圖書館藏，索書號：子七/154。《徐行可舊藏善本圖録》第252頁。

③ 《黄侃日記》第264頁。

④ 《黄侃日記》第264頁。

瑞，鈔本）、劉向《新序》十卷（日本長沼武井驥纂注，日本刻本）。[①]

案：贈徐乃昌《雲僊雜記》存先生手校和跋，《積學齋讀書記·續一》著録[②]，今藏上海圖書館。其跋云：

《藝海塵珠》“革”集有此書，闕序目。卷一挩“夢裁錦”“袖裏春”二則；卷二挩“煙姿玉骨”“日精”“火筯如兩儀”“羔羊揮淚”四則；卷五挩“待闕鴛鴦社”一則；卷六全闕；卷七挩“藏盤筵于水底”一則；卷九挩“鷵蚌”“嫠娘”“螳螂搏輪”“金阤玉階”“通神錢”“副急淚”“須髯如戟”“田舍翁十斛麥”“赤鳳皇”九則；卷十倒置卷七前，復挩“冰山”“粲花”二則。乙丑仲春，以此本寄詒積餘道丈。取《珠塵》本斠讀一過，記其奪文于此卷尾。武昌徐恕。[③]

又，徐乃昌亦有校語，見民國十三年（1924）十二月十二日《徐乃昌日記》。

三月四日，徐乃昌覆信謝贈書。先生去函鈔示手輯家先輩所著書目及詩文聯語，求鈔補明嘉靖黄省曾《山水二經合刻》闕葉，爲向宗魯《説苑》、陳遵墨《新序》斠證事求借善本。借得清嚴可均校《説苑》。《徐乃昌日記》云：

覆徐行可書（贈宣紙印《徐文公集》，六吉棉連《玉臺新詠》。借楊鐙本《説苑》嚴鐵橋藏本五册、劉葱石《刻書價目》、謝贈書。行可有黄省曾《山水二經》，缺十八葉，覓鈔補。鈔示徐氏先德所著書目及詩文聯語采《四庫書目》、《古詩記》、

---

① 《徐乃昌日記》第 4 册第 134 頁。

② 徐乃昌撰，柳向春、南江濤整理《積學齋讀書記》，上海古籍出版社，2014 年，第 311—312 頁。

③ 《上海圖書館善本題跋真蹟》第 9 册第 311—312 頁。

《唐、宋、明詩紀事》、嚴氏《八代文》。巴縣向宗魯承周、江北陳季皋模分治《説苑》《新序》爲斠證一事，取資他書，尋檢略徧。斠文不覩善本，研覈未周。寄還購《徐文公集》《玉臺新詠》書價十元。)①

四月初九，《徐乃昌日記》云：

致徐行可書（告瞿目有《新序》《説苑》校宋本，楊録有黄跋校語。)②

案："瞿目"和"楊録"當指《鐵琴銅劍樓藏善本書目》和《楹書隅録》，日後向宗魯完成《説苑校證》。③

閏（四）月初八，《徐乃昌日記》云：

徐行可來書。繳還嚴鐵橋校《説苑》五册。④

二十九日，讀畢《避暑録話》上卷并跋，跋云：

乙丑閏四月廿九日讀畢。弜誃。（鈐"徐恕讀過"朱文長印)⑤

五月二日，讀畢《避暑録話》下卷并跋，跋云：

（過録）《避暑話録》四卷，張青父手録，後學顧苓得自吴氏後裔，檢閲數過，如對古人。

按：卷中無青父姓字印記，字迹潦草，挩譌亦多，或是其家藏本耳。乙丑五月端二日校畢。

書眉别有"吉齋監賞""桐軒主人藏書印"二朱文印。

---

① 《徐乃昌日記》第 4 册第 158 頁。

② 《徐乃昌日記》第 4 册第 187 頁。

③ 向宗魯《説苑校證》，中華書局，1987 年。

④ 《徐乃昌日記》第 4 册第 214 頁。

⑤ 避暑録話二卷，宋葉夢得撰，清宣統元年（1909）葉氏觀古堂刻本，徐恕跋。湖北省圖書館藏，索書號：善/2883。

“姑蘇吴岫家藏”，序前卷一卷二前卷四前後均有此印，朱文。[1]

十八日，徐乃昌覆信先生，謝贈影鈔明本《山窗餘稿》和鈔本《新坂土風》，回贈《閨秀詞》《懷郊雜俎》。《徐乃昌日記》云：

覆徐行可書（謝贈影鈔明本《山窗餘稿》餘干甘復，鈔本《新坂土風》海甯陳鱣。覆贈《閨秀詞》《懷郊雜俎》。）[2]

是月，易忠籙贈先生過録本《施註蘇詩》，其跋云：

朱筆徐畏壘評，墨筆、查初白評。甲子春，從歙鮑倚雲蘇亭手輯本過録。均室記。（鈐“天均”印）

此本以歙鮑倚雲蘇亭所輯徐畏壘、查初白兩家手評蘇詩過録一通。原本于徐用朱筆，查用朱墨二筆，其自評亦同，令讀者驟難辨識，因細意審出，徐評爲仿寫，查評爲自書。所稱朱圈間有尤小者，爲鮑氏自評，不過四處。一，卷十九《岐亭道上見梅花》一首。一，卷三十八《上元夜過赴儋守召》一首，又《追和》一首。一，卷三十九《昔在九江與蘇伯固倡和云云》一首。其他有附“倚雲”二字者，亦有朱筆較查評字小而不附者，與敕、贊、傳、銘、目録等朱筆，疑均出鮑意。徐查亦似有難辨之處，今于徐評仍用朱筆，于查評全用墨筆，于鮑評録其評語而畧其圈點，庶幾一覽釋然。查評别見于刻本者，亦爲補入，間有語重意複者，則唯録其詳明之一，省繁蕪耳。鮑氏于校施注最有功，計標其複及正其訛約二三十事，雖漫堂、子湘輩且未能及。予頗不喜查氏之尊杜而附蘇，亦不欲似徐氏之援唐以論宋。查評殊汎，徐雖慎，其庸處亦正不少。過既竟，

① 避暑録話二卷，宋葉夢得撰，清宣統元年（1909）葉氏觀古堂刻本，徐恕跋。湖北省圖書館藏，索書號：善/2883。案：先生按語原以雙行小注形式附於過録文字之末。

② 《徐乃昌日記》第4册第253頁。

弜宧見而悦之，即以奉歸，而另選録一通，與黎二樵、顧塞向及無名氏五家評點合寫一本，資賞會焉。旃蒙赤奮若律中蕤賓潛江易忠籙均室。(鈐“均室”白文方印)

凡校正施注皆鮑筆，今用朱、墨二筆。因隨手過録，未能一律。玆特記出。有一、二處注補字者，乃查筆，已見刻本者耳。又記。

越日再細檢查注，始知此中所校施注，全屬查氏，特鮑氏未標明耳。且可見蘇詩補注之成，以評點施注爲始事。（鈐“籙”朱文方印)①

案：“漫堂”，宋犖也；“子湘”，邵長蘅也；黎簡，字簡民，號二樵。又，易忠籙校録底本或來自李鳳高舊藏《施注蘇詩》，是書今藏武漢圖書館，李鳳高跋言曾收得漢陽葉氏藏鮑倚雲録徐昂發、查慎行評跋之本。

八月，校《大唐創業起居注》并跋，跋云：

乙丑秋八月以《唐宋叢書》本校，用緑筆。②

案：是書先生於癸亥年（1923）用朱筆校以《學津討原》本，同時録《通鑑考異》及元胡三省注。甲子（1924）用墨筆校以《津逮秘書》本。是年用緑筆校以《唐宋叢書》本。

九月九日，贈臨姚覲元校本《説苑》與徐乃昌，爲向宗魯斠證《説苑》覓求明刻本。《徐乃昌日記》云：

---

① 施註蘇詩四十二卷總目二卷，宋蘇軾撰，宋施元之、顧禧註，清邵長蘅、顧嗣立、宋至刪補；蘇詩續補遺二卷，宋蘇軾撰，清馮景補註；王註正譌一卷，清邵長蘅撰；東坡先生年譜一卷，宋王宗稷撰，清康熙三十八年（1699）宋犖刻本，易忠籙録清鮑倚雲録清徐昂發、查慎行批點及鮑倚雲跋。湖北書圖書館藏，索書號：善/1567。《徐行可舊藏善本圖録》第248頁。

② 大唐創業起居注三卷，唐温大雅撰，清光緒三十一年（1905）繆荃孫刻藕香拾零本。徐恕校并跋。黄侃批。湖北省圖書館藏，索書號：善/2902。

徐行可書來，以逯斠宋咸淳本《説苑》相貽（原書姚覲元校）。云向君宗魯近爲《説苑斠證》，尚未見經廠本（僅見南城李氏殘帙）暨楚藩、何良俊二本也。①

又，贈出《説苑》校本事，亦見民國八年秋月條引先生批《拜經樓藏書題跋記》卷四《説苑》條。

九月十五日，閲《絶妙好詞校録》《冷紅詞》畢并跋。跋云：

乙丑九月十五日，弜誃閲竟。（鈐“天與好事”白文方印）②

十六日，徐乃昌覆書先生，謝贈《説苑》校本，回贈《江都汪氏叢書》（購自陳乃乾），托羅振常寄書并詢明本《紹興十八年同年小録》是否出售。《徐乃昌日記》云：

覆徐行可書（謝贈校咸淳本《説苑》，贈《江都汪氏叢書》）

覆陳乃乾書（收《江都汪氏叢書》原刻十二册。阮園海書只有《牟尼合記》《燕子箋》《詠懷堂集》）

致羅子經書（以《汪氏叢書》託寄徐行可并詢《紹興同年録》明本是否願售）③

十月四日，《徐乃昌日記》云：

徐行可書來，贈漢吴郡周禄鏡、徐籀莊銘臂閣二搨本。④

十二日，先生藏明本《紹興十八年同年小録》以七十元讓與徐乃昌。羅振常初估五十元，先生擬百元，終議定七十元。十三日

---

① 《徐乃昌日記》第 4 册第 360 頁。

② 絶妙好詞校録一卷冷紅詞四卷，清鄭文焯撰，清光緒二十二年（1886）刻本，徐恕跋。湖北省圖書館藏，索書號：集五/748。

③ 《徐乃昌日記》第 4 册第 365 頁。

④ 《徐乃昌日記》第 4 册第 380 頁。

《徐乃昌日記》云：

昨至羅子經處，商購徐行可藏《紹興十八年同年録》明刻本（子經審其刻工爲正德本），估價五十元，即請函告仲可（十一月議定七十元）。①

又十月二十九日《徐乃昌日記》云：

羅子經來譚，商讓徐行可藏明本《紹興同年録》作價七十元。（羅先作五十元，徐初意售百元，今定此數。子經云字是正德間刻，余疑弘治本。十一月十八日付價訖。）②

十八日，徐乃昌覆信先生，謝贈鏡、臂閣拓本，回贈磚拓四種。《徐乃昌日記》云：

覆徐行可書。謝贈鏡臂閣搨本。覆贈建安畫象磚、舍利塔磚、單于和親磚、天馬磚搨本。③

十一月十八日，《徐乃昌日記》云：

至蟫隱廬付《紹興同年録》價洋七十元。④

十二月，屬黃侃書"賞詩閣"齋額，因購得清趙之琛刻"弟一功名只賞詩"印。

賞詩閣。行可購得趙次閑刻印云"弟一功名只賞詩"，因用爲齋額，屬余書之。因憶潛江易忠籙，遂擬其體態。乙丑冬十二月，黃侃。⑤

是歲，將清高鴻裁辨蟫居鈔本《經攷》贈與楊通（壽同），見民

① 《徐乃昌日記》第4册第390頁。案："仲可"或當爲"行可"。

② 《徐乃昌日記》第4册第406頁。

③ 《徐乃昌日記》第4册第397頁。

④ 《徐乃昌日記》第4册第421頁。

⑤ 王曉鐘《黃侃與徐行可收藏及其書藝》，《書法叢刊》2016年第3期。修改處承王曉鐘鈔示。

國十三年正月三日條。

民國十五年（1926）　丙寅　三十七歲

正月八日，黄侃致信先生。《黄季剛詩文集·書牘下》之《與徐行可書》之第四通：

> 歲月如流，新年又過八日，雨窗孤坐，念所業不知何日可成，殊自惘惘。世亂如麻，而吾與兄獨邀天恩先澤，得以安心誦肄，豈可易得？然兄積書連屋，尠繙尋之功；弟妄念紛紜，無貫徹之望，此宜互相督過者也。常人每自尊大，至於吾輩，見事略多，輒自謂比之古人，曾無其足垢之一屑，前路遥遠，我勞如何乎？《集韵》粗已畢功，頗需孫氏《孟子音義》、宋氏《國語補音》，兄前已持去，不審再能檢出否？極所企待也。《爾雅匡名》勞校頗嫌凌悴，然亦不得不過録一番。此月中誓不出户，兄如相思，惟有枉過耳。弜誃仁兄親家足下，侃頓。[①]

案：此信未署年，然可推定爲是年。"兄如相思，惟有枉過耳"，則黄侃時居武昌，正在移録勞權校《爾雅匡名》，《黄侃日記》戊辰四月十三日（1928年5月51日）：

> 始續校《爾雅·釋鳥》。昔甲乙之交，於行可處見仁和勞權巽卿手校《爾雅匡名》，點竄紛然，朱墨雜粗，字如蚊脚，行間眉上皆滿，方欲借校，而行可已屬劉静晦迻録，録畢即還之某氏。丙寅正月，予取静晦謄本來校，竭數月之力，始及《釋水》，而亂作，羣書盡委馬家巷寓中，獨抱《十三經》《説文》《爾雅義疏》校本以出危城。城圍解，行可徑從架上取彼見借書以去，静晦本亦與焉。丁卯四月，始致書求静晦郵送北京，書到即續校。五六月盛暑中，燈下迻書，往往達旦。蚊噆不傹驅，

---

① 《黄季剛詩文集》第506頁。

汗流不偟拭。至七月初，僅至《釋鳥》“鴽鴾母”句。而念華病，病十三日而殤。憯痛于心，廢書數月。後雖翻羣書，不欲翻《爾雅》。今年來上元，當以故訓告諸生，不得不翻《爾雅》，至此本則竟未展視也。今以借書淹久，恐來責取，則前功盡棄，故强迻録之。執管之際，輒覺有所感。甚矣，哀之難忘也。校至“鶌頭鵧”句，仍置之而鈔詩，俟明日再校。①

顯然，是年（丙寅）正月黄侃方借劉治過録勞權校《爾雅匡名》。數月之後，北伐軍進攻武昌，稍後黄侃遠走北京。黄侃在武昌得以移録勞校《爾雅匡名》，唯有丙寅年。“新年又過八日”，正月初八也。

二月初一，黄侃書聯語贈先生長男孝寬。

高人屢解陳蕃榻，誌公偏賞麒麐兒。詩句皆切徐氏，以贈孝寬世講。丙寅二月朔黄侃書於書局。②

同日，黄侃於先生齋臨明黄道周手卷。黄侃跋：

丙寅二月初吉，行可齋中見家石齋墨跡手卷，試一臨之。侃。③

四日，讀畢《心園叢刻一集》本《大受堂札記》五卷。

丙寅二月四日讀畢，弜誃。（鈐“弜誃閒業”）④

是月，黄侃題先生藏李光地行書手卷《重修鵝湖書院記》引首。

榕邨真蹟。空籍丙寅二月後學黄侃觀於武昌徐氏齋中，因著題。⑤

① 《黄侃日記》第287—288頁。

② 湖北省圖書館徐行可紀念圖書館藏縮印件，原件藏湖北省博物館。

③ 《黄侃行書手卷》，《書法叢刊》2008年第5期，第86—87頁。

④ 心園叢刻一集，徐珂輯，民國十四年（1925）杭縣徐氏鉛印本。湖北省圖書館藏，索書號：叢五/529。

⑤ 王倚平《名宦能臣，翰墨高手——清代理學名家李光地其人其書》，《書法叢刊》2016年第3期。

是月，徐乃昌從先生假明李顯刻本《説文解字篆韵譜》。民國十四年（1925）十月十四日《徐乃昌日記》云：

《説文解字韵譜》五卷……

《四庫書目》（五卷，兩江總督採進，爲明巡撫李顯刻本。寒部五字、毫部五字、麻部十字前後錯亂，詳《提要》。徐行可有之，丙寅二月假校。）[①]

案：此處羅列《説文解字韵譜》多種版本，上條出自《四庫全書總目》。徐乃昌借校行可先生藏本乃明李顯刻公文紙印本，今存“南陵徐乃昌校勘經籍記”印，《徐乃昌日記》民國十七年戊辰（1928）一月二十二日有還書記録。

三月三日，黄侃跋先生藏《晉趙君墓東闕》。

曾見石印本有況夔生題一詞，不謂復見此妙拓也，彊誃其珍惜焉。空籍丙寅三月三日，侃署記。[②]

四月初五，跋《秋林琴雅》。

是集都一百六十闋，太鴻先生三十以前之作也。後十九年手編《樊榭山房集》，録存五十六闋，此本内未著朱圈者皆是也。丙寅四月初五日，弜誃記。[③]

六月二十一日，跋《關隴輿中偶憶編》。

十五年六月二十一日閲，弜誃。[④]

七月十五日，北伐軍進攻武昌城。是月三十日至八月十七日，

---

① 《徐乃昌日記》第4册第392頁。《説文解字篆韵譜》見《徐行可舊藏善本圖録》第53頁。

② 王曉鐘《黄侃與徐行可收藏及其書藝》，《書法叢刊》2016年第3期。

③ 秋林琴雅四卷，清厲鶚撰，清光緒九年（1883）酒邊人倚紅樓汪氏刻本。湖北省圖書館藏，索書號：集五/788。

④ 關隴輿中偶憶編一卷，清張祥河撰，清末刻本，徐恕批校并跋。湖北省圖書館藏，索書號：子十/1294。

黄侃偕家人遷居先生寓所即漢口法租界。十八日，黄侃離漢，二十九日抵達北京，次年九月赴瀋陽，民國十八年（1929）正月二十日抵達南京。先生與黄侃在漢上交往甚密，自此摯友天各一方。是年九月九日《黄侃日記》云：

（七月）二十九夕，徹夜聞漢陽槍礮聲雜于度歲之爆竹，凌晨即聞漢陽亦陷，吴佩孚將逃。私慮漢口不免蹂藉，遂自華新里遷于法租界華實里四號徐恕寓中，自是蟄居十餘日，日盼武昌開城，而南軍竟無攻城之械，北軍轉富守城之能。仍遷還華新里，此八月十七日事也……以十八夕登太古公司之黄埔號官艙……九月初三日始定居于椿樹上二條衚衕九號宅。計四十日中十三遷而後獲安居。是日聞武昌已于初四日啓城，假令予遲半月後行，則計當輟矣。①

三十日，黄侃作《七月晦移居漢口法租界華實里四號徐行可寓中苦熱感事》。

南國秋深殺戒寒，乘時行令屬炎官。龍門喋血兵争苦，鼠穴藏身將略殫。心閔蒼生罹害氣，眼看赤縣倒狂瀾。故山咫尺歸無路，媿向番街得暫安。②

八月十日，徐乃昌致信先生，問訊平安，附《致陶子麟書》。《徐乃昌日記》云：

致陶子麟書（詢武昌平安）

致徐行可書（問訊平安，附陶訊）③

十四日，跋并過録吴蘺跋《書譜》，倩書黄侃，黄侃亦跋之。

---

① 《黄侃日記》第268—269頁。

② 章太炎主編《制言》半月刊第十七期《黄侃手蹟》，民國二十五年（1936）五月十六日出版。

③ 《徐乃昌日記》第5册第190頁。

（過録）唐孫過庭，新舊史皆無傳，僅見于《竇臮述書賦》注。竇賦云："虔禮凡艸，閭閻之風，千紙一類，一字萬同，如見疑于冰冷，甘没齒于夏蟲。"注云："孫過庭字虔禮，富陽人，右衛胄曹參軍。"竇君唐人定不誤，今者香泉太守跋以爲陳留人，不知何據。惟虔禮論書，塙有心得，不如竇君雌黄之語，亦蚍蜉撼樹矣。惜下卷不傳，上卷真跡經孫、梁二公鑒藏，定非贋鼎。津門安氏石本亦精美，不知何由流傳邗上，藏新安汪氏，康山主人以贈南城曾賓谷前輩，于是生于此旅于此者覸之遂難，是本尚是初搨，搨手亦佳，一故人病中持此求售，典裘應之，價當漢黄金一斤之半，乃記其尾。嘉慶紀元倉龍三次戊月陽再在己，達園鉏菜翁題于揚州西園古風今雨之館。

今歲六月，帖賈以安本《書譜》示余，後有山尊先生跋，而其本安跋中"沽水草堂"之"沽"字上有泐痕，後附刻乾隆間汪跋，尚不如余此本之用松煤紙不皺之出於安家親拓也，遂仍還之，而逡録山尊跋於此。丙寅中秋前二日武昌徐恕記，黄侃書。

侃案：靈長唐人，所見古人真跡百倍于後人，其于過庭有貶㡯之詞，決非無故。然"夏蟲"之譏，近于刻毒。山尊又以"蚍蜉"反誚靈長，兩失之矣。

蟄居一廛，兵塵蔽日，而行可有心賞帖，余又甘作鈔胥，可謂兩蟦子矣。（鈐"亦陶"白文長印）①

八月十四日，校《黄四如先生六經四書講稿》，是書卷一末題：

十五年八月十四日以汪閬原藏繡佛齋鈔本斠。弜誃。②

① 王曉鐘《黄侃與徐行可收藏及其書藝》，《書法叢刊》2016 年第 3 期。溢出文字係王曉鐘録示。

② 黄四如先生六經四書講藁六卷，宋黄仲元撰，清抄本。羅振常跋。湖北省圖書館藏，索書號：善/2300。《徐行可舊藏善本圖録》第 31 頁。

案：是書存戊午年（1918）上虞羅振常跋，跋文收入《善本書所見録》卷一。①

是月，黄侃將去武昌，題先生硯：

南來七載塵交君，又作征蓬慘欲飛。此研好爲吾輩識，相從終得似龍雲。②

九月四日（10月10日），北伐軍進入武昌，武昌城解封。③

同日，校《黄四如先生六經四書講稿》，是書卷五末題：

十五年雙十節武昌圍解，得反舊廬，夜坐無聊，然燭斠此一卷。弜誃。④

是月，購得清光緒十四年（1888）刻《南菁書院叢書》殘本一册（含《易林釋文》《投壺考原》），跋云：

丙寅城圍解後，得此殘册于星貨肆。弜誃。

壬申夏日，得見山陰謝研穀（善詒）藏鈔本，命書手依友人向宗魯（承周）對勘謝本迻寫訖竟。⑤

至晚十月底，已獲《茗齋集》。1926年12月4日（十月三十日）張元濟《致朱希祖》云：

武昌友人得《茗齋詩稿》數册，允借觀。⑥

---

① 《善本書所見録》第15頁。

② 《黄季剛詩文鈔》題《將去武昌題行可研》，第284頁。《黄季剛詩文集》題《題行可研（乙丑夏）》，第241頁。徐孝定《大藏書家徐行可事略》已引及。

③ 黄焯《黄季剛先生年譜》，附見《黄侃日記》，第1129—1130頁。

④ 黄四如先生六經四書講藁六卷，宋黄仲元撰，清抄本。羅振常跋。湖北省圖書館藏，索書號：善/2300。

⑤ 易林釋文二卷，清丁晏撰，清光緒十四年（1888）刻南菁書院叢書本，與投壺考原合册。湖北省圖書館藏，索書號：善/1602—1。

⑥ 《張元濟全集》第1卷《書信》，第364頁。

是年，徐宗浩撰《石雪齋詩稿》四卷鉛印出版，卷三收入《寄徐行可（恕）武昌》二首：

望斷飛鴻無一紙，知君高閣擁書堆。

青燈黄卷人生福，不是尋常攫得來。

買書我亦成殊好，二妙新收鮑氏鈔（新收知不足齋鈔本金段成己、克己《二妙集》）。

何日艤舟江漢上，一編相對話良宵。①

是年，黄侃跋先生藏《晉趙君墓西闕》。

此拓本郅爲希見，今覩於彊誃，樂爲署之。空籍丙寅，蘄春黄侃。

純是分法，云在分隸之間，亦不論頁也。侃又記。

葉菊常云：此闕在分隸之間，與安丘長王君一石筆勢正同。再參之《吕望表》《郛休碑》，典午一代書體，源流瞭然，可無爲王侍書所欺云云。案碑刻與筆勢書體不同焉，可以碑刻瀎泧書牘耶？清世碑學末流，蔽且狂類如此。侃又書。②

民國十六年（1927）　丁卯　三十八歲

正月二十六日（2月27日），已寄示所藏《茗齋集》於張元濟。是日張元濟《致朱希祖》云：

茗齋先生詩稿近已由友人寄到，凡十二册，的係先生手書。③

案：是書後讓與張元濟，《四部叢刊續編》影印，張元濟《景印手稿本配刻本、鈔本〈茗齋集〉跋》云：

---

① 石雪齋詩稿四卷，徐宗浩撰，民國十五年（1926）鉛印本。

② 王曉鐘《黄侃與徐行可收藏及其書藝》，《書法叢刊》2016年第3期。

③ 《張元濟全集》第1卷《書信》，第366頁。

武昌徐行可友余有年，喜蓄書，聞余欲輯先生詩，乃以其手稿十二巨册至，則正余族祖所欲借鈔而不得者。行可語余，是由海寧羊復禮攜之鄂中，展轉歸於其家。余久識先生書，信爲真蹟，喜可償續成全集之願。請於行可，行可亦以余志爲可與也，以其書歸於余……民國紀元二十三年十月，邑後學張元濟識。①

民國三十年（1941），張元濟又撰《手稿本〈茗齋集〉跋》，依然感念行可先生惠讓此集。②

二月廿九日，讀畢《小學攷》卷二十八、二十九并題識。

丁卯二月晦，鐙下看此册歟。弜誃。③

案：此題識見該部書之第十二册末，是册包括卷二十八、二十九，内有先生批語兩條。是書第一册書根題“蘄春黄侃讀本”，全文朱筆圈點，或爲移録蘄春黄侃者。

三月十一日，題《經籍籑詁》。

東坡每出，必取聲均音訓文字復置行篋中，《邵氏聞見後録》記李方叔語。丁卯莫春十一□燈下。弜誃。④

四月初一，陳遵默跋先生所詒《篋中集》。是書乃先生景寫楊守敬於日本所得柳灣館機所鈔校汲古閣本。陳遵默跋云：

（過録）天保八年歲在丁酉，夏五月，手鈔于白隱居石香齋，且《唐詩紀事》及《全唐詩》對校畢。其月十有二日，七

① 《張元濟全集》第9卷《古籍研究著作》，第241—242頁。

② 《張元濟全集》第10卷《古籍研究著作》，第58頁。

③ 小學攷五十卷，清謝啓昆撰，清光緒十四年（1888）浙江書局刻本。湖北省圖書館藏，索書號：經/6112。

④ 經籍籑詁一百六卷首一卷，清阮元撰，新輯經籍籑詁檢韵一卷，清光緒間上海漱六山莊石印本。湖北省圖書館藏，索書號：經九/5011。

十六翁柳灣館機樞卿父識。

右《篋中集》一帙，予友人徐君行可所詒。往宜都楊星吾游東瀛，訪得彼土柳灣館機所鈔校汲古閣本，行可從其家假得，更景寫之，此帙其一矣。課輟無俚，因更録其校語，其中朱筆用《唐詩紀事》，藍筆用《全唐詩》，出自柳君。上耑朱筆用《百家詩選》，及黑筆平語數處，出自楊氏。下耑黑筆用徐刻景宋本，則予所補。至書首序文校語注曰"英華"者，亦出自楊氏。間一空圍，注曰"景宋本"者，則亦予爲之也。日本文學雖承中土，無能發明，然其人多勤劬，至老不解，如柳君鈔此書時已七十餘矣。方今國亂無象，學如土梗，行可得此能無作乘桴之思耶。丁卯四月朔，模記。①

初六，移録清紀昀評校《北夢瑣言》并跋。

漢陽葉氏平安館傳録紀文達評校此書，在華易王氏息存盦。丙寅夏五叚得。兵事起，未及迻書。今日晨起寫之，日中而竟。丁卯四月初六日，徐恕記。(鈐"行可"朱文長印)②

五月二十九日，校畢《小畜集》。王嵐《宋人文集編刻流傳叢考》著録北京大學圖書館藏徐恕校清鈔本《小畜集》云：

卷末徐恕朱筆題記二行：十六年仲夏出晦日校畢，平陽趙氏本掛漏甚夥，陸存齋已勘正，遂未更取對讀也。恕。末有"江夏徐氏文房""後子孫毋壞敗"等印。③

---

① 篋中集一卷，唐元結撰，民國武昌徐氏影鈔本。湖北省圖書館藏，索書號：善/2935。《徐行可舊藏善本圖録》第236頁。陳于全《徐恕藏唐集五種叙録》，《古典文學知識》2011年第1期。

② 北夢瑣言二十卷遺文四卷，宋孫光憲撰，清光緒二十五年（1899）江陰繆氏刻雲自在龕叢書本，湖北省圖書館藏，索書號：善/2900。

③ 王嵐《宋人文集編刻流傳叢考》，江蘇古籍出版社，2003年，第30頁。

案：此爲民國十六年（1927），是年五月小盡，出晦日即二十九日。

是秋，執教於武昌文華圖書館學專科學校，教授版本學。邵延淼《錢亞新年譜簡編與論著繫年》一九二七年（丁卯）條：

10月，先生由滬回武漢，繼續學業。徐行可（1890—1959，名恕，號強誃，湖北武昌人，早年留日，喜藏書，有書十萬）教版本學。①

錢亞新《文華生活回憶》云：

第二學年的功課，圖書分類法、圖書編目法繼續進行，社會學、英國文學和打字課不上了，新添了幾門。其中版本學由徐行可先生講授。他是一位有名的藏書家，在武漢地區藏書最多，對版本非常熟悉。當然，那時候的藏書主要是古代線裝書。有一次講完課後，大家提出要求，想親眼看一看各種不同版本。他説那好，下一次就到我家裡來上課。那一天，大家高興地來到他家裡，竟有兩三間屋子，書櫥内擺滿了藏書。他在書房裡擺出了準備好的宋版、元版、明版和清代的各種樣本，其中有的書還附有索引，琳瑯滿目，讓我們盡情欣賞。②

十二月初一，於黄州鈔得輩學齋本《歷代地理志韵編》校記，跋云：

丁卯嘉平月朔日，寓黄州劉氏然青閣，得觀此斠本。從主人假鈔，二日而斁。守元有室主手識。（鈐“徐恕”白文方印）

案：是書又裝入一紙，六行，前四行爲熊會貞筆，末二行爲行可先

① 《錢亞新集》編輯組：《錢亞新集》，江蘇教育出版社，1991年，第343—344頁。

② 錢亞新著、謝歡整理《錢亞新别集》，南京大學出版社，2013年，第207頁。

生筆。

（熊會貞筆）《隋志》江蘇海州贛榆縣下載怀仁縣，《韵編》釋地有誤。《隋志》梁州臨洮郡合川，《韵編》“今西寧縣西北邊外”，大誤。

（徐恕筆）熊固之先生假讀吴平齋校記，附入此紙，今先生殁已三年矣。庚辰夏，恕手識。①

案：“怀仁縣”應作“懷仁縣”。全書乃先生親筆移録。先生言“吴平齋校記”，似此校記乃歸安吴雲所作。

是年，黄侃曾致書先生。《黄季剛詩文集·書牘下》之《與徐行可書》第三通：

行可道兄姻家侍右：去歲遭值兵戎，人情危駴；我曹亦拂亂常性，遺弃碩交，至今思之，疚如疾首。然兄以老親幼子，閉閡危城，憂恐纏心，四旬乃解。正使語言偶失輕重，不足以致譏。弟則全家寄廡，實蒙剪紙招魂之恩；孫侄望門，復受涸魚沟沫之惠。每懷此誼，鐫在匈膺，不但數載談經，綢繆繾綣，爲不可忘也。即令波蕩未寧，故園蓁棘，想賃廬奉母，粗保平安。此間名士若森玉、子幹、慎之、奭公諸人，每見侃輒詢兄動定，意甚殷勤。偶過廠肆，或見奇書，又不禁聯想及於尊府收藏之富，惜目前通假書籍之無人也。侃羈泊京華，劣能自活，客臘一病，幾至損年。現惟杜門養疴，閒讀書籍，黄墨精謹，無改疇昔耳。知念因及。手此，敬頌上侍康寧。②

按：此信未署時，但可推定爲丁卯年，其時黄侃執教於北京，即

① 輩學齋本歷代地里志韵編校記不分卷，民國十六年（1927）武昌徐氏鈔本。湖北省圖書館藏，索書號：善/1426。

② 《黄季剛詩文集》第505—506頁。“即令波”三字，《黄季剛詩文鈔》作“即今板”，義長，見該書第77頁。

“羈泊京華”。“去歲遭值兵戎”“閉闔危城，憂恐纏心，四旬乃解”，指北伐軍圍攻武昌事。“弟則全家寄廡”即黄侃一家曾借住先生漢口法租界寓所事，見民國十五年（1926）七月十五日條。“客臘一病，幾至損年。現惟杜門養痾，閒讀書籍”，或書於是年春。“森玉”，徐鴻寶。“子幹”，周貞亮。“慎之”，盧弼。“奭公”，尹奭公。

民國十七年（1928） 戊辰 三十九歲

正月十三日，校畢《古今註》卷上，次日校畢卷中，至二月十三日較畢全書。其跋云：

《古今註》上。戊辰孟月十三日，斠于是古東塾。

《古今註》中。立春日鐙下讀。

《古今註》下終。戊辰二月十三日，以墨筆標宋本次弟于各條之首。彊誃。①

二十二日，徐乃昌致信先生，繳還《説文解字篆韵譜》，贈鏡銘拓本三十四種。《徐乃昌日記》云：

致徐行可書（寄還前借明刻《説文篆韵譜》五册，并贈鏡銘搨本三十四種，内紀元三十種，名人三種，五月五日鏡一種。）②

二十四日，托姚景瀛轉交東漢□平年鏡與徐乃昌，附書求《讀史記十表》《隋張通妻陶志》。《徐乃昌日記》云：

姚虞琴來譚，交徐行可書。行可贈東漢（吴）□（太）平二年三月廿四日所作鏡，中有傷損，亦可寶也。來書云壓倒余藏二建安鏡。（行可索《讀史記十表》《隋張通妻陶志》。行可云熹平壓倒余建安二鏡，今細案之，蓋吴太平鏡也。）③

① 古今注校正三卷，晉崔豹撰，清顧震福校，清光緒山陽顧氏刻本。徐恕校并跋。湖北省圖書館藏，索書號：善/2890。

② 《徐乃昌日記》第6册第19頁。

③ 《徐乃昌日記》第6册第43頁。

二月十九日，斠《新疆藝文志》畢，跋云：

戊辰二月十九日鐙下斠于玄守閣，彊誃記。[①]

二十八日，徐乃昌覆書先生，謝贈鏡，回贈金石文拓本二百種，《讀史記十表》《一亭攷古雜記》。《徐乃昌日記》云：

覆徐行可書。謝贈□（太）平二年鏡。覆贈金石文搨本二百種，《讀史記十表》《一亭攷古雜記》。閏二月六日覆書收到。[②]

三月十五日，移録清丁杰、任大椿、翁方綱《漢隸字源五卷碑目一卷》校語。該書宋婁機撰，清光緒三年（1877）歸安姚氏咫進齋刻本，酈承銓、徐恕批校，拍賣提要云“此册内有徐恕過録翁方綱、丁傑、任大椿校語及跋記，間下己意，唯首册未移寫”。經仔細辨認，先生及酈承銓跋如下：

戊辰三月十五日，得見海昌唐□甫藏本，中有丁、任、翁三先生校語，不知何人迻書，訛字極多，漫寫一過。本書在海王邨文德堂書肆，他日或能假得臨校也。彊誃。

行可先生寄□□□（贈臨校?）此書唯首册未迻寫，越一年□□□□□□□□（始得稍暇手過其餘?）書五册則過録凌霞臨校本也。癸酉九月十七日衡叔。[③]

是月，易忠籙贈《樂府新編陽春白雪集》。是書存二人之跋：

丙辰花朝前後，以事滯浩口，風雨晦明，賴此遣日，校讀一過。仙識。

戊辰三月，仙侶以所讀本見詒，因于用韵處加圈，三日而

---

① 新疆藝文志一卷，清袁大化纂，民國間鈔本。湖北省圖書館藏，索書號：善/2861。

② 《徐乃昌日記》第 6 册第 49 頁。

③ 2018 西泠印社春季拍賣會古籍善本專場之酈承銓、徐恕批校《漢隸字源五卷碑目一卷》，圖録號 4837。

戳。弜誃記。[1]

案：易忠籙亦曾題贈先生《舊月簃詞》。其題辭云：

移贈藏棱庵主人。籙。(鈐“均”朱文方印)[2]

四月七日，黄侃致書先生。《黄侃日記》云：

與行可書，求還《史記》，寄唐前十五史，借《學福齋集》，託求《增訂叢書舉要》。[3]

十三日，《黄侃日記》云：

徐行可寄我所手校《史記》來。[4]

十五日，黄侃收悉先生所寄《劉氏遺著》《鹽鐵論》。《黄侃日記》云：

行可自鄂寄滂喜齋本吴劉禧延辰孫《劉氏遺著》一册（書面有“兩湖書院北書庫藏”戳子）、張之象注《鹽鐵論》六册（末頁寫補，有木夾板）。劉書有用（中有《中州切音譜贅論》極精）。張書無用。予前書問行可有《鹽鐵論》校本以不？非謂是也。[5]

二十一日，《黄侃日記》云：

與耀先一書，處分帶物來寧事（由行可處交）。[6]

六月一日，《黄侃日記》云：

九時，耀先乘瑞陽船自漢口來，携來書物甚多，可喜之甚。

---

① 樂府新編陽春白雪前集五卷後集五卷，元楊朝英編，清光緒三十一年（1905）南陵徐乃昌刻本。易忠籙校并跋、徐恕跋。湖北省圖書館藏，索書號：善/2565。

② 舊月簃詞一卷，陳曾壽撰，民國十年（1921）鉛印本。湖北省圖書館藏，索書號：集五/511。

③ 《黄侃日記》第284頁。

④ 《黄侃日記》第287頁。

⑤ 《黄侃日記》第289頁。

⑥ 《黄侃日記》第293頁。

徐行可贈旭初紀文達手批譚刻《水經注》，不知何緣送此重禮也。[①]

三日，《黄侃日記》云：

日前糴先自漢口來南京，致徐行可書，到廬山當復之。[②]

十六日，巴縣陳謙善帶先生手書及陳遵默《鹽鐵論識語》與黄侃。《黄侃日記》云：

陳叔敬（名善謙，巴縣）來，未晤。陳君又來，乃晤，齎有行可手書及陳模（字季高，江北人）《鹽鐵論識語》稿，殊有精處。叔敬來攷中央大學者，須爲設法安置。[③]

七月四日，黄侃收悉先生所寄《古詩輯存目》《文選集釋》《太平廣記》《五種事類賦》。黄侃覆書先生，自言恭敬之至。《黄侃日記》云：

行可寄來宜都楊氏《古詩輯存目》六厚册，是其手鈔本，世間絶無者，又朱蘭坡《文選集釋》十二册。不知何故將《太平廣記》夾板（第三四函）包入《古詩輯存》包中……與行可書，小字密行凡四紙，自謂恭敬之至。行可又寄到《太平廣記》一部，《五種事類賦》一部……始鈔《古詩存目》，至丙夜得十一紙（訖《古詩存》六）。[④]

五日，《黄侃日記》云：

與行可、鷹若各一箋。[⑤]

八日，《黄侃日記》云：

---

① 《黄侃日記》第326頁。

② 《黄侃日記》第327頁。

③ 《黄侃日記》第336—337頁。

④ 《黄侃日記》第344頁

⑤ 《黄侃日記》第345頁。

與行可箋，求雁皮紙。[①]

十日，《黄侃日記》云：

與行可一箋，求峴山宋淳祐十一年李曾伯題名，又詢洪山元人題名彼曾見否。[②]

十六日，黄侃收先生所寄《元詩選》，黄陂陳毅舊藏也。先生又有書致黄焯言及舊書價。《黄侃日記》云：

行可自武昌益善書局寄來《元詩選》四十册（此書現至難得，此本乃陳士可所藏，前二册本缺，冒鶴汀以殘帙寄士可補成之。士可以前歲没于上海，藏書已出，可歎）、劍光閣本《事類賦》六册，予求《元詩選》，至遍索燕京滬上諸書肆，今行可自鄂中得之，又肯讓之我，真可感也，喜而距躍久之……又見行可與焯書，談舊本書價極内行。[③]

八月二十七日（10 月 10 日），妻歿。《黄侃日記》云：

得徐行可書，告以其妻於此月十日（蓋洋曆）没。[④]

九月八日，黄侃收到先生所還《唐詩紀事》，先生贈其《方言》校本及國學館石印《反切解釋上篇》。《黄侃日記》云：

行可寄來《唐詩紀事》二函（昔年吾所批），又贈予聚珍版《方言》校本三册、《反切解釋上篇》（昔年吾所編，國學館石印頗精，行可裝成）。[⑤]

又《黄侃日記》云：

行可寄書來，僅殘聚珍本《方言》三本（蓋贈予者，然無

① 《黄侃日記》第 346 頁。
② 《黄侃日記》第 347 頁。
③ 《黄侃日記》第 350 頁。
④ 《黄侃日記》第 372 頁。
⑤ 《黄侃日記》第 371 頁。

足異）。[①]

九日，黄侃收悉先生信。告以喪妻之事，回復其八月十日所詢洪山、峴山題名事，告以新得《周禮集説》，又言擬贈象山陳漢章《路史》。《黄侃日記》云：

得徐行可書，告以其妻於此月十日（蓋洋曆）没。又言《漢山塔記》《峴山題名》皆無拓本，《稗海》、顧景星《白茅堂集》及《二十二子》皆未寄，卷子本《文選》未迻録，前月得舊鈔陳友仁《周禮集説》，較四庫所收多一卷，又擬寄予以陳伯弢（蓋陳鋭也）明本《路史》。[②]

十日，《黄侃日記》云：

題記於徐恕所有《元詩選》首葉。[③]

案：黄侃題記實位於書末：

此書曾在蘄春黄季子寄勤閒室中度架數月，雖係拼成，已不易得矣。以有初印全册不由配成者，故仍還之書主人，而記其名氏於此，以告後來藏者。（鈐“黄侃季剛”白文方印）[④]

十二日，《黄侃日記》云：

與書行可，唁之，并謝上年《説文詁林》之惠。[⑤]

二十三日，《黄侃日記》云：

---

① 《黄侃日記》第472頁。

② 《黄侃日記》第372頁。據《黄侃日記》戊辰七月十日條，“漢”當爲“洪”。

③ 《黄侃日記》第372頁。

④ 元詩選初集十集二集八集三集八集，清顧嗣立集，清康熙間秀野草堂刻本。湖北省圖書館藏，索書號：集三/1847。

⑤ 《黄侃日記》第373頁。

得劉静晦書。[①]

十月初五，《黄侃日記》云：

得行可書，云已寄《稗海》及《白茅堂集》。[②]

初六，《黄侃日記》云：

《稗海》百二十册、《白茅堂集》二十册自鄂中寄到。[③]

初八，《黄侃日記》云：

復行可。[④]

二十一日，《黄侃日記》云：

行可來書，乞爲其母壽序。[⑤]

二十二日，《黄侃日記》云：

又得行可書。[⑥]

二十七日，覆書陳乃乾。《徐恕致陳乃乾信札十八通》之二：

乃乾先生大鑒：前奉惠書，並承鈔補《墨子栞誤》闕葉，適有室人之喪，喪事粗畢，復染沈痾，經月始瘳，致忘裁復。近讀十一月杪手帖，審有中國學會之設，先生抗志希古，傳布故書，至爲欽遲。恕不學無文，不足任厠于諸君子之列。前蒙許賜《諸子校注》，以裝釘未完，未付郵筒。十書中恕所無者惟《管子識誤》《吕覽正誤》二書，如蒙寄惠，無任感謝。學會周刊能並郵賜，尤紉高誼。陳觀樓尚有《淮南正誤》，恕寫定未栞，譚仲儀《淮南舉正》，恕亦迻書一本，如先生更擬續

① 《黄侃日記》第 378 頁。

② 《黄侃日記》第 383 頁。同書第 475 頁所載略同。

③ 《黄侃日記》第 475 頁。同書第 384 頁僅言“行可寄書至”。

④ 《黄侃日記》第 475 頁。

⑤ 《黄侃日記》第 387 頁。

⑥ 《黄侃日記》第 387 頁。

印子書校注，當以相假。今日由郵寄上《聖門名字纂詁》、《九水山房文存》（海原閣本）、《周秦諸子敍録》三書都五册奉詒，乞哂存。别上江山劉氏本《鄧析子》一册，後有譚復堂校記，恕于友人處見先生近印《鄧析子》無此校記，應補印裝入。先生歷年所印各書，能鈔示價目寄示尤眪。匆復，手叩纂祺。弟徐恕拜手上。十月廿七日。[①]

案：此書未署年，是年先生喪妻，故置於此。又，《徐恕致陳乃乾信札十八通》署時，僅端四日可以斷定爲陰曆，其餘各通姑亦以農曆繫日。

十一月五日，至南京，詣黄侃，爲繼母魏太夫人六十大壽徵文。四日内，與其暢談、夜游、共餐。黄侃《徐母魏太夫人六十生日獻壽文》云：

今年十一月，行可來江寧，就余賃居而徵文于余，以開歲七日爲太夫人六十生日也。[②]

又，五至八日《黄侃日記》云：

（五日）歸寓與鄭介石談，行可尋至，久别因之暢談。

（六日）夜偕行可遍訪諸鲫魚。得孫氏《周易集解》。

（七日）晚請行可于教育館，甚費（得《開元占經》）。

（八日）行可來久談。[③]

九日，前往上海，讀畢近日黄侃所贈葉德輝之《書林餘話》。黄侃和先生均有跋，跋云：

戊辰九月廿日乙巳，門人海甯孫世揚鷹若自上海買得，寄

① 虞坤林《徐恕致陳乃乾信札十八通》，《文獻》2007年第3期。案：爲便於引用，十八通依該文序次。

② 《黄季剛詩文集》第594頁。

③ 《黄侃日記》第391頁。

余于江寧。黄侃記。

戊辰九月廿夕讀一過，追念丙寅夏焕彬先生自長沙賜書，濫加賞譽，並寄示所箸《説文讀若攷》，未及報書，而先生遽離無妄之毗，誠可慟也。後學蘄黄侃記。（鈐“黄侃”白文方印）

著雝執徐畢辜之月，行可來游上元，貽以是書，相與感歎名士日稀，如葉先生之號爲書内行者，竟不可再得也。黨毗離奇，令此人死。譆譆。黄術季子記。

季剛以是書貽余，在滬瀆旅次閲之，一夕而斁。時戊辰十一月九日也。彊誃。①

十日，見徐乃昌，十一日《徐乃昌日記》云：

昨在中國書店晤徐行可，今往訪之，未遇，留贈何雪漁刻印。②

十一日，張元濟宴請先生西餐。《徐乃昌日記》云：

晚七時張菊生約至一枝香，陪徐行可西飡。③

十二日，徐乃昌宴請先生，趙宗忭、胡韞玉、褚德彝、劉體乾與焉，宣哲、張元濟、丁福保、羅振常、陳乃乾、姚燮邀而未至。《徐乃昌日記》云：

約徐行可、趙蜀琴、胡樸庵、褚禮堂酒敘。宣古愚、張菊生、丁仲祜、羅子經、陳乃乾、姚虞琴未至。適劉健之來，遂留坐。④

十五日，至南京。《黄侃日記》云：

---

① 書林餘話二卷，葉德輝撰，民國十七年（1928）滬上澹園鉛印本。黄侃跋。徐恕跋。湖北省圖書館藏，索書號：善/2899

② 《徐乃昌日記》第 6 册第 259 頁。

③ 《徐乃昌日記》第 6 册第 259 頁。

④ 《徐乃昌日記》第 6 册第 259 頁。

行可自滬來，齎到朱古微先生見貽《彊村語業》。[①]

十六日，象山陳漢章宴請先生，黄侃作陪。《黄侃日記》云：

作徐母壽文成。夜赴蜀峽館伯弢先生之招，陪行可。[②]

案：時先生初識陳漢章，贈其明刻本《路史》，陳漢章作《贈武昌徐行可君》以答，詩云：

昔聞徐元直，將母遽辭漢。敵門同張昭，登樓異王粲。今樂新相知，禮行士相見。貽我明板本，脂贅等明雁。文史紛解駁，有如肉貫串。讀畫精變題，訪碑辨正贋（君告我漢王等碑、秦殘碑并僞作）。小作滬上遊，長編得三傳。留袪遵路摻，離筵襼聯宴。愧之無縞酬，醉把越醪勸。恐勞倚閭望，歸驄急如箭。自是孺慕摯，豈回方寸亂。何日鼓江楫，遊醉蒹葭岸。升堂再拜後，武昌魚共膳。遍閲清秘藏，不慮銀海眩。[③]

案："今樂新相知"，初見面也。"貽我明板本"，戊辰九月九日《黄侃日記》云先生"擬寄予以陳伯弢（蓋陳鋭也）明本《路史》"。此書今藏浙江圖書館，題"重訂路史全本四十七卷"，明末吴弘基刻本，先生藏書印有"徐恕""藏棱庵所鈔書""曾歸徐氏彊簃"。"小作滬上遊，長編得三傳"，指獲得《春秋長編》事，即先生致陳乃乾信云"過寧又得孫淵如手輯《春秋長編》""愧之無縞酬，醉把越醪勸。恐勞倚閭望，歸驄急如箭"，是此酒會既酬贈書，又是送行。

又，陳漢章《復張伯岸》云：

---

① 《黄侃日記》第393頁。

② 《黄侃日記》第393頁。

③ 錢英才、陳明吉主編《陳漢章全集》，浙江古籍出版社，2014年，第20册第220—221頁。感謝浙江圖書館童聖江提供本條文字的照片。又，錢英才《大師側影——陳漢章與周圍的人們》第3章《親友篇》第7節《自稱弟子的徐行可》敘述陳漢章、徐行可交往甚備。寧波出版社，2014年。

承詢徐君行可住址，徐君武昌人，住漢口法租界華實里四號，爲蘄春黄君季剛（侃）兒女親家。博雅好古，家富藏書。與漢章遇于金陵，請受業爲弟子，出示孫氏星衍《春秋三傳》及張氏澍《三古人名考》，皆未刊手稿本，并贈元本《路史》一册。見拙稿《古姓氏人名韵編》，愛不釋手。其後再至南京，則章已離校返舍矣。①

二十一日（1929年1月1日），中國學會成立，八十四人應邀列名發起，先生與焉。②

二十六日，致信陳乃乾。寄贈《榕園詞韵》《文選通假字會》，托轉贈後者一部與胡韞玉。《徐恕致陳乃乾信札十八通》之一：

乃乾先生大鑒：旅次得瞻光儀，無任欽企。歸後復奉賜書，曷勝感謝。人事牽率，未遑箋候，甚皋甚皋。翁閬仙之顧校《輿地廣記》仍以六十鉼得之，過寧又得孫淵如手輯《春秋長編》，用意同明人《春秋别典》而加詳，亦同馬氏《繹史》，而體則編年。暇時當迻書其凡例呈覽也。大箸《年譜》《書目》二録何時脱稿，亟眪賜讀。尊印《江蘇金石志稿》《曲苑》廿種……直乞教示，以在書店買之必較昂也。寄上《榕園詞韵》、《文選通假字會》各四册，聊答雅意，乞哂存。别附《文選字會》一部，乞代轉贛樸安先生。《國學》第四期未能浣讀，如有存書，乞以一册見惠。手上，敬叩箸安。弟徐恕頓首上。廿六日。③

① 《陳漢章全集》第19册第660—661頁。

② 梁穎整理《胡樸安友朋手札——中國學會創立始末》，《歷史文獻》第2輯，上海科學技術出版社，1999年，第198頁。

③ 虞坤林《徐恕致陳乃乾信札十八通》，《文獻》2007年第3期。

案：此書未署年月。是冬先生有寧滬之行，獲《春秋長編》，回漢當在十一月。“旅次得瞻光儀”，乃歸來不久之辭。

先生寧滬之行，實爲明年正月繼母魏太夫人六十大壽事。行旅之次，獲清顧廣圻校《輿地廣記》，清孫星衍稿本《春秋長編》。徐行可《與文甥德陽書》云：

> 孫氏以校明薛鐖《春秋别典》而發意，自爲《春秋集證》（其正副二本均藏敝篋，己巳冬得之盱眙吴氏），變馬氏《繹史》紀事之體爲編年，與其敘績選古文用心正同，惟侂體有别耳。[①]

案：《春秋集證》又名《春秋長編》，范希曾載入《書目答問補正》，賀昌群《二十五史外編擬目（草目）》亦列入[②]。清顧廣圻校跋《輿地廣記》今藏國家圖書館，鈐先生藏書印多枚。[③] 是年十二月二十日《徐乃昌日記》亦言及此二書。

十二月三日，《黄侃日記》云：

> 得行可書并其太夫人生日徵詩文啓，又得行可寄來《彊村叢書》一部、《韵府群玉》一部。[④]

七日，《黄侃日記》云：

> 行可寄《和名類聚鈔》四册到。[⑤]

九日，《黄侃日記》云：

---

① 《制言》第十四期，民國二十五年（1936）四月初一出版。

② 《賀昌群文集》第三卷《文論及其它》，商務印書館，2003年，第326頁。

③ 王競《藏書印訂補蟫林志傳舉例》，《黑龍江圖書館》1980年增刊（一九八〇年年會論文集）。又，《輿地廣記》全文影像已發布於國家圖書館之中華古籍資源庫。

④ 《黄侃日記》第399頁。

⑤ 《黄侃日記》第401頁。

唐醉石送行可屬書之屏紙來，不值。[1]

十六日，《黄侃日記》云：

寫徐氏壽屏成……寫徐氏祝聯二副。[2]

二十日，徐乃昌覆書先生，預送魏太夫人六十大壽綢幛詩屏，繳還沈曾植校《秦邊紀略》。先生告其獲《輿地廣記》《春秋長編》事。《徐乃昌日記》云：

覆徐行可書（徐行可母魏太夫人己巳人日六十壽，送綢幛詩屏。寄還寐叟校《秦邊紀略》。行可在滬得顧千里校《輿地廣記》、孫伯淵輯《春秋長編》，欣喜來告。）[3]

案：先生所藏沈曾植校《秦邊紀略》爲劉家立過録本，余嘉錫亦曾寓目。余嘉錫《四庫提要辨證》卷八《史部六》之《秦邊紀略四卷》條云：

近人沈曾植嘗就吴本手自批校（北平劉家立過録本，吾友徐恕行可寄以見示）。[4]

民國十八年（1929）　己巳　四十歲

正月初二，黄侃轉交先生《三古人苑》稿本於陳漢章。《黄侃日記》云：

以《史通補識》還伯弢，又以行可所寄來張澍《三古人苑》稿九册付之。《三古人苑》止於夏世，蓋未成之書，所引出處不盡雅馴。[5]

初五，陳漢章繳還《三古人苑》與黄侃。《黄侃日記》云：

---

① 《黄侃日記》第 401 頁。

② 《黄侃日記》第 403 頁。

③ 《徐乃昌日記》第 6 册第 286—287 頁。

④ 余嘉錫《四庫提要辨證》，中華書局，1980 年，第 470 頁。

⑤ 《黄侃日記》第 477—478 頁。稿本《三古人苑》書影見《徐行可舊藏善本圖録》第 92 頁。

伯弢歸來還張澍《三古人苑》稿本，又借楊守敬《古詩存目録》及孫奭《律音義》，俟檢出送之。①

同日，陳漢章作《三古人苑稿本跋》，其辭云：

武昌徐行可先生恵昕所藏《三古人苑》一書，自太昊至夏而止……以上各條，皆如張平子之於《史記》，蓋亦好而知其惡者歟。書共十册，外間無刻本。行可先生能爲之葆全，是誠仁人君子之用心。漢章既幸得寓目一過，謹贅數言，以答先生之厚恵云。己巳歲正月五日，象山陳漢章跋。②

同日，陳漢章覆書先生，謝借書之誼。

前月奉讀十一月晦日手書，備承藻飾，曷勝顔汗。緬維侍福鴻綏□祺燕喜爲頌。今歲正月二日晚刻，由黄君季剛交下《三古人苑》十册，曹倉珍閟，恵許一觀。觀之兩日，即以書返季剛，感德靡既，作跋一首，别紙呈政，未識可否？江南春暖，鳥語花香，尚台端揚舲漢江，撫塵吴苑，得以奉手請教商榷群書。載申積悰，先此鳴謝，敬頌道安。③

案：《陳漢章全集》整理者所言極爲準確：此信標題僅用“信”字，從内容看是寫給徐行可，作於一九二九年。

初七，繼母魏太夫人六十大壽，張元濟、徐乃昌、陳漢章、黄侃、王禔等友朋以不同形式祝賀。

案：張元濟寄呈詩作，見是年三月二日條。徐乃昌送綢幛詩屏，見去年十二月二十日條。陳漢章《壽徐母魏太夫人六十（一九二九年）》云：

萱堂滿慶年周甲，葭會陽和月遇寅。冠裳賢復敬姜績，組

① 《黄侃日記》第 481 頁。

② 《陳漢章全集》第 19 册第 728—729 頁。

③ 《陳漢章全集》第 19 册第 606—607 頁。

豆共芳孟母鄰。言容工德徽儀著，禮樂詩書語誨諄。更喜悦辰是人日，群偕萊舞祝長春。有國大名昌自魏，長女纘諧莘于秦。①

黄侃去年臘月十六日即寫就壽屏和祝聯，其《徐母魏太夫人六十生日獻壽文》云：

歲在己未，侃自京師還教武昌，始得交徐行可氏。書籍有無，互相通假。浸與論學術之細微，商文章之利鈍，如響斯應，罔弗餘同。由是飲食燕游，一月中恒有數聚，綢繆款至，申以婚媾，於今訂交，盈十載矣。武昌雖吾省會，徒以地居綰轂，市易浩穰，故多商販而少士人。偶有學者，亦尠藏書。大抵石印坊刊，已爲秘册，經子要籍，多未聞名。惟吾行可，家富藏書，且購且讀。蓋自文字訓詁之埒，名物制度之瑣，書畫彫瑑之微，無不周悉。而又恭謙密栗，温厚近人，以是聲氣廣通，所交皆當世知名士，過武昌者，輒思訪行可而窺其所藏，顯譽日升，年華未艾，誠可羡也。行可嘗爲余自述生平，知其少遭孤露，而教養之以至成立者，實繼母魏太夫人之力。侃雖升堂修敬，親瞻慈範，薰然其仁，顧未得知德行之詳。今年十一月，行可來江寧，就余賃居而徵文于余，以開歲七日爲太夫人六十生日也。於是侃始得受讀行可所述太夫人事，益知行可篤學立名，其來有自。太夫人孝感魏氏，世爲冠族，令譽遠章。年二十一，來歸我惠卿先生，爲繼妻。其時君舅星五先生尚存，家道鼎盛。太夫人恪修婦職，禮無違者。行可生甫踰稘，恩勤鞠養，有若天性。斯固母德之常，而亦衰俗所稀有

① 《陳漢章全集》第20册第229頁。感謝浙江圖書館童聖江提供本條文字的照片。

已。既而惠卿先生以劬學早歿，星五先生尋以壽終。行可年方十二，下惟一弟，太夫人撫此二孤，獨支門户，其爲勞苦，豈可勝言。清季士尚游學，行可亦奉母命，遠適日本，俄以弟喪，廢業而還。自此母子煢煢，相依爲命。太夫人懼行可失學，又難於求師，乃爲之錢買書，恣其披覽。至今入行可之居，門庭客次，觸目皆書。所費已不訾，太夫人顧而樂之，初無靳惜也。行可子女衆多，皆受太夫人教誨，厭近時庠序昌披，不令求學於外。女孫則諷誦餘閒，必親内事，衣皆自濯，履不市求。人謂太夫人嚴儉不與世同，應之曰："近事内職日廢，正如干寶所譏，吾誠不願諸孫效之也。"徐氏故由積累起家，至太夫人，以嫠居保守先業。無所省耗，視前轉豐焉。行可自購書外有所費，雖一錢之末，必咨於太夫人而後行，蓋四十年如一日也。嘗謂素門士族，中衰之家，能再振而復興者，必由母德。如行可之能自樹立，好學親仁，固其天資卓躒常人；然使非太夫人覆燾之於童稚之年，則其成就與否，正未可必也。然則吾儕得與行可爲友者，焉得不欽頌我太夫人之也哉？侃不幸，十三而孤，幸賴慈母田太夫人、生母周太夫人撫育成立，期間家難叠生，辛勤險阻，不忍備述。今則漂流轉徙，問學無成。覩行可尚居慈蔭之下，而太夫人之德，寔與吾親同其趣，其欽感之情，更有非常言所能喻者。所願太夫人頤神養性，至於百齡，俾倫□婚婣，有所取法。行可則蓋砥行厲名，爲世儀表，俾世之稱行可者，無不曰：非此母不有此子，則行可之所以報太夫人在是，太夫人之樂亦在是矣。侃羈旅江寧，不獲與於鞠跽稱觴之列，惟憶錢虞山詩云："碣石已鐫銅狄徙，天留一姥挽頹綱。"以是爲太夫人頌云爾。歲在著雍執徐季冬之月，媦愚姪黃某頓首拜譔。[①]

案：賀壽之時，黃侃此文，由王禔朱筆寫爲八扇屏，題《徐媦伯母魏太夫人六十生日獻壽文》，落款“黃某”爲“黃侃”，增加“愚姪王禔頓首拜書”。[②]

三月初二（3 月 31 日），張元濟覆信先生，謝贈鈔本《歸田類稿》。《張元濟全集》第 3 卷《書信》之《致徐恕》之一：

前月萱闈大慶，寄呈小詩，愧不能盡頌述之意。昨誦手書，復蒙齒及，彌以爲慚。賜下抄本《歸田類稿》，周氏刊本從未見過，涵芬樓并抄本無之。得此至勘珍重。拜領，謝謝。貴省復有兵事，不知驚及琴書否。念念。十八年三月卅一日。[③]

二十九日，先生致書陳乃乾。《徐恕致陳乃乾信札十八通》之三：

乃乾先生大鑒：前（去冬）上一牋並寄詒《九水山房文存》等書，想已達，又託以《文選通假字會》一部代上樸安先生，想已交。近承惠示《文淵樓褏書》樣本，恕與友人向君宗魯均乞代購一部，屬文瑞主人勿襯紙裝作廿餘册。（《韓詩外傳疏證》未見刻，夏書六册、趙書一册、張書八册、許書四册，册數不成偶數不妨也。書衣求用雙層。）首册徹去孫人和序（此文學大家之敘，寔未能表章各書佳處及印書者輯印之意），能稍減值否？別有友人陳君季皋欲單買《讀書偶記》《選學膠言》二種，能否？寄上銀伍拾員，除《文淵廔蕞書》二部價外，先生影印《石鼓讀》《江蘇金石志》《三婦人集》《曲苑十四種》等書，求示實直，他書恕未知名者，亦求示書名及價格也。瑣屑奉瀆，

① 《黃季剛詩文集》第 593—595 頁。案：據黃侃撰、王禔書壽屏之縮印品，“俾倫口婚姻”之闕字，左“向”右“阝”。

② 湖北省圖書館徐行可紀念圖書館藏縮印件。

③ 《張元濟全集》第 3 卷《書信》，第 64 頁。

極謝。手問箸祺。弟徐恕頓首。

先生擬重訂《書目舉要》及《名人年譜冣目》，脱稿後求先賜讀，當爲斠字也。恕又白。三月廿九日鐙下。[①]

案：此書未署年。寄贈《九水山房文存》乃去年事，故置於此。

六月初八（7 月 14 日），《漢口畫報》刊登先生藏莫友芝榜書“彊恕齋”匾額。

彊恕齋。金甫尊兄索齋牓，爲擬作如右，願終身行之耳。乙丑四月友芝引書。

莫子偲篆額。子偲名友芝，號侶亭，晚號郘叟。少喜聚書，通蒼雅故訓六藝名物制度，傍及金石目録家言，治詩尤精，又工真行篆草。遊曾文正幕最久，李鴻章荐徵不就。著有《黔詩記略》《遵義府志》《聲韵考略》《唐本説文木部箋異》《過亭碎録》《郘亭見傳本書目》《樗繭譜註》《郘亭詩鈔》等書。

額藏武昌徐民彊簃。[②]

初十（7 月 16 日），張元濟批示徐曦來信，擬轉贈先生《張獻忠陷廬州記》一部。[③]

八月一日，王秉恩卒。己巳（1929）八月初三日《求恕齋日記》云：

是日王雪澄大殮，余因病體初痊未赴吊（年八十五，初一日酉時病故）。[④]

案：先生與王秉恩時有交往，已見前。兹需補充者，劉世瑗撰《徵

---

① 虞坤林《徐恕致陳乃乾信札十八通》，《文獻》2007 年第 3 期。

② 《漢口畫報》民國十八年（1929）七月十四日第 11 號第 2 版。案：“侶”“郘”當作“部”，“徐民”當作“徐氏”。本條係羅恰見示。

③ 《張元濟全集》第 3 卷《書信》，第 70 頁。

④ 《求恕齋日記》第 9 册第 288 頁。

訪明季遺書目》一卷，先生“依華陽王雪澂甥敦簃藏舊鈔本《明季紀事總目》校”[①]。先生批《孝慈堂書目》之《甲乙彙略》云：“華陽王氏甥敦簃有鈔本，題作‘事略’”。[②] 徐乃昌《積學齋讀書記》著録之王秉恩校《漢書》《後漢書》，亦爲先生所得。又，先生曾致信於王秉恩，署時十二月三日，未知何年，姑附於此。

雪澂先生大鑒：邇維杖履安和。書肆近出《淮南集解》一書，并向子宗魯校記（較前本增若干條）呈覽，《集解》書殊不足觀，所收前人書惟蕭山王先生紹蘭《札記》或無印本，以之案呈者，欲乞倩人迻書所輯《淮南》校語于此本書眉，藉補繆本闕文。前擬買博古齋書數種，以十元寄之蓉邨，未寄一書來，想已盡售。恕屬其以此款代呈作鈔資，乞詧入。《毛詩多識》三册、沈文起《唐書札記》（宋字，去菊存先生本乞見假寫完），莫子偲《韵學源流》（此書殊未佳），向、陳二子《淮南》校記，如已閱戳，乞郵寄見還，率啓。敬候箸安。十二月三日，徐恕敂首上。[③]

又，王秉恩曾借先生藏《淮南子》譚獻校本，内附便箋云：

前假行可迻録譚仲修所校《淮南》，以所書不甚工，閣之。旋聞仲修原本在滬（不記何人所藏），輾轉假來，閲之，與行可筆意大致相同，令人爽然，乃其人頗重視之，索之急，乃與行可本比較，行可捝羼訛誤均所不免，遂爲校改補書。凡册中眉

① 徵訪明季遺書目一卷，劉世瑗撰，民國鉛印本，湖北省圖書館藏，索書號：史十四/1020。兹册版心印“國粹學報”“第八十二期”。

② 《中國著名藏書家書目匯刊·明清卷》第 15 册《孝慈堂書目》，第 493 頁。此據先生批校本影印，原書現藏國家圖書館。

③ 中國書店 2016 年秋季書刊資料文物拍賣會（古籍善本·書札資料專場），1584 號。

端字較大墨較濃者是也。仲修所自加案語者寥寥二十餘處耳，且無甚塙精者，凡所援引各家，兄皆有之，此書還行可時，須告之兄非久假，亦不空閱也，兄校粗成後，一較可悉，非讕言也。①

案：此花箋二紙，未署名，今據筆迹判定。又，倫明《辛亥以來藏書紀事詩》之“王秉恩”條云：

歲辛酉，重見於滬濱，鬚髮如銀，年逾八十矣。所藏盡散，案頭惟手校《淮南子》數册，徧上下密行細字。自云一切異本，靡不迻録云。②

九月，寄清程瑶田《儀禮經注疑直》稿與吴承仕，請其整理刊布。吴承仕《程易疇〈儀禮經注疑直〉輯本序録》云：

民國十八年九月，江夏徐恕行可以舊藏吾鄉先正程易疇先生《儀禮經注疑直》殘稿八册，寄余北平，屬爲校寫，以俟刊布……民國二十年六月二十日吴承仕。③

約是月，先生覆信陳乃乾，告知《文淵樓叢書》已收悉，另托陳乃乾商印徐乃昌所藏清錢泰吉《兩漢書斠記》過録本。《徐恕致陳乃乾信札十八通》之四：

乃乾先生左右：奉手帖，審貴體違和，近已復元否？念念。承寄來《文淵叢書》二部，已領，祇謝。貴會前印錢十蘭《十經文字通正》書，恕前書定購三部，今更添買一部，近想已印

① 淮南子二十一卷，漢劉安撰，漢高誘注，清光緒二十三年（1897）新化三味書局刻本，佚名過録清譚獻校。湖北省圖書館藏，索書號：善/1659。案：便箋二紙，夾置該書。

② 倫明《辛亥以來藏書紀事詩》，《倫明全集》第1册第92—93頁。

③ 國學叢刊第一期第二册，國學叢刊編輯部編，民國二十一年（1932）鉛印本。

就，乞寄四部來。先生與徐積餘先生極稔，積老有遂書錢警石先生《兩漢書斠記》能借印否？如貴會中人以是書爲可付印，恕當附入銀硒餅作印資。貴會經售書目已印好未？此間有人擬印楚學社刻孫中容《周禮正義》，不知可成否？以校者恐不得人也。先生常往來羅子經家否？其弟三女公子性行何若？乞示。手上，敬請箸安。[1]

案：此書未署年月日。民國十八年（1929）九月十六日《徐乃昌日記》云：

覆陳乃乾書（徐行可擬借印錢警石兩《漢書》校本，助印貲二百金。）[2]

所言即爲一事。

八九月間，黄侃來書。《黄季剛詩文集・書牘下》之《與徐行可書》第二通：

侃頃者媑治古書，計所探討，粗畢經部，其餘諸緯，近始開篇。方知端門受命，碻有明徵；毖緯圖書，不同誣説。此事平生所未研習，徒以心閒慮簡，無故得之，誠可慶也。因思昔人學術，有所未觀，無所非難。爰本此意，更治古文。夫洨長之書，豈非要籍？棗木傳刻，蓋已失真。是用勤探金石之書，冀獲壞流之助。近世洹上，發得古龜，斷缺之餘，亦有瓌寶。惜搜尋未徧，難以詳言。倘於此追索變易之情，以正謬悠之説，實所願也。人生飄忽，成業實難，期與閣下共勉之也。手此，即頌侍安。[3]

案：此信未署時，但可推定爲是年八九月間。言“其餘諸緯，近始

① 虞坤林《徐恕致陳乃乾信札十八通》，《文獻》2007 年第 3 期。
② 《徐乃昌日記》第 6 册第 478 頁。
③ 《黄季剛詩文集》第 505 頁。

開篇”，黄侃《讀通緯日記》繫時爲己巳八月至九月。[①] 來書言“近世洹上，發得古龜，斷缺之餘，亦有瓌寶。惜搜尋未徧，難以詳言”，故先生出借《鐵雲藏龜》《藏匋》，黄侃於十月一日收悉。

十月一日，托自鄂至寧之黄焯攜帶書籍與黄侃，借出《鐵雲藏龜》《藏匋》，奉還卷子本《文選》及《漢魏音》《水經注》《馬氏文通》。是夜，黄侃致書先生，請代購《鐵雲藏龜》等書。《黄侃日記》云：

> 五時焯還自鄂，向行可借來《鐵雲藏龜》《藏匋》共十册。又行可還來楊抄卷子本白文《文選》三本、《漢魏音》一本、《水經注》一本、《馬氏文通》一本，又在武昌笥中檢來《餘冬序録》十二本、《何燕泉集》四本、《新樂府注》二本、《劉申叔墓志銘》一幀……夜與行可書求代購《鐵雲藏龜》《藏匋》《殷墟書契》《書契精華》及他金石書。[②]

案“行可還來楊抄卷子本白文《文選》”，據屈守元《跋日本古抄無注三十卷本〈文選〉》云：

> 向先生又言，黄季剛先生後來又從楊氏購得一部影抄的摺疊本。

即爲黄侃之藏品。行可先生所得卷子本，黄侃借校，於卷六末有跋，此跋向宗魯臨自行可先生，屈守元臨自向宗魯。[③] 關於黄侃跋先生卷子本《文選》，向宗魯《校讎學》之《擇本中第九》云：

> 黄季剛跋徐君行可所藏鈔本云：《海賦》多出十六字，不但六臣所無，何余孫顧所未見，即楊翁藏此卷子於篋衍數十年，殆亦未發見矣。豈徒《神女》玉王互譌，證存中之妙解；《西

① 《黄侃日記》第 558 頁。

② 《黄侃日記》第 575 頁。

③ 屈守元《跋日本古抄無注三十卷本〈文選〉》，收入趙福海主編《文選學論集 選學國際學術研討會論文集》，時代文藝出版社，1992 年，第 19—36 頁。

京》戈弋不混，驗屺瞻之善讐乎。且崇賢書在，北海解亡，此編原校引書獨有臣君之説，是則子避父諱，其爲北海之作，焯爾無疑，陸善經見之，此卷子引之，遺珠盈椀，何珍如是？行可能藏，侃能校，皆書生之幸事也。季子侃題記。[①]

是夜黄侃致先生書，即《黄季剛詩文集·書牘下》之《與徐行可書》第一通：

行可姻家老弟大人閣下：舍姪焯還自漢上，詢知興居稠適，至慰，至慰。承惠假劉氏印龜書一部，尤覺欣昇。昔與閣下同居武昌，首尾八載，知予貧寠，每值人間秘籍，無不借觀。塗汙不以爲愠，久假不以爲嫌，即此一層，交誼已厚如山嶽矣。近日閑居，深念平生雖好鄦書，而於數百年所出之古文字，所見未宏。夫山川鼎彝，洨長所信；今不信其所信，徒執木版傳刻之篆書，以爲足以羽翼《説文》，抑何隘耶！然處今日而爲此學，有較古爲易，亦有較古爲難者。石印法行，一日頓見無數真蹟，此易之説也。一書之值，幾可傾家，此難之説也。侃居此每月差有所餘，盡以購書，數月來乃非有篆文之書不購，節減衣食尚有不能致者，其若之何，以告閣下，必爲之一歎耳。向見黄丕烈藏書題跋，有以五十元易一《魚玄機集》之事，尚自稱豪。又見陳簠齋尺牘，其所收古金石，亦絶無驚人之價，彼何生之優渥哉！閣下近日研討何書？新得何籍？有如去年所得孫氏《春秋長編》者比否？焉得乘舟西上，住宿清齋，盡見閣下所新得者耶？暇希草示數行，以慰懷想。手此，敬叩侍福。[②]

---

① 向宗魯《校讎學》，商務印書館，2017年，第99頁。案：是書商務印書館1944年初版。

② 《黄季剛詩文集》第504—505頁。

案：此信未署時，據“去年所得孫氏《春秋長編》者”，則定在是年。又言“舍姪焯還自漢上”“惠假劉氏龜書一部”，則必爲是日。

初九，徐乃昌覆書先生，寄示沈曾植《〈瀓清堂帖〉跋》。《徐乃昌日記》云：

覆徐行可書（寄沈慈護鈔其尊人乙盦先生《〈瀓清堂帖〉跋》。）①

案：先生亦藏有《瀓清堂帖》，故有此托求。

十二日，黄侃見先生與黄焯書。《黄侃日記》云：

見行可與焯書，殊多解頤之説。②

十三日，黄侃跋黄焯移録其圈點句讀《詩經》擬贈先生者。跋云：

此書乃黄焯迻録侃所圈點句讀以贈武昌徐行可者。己巳十月十三日黄侃書。

余之圈點句讀，頗廢苦心，而焯忽之，擅自迻録，殊可歎尔。③

案：此書鈐“黄侃季剛”“亦陶”“曾歸徐氏彊誃”印，則黄侃依然允許黄焯贈出此書。

二十八日，過録清錢載、翁方綱、錢儀吉等諸家評語及黄侃圈定於《樊榭山房集》一至六卷。

（過録）宗伯公評本，藏味根二兄處，壬辰涂月謹録于宛央湖上沈氏書廔。聚朝識。

（過録）癸巳正月從心壺叔祖借得翁正三先生評本，迻書並録卞祖平點以備參稽。朝又識。

---

① 《徐乃昌日記》第 6 册第 501 頁。

② 《黄侃日記》第 579 頁。

③ 《詩經》不分卷，清刻本。黄焯移録黄侃圈點句讀，黄侃跋。湖北省圖書館藏，索書號：善/2151。

（過録）《樊榭集》評本，從禾城錢曉廷處借得，依録一過。乙未三月聞湖李王猷記。

李氏録本，六卷以下未完。喜季剛圈定之處，多與前修闇合。重録于上。翁評用緑筆，籜石用墨筆，心壺用藍筆，一夕而斁。己巳十月二十八日燈下，徐恕記于漢口蕃街僦盧。[①]

十二月十七日，徐乃昌覆書先生，婉拒借鈔錢泰吉兩《漢書》校本之求。《徐乃昌日記》：

覆徐行可書（十月來書索鈔錢警石先生兩《漢書》校本，覆以明春屏絶諸務從事整理以成完書，就正陳季皋先生。）[②]

二十五日，過録明姚士麟《羅昭諫江東集敘》，校畢《羅昭諫集》卷二并跋，跋云：

十八年氷月廿五日，以明海鹽姚士麟示祥、嘉興屠中孚德胤校刻《江東集》五卷本勘讀此册，弜誃。[③]

案：民國十三年（1924），先生已假羅氏蟫隱廬藏明天一閣本校此本一過。

是年，商務印書館二次影印本《四部叢刊》出版，《禪月集》底本即先生藏書。該書牌記云：上海涵芬樓借江夏徐氏藏景宋寫本影印。[④] 又，1927年6月27日傅增湘提議《四部叢刊》改用版本各書書單，商務印書館經辦人意見及張元濟批注：

《禪月集》。傅有影宋本。即徐本所從出。原用景宋鈔本。

① 樊榭山房集十卷續集十卷文集八卷，清厲鶚撰，清乾隆刻本。湖北省圖書館藏，索書號：集二/5697。《徐行可舊藏善本圖録》第289頁。

② 《徐乃昌日記》第6册第553頁。

③ 羅昭諫集八卷，五代羅隱撰，清康熙九年（1670）張瓚刻、道光四年（1824）補刻後印本。徐恕校并跋。湖北省圖書館藏，索書號：善/2952。

④ 禪月集二十五卷，唐釋貫休述，民國十八（1929）年上海涵芬樓影印《四部叢刊》本。

武昌徐氏藏書。

［張批：此書仍可向徐氏借照。］[1]

民國十九年（1930）　庚午　四十一歲

是春，陳衍作《徐賢母詩》。去年底先生托鈔陳衍未出版著述，并購書多種。今年屢述母德，意在乞請文字，故陳衍有是作。《侯官陳石遺先生年譜》第七卷一九三〇年條云：

> 舊歲。漢口有徐君行可（恕）者，績學能文，公故人劉耘卿門人。奉其慈闈命，寄購蕭道安夫人《列女傳集解》數十部，以餉女學校及戚友婦女。又寄貲購《福建新通志》《石遺室叢書》，並託鈔公未出版著述。今年復縷述母德，欲乞文字，公爲作《徐賢母詩柏梁體十八韵》以章之。[2]

是春，受聘文華圖書館學專科學校，講授“中國板本學”。

> 《本科消息》新聘教授——本期所添科目，除由沈祖榮先生、毛坤先生、徐家麟先生兼任圕行政學，中文書選讀，特別圕外，其他兩門，均特聘專門教授。中國板本學由武漢著名藏書家徐行可先生担任，而索引法則由羅曉峯先生担任之。[3]

三月二十九日（4月27日），致書楊樹達，轉述陳遵默所指正《古書疑義舉例續補》處。《積微翁回憶録》云：

> 漢陽徐行可（恕）來書，述陳季皋訂余《古書疑義舉例續補》誤以宣帝爲史皇孫。不知當時何以致誤，當亟改之。[4]

---

① 《張元濟全集》第10卷《古籍研究著作》，第252—253頁。

② 《陳石遺集》，福建人民出版社，2001年，第2060頁。

③ 《文華圖書館學專科學校季刊》第二卷第一期，1930年3月。北京圖書館出版社影印本，第2册第133頁，2009年。案：“圕”，爲“圖書館”三字之縮寫。

④ 楊樹達《積微翁回憶録》，上海古籍出版社，2013年，第45—46頁。夏金波《徐行可致楊樹達函稿一件考略》，《圖書館情報論壇》2015年第5期。

閏（六）月二十七日，《徐乃昌日記》云：

致徐行可書（贈《臧拜經集》《朱子金石學》《張夕庵年譜》。又《摩利支天經》十卷。）①

秋，薦恩師劉鳳章館於四川蘇汰餘家。借《安定先生周易口義》等書與恩師，以資教授之用。劉鳳章《七十自敘》云：

庚午秋，徐生行可薦予館四川蘇君汰餘家，姚玉堂黄師讓子女附焉。越三年，毫無成效，乃在塾既虚糜錢穀，去塾復餽以多金，主人情厚，殊爲可感。②

又，行可先生題《安定先生周易口義》云：

恕以此書借與先師劉耘心先生，先生授徒巴縣蘇汰餘家，爲蘇氏子弟失去五六兩卷，富人子弟之不可與爲緣也如是，後子孫戒之哉。癸巳仲秋廿日。弜誃。③

十一月十五至十六日（1931 年 1 月 3—4 日），南京，先生和長子孝寬共讀《孫可之文集》并跋。

（序首）廿年一月三日以閔齊伋《三訂大中兩儁集》（與《劉拾遺蜕集》合栞）斠于大石橋新都旅社。

（卷十末）廿年一月四日客江寧，與大男孝寬同讀。④

案：先生之所以入住大石橋，就近黄侃也。

十六日，於南京獲《麓山寺碑》拓本，黄侃題詩以慶之。黄侃題：

聞行可㝵李春湖所藏宋拓《麓山寺碑》，以詩慶之。

---

① 《徐乃昌日記》第 7 册第 148 頁。

② 《劉氏宗譜》第三十葉。

③ 安定先生周易口義十四卷，宋胡瑗撰，宋倪天隱述，清康熙二十六年（1687）吉水李振裕白石山房刻本。湖北省圖書館藏，索書號：經一/5167。

④ 後三唐人集三種二十六卷，繆荃孫輯，民國江陰繆荃孫刻本。湖北省圖書館藏，索書號：集三/1717。子目：歐陽行周文集十卷，孫可之文集十卷，皇甫持正集六卷。

照乘明珠忽墮前，麓山完拓近千年。始知浩劫浮雲街，人世還逢黃鶴山。黃侃。庚午十一月既望。①（鈐“黃侃”白文方印）

案：先生舊藏《麓山寺碑》拓本現藏湖北省博物館，爲南宋至元拓本。②

在寧之日，訪酈承銓，見十二月十三日條。

是月，過蘇州，請章炳麟題王守仁詩卷（《書〈詠良知四絶句示馮子仁〉》）。

案《文成年譜》，嘉靖七年九月初八日，行人馮恩賫奉欽賜至鎮，有疏謝獎勵賞賚。此所云馮子仁問良知之説者，子仁豈即恩歟。文成於是歲十一月二十八日薨。書去薨時祇兩月有奇，以爲絶筆可也。觀文成書似初拙晚巧者，蓋亦所謂良知之妙周流六虚者歟。庚午仲冬，徐行可携此卷來，因識之。章炳麟。③

案：王守仁詩卷，張舜徽曾借觀三日。張舜徽《愛晚廬隨筆》之《王守仁書》云：

武昌徐行可先生自收藏圖籍外，復留意古書畫，嘗得陽明所書長卷真蹟於湖南。道邁冲逸，韵格天成，精光爛然，直射人目。余從借觀，留齋中三日。反復摩挲玩繹，歎爲清勁絶倫。徐翁旋携至蘇州，乞章太炎跋之。後復屬余題識於尾，余退畏不敢着筆也。④

十二月十一日，在上海，訪劉承幹。贈書之餘，勸劉承幹石印《慈雲樓藏書志》。《求恕齋日記》云：

---

① 王曉鐘《黄侃與徐行可收藏及其書藝》，《書法叢刊》2016 年第 3 期。

② 《徐行可先生捐贈古籍文物五十周年紀念集》第 108 頁。

③ 王依平《文人、學者、名將——王守仁及行書手卷》，《書法叢刊》2008 年第 5 期。

④ 張舜徽《愛晚廬隨筆》，華中師範大學出版社，2005 年，第 394 頁。

徐行可來談（李紫東陪來）。行可江夏人，頗好學。贈予書三種，並携來《慈雲樓藏書志》首册，勸予石印，謂此書是周中孚所著。予閱其書有“上海李筠嘉筍香編次”字樣，殆中孚館於其家爲之捉刀，而名從主人歟。此書有七十餘册，從前李振唐携來求售，予未購，後歸行可。①

十二日，劉承幹來，不值，留贈書四種。《求恕齋日記》云：

至四馬路大新街孟淵旅館答徐行可，不值，將送其書四種交出。②

十三日，徐乃昌來訪，不值，後晤於中國書店，先生告其於南京鄺承銓處見《宋六十家詞》校本，新得清文廷式《伊尹事録》《黄帝政教考》，未得者尚有《純常子枝語》等百餘册，出示宋巾箱本《東坡制誥集》，尋訪明代馬文升著作。《徐乃昌日記》云：

訪徐行可不遇，晤其子孟博（孝寬，年十七），譚在中國書店。晤行可譚，告我新得文道希師所著《伊尹事録》《黄帝政教考》手稿各一册（晚在劉翰怡坐中出以相示），未得者稿本百餘册中有《純常子枝語》（中云擬爲《三代會要》），又《□庵脞録》，行可亦未見也（索價二百餘元）。行可訪明代馬文升奏議或文集。

行可言在南京見鄺衡三藏有《六十家詞》（汲古本配鈔本）校本，秦敦夫舊藏。又以宋巾箱本《東坡制誥集》相示，甚佳（又王陽明詩卷，亦佳）。③

晚，劉承幹宴請先生，費有容、王禔、董康、羅振常、張乃熊、徐乃昌、李錫海作陪，孝寬亦與宴。席間，先生出示王守仁詩卷和

① 《求恕齋日記》第9册第519—520頁。

② 《求恕齋日記》第9册第520頁。

③ 《徐乃昌日記》第7册第308—309頁。

文廷式手稿。《求恕齋日記》云：

今晚宴徐行可，陪者費恕皆、王福庵（名禔，杭州人，同伯之子，善篆刻，曾在北京金鞏伯處與予相見）先至，董授經、羅子敬、張芹伯、徐積餘、李紫東、徐孟博（行可長子，年十七，治目録及三傳之學。席間出其所作窗課，皆其師密圈細改）。行可出示王陽明手寫詩稿，字大徑數寸，行可收得時祗百餘元，現在日本人還過千元云。①

又《徐乃昌日記》云：

晚六時，劉翰怡約酒敘，坐有徐行可、徐孟博喬梓，王福庵、董授經、李勤伯、羅子經、費□□、李紫東。②

十四日，先生拜訪徐乃昌，出示明黄道周行書卷，清葉志詵藏拓本百餘種。《徐乃昌日記》云：

徐行可來譚。出示黄石齋行書卷（得價二百四十元），葉東卿藏彝器搨本一百餘種（得價三百元），均佳。留午飯。③

是日，劉承幹致書先生。《求恕齋日記》云：

屬剛甫寫信致余樾園、朱益明、徐行可及外舅。④

十五日，先生宴請徐乃昌西餐，示以新得漢鏡，席間言及清程瑶田《儀禮經注疑直》和汪鋼《大戴禮識語》。《徐乃昌日記》云：

六時，赴徐行可一枝香西飡之約。行可以新得漢明鏡鏡見示（密行細字亦清晰），内層有“吴郡陸□”，亦異品也。

徐行可藏有程易疇（瑶田）《儀禮經注疑直》原稿本十七卷，今存十二卷。又《周禮經疑直》殘稿二册（現爲歙人吴檢

---

① 《求恕齋日記》第9册第520—521頁。
② 《徐乃昌日記》第7册第310頁。
③ 《徐乃昌日記》第7册第310頁。
④ 《求恕齋日記》第9册第521頁。

齋承仕借去，吴在北平中國大學教書)。汪鋼《大戴禮識語》，原刻本。記此以備《安徽叢書》之選。①

十六日（1931年2月3日），徐乃昌宴請先生父子，王禔、姚景瀛、褚德彝、宣古愚、鮑鼎、羅振常、劉聲木、陳乃乾、劉之泗作陪。《徐乃昌日記》云：

晚約徐行可徐孟博喬梓、王福庵、姚虞琴、褚禮堂、宣愚公、鮑扶九、羅子經、劉十枝、陳乃乾、劉公魯酒敘。②

又同日《陳乃乾日記》云：

積餘約晚餐，到徐行可父子、王福庵、姚虞琴、劉植之、褚禮堂、劉公魯、羅子敬、鮑扶九、宣古愚，賓主共十二人。③

十八日（2月5日），《徐乃昌日記》云：

訪徐行可未晤，晤其公子孟博。④

同日，《陳乃乾日記》云：

與行可、石麒晚飯於春華樓。⑤

十九日（2月6日），徐乃昌自中國書店買得《隨軒金石文字》，蓋先生寄售者。《徐乃昌日記》云：

至中國書店取（十二月廿八日付價清）。

《隨軒金石文字》四册（徐渭仁，道光間刻本，洋二十六元，宣紙初印，徐行可藏書)⑥

---

① 《徐乃昌日記》第7册第311—312頁。

② 《徐乃昌日記》第7册第313頁。

③ 虞坤林整理《陳乃乾日記》，國家圖書館出版社，2018年，第33頁。

④ 《徐乃昌日記》第7册第314頁。

⑤ 《陳乃乾日記》第33頁。

⑥ 《徐乃昌日記》第7册第315頁。

同日，《陳乃乾日記》云：

行可約午餐於春華樓。[1]

同日，出讓《茗齋集》與商務印書館。張元濟輯《鄉賢著述不分卷》之《茗齋集》稿本十二册之附注："二十年二月六日，徐行可以六百圓售於我。"[2] 稿本《茗齋集》，今藏上海圖書館。

是月，黄侃跋先生《麓山寺碑》拓本。

行可姻兄論書以唐人爲法，獨與今世名士所揭櫫者殊。況泰和乃江夏高才，宜其鄉往獨切。今冬小游上元，廼于帖肆驟見此本。既以高價得之，而前一葉所謂黄仙鶴刻者，别爲一骨董人竊去。行可卒費一月之力，百金之資而得之。噫！好學如行可而篤古敬鄉復若是，真可敬也。或以麓山不少重刊，而誚此本爲贋鼎，則何如三日摩挱而後定之。黄侃記于上元石橋。庚午季冬。[3]

是月，黄侃題先生藏王守仁詩卷（《書〈詠良知四絶句示馮子仁〉》）。

陽明手跡。庚午季冬後學黄侃爲武昌徐氏彊誃題。[4]

是冬，於上海請王禔題《麓山寺碑》拓本引首。

宋拓《麓山寺碑》。庚午冬日，行可先生于白下得臨川李氏春湖舊藏拓本，碻爲宋時紙墨，視黄賓虹印有本董思白題識者存字爲多。過扈濆屬題册首，殊增眼福。古杭王禔福廣氏識於

---

① 《陳乃乾日記》第 34 頁。

② 鄉賢著述不分卷，張元濟輯，浙江省立圖書館抄本，浙江圖書館藏。玆據周日蓉：《張元濟藏書目録抄本二種考述》，《圖書館研究與工作》2020 年第 2 期。

③ 王曉鐘《黄侃與徐行可收藏及其書藝》，《書法叢刊》2016 年第 3 期。

④ 王依平《文人、學者、名將——王守仁及行書手卷》，《書法叢刊》2008 年第 5 期。

糜研齋。(鈐“王禔”“福庵居士”)[①]

又，王禔題《書〈詠良知四絶句示馮子仁〉》詩卷云：

王文成公詩蹟。武昌徐氏桐風高珎藏。古杭後學王禔篆。[②]

或亦作於是冬。

歲末，回漢。《徐行可教授與沈紹期校長論收藏書籍書》云：“去冬歸自滬瀆。”[③]

是年，先生獲《違碍書籍目録》[④]，見後一九五四年條。

是年，長沙李肖聃來漢，曾過訪先生。何澤翰《李肖聃先生傳》云：

一九三〇年，先生偕友人譚戒甫赴武漢，訪老友周鐵山於華中大學、肖君豹文於久大精鹽公司；又訪徐行可（恕）先生，閱其藏書。[⑤]

是年，發表《題明程君房墨苑圖後》。[⑥]

---

① 《徐行可先生捐贈古籍文物五十周年紀念集》第108頁。王曉鐘《黄侃與徐行可收藏及其書藝》，《書法叢刊》2016年第3期。

② 王依平《文人、學者、名將——王守仁及行書手卷》，《書法叢刊》2008年第5期。

③ 徐恕《徐行可教授與沈紹期校長論收藏書籍書》，《文華圖書科季刊》第3卷第3期（韋棣華女士紀念號），民國二十年（1931）九月出版。《制言》第七期徐行可《與文華圖書館專科學校沈校長書》無此句。

④ 違碍書籍目録一卷，清江寧布政使輯，清乾隆江寧布政使刻本。湖北省圖書館藏，索書號：史十四/10。

⑤ 中國人民政治協商會議湖南省望城縣委員會文史資料研究委員會編《望城文史》第2輯第8頁，1986年。

⑥ 徐行可《題明程君房墨苑圖後》，《文華圖書科季刊》第2卷第3、4期，民國十九年（1930）十二月出版。

民國二十年至三十七年（1931—1948）

民國二十年（1931）　辛未　四十二歲

二月，赴湖南，獲文廷式《純常子枝語》四十册。《徐行可教授與沈紹期校長論收藏書籍書》云：

> 月前，恕以訪文芸閣書稿事入湘，淹滯積旬（得其《純常子枝語》四十册《黄帝政教攷》《軒轅氏徵文》《伊尹事録》各一册）。歸來得誦手帖，承製題命屬草，行期匆迫，闕爲面謝。[①]

案：先生致沈祖榮書，完成於三月，見後文。民國三十一年（1942）張仁蠡跋《純常子枝語》云：

> 辛巳歲杪，仁蠡承雙照樓主人之命，就武昌徐行可（恕）先生訪求是書，并獲見《黄帝政教考》《伊尹事録》各一册。徐君自言致書之由，乃於民國二十年間得自湘潭彭子英，子英則得之於龔夫人所者。維時武漢大學方謀築館聚書，有以是書求售者，拒未之收，乃由羅田王季薌先生葆心之介，走千里，斥鉅資得之。[②]

按：去年十二月十三日，先生語徐乃昌僅得《黄帝政教考》《伊尹事録》，且於當晚宴席間出示。

---

① 徐恕《徐行可教授與沈紹期校長論收藏書籍書》，《文華圖書科季刊》第 3 卷第 3 期（韋棣華女士紀念號），民國二十（1931）年九月出版。

② 《標點善本題跋集録》第 328—329 頁。《“中央圖書館”善本題跋真跡》第 1838—1840 頁。

三月初二，現身上海，與徐乃昌會晤共餐。《徐乃昌日記》云：

晤徐行可譚，遂邀至貞元會午飡（王叔用值會）。

訪徐行可未晤。①

四日，拜訪徐乃昌，贈以清羅正鈞《船山師友記》，示以新獲文廷式《純常子枝語》，借所校《金石書目》與宣古愚，借得徐乃昌藏《〔乾隆〕江南通志》。中午，徐乃昌約西餐，晚金頌清、徐乃昌共約酒敘。《徐乃昌日記》云：

徐行可來譚。贈湘潭羅正鈞纂《船山師友記》十七卷，四册（光緒丁未刊本）。又以所校黄立猷《金石書目》假於宣愚公，并以文道希師《枝語》相示。行可借余藏乾隆脩《江南通志》十四册（一百四十卷至一百五十七卷、一百六十二卷至一百七十六卷）。

午刻，約徐行可、汪啓我，章叔淳一枝香西飡（用洋九元五角）。

晚同金頌清約徐行可、鮑扶九、王富晉、唐秉之、郭石麒金陵春酒敘（葉浩鑫、袁雲階未至。）②

是日，王禔題贈先生《印鑄局銷燬清代官印印本》，其題辭云：

《印鑄局銷燬清代官印印本》。癸亥六月銷燬前代官印都一百二十九鈕。手印五本，以存故實。兹以一册分貽弜誃道兄。辛未穀雨，古杭王禔識。（鈐“王禔”白文方印、“福庵”白文方印）③

七日，自上海抵達南潯。《求恕齋日記》云：

---

① 《徐乃昌日記》第7册第396頁。

② 《徐乃昌日記》第7册第397—398頁。

③ 印鑄局銷燬清代官印印本一卷，民國十二年（1923）王禔鈐印本。王禔題端并跋。湖北省圖書館藏，索書號：子八/1975。

（初六日）施韵秋自滬回，述及徐行可已在滬，准乘立興號於明晨抵潯。

（初七日）昨夜藥性未退，醺醺然有醉意，疲倦異常。至七時醒，起身太早，復睡至旁晚始起。徐行可已來，此爲借校書籍，此來擬長住也。出與略談，即邀其宴於宋四史齋。行可帶一學生來，以供鈔寫，姓成號棣仙，興國州人，亦邀入坐。陪者爲沈醉愚、沈叔筠、王建夫、施韵秋、崔叔榮、君實弟。飯畢略談而散，邀而未至者爲馮季蘇。①

八日，致書陳乃乾。《徐恕致陳乃乾信札十八通》之五：

乃乾先生大鑒：過滬匆匆遂行，未及趨候，以文華書林學生編寫《禁書書目撰人韵編》一册，侂石麒兄轉上。此書先生所見有出鄧氏印本之外者，睎爲補入，訛文捝字亦乞校正（先生迻録後，乞與前借《鄧析子》同寄南潯爲懇）。《測海書目》《越縵日記》編印何時可斁？極眄賜讀。書直當侂石麒兄代上。匆上，敬頌箸安。弟恕頓首上，三月八日。②

案：此書未署年。先生昨至南潯，今請日後陳乃乾還《禁書書目撰人韵編》《鄧析子》兩書到南潯，故置於是年。

十七日，致書張元濟。

菊生先生賜鑒：别後辱書，并損惠書券，極謝。來潯，主人優禮，施君韵秋主書藏事，方爲張咏霓斠編《四明叢書》，勘訂精審，刻者促迫，嚴期竣事。恕籀書此間，勞其尋檢，爲覙寫生，惠我良多，撫己增慚矣。到此浹旬，廑校三卷本《菽中隨筆》，與行極副墨本互有短長。近看贛州本《六臣文選》，與

① 《求恕齋日記》第10册第39—40頁。

② 虞坤林《徐恕致陳乃乾信札十八通》，《文獻》2007年第3期。

貴館叢刊本無多同異，又略繙短書數種，尚未及明代史乘。景光飄忽，去日不及，纂鈔繁難，賅備匪易。先生通人，何以教我。近爲武昌一學校主者所矚，命題綴文，題爲《論收藏古書方法》。兹事前牒已用，不欲生説，因草一箋，以厭其請。文中舉《容齋四筆》前五卷事，詳爲敷析。蒙先生視我舊本，脱兹一厄（制題强人屬詞，題既不合，文遂難工，非厄而何?）留稿呈覽，并晞教削，兼申謝忱。謹白。敬承動定，臨啓馳企不僞。三月十七日。徐恕頓首拜手上。

去歲夏五以兒女昏事奉侂。仍乞長者時復厝意及之。恕再拜又白。

近得魏學賨（耕）《今詩粹》七册，存前十二卷，少五、七絶句二體。貴館儻有完書，乞以尾册（自十三卷訖末）見寄爲懇。[①]

案：此書未署年，當爲民國二十年（1931），時先生在南潯，以嘉業堂藏本校已藏鈔本顧炎武《菰中隨筆》，以贛州本《文選》校《四部叢刊》本。《徐恕致陳乃乾信札十八通》之十七亦云“恕在南潯曾命人以贛州本校于叢刊本”。嘉業堂舊藏贛州本《文選》今藏臺灣，著録爲宋紹興間贛州州學刊宋元明遞修本，確有“徐恕讀過”之印。

又，《徐行可教授與沈紹期校長論收藏書籍書》云：

讀書南潯，遠别諸子。前者謬尸講席，無以相益。悃愊之詞，冀蒙鑒納。近斠顧寧人《菰中隨筆》（三卷本，與行世一卷本絶異）中有與門人書云：“與諸子相處之日短，與後人相處之日長。”竊揆斯義，不憚覼縷，未敢爲阿世之論，寧蹈畢仲游未

① 《張元濟全集》第3卷《書信》，第64頁。原附張元濟批注，今不録。

畏于文之戒，以爲諸子勸。[①]

案：鈔本《菰中隨筆》，先生手自鈔録清金森所録陳赤衷詩二首：

（過録）天地何廖寂，支持不數人。斯文千古事，至德百年身。喪亂存遺老，江湖識舊臣。亭亭此碩果，留以庇吾民。

十載相思後，今朝儥面時。如何三五日，便介别離爲。故國千秋士，吾徒百世師。何繇携一极，旦晚且相隨 。

俚言二律送别寧翁老先生並求教正。甬江晚生陳赤衷。

偶見舊箋面上有陳夔獻詩二首，附録于此，嘉慶辛未年三月二十八日朗山氏手鈔。（摹"金森"白文印、"玉立"朱文印）

又，嘉業堂藏本較先生藏本多出一則（案都邑之制，三代以前邈矣……古今之變治亂之機京輔之略，必有聖人起而圖之者矣），先生亦予移録，又命成惕軒録《鄞縣志》所載《陳赤衷傳》：

（成惕軒過録）陳赤衷字夔獻，號環村，幼而力學，爲諸生，自以學問之道非場屋可究竟……故甬上語經學者必首推焉（曹志）。

嘉業堂本卷尾有金玉立（森）録陳夔獻先生二律，因取《鄞縣志》傳，命成子惕軒迻書于此。弜謻。[②]

案：本月七日《求恕齋日記》言："行可帶一學生來，以供鈔寫，姓成，號棣仙，興國州人。"應爲成惕軒也。

又，先生手校之《菰中隨筆》，日後又謄清一本，請商衍瀛題端。

《菰中隨筆》。行可先生珍藏。商衍瀛題耑（鈐"商衍瀛"

---

① 徐恕《徐行可教授與沈紹期校長論收藏書籍書》，《文華圖書科季刊》第 3 卷第 3 期（韋棣華女士紀念號），民國二十年（1931）九月出版。

② 菰中隨筆三卷，清顧炎武撰，詩律蒙告一卷亭林著書目一卷，清鈔本。湖北省圖書館藏，索書號：善/2831。《徐行可舊藏善本圖録》第 202—204 頁。

白方方印)[1]

爲《文華圖書科季刊》撰成《論收藏古書方法》。先生七日抵南潯，十七日已將成稿寄示張元濟，此即《徐行可教授與沈紹期校長論收藏書籍書》。

二十一日（5月8日），張元濟覆信先生。

行可先生鬍席：三月十七日損箋捧悉。伏承搜秘潯溪，東南有美，至慰拳跂。頒示講稿，羅舉精博，非讀破萬卷强識絶人者，不能道隻字，三復驚歎。公子因緣，謹當留意。魏氏向知有《息賢堂集》，《今詩粹》未之見也。頃遍索館目，不得負命，深愧。明清之際，作者如林，自遭禁網，湮没已多，端賴有心人及時掇拾，以彌一代文獻放失之闕耳。復候道履不一。張元濟。二十年五月八日。[2]

同日，致書劉承幹。

翰怡先生左右：周君子美出眎手帖，審瑞安陳繩夫擬假鄴架異書迻録，其人前所印行者皆非巨帙，又多爲目録、金石兩類書，恕讀繆蓺風先生所編書志，有董其昌《玄賞齋書目》二卷、曹寅《楝亭書目》一卷、周廣業《四部寓目録》二卷附一卷（繆志云附《知不足齋叢書》一卷當是誤記。耕厓先生譔述見槀書目者有《四部廣眼》四卷，尊本書名小異，分卷多寡又畧殊耳）、黄樹穀（字松石，記不爲小松之父）《興平金石志》一卷，四書皆未傳刻，與繩夫前所印者部類正合，儻以相假，資其流布，意至善也。繩夫之師李笠任武漢大學教授，汔兹二載，所爲《史記訂補》，謂“譌言”當作“謡言”，形近致誤。

① 菰中隨筆三卷，清顧炎武撰，民國武昌徐氏桐風廎鈔本。湖北省圖書館藏，索書號：善/2628－1。

② 《張元濟全集》第3卷《書信》，第64—65頁。

校補《墨子閒詁》，疑都數應改部數，偏傍畧差（商務印書館買其稿，此校語在下册尾葉），自矜𠷎解，寧殊燕說。繩夫則英年耆古，不妄造述以自衒𥚃智，過其師遠矣。恕前以《毛詩多識》原稿二册、程棫林緟寫定本一册（原佚其半）奉借，潯廔所儲廑原稿一册，餘一册及程本當在先生庋匵廚中，求命侍史爲一尋檢。恕承優禮，假館授湌，垂愛甚厚，來此浹旬，目迷異本，識慚通方，斠訂明史，程功匪易歲月所能蕆事，亦擬先録前賢未刊遺箸，昕夕校寫，不敢玩愒時日，以副惠遇耳。近讀蓺風書志，閒有所疑，輒爲籤記，儻得多事，當録呈就正也。手上，敬叩起居，不宣。徐恕頓首謹白，三月二十一日。（鈐“江夏男子”白文長印）①

案：此信未署年，當作於民國二十年（1931），時先生在南潯。信三紙，書寫於“桐風廎”緑格稿紙。

二十四日，徐乃昌覆信先生。先生寄示《論收書方法書》，商借金天翮《元史紀事本末補》，言《儀禮經注疑直》已請吴承仕寫定付郵。《徐乃昌日記》云：

覆徐行可書（寄示《論收書方法書》。程易疇《禮經疑直》已函吴檢齋寫定付郵。松岑所著《元史紀事本末》，俟來滬再爲商借。）②

四月二十一日（6月6日），致書張元濟。

菊生先生大鑒：客居已踰四旬，比維動定清勝爲頌。恕來此迻書，清儒未刊遺稿已日不暇給，明代史乘略鈔其卷帙不繁傳刻較少者，餘則精力、財力兩俱不辦也。頃于行篋檢出《鮚

① 《求恕齋友朋往來書札》，稿本，上海圖書館藏。
② 《徐乃昌日記》第7册第419頁。

埼亭集遺文校記》一紙，前忘面呈，今以奉鑒敬上。恭問起居不既。徐恕再拜謹上，六月六日。①

案：此書未署年，當作於是年先生讀書南潯時。六月六月爲西曆，方合“客居已踰四旬”，亦合當月十一日張元濟之覆信。

同日，劉承幹致書先生。《求恕齋日記》云：

屬剛甫作書復章一山、蔡孑民、徐行可。②

四月二十六日（6 月 11 日），張元濟覆信先生。

行可先生有道：奉書至慰睠跂。附示《鮚埼》校文，捧讀至佩。謹當輯附《遺文》之後，以彰嘉惠。康熙刻《寒支》向入《違礙書目》，非真讀書者安能留意及此耶。清儒未刻遺稿及明代史乘罹於清初禁網而湮滅不彰者，俱爲異日重修明史之要材，亦非先生莫能抉剔。其卷帙繁重者，似不妨録目備考，俟諸異日。南林爲吾浙勝地，嘉業所藏敻絶今古。未審先生能留潯消夏否也？去冬假閲各書，如世兄已經閲畢，甚盼早日寄還。漸暑，惟爲道衛重，萬萬不具。二十年六月十一日。③

三十日，徐乃昌覆先生書。先生之意，吴承仕整理《儀禮經注疑直》應先刊入《國學叢刊》。徐乃昌鈔示《安徽叢書》目録，又請留意嘉業堂藏書可以刻入《安徽叢書》者。《徐乃昌日記》云：

覆徐行可書（程易疇《儀禮疑直》，行可意先由吴承仕編入雜誌後，再爲校勘。附鈔送《安徽叢書》編印處十三種，請其按目録定去取。嘉業堂藏書中，如遇有可刻者，幸爲隨時留意，録目見告。）④

---

① 《張元濟全集》第 3 卷《書信》，第 65 頁。原附張元濟批注，今未録。
② 《求恕齋日記》第 10 册第 55 頁。
③ 《張元濟全集》第 3 卷《書信》，第 65 頁。案：“寒支”當指《寒支集》。
④ 《徐乃昌日記》第 7 册第 460 頁。

五月初七，《求恕齋日記》云：

夜，徐行可、醉愚自潯至。①

案：“醉愚”，姓名沈焜。

八日，以《七誦》賀劉承幹五十壽辰。《求恕齋日記》云：

今日爲予五十初度。②

案：《七誦》見本月十一日《徐乃昌日記》，又見是年十二月十三日《黃侃日記》③。

初十，劉承幹至王禔家謝步（謝先生祝賀生日也）。《求恕齋日記》云：

又至王福庵家謝徐行可步，見。④

十一日，拜見徐乃昌，示以《七誦》稿。《徐乃昌日記》云：

徐行可來譚。以《七誦》壽劉翰怡稿相示。⑤

十四日，拜訪劉承幹，擬於十六日返回南潯。《求恕齋日記》云：

徐行可、程鳳璋來談（行可後日回潯）。⑥

十八日，徐乃昌致書先生，言陳三立病愈不來滬，已約俞壽丞去南潯。所謂何事不明。

同日，徐乃昌致書劉公魯，告先生贈其舊白壽山石印。《徐乃昌日記》云：

致徐行可書（散原病愈不來滬，已約壽丞去潯。）

---

① 《求恕齋日記》第 10 册第 65—66 頁。
② 《求恕齋日記》第 10 册第 66 頁。
③ 《黃侃日記》第 752 頁。
④ 《求恕齋日記》第 10 册第 67 頁。
⑤ 《徐乃昌日記》第 7 册第 475 頁。
⑥ 《求恕齋日記》第 10 册第 68 頁。

致劉公魯書（告徐行可贈公魯審定舊白壽山石印。又，福厂筆潤。）①

二十二日，劉承幹致書先生。《求恕齋日記》云：

囑剛甫作書致王福庵、徐行可、孫惠敷。②

二十七日，校畢《羣經冠服圖考》卷一并跋。

辛未夏五月二十有七日，武昌徐恕校斠此卷。（鈐“徐恕讀過”）

二十九日，得清趙一清《三國志補註》稿本九册。校畢《羣經冠服圖考》卷二并跋。

二十年夏五月晦日日下稷校竟。彊誃。

是日得趙誠夫《三國志補注》殘藁九册於武林書客之過南林者，洵墨汁因緣也。（鈐“弜誃校正”印）

六月二日，校畢《羣經冠服圖考》卷三并跋。

六月二日校竟。恕記。（鈐“彊誃點勘”印）

案：《羣經冠服圖考》三卷，鈐“抱經堂印”“吴興劉氏嘉業堂藏書印”“劉承幹字貞一號翰怡”“徐恕”“徐恕定”“弜誃校正”“弜誃閒業”“彊誃眼學”“彊誃點勘”等印。③

六月十二日，一夕校《蒙古世系譜》畢并跋。

辛未杪夏十有二日校于鐙下，一夕而斠。（鈐“徐恕定”朱文方印）④

① 《徐乃昌日記》第7册第479頁。

② 《求恕齋日記》第10册第71頁。

③ 國家圖書館藏，國圖善本號13233。此據中華古籍資源庫全文影像録入。

④ 蒙古世系譜五卷，民國武昌徐氏知論物齋鈔本。湖北省圖書館藏，索書號：史五/460。

案：先生對校之本即嘉業堂藏書，今藏南京圖書館，鈐“徐恕”“彊誃點勘”二印。①

是月上中旬，先生致書陳乃乾。《徐恕致陳乃乾信札十八通》之七：

乃乾先生纂席：承手帖，審《越縵書録》輯寫已竟。理董前書，嘉惠來學，甚盛事也。委製敍引，非敢負命。恕于原書既未卒讀，于其中失難爲覈論，漫以浮詞塞來意，非先生所以期，恕亦不願自襮其醜拙也。恕有戚友黄君季剛，曾于此書手施朱墨，于所論往籍亦有冣目。前見《東北叢鐫》中有與其弟子金毓黻論學書，即涉及越縵日記。當以雅意白之，代乞題詞，得請與否，所不敢必，以其情性殊異，未能以常理測之。弟思黄君既有冣目，先生所編次者，能先以目録印本並書録格式寄示，當爲致之黄君，俾審先生今所爲者寔副其意所欲爲，或可不吝筆墨綴文相詒也。謹奉答報，伏晞鑒原，並叩起居不儩。②

案：此書未署年。先生三月八日致書陳乃乾，言可將《禁書書目撰人韵編》和《鄧析子》寄往南潯。此信言“《鄧析子》《禁書目》均收到”，則人在南潯。《陳乃乾日記》1931 年 7 月 15 日（六月初一）云：

以所輯《越縵堂讀書記》稿共九百卅七種售於富晉，得三百元。③

此書言“審《越縵書録》，輯寫已竟”，故置於是年六月。又，此書先生言擬請黄侃爲《越縵堂讀書記》作序，六月十三日黄侃得先生書或與此有關，姑置於是月中上旬。

十三日，《黄侃日記》云：

---

① 李培文《〈蒙古世系譜〉的作者和版本小考》，《圖書館理論與實踐》2013 年第 3 期。

② 虞坤林《徐恕致陳乃乾信札十八通》，《文獻》2007 年第 3 期。

③ 《陳乃乾日記》第 45 頁。

得徐恕書。[1]

十八日，徐乃昌致書先生，言《江南通志》收悉。《徐乃昌日記》云：

致徐行可（收到寄還《江南通志》十四册）

覆李拔可書（交徐行可送公魯印章）[2]

二十日，吴承仕撰就《程易疇〈儀禮經注疑直〉輯本序録》，其辭云：

民國十八年九月，江夏徐恕行可以舊藏吾鄉先生程易疇先生《儀禮經注疑直》殘稿八册，寄余北平，屬爲校寫，以俟刊布……民國二十年六月二十日。[3]

二十一日，讀《曹子建集》至於卷四并跋。

（卷四末）辛未夏六月二十一日鐙下讀于嘉業廔左廂，弜誃。（鈐“行可”朱文長印）

（卷十末）壬申孟月初四日斠斁。時倭寇攻吴淞礮臺，爲我軍所敗，死傷逾千人也。恕記。（鈐“彊恕”白文方印）[4]

案：此即行可先生《與潘景鄭論學書》所言：

恕有朱述之（緒曾）《曹子建考異》寫本（以藝風堂藏鈔本校，與《金陵叢書》本詩文次第間有不同，校語繁簡亦復微異，未及勘正）。

七月十八日，先生自南潯至上海，擬明日回漢，再赴北平輔仁

---

① 《黄侃日記》第709頁。

② 《徐乃昌日記》第7册第509頁。

③ 《國學叢刊》第1期第2册，《國學叢刊》編輯部編，民國二十一年（1932）鉛印本。稿本《儀禮經注疑直》書影見《徐行可舊藏善本圖録》第21頁。

④ 曹子建集十卷，清朱緒曾輯，清鈔本。湖北省圖書館藏，索書號：善/1498。《徐行可舊藏善本圖録》第220—221頁。

大學之聘。《求恕齋日記》云：

夜，徐行可自潯至，伊明日回鄂，轉車北上，因近膺北京輔仁大學之聘也。[①]

二十一日，《黄侃日記》云：

行可寄來劉伯山先生《通義堂文集》八册。[②]

案：所寄之書，或爲嘉業堂刻本也。

讀書南潯時，先生自言在嘉業堂鈔録明代史乘，湖北省圖書館藏以下數種鈔本均用“武昌徐氏桐風廎鈔藏明代史乘”稿紙鈔録，或是鈔録於嘉業堂者。

《明邊鎮題名考》一卷，清陸棫撰，民國武昌徐氏桐風廎鈔本。

《國史唯疑》十二卷，清黄景昉撰，民國武昌徐氏桐風廎鈔本。

《刑部問甯王案》一卷、《刑部問甯夏案》一卷，民國武昌徐氏桐風廎鈔本。

《錢東澗集外詩》一卷，清錢謙益撰，民國武昌徐氏桐風廎鈔本。

《東山國語》不分卷，清查繼佐撰，民國武昌徐氏桐風廎鈔本。[③]

又，讀書南潯時，先生覓得明歐陽東鳳《晉陵先賢傳》，潛江甘鵬雲據之刻入《崇雅堂叢書初編》。《潛廬續稿》卷三《重刻〈晉陵先賢傳〉跋》：

右《晉陵先賢傳》四卷，明歐陽太僕東鳳撰。太僕學宗朱子，與高攀龍、顧憲成、錢一本爲友。高顧講學東林，太僕主之，撰有《東林書院碑記》。然不欲居講學名，居官有循聲，令興化，守常州，治蹟尤異。所著書凡十有餘種（《闡律》一卷，

---

① 《求恕齋日記》第10册第109頁。

② 《黄侃日記》第719頁。

③ 湖北省圖書館藏，索書號依次爲：善/2569、善/2544、史十三/559、善/2967、史五/461。《國史唯疑》書影見《徐行可舊藏善本圖録》第110頁。

《明史·藝文志》著録；《泰興縣志》，《千頃堂書》目著録；《興化縣志》《自在居偶筆》《一枝齋腐談》《閒中漫鈔》《婕軒漫書》《毘陵閒話》《昭州暇筆》《素風居士集》，《〔宣統〕湖北通志》著録；《我乾飛霞閣社草》，《潛江縣志》著録；《常州府志》二十卷，《學部圖書館方志目》著録。)，都散佚無存，存者獨此書耳。然流布未廣，求之廿餘年不可得。尹碩公謂南中某氏有此書，託傳鈔，以兵亂未果。比徐行可乃從南潯得之，亡者不可問矣，其僅存者焉可廳其湮晦而不彰也，爰次爲四卷（原書不分卷），校而刻之……癸酉春清明前五日，邑後學甘鵬雲跋。[①]

又，讀書南潯時，因欣賞羅莊女士“簟紋簾影清於水，不染塵氛衹染秋”詩句，先生請諸城徐志鈞繪成《簟紋簾影圖》，請章炳麟題字，贈與羅莊。莊，羅振常長女，周延年（子美）繼室。徐行可《贈周子美》注云：

君配羅孟康女士《初日樓集》有句云：“簟文㡘景清于水，不染塵氛衹染秋。”詩如其人，余曾匄諸城徐曉東志鈞以詩意入畫，未加題語。[②]

章太炎題《簟紋簾影圖》云：

上虞羅孟莊女士，少能詩，有口號云：“簟紋簾影清於水，不染塵氛衹染秋。”

諸城徐曉東爲繪圖，不作款識，猶唐宋舊格也。識之以斷後人之疑。辛未仲夏，章炳麟。[③]

周子美跋《初日樓稿》云：

---

① 潛廬續稿十二卷，甘鵬雲撰，民國二十八年潛江甘氏崇雅堂鉛印本。

② 《制言》第八期，民國二十五年（1936）一月一日出版。

③ 羅莊著，徐德明、吴琦辛整理《初日樓稿》，上海辭書出版社，2013年，第144頁。

過盡浮雲宿雨收，一天凉思逼層樓。簟紋簾影清於水，不染塵氛祇染秋。

右爲先室羅孟康女士少作，載入《初日樓稿》中。友人武昌徐行可君見而賞之，爲乞諸城徐曉東繪此圖以贈余，藏篋中已數十年。今夏展玩，紙有餘幅，因録仲安姨妹所撰年譜於後。時爲一九七六年仲春月。吴興周子美書，時年八十。①

周子美再跋《初日樓稿》云：

又舊存《簟紋簾影圖》一軸，爲友人武昌徐行可君所贈，歷年請名人題跋，亦藏之敝篋。三十餘年幸未遺失，爰鈔録友朋翰墨於右。當時徐君曾攜此圖請章太炎先生題字，尤爲難得之墨寶，因附識於右。時爲一九八二年立夏節後二日，吴興周子美識於橋西寄廬，時年八十有七。②

又《初日樓稿》卷三《百字令（徐行可丈得漢鏡三，皆吴中人造，屬題）》，即羅莊女士爲先生所撰：

安花掠鬢，想當年、曾照吴儂倩影。各自團圞成月樣，也似漢家分鼎。紐結文螭，臺安碧玉，纖手親端整。緑窗春曉，紅棉揩過香冷。

那堪埋没泥沙，滄桑幾换，重閱人間景。斂盡光華歸黯淡，無復澄波比瑩。銘字低哦，紀元細辨，時代留憑證。主人什襲，寶藏彝器同等。③

① 《初日樓稿》第 147 頁。

② 《初日樓稿》第 121 頁。

③ 《初日樓稿》第 86 頁，民國二十一年（1932）上虞羅氏石印本《初日樓遺稿》同，第三十三至三十四葉。《羣雅》一九四〇年第 1 卷第六期題爲“念奴嬌（徐行可丈得漢鏡三，皆吴中人造，屬爲題詞）”，“碧玉”作“暖玉”，“紅棉”作“紅錦”，見該期第 66 頁。

又，讀書南潯時，先生携帶典籍多種，其一即《慈雲樓藏書志》稿本，周延年以之作《慈雲樓藏書志考》，其《撰〈慈雲樓藏書志考〉》云：

> 1931年的春天，武昌徐行可先生至藏書樓來參觀，帶來許多珍籍，内中有《慈雲樓藏書志》稿本數十册。余無意中發現其爲吾邑周中孚手跡，即取《鄭堂讀書記》對校，乃知兩書實爲一書，於是作《慈雲樓藏書志考》一文。①

又，讀書南潯時，先生間有詩作。《制言》第八期載先生詩多首，其中《即事次沈剛甫（家權）韵》《次剛甫詩糜字韵先得四十字别爲一章用申盍各之義》《贈周子美》當作於南潯。

受聘輔仁大學期間，先生主講韓文。②《制言》第四十五期徐行可《與潘景鄭論學書》云：

> 數年前在北平以韓文授讀，曾略采摭古人文句以實講疏。如《曹成王碑》有“逃禍民伍”句，即引柳開《河東集·上竇僖書》云“退而自度，其已……謂其材也，即文章不合於俗尚。謂其力也，即權勢下列於民伍”。鄒浩《道鄉集·謝翟司業啓》“託業儒流，脱身民伍”。以明“民伍”一語，見于佗文者。而《韵府》於韓文及柳、鄒二集語俱失收也。若“伍”字與佗詞相聯，以别庶品，未爲《韵府》所甄録者，如“軌伍”見《賈子新書·輔佐篇》，“榮伍”“華伍”見沈約《宋書》，“仕伍”見《史通·仵時篇》，“朋伍”見李元賓《上房使君書》，“火伍”見柳子厚《段太尉逸事狀》，“佐伍”見杜牧之《燕將録》，“營伍”見温飛卿《湖陰詞序》，皆宜依其補藻例補之。《曹成王碑》又云“狐鼠進退”，“狐鼠”訓如本字，而與狐疑、首鼠二語同意，與沈休文《奏彈王

① 徐德明整理《周子美學述》，浙江人民出版社，1999年，第18頁。
② 徐孝定《大藏書家徐行可事略》。

源》“狐鼠微物，亦蠹大猷”，同以二物取喻，而所喻之情不同。高澄《與侯景書》“遂懷狐鼠之疑”，與韓碑語同意，似爲所本。然《梁書》《北齊書》引此文俱作“市虎”，疑宋人簒《文苑英華》者依韓文潤飾之，改爲“狐鼠”。嚴鐵橋氏《全北齊文》用《文苑》本作正文，以《梁、齊書》所引者入小注，非也。[①]

又，高步瀛《唐宋文舉要甲編》卷三韓退之（愈）《曹成王碑》之“十抽一推”，《故幽州節度判官贈給事中清河張君墓誌銘》之“噎喑以爲聲子獨割也”“我銘以貞之不肖者之呾也”，均引先生説。[②] 又，先生《皇甫持正集》卷六《韓文公神道碑》《韓文公墓誌銘》之校語[③]，鄞縣童第德《韓集校詮》之《附編》移録。[④]

案：先生在北平講授韓文，未見講稿，姑羅列夫子自道及友朋稱引如上，以略見一斑。

八月，在北平，購得清孫傅檙編《皇朝輿地四言便蒙》，寄示孝定。其跋云：

辛未孟秋，客舊京，買寄正叔叔男。恕記。

書中地名雖與今制有殊，大勝今之教本也。讀時于郡縣名有損革者，依本書先後記于别紙。[⑤]

---

① 《制言》第四十五期徐行可《與潘景鄭論學書》。

② 高步瀛《唐宋文舉要甲編》卷三，第372、378—379頁，上海古籍出版社，1982年。案：《唐宋文舉要甲編》八卷，民國二十四年（1935）九月初版。

③ 後三唐人集三種二十六卷，繆荃孫輯，民國四至五年（1915—1916）江陰繆荃孫刻本。湖北書圖書館藏，索書號：集三/1717。子目：歐陽行周文集十卷，孫可之文集十卷，皇甫持正集六卷。

④ 童第德《韓集校詮》，中華書局，1986年。

⑤ 皇朝輿地四言便蒙三十五卷卷首一卷，清孫傅檙編，清光緒二十五年（1899）鉛印本。湖北省圖書館藏，索書號：集五/798。

案：“正叔”，當爲先生“叔男”即第三子孝定也。“徐孝定”白文方印、“正叔”朱文方印，亦同時出現於徐氏舊藏。①

是秋，在北平，獲《續吴録》，其跋云：

> 辛未秋得此書于北平，卷中已爲前人點汙，故卒讀之。江夏徐恕。②

十月二十二日，先生校并跋《先撥志始》，跋云：

> 辛未孟冬二十有二日，以同治二年廬陵蕭氏本勘讀一過。卷上第卅三葉下弟七行“文昇”下挩二十字，知舊本之可貴也。武昌徐恕識于陟山門僦舍。(鈐“徐恕私印”白文方印)③

案：此鈔本多出二十字爲“文昇、可灼俱下獄擬罪，則國法正而人心平矣，今也”。

二十八日，在北平，移録孟森《文館詞林校記》，跋云：

> 二十年十月二十八日，武昌徐恕迻書孟心史先生斠本勘讀一過。④

十一月二十二日（12 月 30 日），朱孝臧卒。

案：先生與朱孝臧有舊，見辛酉（1921）三月十八日條。先生曾將樊增祥批《彊村詞》贈予朱孝臧。⑤朱孝臧曾贈先生《夢窗詞集》一

---

① 詞選及作法，許之衡編，民國北京大學出版部鉛印本。湖北省圖書館藏，索書號：史十一/2056。

② 續吴録二卷，明劉鳳撰，明萬曆刻本。湖北省圖書館藏，索書號：史七/14。

③ 先撥志始二卷，明文秉撰，清抄本，徐恕校并跋，國家圖書館藏。今據中華古籍資源庫全文影像録入。

④ 文館詞林校記一卷，孟森撰，民國鈔本。湖北省圖書館藏，索書號：善/2937。

⑤ 《樊增祥批跋、陳運彰校跋〈彊村詞〉三卷》，韋力《芷蘭齋書跋三集》，國家圖書館出版社，2014 年，第 109 頁。

册，是册鈐行可先生閒章“敦目文藝”印，夾有便箋一紙，其辭云：

李心蓮屬寫聯奉上，《夢窗詞》亦藉繳，另一册則贈徐君者也。小半一籃，亦嫌畧陳耳。雪公。臧頓首。①

又，先生曾藏有朱孝臧校《山中白雲詞》過録本。②

教授輔仁大學時，先生曾借書與楊樹達。十二月十二日、十九日（1932 年 1 月 19、26 日）《積微翁回憶録》云：

録黄式三《韓非子校語》，徐行可所藏見假者。③

閲陳景雲《兩漢書訂誤》。徐行可鈔本，余已借鈔。陳書精審簡練。全書數百條，余只發現一二誤處。今日依次録入《後漢書集解》。④

十二月十三日（1932 年 1 月 20 日），至南京。《黄侃日記》云：

徐恕來，以舊拓《景君銘》屬題，爲之屢題，又求改其頌劉承幹之《七誦》，頌傅增湘之壽序，以無暇謝之。飯後乃去，以戴望集詒予（此板在彼家）。⑤

又，黄侃跋《景君銘》云：

辛未十二月十三日，行可自燕旋楚，過金陵見示，漫爲箋記數條，容有謬誤，希審諟焉。黄侃。⑥

十五日，至上海，拜訪劉承幹。《求恕齋日記》云：

---

① 夢窗詞集一卷，宋吴文英撰，民國二年（1913）朱孝臧刻本。湖北省圖書館圖書館，索書號：集五/584。

② 《玉田詞版本述略》，吴則虞校輯《山中白雲集》，中華書局，1983 年，第 217 頁。

③ 《積微翁回憶録》第 60 頁。

④ 《積微翁回憶録》第 60 頁。

⑤ 《黄侃日記》第 752 頁。

⑥ 王曉鐘《黄侃與徐行可收藏及其書藝》，《書法叢刊》2016 年第 3 期，第 87 頁。

徐行可自北平來與談。[①]

十七日，《徐乃昌日記》云：

徐行可鮑扶九來譚。交還行可前假黄立猷《金石書目》二册。

答拜徐行可，拜高吹萬，均未晤。[②]

十八日，徐乃昌約請先生、惲毓齡、高燮、姚景瀛、顧燮光等酒敘。《徐乃昌日記》云：

六時約惲季申、高吹萬、徐行可、姚虞琴、鮑承良、顧鼎梅、高君定、程演生、陳乃乾、鮑扶九酒敘。[③]

二十一日（1月28日），日寇悍然進攻我上海閘北守軍，史稱“一·二八”事變。

同日《徐乃昌日記》云：

致程演生書（……附送徐行可交閲《國學叢編》中吴承仕《〈儀禮經注疑直〉輯本序録》）[④]

二十四日（1月31日），題寄《三禮類纂》於長男孝寬，跋云：

此書不知何人編寫，足爲治禮者之助，題寄孟博大男北平。恕記。二十一年一月三十一日倭寇方擾上海時付郵。[⑤]

是月，先生曾過南潯，至周慶雲家，見明年二月二十六日條。

是年，張宗祥來漢，出任平漢鐵路局秘書。《冷僧自編年譜》1931年（辛未）：

何兢武君任平漢鐵路局委員長，電約赴漢。予行，任秘書。[⑥]

---

① 《求恕齋日記》第10册第190頁。

② 《徐乃昌日記》第8册第158頁。

③ 《徐乃昌日記》第8册第159頁。

④ 《徐乃昌日記》第8册第162頁。

⑤ 三禮類纂三卷，清末抄本。湖北省圖書館藏，索書號：善/1465。

⑥ 《冷僧自編年譜》，收入《張宗祥文集》，第3册第479頁。

是年，發表《徐行可教授與沈紹期校長論收藏書籍書》。①

案：該文完成於先生在南潯時。

民國二十一年（1932）壬申　四十三歲

正月初四（1932年2月9日），斠畢清朱右曾輯《曹子建集》，獲悉日寇爲我軍所敗，振奮之情躍然紙上。《曹子建集》卷十末題：

> 壬申孟月初四日斠斁。時倭寇攻吴淞礮臺，爲我軍所敗，死傷逾千人也。恕記。（鈐“彊恕”白文方印）②

初五，《求恕齋日記》云：

> 羅子經、徐行可、王均卿來，未晤。③

至晚是日（2月10日），先生已獲《珊网一隅》。滯滬期間，讀以度日，跋云：

> 二十一年新歷二月上旬，阻兵扈瀆，以銀幣十員得此書骨董肆中。（鈐“恕”朱文方印）
>
> 近人書目及金石簿録均不載此書，當以傳本甚稀也。論帖之書至少，陳氏于宋刻法帖已佚者，亦依前人譔箸畧舉原流，不盡本之目驗，實爲贅語。其論右軍褉帖誤字，不宷已以一字，猶由古通，于小學尤疏矣。清代書家遠遜前明，即石庵、得天皆思白翁輿儓，未足名家，無容偁述之也。滯滬兼旬，客舍無憀，讀以遣日。恕。（鈐“行可”白文方印）④

---

① 徐恕《徐行可教授與沈紹期校長論收藏書籍書》，《文華圖書科季刊》第3卷第3期（韋棣華女士紀念號），民國二十年（1931）九月出版。案：該刊目録頁題《論收藏書籍書》，今依正文。

② 曹子建集十卷，清朱緒曾輯，清鈔本。湖北省圖書館藏，索書號：善/1498。

③ 《求恕齋日記》第10册第202頁。

④ 《珊網一隅》四卷，清陳日霽纂，清道光蘇城毛上珍局刻本。湖北省圖書館藏，索書號：子八/1013。《徐行可舊藏善本圖録》第174—175頁。

初十，《徐乃昌日記》云：

徐行可、劉烈卿先後來譚。①

十四日，《求恕齋日記》云：

徐行可、朱衡石來見。②

是月，酈承銓題先生所借清嘉慶刻本《建康實録》，跋云：

壬申歲首，江寧酈承銓借校一過。③

約是月，先生辭輔仁大學教職，見是年二月二十六日條。又，徐孝定《大藏書家徐行可事略》云：

假中往上海訪書，時值日寇侵滬，南北交通阻隔，以未能按時返校授課，有誤學子，乃電辭教事而歸。④

二月初三（3月9日）《積微翁回憶録》云：

徐行可寄贈廖刻《華陽國志》。⑤

二十六日（4月1日），致書陳漢第。書云：

伏廬道長左右：去冬倉卒南歸，闕爲面別，近惟起居安穩，文字懽娛，當符心頌。恕南下過扈瀆，阻兵兼旬，故辭北平教事。去夏漢皋被水，廜中書籍部帙棳亂，整飭不易，故一時未能北來。昨將福廣兄侂寄楊君印稿郵上，敬睎轉致，其寄先生紀年一印，竢北來時面呈。去臘曾赴南潯，于周夢坡家得其所藏《温體仁誌石》打本二紙，敬贑清鑒。文字不足存録，以與明代史事有關，謬爲清閟石刻文字增一目耳。手白，恭叩近祺，

① 《徐乃昌日記》第8册第179頁。

② 《求恕齋日記》第10册第205頁。

③ 《建康實録》二十卷，唐許嵩撰，清嘉慶十三年（1808）刻本。湖北省圖書館藏，索書號：史五/459。

④ 徐孝定《大藏書家徐行可事略》，《武漢文史資料》1994年第2輯，第14—17頁。

⑤ 《積微翁回憶録》第61頁。

不既。徐恕頓首再拜。四月一日。[①]

案：此書一紙，用桐風廎緑格稿紙。今見《伏廬藏札》收入徐行可致陳漢第書四通，一署“四月一日”，一署“三月十三日”，一後有闕葉，一署“九月二十二日”，均無明確紀年，但可確定均屬一九三二年。

此書作於一九三二年，先生去年講學北平，過滬時正值“一·二八”事變。此四月一日書言“先生紀年一印，竢北來時面呈”，三月十三日書言“月内未能北來，福庵篆紀年印仍以付郵，令小兒齎呈”，則此一九三二年四月一日書應在某年三月十三日書之前。三月十三日書又言“誕降之辰，未審在何月日，尒時儻已北來，當升堂致祝”，而後有闕葉之書言“先期祝嘏之意，或遂侀之空言”，則三月十三日書在前。後有闕葉之書云“去年夏在南潯”，則亦作於一九三二年。如此，三月十三日書亦只能定格於一九三二年。然而，同一年四月一日書位於三月十三日書之前，則前署四月一日只能爲陽曆，合陰曆二月廿六日。先生書信，有署陽曆者，如致文禄堂主人即有署“十二月三十一日”者。又，後有闕葉之書言“請轉懇楊君軼庵複製新集一帙見貺”，九月二十二日者已蒙“惠賜印集”“軼盦道兄前乞代申候”，則後有闕葉之書在九月二十二日書之前。

是月，寄《輪輿私箋》與長男孝寬。先生題云：

壬申中春，恕寄孟博舊京。[②]

三月十三日，致書陳漢第。書云：

伏廬道長賜鑒：辱惠書，審前箋已徹清覽，恕牽于家事，月内未能北來，福庵篆紀年印仍以付郵，令小兒齎呈，附寄吴

① 伏廬藏札，稿本，上海圖書館藏。本文所收徐行可致陳漢第札四通，均來自湖北省圖書館所藏掃描件。

② 輪輿私箋二卷，清鄭珍撰；輪輿圖一卷，清鄭知同繪。清同治七年獨山莫氏刻本。徐恕過録王秉恩校及跋。湖北省圖書館藏，索書號：善/2206。

讓翁刻陶泉明語六字印奉詒，以先生翫古嫺藝，優遊閒業，晉賢逸致，庶其企而（泉明詩“息交遊閒業”“閒業”二字與常用印文字“清課”云者詞旨畧同，恕曾摘以入印），陶語雖以狀雲，亦以自況，雲以精運變化靡窮，舒卷無際，僇爲引年之頌，藉此將微意也。誕降之辰，未審在何月日，尒時儻已北來，當升堂致祝，謹白下忱，敬睎德音。前聞柯燕舲言清閟續獲鉩印編次成譜後不減前，生日前若能都爲一彙，以延古驩，綽景福，昔人糜壽之圖（阮伯元、張卡未故事）未能媲美矣。臨書翹企，順叩近祺，不既。徐恕頓首再拜。三月十三日上。

是月，題《紅萼軒杜詩匯二種六卷》。

書友于瑞臣自濟南得此寫本以見眎，余先一日得孔傳鐸（字振路號牖民）《紅萼詞》二卷，中有《自題紅萼軒（菩薩蠻）》一闋，卷尾校字列名者爲其男繼濩、繼溥二人。此選必出其手，因以十金致之。時辛酉孟月也。忽忽已一紀，而瑞臣歿已三年矣，撫卷憮然。壬申莫春之初弜誃漫識。

武陵趙慎畛《榆巢雜識》（卷下）：衍聖公孔傳鐸於雍正時刻《聖蹟圖像》，疏乞御製敘文，弁簡以藏。①

是夏，移録謝善詒藏《易林釋文》校語於《南菁書院叢書》本，同時移寫向承周對勘案語。先生跋：

壬申夏日，得見山陰謝研轂（善詒）藏鈔本，命書手依友人向宗魯（承周）對勘謝本迻寫訖竟。

六月十四日（7月17日）至九月十八日（10月17日），校《毛詩通説》，一爲刻本，一爲據刻本所録副本，二書校語一致，朱筆“廿一年七月十七日讀畢”等四條校記，位置和内容完全一致。鈔本較刻本多了若干條關乎鈔寫字數鈔手姓名以及用資數量之題記。鈔

① 紅萼軒杜詩匯二種六卷，清孔傳鐸輯，清鈔本。子目：杜詩分體四卷，杜詩分韵二卷。湖北省圖書館藏，索書號：善/2390。

本墨筆記字數抄手姓名及抄費，朱筆記校讀日期，列表如下：

册次	卷次		篇第	徐恕題識
一	首	上	序録	都七千二百八十二字吴之璞鈔用銀鉼一員八分二
		下	略説	
	一	上	國風周南召南第一	都九千二百四十字王郁庭鈔用銀鉼二又三分之一
		下	國風召南第二	
	二		國風邶鄘衛第三	都七千四百廿五字王郁庭鈔用銀鉼一員又八分六
	三	上	國風鄘第四	
		下	國風衛第五	
二	四	上	國風王第六	都六千八百廿二字吴之璞鈔用銀鉼一又十分之七
		下	國風鄭第七	
	五	上	國風齊第八	
		下	國風魏第九	都八千四百一十一字魏明鈔用銀鉼二員又一分三
	六	上	國風唐第十	
		下	國風秦第十一	
	七	上	國風陳第十二	
		中	國風檜第十三	
		下	國風曹第十四	
	八		國風豳第十五	廿一年七月十七日讀畢（朱筆） 都一萬零八百七十四字王郁庭鈔用銀鉼二員又七分二
三	九		小雅鹿鳴之什第十六	
	十		小雅南有嘉魚之什第十七	
	十一		小雅鴻雁之什第十八	都七千五百四十八字劉兆鵬鈔用銀一鉼又八分九
	十二		小雅節南山之什第十九	
	十三		小雅谷風之什第二十	都七千四百五十一字吴之璞鈔用銀鉼一員又八分六 廿一年新曆八月十四日讀畢（朱筆）
	十四		小雅甫田之什第二十一	
	十五		小雅魚藻之什第二十二	

續表

<table>
<tr><th>册次</th><th colspan="2">卷次</th><th>篇第</th><th>徐恕題識</th></tr>
<tr><td rowspan="3">四</td><td colspan="2">十六</td><td>大雅文王之什第二十三</td><td>都八千零十六字吳之璞鈔用銀二鉼</td></tr>
<tr><td colspan="2">十七</td><td>大雅生民之什第二十四</td><td rowspan="2">廿一年新曆八月三十一日讀（朱筆）
都九千八百七十二字王郁庭鈔用銀二鉼又四分七</td></tr>
<tr><td colspan="2">十八</td><td>大雅蕩之什第二十五</td></tr>
<tr><td rowspan="6">五</td><td rowspan="3">十九</td><td>上</td><td>周頌清廟之什第二十六</td><td rowspan="3">都七千八百六十四字劉兆鵬鈔用銀一鉼又九分六</td></tr>
<tr><td>中</td><td>周頌臣工之什第二十七</td></tr>
<tr><td>下</td><td>周頌閔予小子之什第二十八</td></tr>
<tr><td rowspan="2">二十</td><td>上</td><td>魯頌駉之什第二十九</td><td rowspan="3">都六千八百四十三字王郁庭鈔用銀一鉼七分一竝紙值共用銀廿六鉼
廿一年新曆十月十七日于漢口法蘭西租界厲舍弜誃（朱筆）①</td></tr>
<tr><td>下</td><td>商頌那第三十</td></tr>
<tr><td colspan="2">補遺</td><td></td></tr>
</table>

七月初二（8 月 3 日），初六（8 月 6 日），讀《䠥園經説》。

廿一年新曆八月三日讀。（卷三末）

廿一年新曆八月六日讀。（又一卷末）②

八月十日，楊樹達見先生移録黄侃批校《廣雅疏證》，借而過録。《積微翁回憶録》云：

張慎徽（樹敷）來，見示徐行可過録黄季剛批校《廣雅疏證》，因借取録之。所校不多，一日録竟。③

下旬，題《華延年室題跋》。

---

① 毛詩通説三十卷序録一卷略説一卷補遺一卷，清任兆麟撰。清乾隆經笥堂刻本，民國武昌徐氏抄本。湖北省圖書館藏書，索書號：經三/47，善/1582。《徐行可舊藏善本圖録》第 14 頁。

② 䠥園經説三卷，清宋綿初撰，清光緒二十四年（1898）高郵王氏刻鶴壽堂叢書本。湖北省圖書館藏，索書號：經十/4901。

③ 《積微翁回憶録》第 65 頁。

杭縣丁備之（仁）得傅先生二印，鈐于卷尾。壬申仲秋下旬，武昌徐恕記。[①]

案：傅氏二印爲“大興傅氏收集模拓金石之記”“傅節子珍藏金石文字印”，均爲白文方印。

九月十六日（10月15日），讀《讀碑小箋》初刻本，標注與後定本之別。

此書後有定本，較初刻大有譖訂，其删去者記之，以明二本異同。廿一年新曆十月十五日。弜誃。[②]

案：正文共二十二頁。地脚朱筆標注“删”者，凡二十九條。

二十二日，致書陳漢第。書云：

伏廬道長清鑒：郵人送到手帖並惠賜印集，敬拜嘉貺。先生孱遲舊京，無事爲貴，集成後復得印如許事，不令失之海外，閟之駔儈之手，其功匪細。今之典守故宫古物者，有以盜鬻而受攻訐者，有主斥賣以易軍械者，報紙絫載其事，其人喪心病狂，爲何如也。恕蟄居番街，碌碌無可告語，邇來廑得宋槧林之奇《拙齋集》殘帙二卷、明陳燿文《花中粹編》一部（此書印本罕見）、漢胡氏鏡一枚（文尚可讀），舊藏書畫均將以之易錢，近賣石谷山水一軸，七十歲作，得直三百鉼，以償書債，失此得彼，時局如斯，即書恐亦未能終保也。福庵兄仍居扈瀆，近數月中爲致印潤銀五百餘鉼，此間印石可用者尟，得廜目能用印者百不得一，此後想難爲介説也。生值斯世，資生之途不易，奈何，奈何！惟有節嗇衣食，終日斅門，温故書以自媮樂而已。肅致謝忱，敬叩起居，不既。徐恕頓首謹白。九月二十

① 華延年室題跋三卷，清傅以禮撰，清宣統元年（1909）鉛印本。湖北省圖書館藏，索書號：史十四1101。《徐行可舊藏善本圖録》第131頁。

② 讀碑小箋一卷，羅振玉撰，清光緒十四年（1888）刻叔寶所著書本。湖北省圖書館藏，索書號：史十五/1238。

二日。

軼盦道兄前，乞代申候，恕未媷啓。

案：此書二紙，實爲答謝“惠賜印集”，當作於一九三二年。據《王福庵印學年譜》，王福庵庚午年刻“不使孽泉”，邊款“庚午冬月，辭官來滬。賣字度日，刻此識之。福庵居士。”是爲此書之上限。①民國二十三年（1934）3月11日（舊曆正月廿六日）張元濟致徐行可書云“宋刻《拙齋集》二卷亦收到。”則彼時先生已獲得《拙齋集》。趙萬里《景印四庫全書罕傳本擬目》云：

《拙齋文集》二十卷（宋林之奇撰，大典本，武昌徐氏有宋刻二卷，北平館有小山堂鈔本，可據配）

《花草粹編》二十二卷附録一卷（明陳耀文編，此書原本分裂爲二十二卷，絶非原本之舊，應爲十二卷，北平館及武昌徐氏均有萬歷刻本。）②

《景印四庫全書罕傳本擬目》前有袁同禮序，署時“民國二十二年六月”，顯然此時先生已獲得《拙齋集》《花草粹編》。九月二十二日致陳漢第書又言及此稀見之兩書，則據“邇來”二字，此書應作於民國二十一年（1932）。又，《景印四庫全書罕傳本擬目》乃廣泛征求意見之稿，《國立北平圖書館館刊》第7卷第5號所刊發文章全部討

① 周建國《王福庵（1880—1960）印學年表》，《西泠印社早期社員、社史研討會論文集》第246頁。

② 趙萬里《景印四庫全書罕傳本擬目》，《國立北平圖書館館刊》第7卷第5號，第82、86頁，民國二十二年（1933）九、十月。影印收入《近代著名圖書館館刊薈萃續編》，北京圖書館出版社，2005年，第9册第635、639頁。點校收入冀淑英、張志清、劉波主編《趙萬里文集》第1卷，國家圖書館出版社，2011年，第387—402頁，《拙齋文集》條見第395頁，《花草粹編》條見第401頁。點校本删去袁同禮序。又，趙萬里、袁同禮等《景印四庫全書罕傳本擬目》，《國風》第3卷第2號，民國二十二年七月十五日出版。又，《景印四庫全書罕傳本擬目》，民國二十二年國立北平圖書館鉛印單行本。

論《四庫全書》問題，其所載罕傳之本早已廣爲人知，日後書信已無特意提及兩書之必要性。同年稍早時間先生請求賜書之書如下：

伏盧道長左右：前損手帖，宲南轅旋里，必取道津浦，此間淫雨絫日，江水大上，恕不敢驟尒北來，先期祝蝦之意，或遂侂之空言，怊悵無似。尊藏鉨印正續兩輯先後曾蒙惠賜，承示傳印新集之意，廛市之人難語此事。俌之固在中華書局，其傳古之心或不及局中人耆利之情爲甚，即其嶂效商務書館《四部藂栞》成事印行《四部備要》，而以聚珎版爲之，又豈類八千卷廔後人行逕邪。以此擬侂轉懇楊君軼庵復製新集一帙見貺，郵呈吾家楚金《説文韵譜》二册、吴荷屋《筠清館舍文》五册，敬乞代上楊君，憀致微意。楊君志在印人，必于篆籀深究其奥，雖朔南千里，未相晤言，其取徑致力，當與鄙見闇合也。（去年夏在南潯，周夢坡弟四孫名世求者以所爲印譜求題，摹吴倉石法式頗肖，口占五言一首答之，書從箋尾，公見之必謂恕以壯聆孨斆老人口眘也。）别上（後闕）。

是月，移録宋王應麟《東山詩》并跋尾，寄與施維蕃，俾補入《四明叢書》。

東山詩

東山美周公，千載邈遺音。槃槃謝家安，陳迹猶可尋。仰睇虞峯高，俯挹娥濤深。偉人不可作，感慨生登臨。典午鼎岌岌，日夕照忠忱。談笑沮溫謀，尊俎卻氐侵。斯民免爲魚，清風濯龎黯。撫箏疑未釋，西州復雺衿。紫囊皆少年，秉鉞掃霿陰。茂績世茅土，有孫亦璆琳。祚移卯金刀，志士皆噎喑。曷不效靖節，種菊遯幽林。既縻元嘉爵，空懷子房心。鴻鳴九霄遠，雉翳嗟珍禽。行藏異危遜，覽古得良箴。吾遊幾入越，獨欠隮崟岑。晉士豈清談，底柱屹江潯。翠屏倚空碧，浮雲更古今。永言廣武歎，誰續洛生吟。

右宋王伯厚先生佚詩，見明正統刻《上虞志》。庚午冬，得此志殘本于江寧，存首四首。歸道扈瀆，張菊生丈以東方圖書館廛有萬曆志殘本，從乞録副，因輟贈之。去冬閘北之戰，館中藏書爲倭兵爆彈所焜，悉化灰燼，此志度亦不免于厄矣。詩意稱美謝公，與其《紀聞》所云焚石勒幣，敗符堅，滅李勢、姚泓、慕容超，江左君臣之志事壯矣，不可以清談議之語合。明鄭真、陳朝輔，清葉熊輯深寧文，清杜煦春緟修《上虞志》，均失載此詩，舊籍之可貴也如此。海門施君韵秋任《四明叢書》斠事，覆刻《深寧文鈔》，因迻書寄之，記得詩顛末于後。咦！今日戎狄之禍，于古爲烈，而上下恬嬉，境土日蹙，不思所以立國之道勝敵之策，第謀以夷制夷，覬以苟安，何可得邪？士夫聞人且復北面事虜，其行能又出抗敵苦戰之馬賊盜魁下，又安能上睎泉明高節也哉！存録斯文，俾讀之者覽古鑒今，持清議而無詭隨，意在斯乎！壬申九月武昌徐恕。[1]

是秋，廣濟劉賾跋借自先生之《毛詩均譜》。跋云：

此書以許書諧聲與《毛詩》用韵排比係聯，分文字、聲音爲鳩、孯、谷、筐四部。其凡例所謂以字定聲、以聲定韵、以韵定部，而以三百篇爲主，每舉一字，而自《關雎》以至《殷武》，同聲之字見焉，同韵之字見焉，而字之同部者可推矣，是也。觀其屏除陳説，自立規模，大體圓通，洵美且異。夫言《毛詩》韵者，自顧、江以降，至戴、段、孔、劉諸家，遞加詳盡，盖後人因考辨而積悟，故前修未密，後出轉精，其所言雖未盡中，要其明審覈實之處，有必爲後來所當遵守而不可輕疑改作者在焉。郭君爲清光緒時人，余獨怪其於前人條例一概瀎泧，若不之見，其所分四部，鳩部合肴豪於蕭，谷部合尤侯於魚，猶未大誤。而孯部則不但支脂之不分，三者又與歌合；筐

① 深寧先生文鈔摭餘編三卷補遺一卷，宋王應麟撰，民國二十一年（1932）四明張氏約園刻《四明叢書》本。

部不但陽耕不分、真元不分、東冬侵談不分，而凡所謂陽聲韵者皆合而爲一，自鄭庠以來，分部無如此寬緩者，蓋其病在不知《毛詩》用韵之例，而又多以非韵爲韵。如一服字也，《采薇》以之韵“騤”“依”“腓”，《六月》以之韵“驪”“月”，《采芑》以之韵“涖”“率”。一岡字也，《車舝》以之韵“薪”，《皇矣》以之韵“陵”，《公劉》以之韵“泉”“原”“單”，《卷阿》以之韵“鳴”“生”，甚至以《瞻卬》之“先”韵“鞏”，以《時邁》之“夏”韵“位”、韵“矢”、韵“德”、韵“之”。其言諧聲，尤不遵字例之條。如以樂幽同聲、刺棘同聲、衷依同聲、役徹同聲、㒼兩同聲、彭𦘔同聲、即邑色同聲，甚至以兒從血聲、谻從谷聲、食從入聲、秦從春省聲、閃侃從人聲、樊棥從林聲，其牽率謬誤，不可猝理，誠令見者難免駭然。故雖分部至少，而猶有出韵者，如雀字見鳩部，又見㝵部；夏字見㝵部，又見谷部；怨字見㝵部，又見筐部；務字見筐部，又見鳩部。於是，其所謂以字定聲者，而聲亂矣；所謂以聲定韵者，而韵亂矣。聲韵俱亂，而欲以定部，其可得乎？而猶自謂非敢好爲異説，以自外於前人，若其言果諦，則是顧、江以來之作皆妄，而吾人將反崇鄭庠、吴棫之説矣，其誰信之！雖然，其書鉤稽之勤條理之密，異乎不知而作，要足爲初學之助。吾見今人不能好學深思，多以抄書爲著書，或奮其私肊矜爲刱獲，以自蔽蔽人，甚至言古韵者以所謂西洋人柯羅佤倫其人者爲宗，其相去不又遠耶！壬申之秋日，見此書於行可先生所，蒙假歸讀之，因記其梗槩於此，以竢校正。後學劉賾。（鈐“簡園”白文方印）[①]

十月二十七日（11 月 24 日），楊樹達來訪。《積微翁回憶録》云：

① 毛詩均譜八卷，清郭師古撰，清光緒十年（1884）玉屏山房刻本，劉賾跋。湖北省圖書館藏，索書號：經三/2755。

在漢口，訪徐行可。出示其所藏顧千里校《輿地廣記》，孫淵如編《春秋長篇》（五十餘册），文廷式所著《伊尹事考》及《純常子枝譚》（四十餘册），周廣業著《四硯齋群書過眼録》，就中以孫書爲最好。①

十二月十二日（1933 年 1 月 7 日），致書馮德清，札云：

永軒先生講席：新歷更新，敬惟起居勝常。恕南歸後，衰病日增，渡江絶少，先生又必休假日家居，迄未奉候，殊深慊仄。明日（八日，星期日），小兒孝寬就華實里三號敝舍，略具蔬饌數簋，敬約先生於午後五句鐘在舍晚飯，可出舊藏供清鑒，務乞早刻惠臨。先肅此箋，恭叩箸祉。弟徐恕拜手上。一月七日午正。②

案：此信未署年，當作於是年。《馮永軒文存》之《一九三五年由武漢赴新疆途中日記》於 5 月 13 日云：

我幼居河南，深愛豫人性之古樸忠誠。九年來長住武昌，痛惡湖北人的叫囂。③

可以大抵判斷馮德清在漢時間。該書署時爲“一月七日”，又言“明日八日爲星期日”，查陽曆 1 月 8 日爲星期日者有一九二八年（丁卯年十二月十六日）和一九三三年（壬申年十二月十三日），而壬申年初行可先生自北平經上海回漢。又，先生於一九五一年、一九五四年兩次赴北京，次年陽曆 1 月 8 日均非星期日。

是年，《安徽叢書》第一期出版，前列《安徽叢書編審委員會名譽會員題名》，先生與焉。

是年，張宗祥和先生相聚頗樂，數年内從先生處借鈔書籍多種。

---

① 《積微翁回憶録》第 66 頁。

② 《書法叢刊》2016 年第 3 期封三。原藏馮天瑜處，2018 年 12 月捐贈武漢大學圖書館。

③ 余婉卉選編《馮永軒文存》，江蘇人民出版社，2014 年，第 365 頁。

《冷僧自編年譜》云：

1932年（壬申）：時漢上書友則有徐行可（恕），相聚頗樂。手抄之書亦日富。

1934年（甲戌）：其秋，遂調北寧路專員。寓北平翠花街，欒氏花園也。

1936年（丙子）：適平漢路仍爲陳地球氏主持，邀返漢，予遂南行，仍任平漢路局秘書。

1938年（戊寅）：八月，虜警日逼。平漢局將遷桂，命予先行。暑甚。偕妻携三行篋，匆匆上道，由衡走桂。[①]

案：張宗祥自徐行可處鈔書幾何，不得而知。金毓黻言“檢所鈔書數十種，多假之徐君者”，且舉《唐書藝文志注》《東山樂府》以及“陳仲魚所注《禮記》未經刊行”者爲例。[②]《世説新語》明言影鈔自徐行可，時爲壬戌（1922）。[③] 檢浙江圖書館藏《唐書藝文志注》，張宗祥題識明言“予從行可處轉録”。《鐵如意館手鈔書目》收録陳鱣《禮記參訂》正是“録自稿本”。[④]《鐵如意館手鈔書目》尚有若干種當鈔自行可先生，至少張宗祥曾經借閲，今羅列於下：

陳景雲《兩漢訂誤》四卷，一册。[⑤]

案：行可先生藏本，内有數則未署名校語，疑似張宗祥筆迹。

《識字㻫言》四卷附一卷，與《水經注所出兩漢侯國名韵編》合訂一册。[⑥]

案：《水經注所出兩漢侯國名韵編》未曾刊行，行可先生藏本，内有

① 《張宗祥文集》第3册第479、481、482—483頁。

② 《静晤室日記》卷九十四，第6册第4048頁。

③ 《張宗祥文集》第1册第245頁。

④ 《張宗祥文集》第1册第156頁。

⑤ 《張宗祥文集》第1册第185頁。

⑥ 《張宗祥文集》第1册第163、186頁。

疑似張宗祥筆迹。[1]《識字㻞言》未刊，先生亦有鈔本。[2]

《季漢官爵考》三卷，一册。[3]

案：《蛾術軒篋存善本書録》甲辰稿卷二《季漢官爵考》云：

清海寧周廣業撰。武昌徐恕桐風高鈔稿本。海寧張宗祥題封面。

此爲老友徐君行可次女公子據北京圖書館藏稿本傳鈔。[4]

此書行可先生有鈔本。[5]

《古文尚書冤詞補正》一卷，與《傳經系表》合一册。[6]

案：行可先生舊藏《傳經系表》，内有疑似張宗祥筆迹。

楊守敬《詩紀目録》四十五卷，六册。[7]

案：先生收藏《詩紀目録》，此書黄侃、陳漢章亦曾借鈔。

是年，譚戒甫撰《公孫龍子形名發微》出版。[8] 先生有題贈本，書衣題：

---

① 水經注所出兩漢侯國名韵編，熊會貞輯，民國武昌徐氏文房抄本。湖北省圖書館藏，索書號：善/2649。《徐行可舊藏善本圖録》第105頁。

② 識字㻞言四卷附辨字雜説，清易本烺撰，清抄本。湖北省圖書館藏，索書號：善/1386。

③ 《張宗祥文集》第一册第186頁。

④ 王欣夫撰、鮑正鵠、徐鵬標點整理《蛾術軒篋存善本書録》，上海古籍出版社，2002年，第1176頁。

⑤ 季漢官爵考，清周廣業撰，民國武昌徐氏抄本。湖北省圖書館藏，索書號：善/2628—2。

⑥ 《張宗祥文集》第1册第155、173頁。

⑦ 《張宗祥文集》第1册第282頁。

⑧ 譚戒甫《〈公孫龍子形名發微〉後記》云："一九二八年，墨經發微和形名發微都成書……一九三二年，加授形名學，印成講義。一九三四年，再授形名，略有增改，重印一次。"見譚戒甫《公孫龍子形名發微》，中華書局，1963年，第173頁。

行可先生教正，弟譚戒甫持贈。[①]

是年，先生將移録清丁傑、任大椿、翁方綱校語之《漢隸字源五卷碑目一卷》贈與酈承銓，見戊辰年（1928）三月十五日條。

是年，黄維廉《聖約翰大學羅氏圖書館概況》出版，記録先生贈書。該書《附録民國十九年來各界贈書一覽（截至二十一年十一月杪止）》云：

徐行可先生贈《史懷》（六册）、《五經圖》（六册）、《書目》（一册）、《揚子法言》（二册）。[②]

是年，趙萬里撰《景印四庫全書罕傳本擬目》言及先生收藏二種稀見之本即《拙齋文集》《花草粹編》。

民國二十二年（1933）癸酉　四十四歲

三月四日（3 月 29 日），讀畢《李元賓文集》并跋。跋云：

廿二年新曆三月廿九日讀于漢口賃廬，弜謻。[③]

四月初三（4 月 27 日），先生長子孝寬拜訪楊樹達，言先生贊《釋慈篇》精確。《積微翁回憶録》云：

徐孟博來，告行可與渠書，稱《釋慈篇》精確。[④]

五月，過録鄭珍批《顔氏家訓》并跋。跋云：

癸酉夏五，書友趙致豐自成都來，出示鄭子尹先生此書讀本，許其副墨，乃以墨筆迻書簡端。徐恕記。（鈐“徐恕校正”

① 公孫龍子形名發微十篇，譚戒甫撰，民國國立武漢大學鉛印本。湖北省圖書館藏，索書號：子十/1099。案：是書存民國十七年（1928）譚介甫識。

② 黄維廉著《聖約翰大學羅氏圖書館概況》，民國二十一年（1932）鉛印本，第 33 頁。

③ 李元賓文集六卷，唐李觀撰，清末石印本，徐恕跋。湖北省圖書館藏，索書號：善/2849。

④ 《積微翁回憶録》第 71 頁。

朱文方印)[①]

是月，甘鵬雲撰《湖北文徵例言》，言及先生對纂修工作之支持。

《梅之煥中丞遺集》八卷，徐行可蒐得。鵬雲抄有副本。待梓。

惟陳子龍《明經世文編》曾列禁籍，求之頗難。聞海内僅有三部，一在徐家匯天主堂圖書館，一在北京大學圖書館，一藏道州何氏，今歸徐行可。與行可婉商，乃從南潯遠道假我（湖北十五家），並以張時徹《明文範》見寄（湖北十一家）。可感也。[②]

案：甘鵬雲《湖北文徵例言》署時“癸酉夏五月”。

六月十三日，徐乃昌致書先生，贈《小檀欒室鏡影》。《徐乃昌日記》云：

徐行可書（贈夾宣印本有套小檀欒室鏡影）[③]

七月初五，徐乃昌覆書先生，告先生《儀禮經注疑直》已印就并付郵，清錢泰吉校兩《漢書》一時難以整理，蓋先生又有借書之請也。先生致謝徐乃昌《小檀欒室鏡影》之贈，回贈其吴慶燾《簳珠仙館詩》《夢窗四稿》等，托其轉致送予程演生之《夢窗四稿》。《徐乃昌日記》云：

覆徐行可書（贈鏡影，來書言謝，亦贈我吴寛仲《簳珠仙館詩》、張詠霓刻《夢窗四稿》，又漢吴郡張元功二鏡及吴郡周禄鏡，錢警石遺硯墨本。贈演生《夢窗四稿》已寄安慶。

---

① 顔氏家訓七卷補遺一卷，北齊顔之推撰，清趙曦明注，清乾隆五十四年（1789）餘姚盧氏刻抱經堂叢書本。湖北省圖書館藏，索書號：善/2920。

② 湖北省人民政府文史研究館，湖北省博物館整理《湖北文徵（全本）》，湖北人民出版社，2014年，《湖北文徵例言》第3、5頁。《梅中丞遺稿》書影見《徐行可舊藏善本圖録》第271頁。

③ 《徐乃昌日記》第9册第148頁。

《儀禮經注疑直》已印成，前由會連同二期叢書寄上十部。錢警石先生兩《漢書》校本爲丁君妄加竄改，難以一時整理完善。）①

是月，鄺承銓發表《建康實録校記》，叙例大書先生之襄助有力。鄺承銓《建康實録校記敘例》云：

武昌徐氏藏舊鈔本。此本按其字跡當是清嘉道間寫本，亦不知其所從出。聞是藝風堂藏書，而未見藝風印記。此本脱文與甘鈔本有互異處，亦有足補甘本者。其諸本訛誤不可讀處，往往得此而冰釋，可寶也矣。

銓，甘氏婿也，初求刻本於甘氏而不可得，旋知書板尚無恙而印本流布苦甚鮮，因請於貢三丈印百數十部，以廣其傳。復假得底鈔本校之，意欲更求張刻一勘。己巳歲，徐君行可過訪，談及此書，云藏有張刻，又别一舊鈔，尤勝刻本。時徐君方欲傳校愚藏書數種，因乞借此二本一校，蒙徐君慨許，才歸漢皋即爲郵致，因並得校於新刻本中。又乞王君覺無校盋山所藏丁氏鈔本，於是所據得四本矣。其後朋輩知有是校，多促寫爲校記，以詔讀是書者，而徐君尤屢以爲言……癸酉七月江寧鄺承銓衡叔記。②

案：張忱石點校本《建康實録》，依然將“武昌徐行可藏鈔本”列爲重要參校本。二〇〇〇年，南京出版社《金陵全書》本《建康實録》即附録鄺承銓《建康實録校記》，《建康實録》用中華再造善本所收國家圖書館藏宋紹興刻本，校記即用民國二十三年（1934）鉛印本。此校成爲名作，亦得益於先生之鼎力襄助。

又，鄺承銓《建康實録校記敘例》云“己巳歲，徐君行可過訪”

---

① 《徐乃昌日記》第9册第171頁。

② 《江蘇省立國學圖書館第六年刊》第1—6頁。同期尚載鄺承銓《建康實録校記上》，第7—52頁。

頗疑乃鄺氏誤記。己巳歲（1929）未見先生出游，庚午（1930）、辛未（1931）先生兩次過寧。先生“才歸漢皋即爲郵致”，壬申年（1932）正月先生尚滯留上海，鄺承銓題借自先生之清嘉慶刻本《建康實録》云“壬申歲首江寧鄺承銓借校一過”，故“己巳”或爲“庚午”之誤，是年冬先生曾過南京，在滬和徐乃昌談及於南京見鄺承銓所藏《宋六十家詞》校本之事。

鄺承銓跋借自先生之清鈔本《建康實録》云：

《建康實録》，宋紹興本舊藏聊城楊氏，今已莫可究詰。元明以來無覆刻之本，惟恃一張刻而已，又脱誤甚多，未厭人望。此吾鄉甘氏所由重刊也。然甘氏所得舊鈔雖佳，惜付刊艸艸，校未盡善，猶不能不有待後人。愚既得見甘氏底鈔，又見八千卷樓殘鈔本十餘卷，復蒙行可先生假此舊鈔，校定之責將不容辭。既彙校甘刻本中，復書此以誌厚幸。此本中亦補校百數十字，因并記之。鄺承銓。①

又，除《建康實録》之外，先生曾借陳遵默校《逸周書》給鄺承銓。此書鄺承銓跋云：

（過録）道光七年秋八月從元刻本校正抄補。《王會解》中脱去一葉，苟非元刻無從是正。甚矣，書之必求古本也。朗仙校竟識。

此校本抄補黄序一頁，《王會解》脱文一頁，其版心皆有“恬裕齋”字，知即從常熟瞿氏藏元本校也。今爲行可先生録在盧本書眉，乃知抱經所云舊本者亦往往與元本合，且多是正，其誤處但奮筆徑改，於審慎之意似稍未至耳。承銓漫記。

朗仙似是邵淵耀字，不能確憶矣。（鈐“鄺衡叔經眼記”朱

---

① 建康實録二十卷，唐許嵩撰，清抄本，鄺承銓校并跋。湖北省圖書館藏，索書號：善/1389。《徐行可舊藏善本圖録》第109頁。

文長印）[1]

八月十六日（10月5日），《積微翁回憶録》云：

得徐行可（恕）書云：葵園《唐書》，商務館不能承印。[2]

九月六日，致書陳乃乾。《徐恕致陳乃乾信札十八通》之六：

乃乾先生左右：損書審鄴架所收高麗覆宋本《六臣注文選》願以相分，承相重之情，甚謝甚謝。淳熙尤刻仍從六臣本抽出别槧，而時代在後，故以日本舊鈔卷子本校之，如《西都賦》羡出"眾流之隈，汧涌其西"八字，與范書不合。《海賦》"瞜眇蟬蜎"句下有"珊瑚琥珀，羣產相連；硨磲馬瑙，浰積如山"十六字。其它單文隻字，勝今本者甚夥。又《西京賦》眉詮引臣君曰云云者二處，其文皆同善注，知據李邕注本，避其家諱，故稱臣君，此當宋槧所無。先生所得之本，能以前十餘卷寄示否（鈔補本亦求以一册見示，共闕若干卷）？恕賴先業自活，目下租入甚絀，亦無積貯之錢，心好異書，故有此請。富晉書社書目，求過彼店時命其以一册寄示。手白敬叩纂祺。弟徐恕再拜。九月七日。[3]

案：此書未署年。書云"審鄴架所收高麗覆宋本六臣注《文選》願以相分"，而《徐恕致陳乃乾信札十八通》之九云：

前年承示以高麗覆刻北宋本《文選》二部得歸清閟事。今春見報紙載，故宫選出運赴英國古書單中有天聖本《文選》，則中土尚有較早印本。乃近印《天禄琳瑯叢書》不收此書。先生所留鈔補之本，承許見讓，以無力得之，故復書辭謝。

書信九作於一九三五年，其"前年"即書信六之時間，即一九三三年。

---

① 逸周書十卷，晉孔晁注，清乾隆五十一年（1786）抱經堂刻抱經堂叢書本，陳遵默校并跋，酈承銓校并跋。湖北省圖書館藏，索書號：史五/14。

② 《積微翁回憶録》第75頁。

③ 虞坤林《徐恕致陳乃乾信札十八通》，《文獻》2007年第3期。

十月八日（11 月 25 日），余嘉錫撰成《漢池陽令張君殘碑跋》，該跋云：

右碑舊題“西鄉侯兄張君殘碑”，今題“池陽令”者，余所考定也。碑石初藏于渾陽端氏，著録于《匋齋藏石記》卷三。今爲周君季木所得，復收入《漢晉石影》。碑云“西鄉侯之兄，冀州刺史之考也”。吴絅齋（士鑑）《九鐘精舍金石跋》以“西鄉侯”爲魏張既，端氏亦以爲然。特謂既雖魏人，而其兄歷官，必在東漢之季耳。吾友楊君遇夫治兩《漢書》極精熟，因讀此碑，據《後漢書·桓帝紀》及《劉瑜傳》，知“西鄉侯”爲後漢張敬，桓帝時官尚書，以誅梁冀功，與尚書令尹勳等同日封侯，章懷注所謂“七亭侯”者也。又碑中有“除夷陵侯”之語，端氏謂東漢無夷陵侯。遇夫據《宦者傳》知爲中黄門魏猛，以與孫程等立順帝誅閻顯功得封，遂爲之跋，以正吴、端兩氏之誤。其言貫穿紀傳，非浸饋范史者不能也。友人武昌徐君行可，舊藏有此碑精拓本，讀遇夫跋而愛之，屬錫録諸卷末。錫既承命書竟，又考得數事，因牽聯并書於後……余之所考雖較吴氏爲差詳，然非遇夫無以發余之説，故既書以復行可，又質之遇夫，其必有以益我也。癸酉十月，武陵余嘉錫跋。①

案：楊樹達於民國二十年九月初四（1931 年 10 月 14 日）撰就《漢西鄉侯兄張君殘碑跋》②，發表於民國二十一年（1932）三月出版之《國學叢編》第 1 期第 5 册，行可先生讀而愛之，遂請余嘉錫録於先生所藏是碑拓本之後。余嘉錫更撰此文，改題爲《漢池陽令張君殘碑》。

① 《輔仁學誌》第 4 卷第 2 期，第 1—6 頁，民國二十三年（1934）六月。收入《余嘉錫論學雜著》，第 593—599 頁。

② 《積微翁回憶録》第 57 頁。《漢西鄉侯兄張君殘碑跋》，收入《積微居小學金石論叢》，上海古籍出版社，2007 年，第 445—446 頁。

同日，余嘉錫致書先生。書云：

行可先生親家侍右：十許日前郵上一椾（書中將見委之事逐條奉後），敬修起居，已蒙電詧否？中秋日，孟博世兄來。言令親返里，當以蔣孟蘋《書目》四册、趙君過録王校《水經注》二函交令轉付帶呈，屈指此時，當已抵鄂矣。孟劬兄許作詞而不肯做大字，是否即以藁草奉呈，抑別倩人作字，統希示知，以便照辦。趙君言静安先生校語，頗爲繁夥，度其應采掇入疏者，當亦無幾。若全部過録，徒爲煩費。故以原書奉假，請轉示熊君供其摘録，仍將校本寄回可也。趙有一劄與小兒，託轉詢先生尊藏黄校四史所據何本，謹以原箋呈覽。弟近擬專考兩漢人讀書、著書之事，如家法、師法、立學、傳授，故訓、章句、傳、注及諸子學之盛衰、古文書之發見、詩賦之流別等，擬定篇目，然後搜集材料，班、范、荀、袁之外，博采群書，加以論斷。因弟覺此等事，前人考證頗疏，遂致真相不明。如家法一事，清儒持之過嚴，不知凡別自爲家者，皆左右採獲，不純守師説也。惟其事散見群書，鉤稽不易。而迫於講授，殊鮮暇晷。每日七時即起，盥漱點心後，八時半赴校，十一時許歸家，則已午飯。飯畢，或假寐炊許時，始復讀書，至七時晚飯後則精神疲倦，不復能用心矣。計一日之間，親書者不過五六小時耳，而又有人事間之，誠恐白頭可期，汗青無日。現擬自立課程，以隻日整理《四庫提要辨證》，以雙日讀兩漢諸書，從事劄記。餔後則校書十余葉，舊校有《東觀漢記》《七略》《別録》，各得逸文十數條。近以《御覽》校《漢記》，頗有新得，知四庫輯此書時，於數大類書尚未能徧采也。聞兄曾將《文選》注引書編成目録，注明卷頁，欲請費神，飭令小史將注中引此兩書（《漢記》及《録》《略》）者摘録見示。第不知鈔胥有此暇時否？方氏書録，倫哲如欲借去傳鈔，俟其鈔畢，弟亦擬鈔録一通，當編次案上也。知承爲張舜徽推轂，覓得館地，已報舜徽知否？《西鄉侯兄碑跋》已書，俟交孟博轉呈。肅此布臆，敬頌道祺。弟嘉錫頓首。十月八日夜。

由漢寄津書籍，上星期始取回。屢以此事上費清神，不勝銘感。又及。[1]

是日，《積微翁回憶録》云：

余季豫來，見示所撰《漢西鄉侯兄殘碑跋》。[2]

十月下旬，過録《唐詩鼓吹》清馮班及何煌評點并跋：

原本録馮鈍吟評用黄筆，甚少，今以墨筆迻寫，圈點亦然。原本有朱筆評點不著姓氏，而卷三弟廿九葉評語引何水部詩，偁“吾家仲言”，當是何義門先生加評。與前所得何氏評本不同，或所評非一本也。此本于本事、異文二者視前後爲詳，惜于二家評點皆僅録至卷四，中卷竢後日更遇完本補之。弜誃學人漫記。癸酉良月下旬録鈍吟評，著其别號，録義門圈點仍用朱筆。

卷一第七頁《西塞山懷古》何評後有“此係小山丈注”，知非義門評本。弜誃更記。[3]

十一月二十九日（1934年1月14日），余嘉錫録副手校《元和姓纂》并題贈先生，題云：

壬申正月廿八日，假得文津閣《四庫全書》本宋章定《名賢氏族言行類藁》，并檢《古今姓氏書辨證》《通志·氏族畧》《姓氏急就篇》及《翰苑新書》（洪氏原輯所據之《祕笈新書》乃坊賈取此書之十餘卷託爲謝坊得作，不足爲據也）以校《元

① 馬志立《余嘉錫致徐行可書信考釋》，《圖書情報論壇》2010年第2期。

② 《積微翁回憶録》第76頁。

③ 唐詩鼓吹十卷，金元好問輯，元郝天挺注，明廖文炳解，清錢朝鼒、清王俊臣校注，清乾隆五十七年（1792）三多齋刻本。湖北省圖書館藏，索書號：善/1626。書影見《徐行可舊藏善本圖録》第300頁。

和姓纂》，改正脫誤數千字，補輯佚文四百餘條，凡十四日而畢，漫志之於此。二月十一日，狷庵。

羅丈叔言有《姓纂校勘記》二卷《佚文》一卷，今年三月復手録入此書之中，并間附以鄙見，《佚文》已全録入，《校勘記》已得十之九而大病，遂未畢業。又元人洪晏脩所著《古今姓氏遙華韵》，章定書以藍本，所引《姓纂》宜可以相參證。今雖病起而困於教授，亦未暇復校也。余友徐君行可從余借鈔，因命小史録副以贈，並畧志數語於簡端，庶觀者有考焉。

癸酉冬十有一月廿九日，武陵余嘉錫書。[①]

案："氏旌"應爲"氏族"之筆誤，"謝坊得"之"坊"爲"枋"之筆誤，"洪晏脩"之"晏"爲"景"之筆誤。"又元人洪晏脩所著《古今姓氏遙華韵》，章定書以藍本，所引《姓纂》宜可以相參證"語，可以參閱余嘉錫《四庫提要辨證》卷十六《子部七》之《元和姓纂十八卷》條。[②]

十二月初一，余嘉錫題贈先生《唐書藝文志注》鈔本。

《唐書藝文志》四卷……予友徐君行可，從予借鈔，因命小史録成此本贈之，遂書数語於卷首，著其所從來。書中譌誤，未能悉校，以意會之可也。癸酉冬十有二月朔武陵余嘉锡書于北京寓廬之讀已見書齋。[③]

年底，先生嫁女孝婉於余嘉錫之子余遜（字讓之），楊樹達爲媒。《積微翁回憶録》1934年1月31日（癸酉年十二月十七日）：

訪余季豫，出示新得鈔本《野獲編》及乾隆十三年《縉紳》、上海新景印宋本《白氏六帖》，原本爲傅沅叔書。又見元

① 元和姓纂十卷，唐林寶撰，清光緒六年（1880）金陵書局刻本，余嘉錫校并跋。湖北省圖書館藏，索書號：善/1622。

② 余嘉錫《四庫提要辨證》，第955—959頁。

③ 《張宗祥文集》第1册第201頁。

顧仲瑛《雪蓬圖》，有高青邱題詠；讓之世兄新夫人徐氏奩中物也。徐爲行可之女，余爲媒妁。[①]

十二月三十日（1934年2月13日），張元濟致書先生，寄示《四部叢刊續編·緣起》和《目録》、《四庫珍本》樣本。書云：

行可先生閣下：别久書疏，頻更歲紀。江天雲樹，時切懷思。伏審道履頤和，纂著益富，企頌爲慰。弟蟄居海上，從事校讎，秉燭自娱，無善足述。曩年敝館輯印《四部叢刊》，曾丐珍藏，沾溉膏馥，至今感幸。近數年來，擬輯續刊。正在搜集善本，編訂全目，而兵釁遽起，幾廢半途。今兹所輯，僅從影存底本及收拾燼餘勉强成編，極多罣漏。其義例雖仍依初編宗旨，殊覺未饜心意。特呈上《緣起》及《目録》二册，仰希指教。如尊藏善本精槧，更許爲發棠之請，餉以一鴟，則亦流通古書之盛意，非止嘉惠藝林已也，無任感謝。又上年教育部選定《四庫珍本》亦交敝館承印，附上樣本二册，並希察入。專此布懇，敬頌台祺，諸維愛照。二十三年二月十三日。[②]

是年，先生作《與文甥德陽書》，後發表於《制言》第十四期。

案：此書未署時，書云"前年南遊，得文芸閣廷式《純常子枝語》四十册"，先生於民國二十年（1931）春獲得《純常子枝語》，據此確定此信作於是年。

是年，先生或游南京，遇倫明。宋達《辛亥以來藏書紀事詩未刊稿箋注》之《文廷式》云：

歲癸酉，游南京，遇徐行可，云得學士輯稿五十餘册，大抵皆取《永樂大典》者，允以目見示。[③]

---

① 《積微翁回憶録》第80頁。

② 《張元濟全集》第3卷《書信》，商務印書館，2007年，第65頁。

③ 宋達《辛亥以來藏書紀事詩未刊稿箋注》，《中華文史論叢》第49輯，第76頁。

案：是年未見先生出游記録，“癸酉”或爲誤記，姑置於此。

約是年，致書王文進。致王文進書之一云：

文禄主人大鑒：

承寄《古韵發明》四册，蟲損修治爲難，故昨已郵還，然高情固中心藏之矣。《韓集》價廿二元四角，並《古韵發明》郵費二角三分，統繳上，乞查收。手上。敬頌財安。徐行可拜白。

文友堂印《太平廣記》，預約價倘可九折，乞爲定購一部。倘買商務書館預約書，皆九折，故以爲託。行可再啓。①

案：北平文友堂印《太平廣記》封面題“甲戌春日”，書言預約，未知其時，姑附於此。又，先生致王文進書之二，無法準確判定時間，亦附於此。

晉卿先生大鑒：

承寄書三次，甚謝！第一次書，留《石壽軒印譜》《選學齋書畫記》，其書價郵費共七元八角九分，已付邃雅齋郭子璋君，請由其店中代繳。退書四種，得六月二十八日來書，審已收到。第二次寄來《釋名疏證》，不知何人以吴志忠本校過，卷首張叔未二印非真，筆跡亦不類，故郵還。第三次所寄二書，《九經古義》，確爲葉潤臣藏本，評語無精義。《經圖彙考》著者爲山西人，其書淺陋，故亦郵還。並附還郵票三角八分半。祝充《韓文公集音注》，倘七折可賣，不別付郵費，乞以一部（墨印者）寄來。手頌財祉。徐行可拜啓。七月四日。

---

① 徐行可致王文進書八通，承北京師範大學楊健惠示録文。録文存順序號，從之。案：此書信八通，其三署時“二十三年十一月二十二日”，其四署時“二十三年十二月十一日”，其五署時“十二月卅一日”。可確認爲民國二十三年(1934)。先生書信署時，或陽曆，或陰曆。今將此三通依陽曆編入年譜，其餘各通按照陰曆編入。

民國二十三年（1934）甲戌　四十五歲

正月七日，讀畢《東原録》，於書末題“甲戌人日讀斁，弜誃”。①

二十六日（3月11日），張元濟覆先生正月初九（2月22日）書。先生商借《永樂大典》本《水經注》後二十卷，推介清孫星衍輯《春秋集證》和殘宋本《隋書》。另，先生托張宗祥轉到宋刻《拙齋集》二卷，擬出售。張元濟書云：

> 行可先生閣下：張冷翁來，奉二月廿二日手教，展誦祗悉。宋刻《拙齋集》二卷亦收到。容將尊旨轉達敝公司在事諸君，再奉復。書一册暫留。孫伯淵先生《春秋集證》未知是否手稿，抑係謄寫之正本？可否乞將首尾兩册寄示一閲，再決進止。《新元史》業已停止不印矣。《永樂大典·水經注》後二十卷係假自高陽李氏。初照字樣過小，重借改照，書主即托詞拒絶。底片於戰時被毁，現時僅存樣本一分，將來付印之時即須用爲母本。此時未克借出，有違雅命，尚祈鑒宥。頗思提前趕印，或下半年能出版也。承示有殘宋本《隋書》可以商借，惟卷帙過少，不欲奉瀆，謹謝盛意。《叢刊續編目》僅就見存之書或照存書片編入，掛漏甚多，有應增應減者務祈賜教爲幸。手復。敬頌著祺。二十三年三月十一日。②

二月十三日（3月27日），張元濟覆先生二日（3月16日）書，贈《水經注集釋訂訛》樣本，俾與熊會貞合觀。

> 高子約君轉到三月十六日手教，謹誦悉。承假閲孫伯淵先生《春秋集證》，尚未由高君寄到。已屬其保險付郵。如許印行，鄙意欲一見定本，以便決定可否即付影印也。《四庫全書》

---

① 東原録一卷，宋龔鼎臣撰，民國九年（1920）上海商務印書館鉛印宋元人説部書本。湖北省圖書館藏，索書號：子十/1120。

② 《張元濟全集》第3卷《書信》，第65—66頁。

中沈炳巽《水經注集釋訂訛》已照完，印出樣本只能寄奉一部（此係手印，只有兩分）。乞與熊先生合觀之。事冗不多述。廿三年三月廿七日。①

同日，張元濟致張宗祥書提及先生日前托轉之《拙齋集》。

前日得廿二日還示，捧誦敬悉……徐行可兄交來之《拙齋集》，尚未商定辦法。如不能留，謹當遵示辦理。②

案：行可先生舊藏宋林之奇撰《拙齋文集》爲宋刻本，存卷四至五，一册，鈐“徐恕”“曾歸徐氏彊誃”印，今藏上海圖書館。

二十二日，張爾田題贈《彊村遺書》新刻本。

行可先生諟存，張爾田自北京寄贈。

行可先生藏家諟存，甲戌清明日爾田題記。③

案：是書鈐“孟劬”印。是年二月二十二日清明。

二十三日（4月6日），張元濟覆書，告知已收到《春秋集證》但無法付印，前托出讓之《拙齋集》無人接手。先生去信，定然言及助力熊會貞整理完成楊守敬《水經注疏》事。張元濟書云：

前日奉航空手書，知所呈《水經注集釋訂訛》已邀昞睞，并已轉交熊君。異日《大典》本印成亦必迅郵，藉助熊君名山盛業也。惠視孫淵如先生《春秋集證》首册已由敝分館寄到。同人傳觀，咸極贊許。惟以原稿頗有增減之處，尚須加以整理方能付印。現在版存甚多，故主從緩。原書仍由郵局保險寄還。再前由張閬聲兄交到宋本《拙齋集》二卷，洵稱秘笈，屬爲易書。商之主者，以爲涵芬樓既遭浩劫，無力再收善本。代詢書肆，亦無收購之意。以故遲遲未能報命，慚歉無似。兹與孫稿

① 《張元濟全集》第3卷《書信》，第66頁。

② 《張元濟全集》第2卷《書信》，第295頁。

③ 彊邨遺書六種外編二種附一種，朱孝臧撰，民國二十二年（1933）刻本。湖北省圖書館藏，索書號：叢一/544。

一併繳還，統由敝分館齎呈，敬祈察入爲幸。再東方圖書館恢復之舉，辱承贊助，何敢仰乞琳琅，但求登高一呼，四方定多響應也。

附繳趙君萬里信一紙，祈察收。廿三年四月六日。[①]

三月八日，自日本購回《韓子解詁》。跋云：

廿四年三月八日，此書自日本寄至，距其國嘉永二年爲八十六年矣。中華國武昌男子徐恕識。[②]

二十七日（5月10日），《積微翁回憶録》云：

徐行可贈宋版書籍信箋，精美可喜。[③]

是月，劉鳳章自序《周易集注》，言著述多得先生襄助。序云：

門人徐恕富藏書，知予雅好《易》也，有所得輒舉以示予，前後不下數十百種……中華民國歲在甲戌暮春黄陂劉鳳章序。[④]

約是春，先生致信陳乃乾。《徐恕致陳乃乾信札十八通》之八：

乃乾先生大鑒：承臨校《施顧注本蘇詩》見寄，祇領極謝。恕迻書畢，當即郵呈。十三年前在北平，曾得翁祖庚校本，恐其不備，故請借校富晉之本，他日當以翁校奉覽也。《如不及齋別號録》，一鄧姓者曾鈔此書，用錢不多，曾命小兒與之商價。據其復書云袁同禮擬爲印行。先生如假得丁君仲祜藏本，用尊印《曲苑》版式重印，别爲續編，用費較省，用力亦少，尊意以爲如何？如擬别編，則丁君之書能爲恕致之否（亦願出五十元）？以丁君之書，時有可相分者故也。富晉之《詩廣詁》（以開明書已賣）如五十元可賣，乞爲取寄。承賜《上海志》，敬

---

① 《張元濟全集》第3卷《書信》，第66頁。

② 韓非子解詁二十卷首一卷末一卷附録一卷，日本津田鳳卿解詁，日本文化十四年（1817）刻本。湖北省圖書館藏，索書號：子三/96。

③ 《積微翁回憶録》第82頁。

④ 周易集注四卷首一卷，劉鳳章撰，民國二十三年（1934）鉛印本。

謝。手頌箸祺。徐恕再拜。

富晉所印《李蒓客讀書記》出版否?[①]

案：此書信未署時。《徐恕致陳乃乾信札十八通》之八、十、十七均言及《施注蘇詩》。書信八收到借書，同年書信十七請求寬限還書，次年書信十還書。書信八言《施注蘇詩》，“十三年前在北平，曾得翁祖庚校本”。所謂“十三年前在北平”乃辛酉年（1921年），故書信八作於一九三四年，書信十七一九三四年，書信十一九三五年。書信十七言借書之後“酷暑彌月”，則借得之時約在春季或初夏，姑置於春日。

四月十日，閲《三宋人集》，移録清唐翰題《河東先生集》校語并跋。

（過録）偶得拜經樓所藏鈔本，蕭齋無事，取以校勘，得二百餘字。鈔本之優于槧本者十得七八，書于眉端，俾覽者自擇焉。獨不解柳河東享千載大名，後來不少巨眼，僅王文簡一人發其覆，因歎耳食之習，後先同病。校勘既畢，乃爲贊曰：柳州耳孫，好爲大言。理駁詞枝，妄推太玄。漁洋卓識，名論探原。有物有恒，庶幾璵璠。戊辰正月廿九日五湖長書，時方校畢前七卷。

（過録）前七卷校出兩本異字二百五十有七，鈔本挩字八十，後八卷校出兩本異字一百十四字，空格廿四字。

迻書唐鷦安（翰題）校本于法蘭西租界寓廬。甲戌四月初十日，弜誃。

漁洋《帶經堂集》卷五十有《河東集跋》。[②]

十五日（5月27日）《積微翁回憶録》云：

---

① 虞坤林《徐恕致陳乃乾信札十八通》，《文獻》2007年第3期。

② 《三宋人集》四十八卷，清方功惠輯，清光緒七年（1881）巴陵方氏碧琳琅館刻本。湖北省圖書館藏，索書號：善/2270。《徐行可舊藏善本圖録》第304頁。

徐行可贈《養志居僅存稿》。①

本月中下旬，文華圖書館學專科學校請先生演講《四庫提要類目》。

第七次羣教討論會，請收藏家徐行可先生講演。曾掌教本校，徐行可先生鑑賞金石古籍，別具卓識，拾藏頗多佳善並目録之學，故特邀請蒞校講演。講題爲《四庫提要類目》。其於考釋經史校勘板本的論時穎，是日先生冒雨惠臨，並攜珍本多册，俾各觀摩欣賞。其間以清初經學大師戴東原氏繕稿暨校讐家顧千里手跋等篇尤爲珍異，如外間所罕覯云。②

案：第六次群育討論會舉行於5月22日（四月十日），本期專刊出版於6月15日（五月初四）出版，第七次群教討論會必在此期間。

四月十八日（5月30日），徐鴻寶自北平來，先生與其共訪傅增湘。午後同游黄鶴樓（奥略樓），於抱膝亭煮茗清談。傅增湘《衡廬日録》云：

徐君行可偕森玉來訪。適若飛招午飲，屬代約行可，遂同渡江……席散，偕行可遊黄鶴樓。不到已十五年，昔日江湖術士，負販小徒，麕集於此，囂雜無倫，今乃掃蕩廓清，可以從容登眺，市政整飭，可見一斑。在奥略樓前，就攝一影，旋登抱膝亭，煮茗清談，良久乃去。俯視山前，大厦連雲，朱甍碧瓦，皆近年新購，抱冰老人之遺風，所存無幾，爲慨嘆久之。城垣已盡拆毁，草湖門外，沿江廣築馳道，氣象一新，然環城基更起碉樓，以資守禦，此又何説也。夜，偕冕之登聯合輪船赴潯，森玉則别余北返矣。③

---

① 《積微翁回憶録》第82頁。

② 《文華圖書館學專科學校季刊》第六卷第2期（《世界民眾圖書館概況專號》），第231頁，1934年6月。此據《文華圖書館學專科學校季刊》影印本，北京圖書館出版社，2009年，第5册第931頁。

③ 《國聞周刊》第十一卷第44期《衡廬日録》（二），民國二十三年（1934）十一月五日出版。

邢端《蟄廬叢稿》卷二《蟄廬游記》之《衡廬游記》云：

（甲戌五月）三十日。午，渡江游黄鶴樓，至抱膝亭小坐，俯瞰萬家煙火，如在掌上，洵雄鎮也。晡返漢口，夜登輪舟，將爲廬山之游。①

案：舊曆四月初六，徐鴻寶、傅增湘、邢端一同自北平出游。若飛，姓馮氏。

二十七日（6月8日），午後傅增湘來訪，不值。邢端冒雨來訪，先生出示字畫。夜，先生携所藏書籍字畫回訪傅增湘。傅增湘《衡廬日録》云：

午後訪徐君行可，不值。寓中阻雨不出，濡墨作書，手腕爲疲，薄暮始畢。夜行可携所藏書籍字畫來共相評玩，畫中有惲香山山水册，王石谷山水二幅，字則王文成大字長卷自書詩四首，書則戴東原《經雅》、孫淵如《春秋長編》、周鄭堂《慈雲樓書目》有顧千里跋、文芸閣《皇帝政教考》《伊尹事蹟》及筆記四十餘册，皆手稿也。沈氏校本《史記》、前後《漢書》有黄蕘圃跋，皆可寶貴，暢談至三鼓乃别。有寫本《莼中隨筆》二册，擬假之北歸，與余所藏士禮居鈔本合校。冕之以夜車北還。②

邢端《蟄廬叢稿》卷二《蟄廬游記》之《衡廬游記》云：

（甲戌六月）八日雨，涼如深秋。午後冒雨同訪徐行可，出示陽明手書詩卷，石谷畫幅，王漁洋手札，及孔東塘書"痛飲熟讀"四大字，均佳。夜，上京漢車。③

二十九日，先生約傅增湘晚餐未果，於車次送行。傅增湘《衡

---

① 蟄廬叢稿三卷，邢端撰，一九六〇年鉛印本。

② 《國聞周刊》第十一卷第46期《衡廬日録》（四），民國二十三年（1934）十一月十九日出版。

③ 蟄廬叢稿三卷，邢端撰，一九六〇年鉛印本。

廬日録》云：

行可來邀赴夕餐，以顯彝有約謝之……行可秉彝伯循叔度並高張李羣從昆弟，皆相送於車次，十一時五十分開行，疲極，閉門偃息，竟夕未醒。①

五月四日，致書陳乃乾。《徐恕致陳乃乾信札十八通》之十四：

乃乾先生大鑒：承手帖，審前奉書函已徹清覽（割帖不用丁福保《一切經音義》法，而用《説文詁林》法，必有脱誤，良法無傳人，惡事有傳習者矣）。恕擬買《廿五史補編》，以中有姚振宗《隋志考證》，吴廷燮《史表》（此二書開明能精校否？吴表尤易倒錯。）及諸以敦、羅文謙、孔尚質、胡德琳所著書（此三人之書曾否刊行？于何見之？乞示）。又以近時政治不適國情，兼學者探綜乙部者幾無其人，每向倗好偁説此書，故有李博仁、李韵清二君（以《武漢日報》名義）于五月初旬定購二部，均未買《廿五史》，券價均爲十八元。恕未自購取者，以北平友人見語云以書相借，可得全書伍部。今開明既不增收失編各書，敢乞先生爲代買字典紙印本一部，字典紙視報紙印者價多十元。先生云價少者爲八折，爲廿四元抑稍多？乞示。擬請中國書店代付券價（得示書價，即令兑上），書券即求付寄，何如？焦弱侯《經籍志》删去爲當，以其書用夾漈新義，欲綜歷代之全，存佚並録，而識力未副，考證多疏，即分隸門類亦有乖失，宜從芟汰。前以開明擬用粵雅堂本付印，曾以明本勘讀，明其奪誤甚夥，故寓書葉君聖陶，勸其采用明本。先生有意訂補明代藝文，于焦志，黄、徐二目外，宜于明人碑傳中涉及譔述者，及書有傳本爲所知見者，分注所出，亦罔羅放失之一事，顒樂觀厥成也（王儼齋《史藁》與《史志》必有出入）。

---

① 《國聞周刊》第十卷第46期《衡廬日録》（四），民國二十三年（1934）十一月十九日出版。

以欲識焦氏真本，故以所藏明代陳汝元、許……五册奉覽，又以粤雅堂本副裝五册奉詒，都廿册，束爲二包付郵寄上，敬乞察收。恕校粤雅本，以陳本異文書于行間，補伍刻闕文者寫于書眉，儻有漏失，乞爲刊正。許本（初誤認爲徐本）與之不同者存之書闌下方，未斠校也。先生儻依恕例合勘二本，則存録許刻文字者，尚乞假恕迻謄，開明儻以此書付印，以可以許本歸之（不居奇也）。陳氏本爲第一刻，以之割裂付印，則可惜也。承以錢文子書中所引《史記大事記》爲問，媿未能對，王惺齋書並上卷亦未寓目，數年前倫哲如先生曾以王氏譔述多種質諸戚友，余季豫兄許不記中有此書否？惺齋書恕廑有《祇平居士集》《讀韓記疑》《校正朝邑志》《惺齋論文》及廣雅刻《史記正譌》二種，食舊堂刻《讀歐記疑》數種，其《周易講義》一卷、《祭法記疑》二卷曾見印本，叢書目録云未刻者，誤也。其人學無本柢，以繆藝風列其書于《書目答問》，遂爲世所重，寔則《祇平集》中無好題目，《讀韓記疑》中□多□中氣，無足取也。大箸《别號録》何日墨版？手上，匆頌節禧。弟徐恕再拜。端四日。[1]

案：此書未署年。書言寄出《國史經籍志》。1935年6月8日（五月初八）《陳乃乾日記》云“以《國史經籍志》寄還行可”，則借出時間最晚在上年即一九三四年。無法確言，姑置於此。

十四日（6月25日），托羅振常寄《古文辭通義》《全遼備考》與金毓黻。

《静晤室日記》卷七十九云：

羅子經先生寄書二種：一爲《古文辭通義》，二十卷，羅田王葆心撰，鉛活字本；一爲《全遼備考》，一册，不分卷，莆田林佶撰，傳鈔本。皆漢皋徐行可（恕）所寄贈也。余向聞黄師

---

① 虞坤林《徐恕致陳乃乾信札十八通》，《文獻》2007年第3期。

季剛言，行可有攷遼東故實之書，久欲覓鈔而未即得，今春憶及此事，乃得致函行可借鈔，蓋欲收入《遼海叢書》也。茲忽介羅氏轉寄於余，且謂以原稿奉呈；而以叢書全部爲交換品，意至可感。惟細檢《全遼備考》一書，乃《柳邊紀略》之别名，内容殊少異同，僅於每條之前加有標題，與原書不同，不知何故，易以新名，又以爲林氏所作，誠可怪也，豈書賈之作僞耶！（奉天林本裕撰《遼載》及《遼載前集》鈔本，著録於《八千卷書目》，而《江蘇第一圖書館善本書目》乃無此書，豈丁氏之藏歸江南圖書館時此書已佚去耶！）

按：佶字吉人，號鹿原，侯官人，康熙進士，官中書，著《樸學齋集》，見《清朝耆獻類徵》（百四十三），未言其著《全遼備考》也。此書前鈐四印，一曰"居巢李氏收藏"，一曰"桐風高繙輯疏録之書"，一曰"曾歸徐氏彊誃"，一曰"黄侃季剛"，據此，則又季剛師得之轉贈行可者也。行可爲博雅君子，詎不知此書非林氏所作，而乃寶之若是，藏書既多，不暇細校故也。林氏，侯官人，而題作莆田者，或一爲原貫，一爲移居，否則有誤記耳。①

案：金毓黻聽其師黄侃言先生藏有此書，見《静晤室日記》卷四十六民國十六年（1927）陽曆11月7日條：

不見季剛師已十一年矣，今日往謁於東北大學，相見之下歡若平生……又謂漢口徐行可（恕）藏有林佶（吉人）撰遼東故事之書，搜羅頗備，忘其書名。又係抄本，宜去函商借，如果得請則所得之材料必不少。②

五月，自上海來青閣購得華陽王文燾舊藏《震川先生集》。

（王文燾題端並識）歸震川文集（凡八册　一）。元恭編定

① 《静晤室日記》卷七十九，第5册第3358頁。
② 《静晤室日記》卷四十六，第3册第1963頁。

本。癸亥蒦於滬，甲子夏日重裝。舊有據各本勘技及點讀，甚精害，惜卷首損失，未悉其名氏也。文燾署耑竝識。

（徐恕跋）甲戌夏五扈漬來青閣主人郵致此集，王君藏之十年，不審得貯蓋篋幾許時。恕。①

案：是書八册，王文燾於每册書衣篆書題寫書名及册次。王文燾，王秉恩之子。是書爲舊校本，佚名據常熟本、崑山本、舊鈔本校並點讀，間有先生批校，墨色有深淺之分，則批閲非一次也。另，此書間有闕葉，書内存一塊破敝牛皮紙，詳記每册闕葉。

先生藏有同一版本《震川先生集》多部，另有二部批校本，《中國古籍善本書目》著録，第一部“清龐鐘璐跋並録清董説評，徐恕録清錢謙益、彭紹升、馮偉、董采評”，第二部“李國松跋並録清姚鼐評點及諸名家評語”。第一部書衣先生題：

歸震川先生文集（都八册）

迻録葉裕仁（歸盦） 冣鈔錢謙益（牧齋墨筆） 董説（雨若一字豐艸别號寳雲上人黄筆） 彭紹升（尺木藍筆） 馮（仲廉朱筆） 董采（《力臣篇》中有董云者是也）五家評語。②

案：馮仲廉名偉，不知行可先生何以空而不書。第二部書中尚存一浮簽，標明諸名家爲“姚南青、劉海峯、姚惜抱、吴仲倫、梅伯言、曾文正、吴至父”。是書存李國松跋三則：

光緒癸卯初冬，始讀歸集，吾師桐城馬先生以傳録姚郎中平點見示，因用朱筆迻録此本中，三旬卒業。適值月當頭夕，

---

① 震川先生集三十卷别集十卷附録一卷，明歸有光撰，清康熙十年至十四年（1671—1675）歸莊、歸玠等刻本。湖北省圖書館藏，索書號：善/1559。

② 震川先生集三十卷别集十卷附録一卷，明歸有光撰，清康熙十年至十四年（1671—1675）歸莊、歸玠等刻本。湖北省圖書館藏，索書號：善/1560。書影見《徐行可舊藏善本圖録》第262—263頁。

獨坐集虛艸堂，天宇高寒，夜景清絶，於震川文境佳處，若有所會，忻焉志之。國松。

後二十八年重讀一過，復用藍筆迻録吴至父先生平點，據蓮池書社印行吴先生《群書點勘》本也。凡四十五日而畢。辛未十一月朔日，國松記於上海重慶路肥遯廬。

甲戌夏五，别以墨筆增録諸名家平語。越月，復取《明史》本傳、《四庫提要》及姜、方、戴、王、曾、吴、姚序跋諸篇，付張生月波鈔加卷首。大暑後一日。國松揮汗記。①

七月七日（8月16日），《積微翁回憶録》云："撰《湘潭王理安先生（啓原）校錢大昭〈後漢書補表〉跋》。"② 檢《湘潭王理安先生校錢大昭〈後漢書補表〉跋（一九三四年八月十六日）》云：

右汗筠齋錢氏《後漢書補表》八卷，爲湘潭王理安先生啓原手校本。吾友武昌徐君行可性喜蓄書，得之市上，屬余審校，諾之久矣，卒卒未暇。頃暑中無事，以數日之功校閲一過，因書其後曰……不足爲先生病也。③

案：楊樹達跋手蹟末存落款"民國二十三年八月十六日鄉後學楊樹達遇夫甫敬跋於北平頭髮胡同寓廔之貴希齋"，鈐"積微居校書記"朱文方印和"楊樹達印"白文方印。④

七月十一日，致書金毓黻。《静晤室日記》卷八十民國二十三年（1934）陽曆9月12日云：

徐行可先生來箋

靖庵先生講席：前承手帖，郵路阻絶，未由奉復。嘉業主

① 震川先生集三十卷别集十卷附録一卷，明歸有光撰，清康熙十年至十四年（1671—1675）歸莊、歸玠等刻本。湖北省圖書館藏，索書號：善/1557。書影見《徐行可舊藏善本圖録》第264頁。

② 《積微翁回憶録》第86頁。

③ 《積微居小學金石論叢》第351—353頁。

④ 《徐行可舊藏善本圖録》第79頁。

人自丙寅後，未刊一書。爾來家資重有所耗，則尊意亦不必宣白也。春間讀某報，審有輯印《遼海叢書》之舉。五月中奉來熏閣轉到手教，以林吉人《全遼備考》擬爲緟刊，未得其書，徵及敝篋，即於其月十五日以此書鈔本一册，寄羅子敬文代呈。以某報云叢書所收《遼、金小史》即用子經丈藏本，故以託之。此書多小注，移書費錢二十餅，此間鈔手又不易得，故以原本奉鑑。書眉朱筆爲季剛先生手寫，倘得刊布，不必見還。恕於東北史地素未究心，以收清代藝文，故此書乃歸插架。叢書何時可印？都若干册？定值幾何？統乞先示，《東北叢鐫》想必未續纂印。成美卿（蓉鏡）《切韵表仄聲》三卷，吴向之先生《唐方鎮年表》，都未完，吴表有單行本否？成表有副墨否？恕於向之先生史表廑得《唐方鎮表考證》二册、《兩宋經撫制撫表》四册，其最目能録示否？其已印者印於何地？均求示知，以便訪購。恕南歸三載，舊業益荒。先生際斯世，尚能縶情翰墨，亂思遺老，逸志高蹈，無任懷服。來箋布意，竚竢德音，恭訊著安。徐恕頓首上。七月十一日。

余前聞行可先生藏林吉人之未刊書，内詳遼事，疑爲著録八千卷樓之《遼載》，故倩人覓求之。嗣經轉寄《全遼備考》一册，署名林佶，實則楊大瓢《柳邊紀略》之易名，不過每節加標題，爲不同耳，余得之，殊失所望，續得此箋，詢問備至。人事倥傯，久未作覆，疏懶爲何如也。季剛先生題識於《全遼備考》之内，此則極可珍重，且早聞先生言，始知徐氏有此書，淵源所自，不可忘也。①

案：先生書言及“嘉業主人自丙寅後，未刊一書”尚和前年二人之間接交往有關。《静晤室日記》卷六十六民國二十一年（1932）陽曆6月16日：

---

① 《静晤室日記》第5册第3418—3419頁。

前託夏君蔓園購《南唐書注》，並詢《宋會要》已否付梓。夏君介徐行可（恕）先生以詢，頃得行可復夏君謂《宋會要》未付梓，《南唐書注》亦無存本，自檢篋存之一部見貽，其厚意可感也，宜作復書謝之。[①]

八月二十一日，先生致書陳乃乾。《徐恕致陳乃乾信札十八通》之十七：

乃乾先生左右：前承購致《詩廣詁》《别號録》二書，甚謝。以江水大上，迻遷書廚，酷暑彌月，患熱病困。前借大校蘇詩録竟，未校，遂遲裁答。入秋當對勘寄上，乞賜寬假。富晉書社前擬印行尊輯《越縵堂讀書記》，已出版未？承示。《齋名》《别號》二録已寫定否？葛萬里《别號録》從戚友余季豫（嘉錫）假得鈔本，如先生未之見，當先以奉覽，竢閲畢更録副也。孫淵如校《水經注》後歸何人？中國書店弟九期目有王峻《漢書正誤》，飛書購取未能得，託郭君石麒借鈔又不得，先生能爲代謀否？覆秀州本《文選》視《四部叢刊》本何如？直若干？恕在南潯曾命人以贛州本校于叢刊本上，高君閬仙借閲以還小兒，尚存北平行極中也。近見嘉靖中張大輪刊《唐文粹》，印本不精，小靳其價，遂未買得，亦以許榆園本用之，佳處必已依之是正也。《夢窗詞校箋》三册，託中國書店代贈，收到否？匆上，敬叩箸安。弟徐恕再拜。八月廿一日。[②]

十月十六日（11月22日），致書文禄堂主人王文進。致王文進書之三云：

晉卿先生大鑒：

承寄《毛鄭詩異同考》，收到。於本月十四日即以六十三元兑交修綆堂孫君，請其轉付。此書及《古韵發明》價，當已察

① 《静晤室日記》第4册第2832頁。

② 虞坤林《徐恕致陳乃乾信札十八通》，《文獻》2007年第3期。

收。《毛鄭異同考》中夾一紙條，書《漢學師承記》一則，確似徐積餘先生手筆，想貴店將此書先示積老或《安徽叢書》編纂處，乞示。此地特三區江漢路二二九號三友實業社經理李君韵清，託買貴店《通志堂經解》（原刻白紙，碼七百元）、《皇清經解》（原刻，無補刊，竹紙，碼百四十元）、《皇清經解續編》（初印，竹紙，碼百十元）三種。又，《武漢日報》營業主任鄒君苾蘅，託買貴店《郝氏遺書》（見書目一二頁，竹紙六十四册，碼卅元）、《曬書堂集》（竹紙，十六册，碼十元）、《梅叟閒評》（竹紙，碼三元）。乞以上開書六種，分寄首册（《梅叟閒評》如書品與長短同，可不寄）與李、鄒二君，或寄僕處轉交亦可，或統寄泰寧街十七號鄒君住宅亦可。此鄒君與李君爲友好，可代轉交。惟乞以郵片通知，僕處可代接談一切。手請財祉。徐行可拜。廿三年十一月廿二日。

十一月初五（12 月 11 日），致書文禄堂主人王文進。致王文進書之四云：

《廣疋疏證》（原刻，二〇），《楚辭》（汲古閣，一〇），《通雅》（康熙刊，二〇），《宋詩紀事》（三〇），《通鑒注商》（此書有《安徽叢書》本，二十四），《金石録》（謝刻，非佳刻，吴校，五〇），《小蓬萊閣金石》（一八元，一廿元。楊惺吾翻刻不要），《隸篇》（楊翻本不要，一三〇），《歷代石經畧》（四），《水經注》（戴本、微波榭刻，一十五元，一廿元），《群經補義》（江永，五），《通鑒輯覽》（内府刊，二五），《名醫類案》（鮑刊，七）。《鏡煙堂十種》（一六），《文選》（胡刻，六〇），《通志堂經解》（原刊），《皇清經解》（無補刊，竹紙），《皇清經解續編》（初印）。

右書十八種，爲此間三友實業社經理李韵清託，取樣本首册寄示。韵清店中生意頗好，僕以他友介紹與之相識，其人本非讀書人，本不知書，然于書品寬大，印本早遲，字體美惡，固易辨認。右開各書，儻有殘破、水湮蟲傷、煙熏改裝、爛版等病，不必寄來，蓋其人以書籍爲裝飾品故也。寄書時乞以馬糞紙夾之，以免汙損。書價視貴店印本書目八折，能減若干？乞示。

《嬹藝軒雜著》（直一元），《孟子時事考徵》（直六元），《小學類編》（有批，全寄，原碼十元），《徐詩》（新安徐夜，王漁洋評，原四元），《詩益》（劉始興，原廿五元），《筠清館金文》（非原刊廣東白紙印不要，原十二元），《經稗》（鈔本）。右七種，僕擬選購。除《小學類編》全寄外，餘書寄首册，價格原定者過昂，能減若干？乞示。右書内四種未見過，然價昂固知之也。

《鮚埼亭集外編》，僕有傳録嚴修能評本，已寄小婿余讓之處，讓之住北平景山東門東高房三號。乞以貴店所收之本全部送交余讓之一看。又唐次衣選《計東改亭文鈔》一册，亦煩送交余君。僕有一本，少序二頁、文四篇，託余君爲我抄補也。前買貴店《毛鄭異同考》《古韵發明》二種（常見書不能加價），衹能付價六十三元。款現存小兒孟博手，乞速取銷帳。此致文禄主人。徐行可拜。廿三年十二月十一日。

承寄抄本書目，退還。與《改亭文鈔》殘本同寄（貴店能爲抄補尤佳）。乞寄書樣來，開一實價帳來。行可又白。

友人鄒苾薌君，託買《郝氏叢書》全者，書樣何未寄來？

二十三日（12月29日），張元濟致書先生，贈《四部叢編續編》本《茗齋集》，因此書部分底本係先生出讓者。張元濟書云：

行可先生閣下：契闊經年，伏惟起居納福，定符下頌。鄙邑彭茗齋先生遺稿，前承割愛見讓，感不能忘。弟又輯得若干卷，仍不免小有殘闕。頃列入《四部叢刊續編》出版，謹呈一部，伏乞莞存。茗齋先生行誼卓絶，其詩詞尤極美富。賴賢者護持，得不湮没。倘蒙賜序，尤得闡揚。臨穎不勝瞻企之至。

專此布謝，兼賀歲禧。弟張元濟頓首。二十三年十二月二十九日。[1]

二十五日（12月31日），致書王文進。致王文進書之五云：

文禄主人大鑒：

手書奉到。《歐陽行周集》依明十卷本鈔，視閩中近刻八卷爲勝，書眉校籤多依《全唐詩、文》存録異字而已。《經稗》則依《四庫》本迻寫，書迹匀净，而文字不免譌誤。故昨以此二書兩册寄小兒處，命其還上。僕于歐集，十三年前北遊得勞季言校本下册于宏遠堂，《經稗》則有一舊鈔本，脱誤尚少，統寄小兒處，命其齎示。《歐陽集》上册足下曾見之否。儻可璧合，亦墨汁因緣（錢遵王語）也。手上，敬頌財祉。徐行可拜。十二月卅一日。

《鮚埼亭集内編》，僕有轉録嚴修能評本，如願鈔，可奉借。[2]

案：是書未署年。書云“十三年前北遊得勞季言校本下册于宏遠堂”，先生辛酉年（1921）北游獲勞格校《歐陽行周集》殘本，據此推定年份。又，是年先生跋《歐陽行周集》，或即近日所爲。

是月，寄《鮚埼亭集外集》至北平，余嘉錫爲先生録清方東樹、戴均衡評語并校佚名録清嚴元照批校。余嘉錫跋略云：

行可大兄有《鮚埼亭内外集》過録嚴九能先生批校本。嗣聞北平文禄堂書肆有嚴校原本，因以所藏寄遜兒，屬爲之借校。及文禄以書來，余取視之，則亦蕭敬孚過録本，非嚴筆也。蕭本藏有内外集，有跋兩篇見《敬孚類稾》卷七，玆僅存外編，以跋及題識參互考之，蓋咸豐庚申從馬慎甫借方植之評本過録。至同治癸酉，又從趙季梅假得嚴校本復録於書，然其中又有稱

① 《張元濟全集》第3卷《書信》，第66頁。

② 楊健主編《民國藏書家手札圖鑒》，大象出版社，2019年，第225頁。

鈞衡記者，蓋出戴存莊手，則不知何時所録矣。余以其各家評語相糅莒，非鈔胥所能辨，因手自校讎。蕭本嚴評有朱有墨，行可本則皆以朱，雖無大異同，然頗羼入他人語，輒奮筆乙去之。其方、戴評語則皆以墨，幸其書法各出一手，差可辨識，且方氏重理學而薄考證，評文則講桐城家法，可望而知之，今皆以緑筆録出。自方評外，筆蹟又頗不同，似非盡出存莊，既不能辨其誰某，則皆以墨書之。校既竟，畧識數語於此。甲戌十一月，余嘉錫識。①

是月，余嘉錫發表《巴陵方氏藏書志序》《王覺斯題丁野鶴〈陸舫齋詩〉卷子跋》，皆爲應先生之請而作。余嘉錫《巴陵方氏藏書志序》云：

敘曰：《巴陵方氏藏書志》一册，不著撰人名氏，前後無序跋，亦無大題及篇目，自《太玄經》起，至《漢泉漫稿》止，凡八十八種。每書皆有解題，其先後雜糅不倫，蓋自稿本傳鈔未經編次也。余友徐行可（恕）假上虞羅子經（振常）藏本過録，以兩本並寄北平，乞余校讎序次之。余諾之而未暇以爲，會友人倫哲如（明）過余，見之，携原本去，屬書手録爲二通，以其一歸余……行可言，聞之周君雲青，此志爲湘鄉李亦元所撰，不知何據。②

案：去年十月八日，余嘉錫致書先生云："方氏書録，倫哲如欲借去傳鈔，俟其鈔畢，弟亦擬鈔録一通，當編次案上也。"則最晚去年，該書已送至余嘉錫案頭，至是月倫明已經鈔録。故倫明《辛亥以來

---

① 鮚埼亭集外集五十卷，清全祖望撰，清嘉慶刻本。余嘉錫録清方東樹、戴均衡評語并校佚名録清嚴元照批校。湖北省圖書館藏，索書號：善/2280。

② 余嘉錫《巴陵方氏藏書志序》，《國立北平圖書館館刊》第 8 卷第 6 號，民國二十三年（1934）十一、十二月出版。收入《余嘉錫論學雜著》，中華書局，1963 年，第 654—566 頁。

藏書紀事詩》云：

巴陵藏書渺無存，書跋徒留李亦元。多少琳琅經手去，更固獻納博轟官。（吾友徐行可近得無名氏題跋一册，斷爲李亦元所作，書皆巴陵方氏碧琳琅館所有也。）①

余嘉錫《王覺斯題丁野鶴〈陸舫齋詩〉卷子跋》云：

行可大兄得王覺斯題丁野鶴《陸舫齋詩》卷子，字作狂草，極怪偉。行可既徧徵題跋，又知野鶴所爲《出劫紀略》中有《陸舫記》，求之不可得，乃寄卷子至北平，囑余覓諸藏書之家。余從北平圖書館假得舊鈔本《出劫紀略》一卷，凡雜文十四篇。又得刻本《丁野鶴全集》，其目爲《逍遙遊》二卷（岱遊、海遊、江遊、大澤遊稿缺、燕趙遊未刻、故山遊、山陽遊未刻）、《陸舫紀年詩》五卷、《椒邱詩》二卷、《江干詩》一卷、《歸山草》一卷、《聽山亭草》一卷，皆詩集也。《家政須知》一卷，則家訓之流。又有《表忠記》二卷、《赤松遊》三卷、《化人遊》三卷，皆所作樂府也。余既録其《陸舫遊記》一篇及酬王覺斯題陸舫齋七律於卷尾，行可又命余考野鶴之生平出處。②

十二月初八（1935 年 1 月 12 日），徐乃昌收到姚景瀛轉到先生書，先生擬以漢建安鏡易其周仲鏡。《徐乃昌日記》云：

姚虞琴來，未晤，留徐行可書，以建安廿四年（微破）鏡易余周仲吴胡陽里鏡。③

十二日，徐乃昌答訪姚景瀛，托其轉致周仲鏡於先生。《徐乃昌

① 倫明《辛亥以來藏書紀事詩（一續）》，吴柳隅主編《正風（天津）》第 1 卷第 21 期，民國二十四年（1935）十一月一日出版，第 77 頁。收入東莞圖書館編《倫明全集》，廣東人民出版社，2012 年，第 1 册第 86—87 頁。

② 余嘉錫《王覺斯題丁野鶴〈陸舫齋詩〉卷子跋》，《國立北平圖書館館刊》第 8 卷第 6 號，民國二十三年（1934）十一、十二月出版。收入《余嘉錫論學雜著》，第 632—635 頁。

③ 《徐乃昌日記》第 10 册第 112 頁。

日記》云：

答訪姚虞琴譚，以漢周仲吴胡陽里鏡，乞其轉致福厂寄徐行可。

覆徐行可書（收到漢建安廿一年鏡，擬易余藏周仲鏡。今交姚虞琴轉王福厂寄。）①

是年，先生跋《歐陽行周文集》。

辛酉北遊，得此殘本于宏遠堂中。有勞季言校語，忽忽已十三年矣，不審首册尚在天壤否。弜誃。②

是年，崑山趙詒深、吴縣王欣夫等組織成立甲戌學會，先生與焉。會費每年每人十元，醵資印書，自甲戌至辛巳，共成叢編八集。③

自一九三一至是年，蔡尚思在武昌，曾向先生借書。《蔡尚思學術自傳》上編《較爲全面的分類》之三《學歷與自學》條云：

1931. 9—1934. 8 在武昌，經常向文華公書林、湖北省立圖書館程方館長借讀；同時也向漢口藏書家徐恕借書來讀。徐是兼做圖書生意的。④

民國二十四年 1935 乙亥 四十六歲

正月二十二日，徐乃昌轉還與先生换得之建安鏡，因昨日姚景瀛言先生有悔意。《徐乃昌日記》云：

昨姚虞琴函告，徐行可去歲函商以□安廿一年鏡易余漢周

① 《徐乃昌日記》第10册第114頁。

② 歐陽行周文集十卷，唐歐陽詹撰，清鈔本，清勞格校，徐恕跋。存卷五至十。湖北省圖書館藏，索書號：善/2381。《徐行可舊藏善本圖録》第237頁。

③ 李軍《王欣夫先生編年事輯稿》，沈乃文主編《版本目録學研究》第四輯，北京大學出版社，2013年，第486頁。

④ 《蔡尚思學術自傳》，巴蜀書社，1993年，第7頁。

仲鏡有悔意，今將□安二十一年鏡交姚虞琴轉還。①

二十六日，《徐乃昌日記》云：

羅子經交來徐行可書，附還漢周仲鏡。②

二十七日，《徐乃昌日記》云：

覆徐行可書（收到周仲鏡。建安鏡已於二十二日函交姚虞琴轉還。）

覆羅子經書（附致徐行可書）③

二月二十二日（3 月 26 日），向東方圖書館捐贈《容齋隨筆》《經史答問》。

案：此據 1935 年 3 月 26 日東方圖書館復興委員會收據。④ 此或許相關去年張元濟二月二十三日（4 月 6 日）信所言贊助東方圖書館恢復事。

三月五日，致書陳乃乾。《徐恕致陳乃乾信札十八通》之十云：

乃乾先生左右：春來想文祉與時增勝。承惠大箸《室名索引》一册，祇領極謝。去歲假讀尊校《施注蘇詩》十册，敬侂中國書店主人飭裝書衣繳上，乞察入。趙斐雲先生臨校其師静安先生《水經注》校本已得迻書庪瀆。昨年所見孫淵如先生校本，此書今歸何人，乞撥冗教示。楊惺老門人熊固之先生理董此書疏稿已大體完竣，恕從謄鈔亦成卅餘卷，尚未校，其攷文脈水，竭畢生之力，當視前人爲密。孫氏校本除原書藏莫子偲家外，據《敬孚類稿》云有劉彦清、薛庯庵及蕭氏迻書本。王葵園合刊《水經注》，又取以散附注文下。所慮者王氏所據爲敬孚傳録本，恐有挩落耳！先生儻能假得孫氏原稿，依王本勘對，

① 《徐乃昌日記》第 10 册第 145 頁。

② 《徐乃昌日記》第 10 册第 147 頁。

③ 《徐乃昌日記》第 10 册第 149 頁。

④ 《徐行可先生捐贈古籍文物五十周年紀念集》第 14 册。

亦掃落撲塵之功矣。還書奄滯，率意布謝。敬頌箸祺。弟徐恕再拜。三月五日。[①]

十一日，先生致書徐乃昌。書云：

積餘先生大鑒：羅子經丈轉到賜書，恕前以建安鏡爲贛，出自中誠，去春倵王君福庵代呈此鏡，其鄉人社友某斤斤論直，以示張叔馴，非恕本意，以其出此，遂貶價待沽，叔馴亦未購存，以此知求友之難，鑒古之不易，乃懇虞老仍申前請，竟蒙惠許，感荷已深。此鏡雖非燋鑄，而文字不精，微物不足以荅雅誼，故仍倵虞老代上，伏乞鑒留。錢警石兩《漢書》識語，嘉業傳鈔之本一時未能迻録完畢，它日擬假尊本勘正，敬請緩寄。《淩次仲遺書》已爲緟印，胡墨莊譔箸惟《毛詩後箋》《儀禮疑義》有覆刻本，其《爾雅古義》《小雅義證》《求是堂集》似宜爲之傳布，恕廑有其詩文集，儻清閟無此集，當以奉借。手上，敬叩近安。徐恕頓首再拜。三月十一日。[②]

二十一日，《徐乃昌日記》云：

覆徐行可書（行可又由姚虞琴寄來建安鏡，仍謝之。交虞老轉還。寄贈《南陵先哲遺書》。）[③]

二十五日（4月7日），金毓黻敘《全遼備考》，表彰行可先生千里假書之義。《静晤室日記》卷八十四：

曩歲蘄春黄先生語余曰：漢皋徐氏藏有林吉人談遼東故實之書，宜向其借録，非遠不可致者。余聞斯語忽忽已十年矣。去歲遼海同人議刊叢書，始浼滬上蟫隱廬主人展轉向其商借。一日主人以赫蹏一卷遠道郵致。啓緘視之，乃知徐氏以精鈔原本見假，署曰"全遼備考"，亦即黄先生所見之本也……余考此

① 虞坤林《徐恕致陳乃乾信札十八通》，《文獻》2007年第3期。

② 《徐乃昌友朋手札》，稿本，上海圖書館藏。

③ 《徐乃昌日記》第10册第197頁。

書之内容，即爲楊大瓢之《柳邊紀略》而小有異同……徐氏所藏既不異于楊作，惟將其先後次第，時爲易置割裂，冠以篇目……武昌徐氏名恕字行可，其藏書之齋曰“彊誃”，與黄先生爲同省雅故。原書前鈐二小印：一曰“桐風高繙輯疏録之書”，一曰“居巢李氏收藏”。書眉有黄先生之批校。徐氏因蟫隱廬主人之託，肯以藏本千里見假，蓋亦由黄先生豫爲道地之故，是尤可感也夫。①

案：《遼海叢書》之《全遼備考》敘，和日記此條大同小異。

四月二十二日，楊樹達收悉先生所贈《江都汪氏漢石拓本》。《積微翁回憶録》云：

余季豫來，致徐行可所贈《江都汪氏漢石拓本》。石分三節：上節爲立鳥張翼形，下節爲一人帶劍手持版形，中節不詳何物。當檢《汪氏遺書》考之。②

約是月，致書陳乃乾。《徐恕致陳乃乾信札十八通》之九：

乃乾先生左右：損書以熊方等書六種見徵，恕廑有熊氏《後漢書年表》（三册，金氏桐華館本）、練恕《多識録》（二册自刻），侂中國書店主人代呈，求屬開明書店付印時毋加污損（依其廣告爲縮小影印。來示云録副排印，何耶？如排印必重鈔）。楊惺吾丈《漢書地志補校》則篋中尚有副本，謹以一册奉詒，乞察入。開明輯印此書，求其目録，近始寓目，就恕藏本，可補是編者得若干種，其目如下。

前年承示以高麗覆刻北宋本《文選》二部得歸清閟事。今春見報紙載，故宫選出運赴英國古書單中有天聖本《文選》，則中土尚有較早印本。乃近印《天禄琳瑯叢書》不收此書。先生所留鈔補之本，承許見讓，以無力得之，故復書辭謝，如尚存

---

① 《静晤室日記》卷八十四，第5册第3555—3556頁。

② 《積微翁回憶録》第98頁。

篋衍，能以原刊新鈔各寄一册見示否？劉公魯藏孫淵如校《水經注》後歸何人？幸示消息。來青閣得林頤山校本，此書爲朱逖先買去，不得厲目。先生與同州里，能迻書一本否？恕鈔楊惺吾丈《水經注疏》已完，用銀四百餅，惟《大典》本後半部商務書館有書樣，尚未假得，他校本則多見之。鄞縣王楚材先生有《酈注水道表》，馮孟顓先生家有其書否？與馮先生不相知，故以爲侂。匆上，敬叩箸祺。弟恕再拜。①

案：此書未署時。書云“今春見報紙載，故宫選出運赴英國古書單中有天聖本《文選》”，《文選》連同其他文物運往英國，是爲參加一九三五年底至一九三六年春舉辦的“倫敦中國藝術品國際展覽會”。檢倫敦中國藝術國際展覽會籌備委員會編《參加倫敦中國藝術品國際展覽會出品圖説》第四册《其他類》之珍本古書照片目録，第四種即爲天聖本《文選》，爲北平圖書館藏書。《參加倫敦中國藝術品國際展覽會出品圖説》前有民國二十四年（1935）四月序，大意爲民國二十三年（1934）十月國民政府行政院決定選送本國藝術品於英倫，供國際展覽。十一月成立專門委員會，司征選之責，歷經數月，甄選乃定，特編輯此册。民國二十四年（1935）五月一日出版的《東方雜誌》第三十二卷第 9 號之《時事日誌》欄目於四月八日載“倫敦中國藝展上海預展會開幕”，同期《東方畫報》欄目配有展品圖片十幅。

又，書云“大典本後半部商務書館有書樣，尚未假得”，1935 年 11 月 21 日（十月二十六日）張元濟贈先生《永樂大典》本《水經注》毛樣，故此書必在該日之前。所以，此書信當作於是年，即一九三五年。同年五月二十五日之書信十五言“前肅復一箋，并寄上熊方《後漢書補表》三册（桐華館本），練恕《多識録》二册（自刊本），奉詒楊惺吾丈《漢書地志補校》一册，均侂中國書店代呈。”

---

① 虞坤林《徐恕致陳乃乾信札十八通》，《文獻》2007 年第 3 期。

所謂"前肅復一箋"正是此書信九。此書信九云"今春"，則春日已過，故置於四月。

五月七日（6月7日），金毓黻鈔録先生民國二十年（1931）詩作。此詩先生曾鈔示夏蔓園，夏蔓園又鈔示金毓黻。《静晤室日記》卷八十四：

徐行可即事次沈剛甫韵云：

淫雨成川澤，炎歊有伏陰。芒芒真宰意，亹亹式微吟。百里隳湯社，南風仰舜琴。雅聲今不作，何以發天心。

澹菑無善政，况乃未休兵。在野蜚鴻迹，當關虎豹聲。今誰寬白著，念不到蒼生。袖手凝眸意，危心萬象横。

大地山河動，金風滿意吹。禁書嬴肆虐，去籍孟興悲。傅沓如羹沸，晏安甘鴆糜。遷流終有極，持志視春時。

楚丘興衛後，好善紀干旌。叢桂王孫意，嘉魚君子情。循環成敗迹，泯息舊新争。肉食難爲計，菟裘仞管城。

不盡興亡感，悠悠千載情。闕文尋孔論，雅故擬班生。欲極三長藴，非誇一坐驚。北裦容自矢，白水此心盟。

又一首云：

分難叨魯服，榮敢竊齊吹。素業寧睎志，凋顔詎滅悲。程功勞樸斲，效績等沙糜。摘埴非吾意，索涂當及時。

注云：次前詩糜字韵先得四十字别爲一章用申盍各之義。

按：此爲徐氏前五、六年之作，蓋爲江漢大水而發，語頗沉痛，後寫寄夏君蔓園，蔓園又以示我。今者蔓園墓草已宿，謹録此詩，以示響往云。①

案：此處所録和發表於《制言》第八期者有文字差異，後者排字錯誤甚多。

初八（6月8日），陳乃乾寄還《國史經籍志》兩部。《陳乃乾日

---

① 《静晤室日記》卷八十四，第5册第3594頁。

記》云：

以《國史經籍志》寄還行可。此書有錢塘徐象橒刻本，許自昌覆徐本。萬曆壬寅山陰陳汝元刻本最早，粵雅堂本據鈔本刻，有脱訛。①

二十五日，致陳乃乾書。《徐恕致陳乃乾信札十八通》之十五：

乃乾先生左右：前肅復一箋，並寄上熊方《後漢書補表》三册（桐華館本）、練恕《多識録》二册（自刊本），奉詒楊惺吾丈《漢書地志補校》一册，均侂中國書店代呈。頃得龍君榆生寄還《國史經籍志》（陳汝元本，恕手校本）各一部，《唐折衝府攷》（丹鉛精舍本）二册。勞攷即《鄦齋叢書》本亦可用，焦志則《粵雅叢書》本脱誤甚夥，恕以手校本示之，開明何未采用？（影印古書究以商務書館爲稍當行），則熊方、練恕二書上海當不乏印本，即乞郵還。如開明未得他本，必用寄去之本付印，求令毋汙損。開明借書，例酬《補編》全帙五部，恕第求字典紙印本全帙一部爲懇。匆頌箸祺。弟徐恕再拜。五月廿五日。

此間友人未買開明《廿五史》者，在四月後（五月中）定買《廿五史補編》，豫約券價十八元，倘託買字典紙印本，何價？乞示。廿七元能得否？□□文選能寄示否。②

案：此書未署年，姑置於此。書云“頃得龍君榆生寄還《國史經籍志》（陳汝元本，恕手校本）各一部”，當爲五月初八陳乃乾所言“以《國史經籍志》寄還行可”。

同日，致書王文進。致王文進書之六云：

二號《周易王注》，卅二《周易説略》，一四二《周禮鄭注》（孔刻有《爾疋郭注》），一六七《禮記傳》，一七五《大戴禮補注》（新印不要），二一三《公穀合刻》，二二二《左傳類對賦》

① 《陳乃乾日記》第57頁。

② 虞坤林《徐恕致陳乃乾信札十八通》，《文獻》2007年第3期。

（有校），二三三《左傳日知録》，二三四《續春秋測義》，二三六《左傳翼》，三五九《此木軒四書説》，三六二《鄉黨圖考》（印本不好不要），四〇九孫刻《説文》（校語如何？）四九四《字學蒙求》，八六四《馬氏南唐書》（仿宋本），一〇六九《水經注》録何校，一〇八〇《山海經類對賦》，一一五六、一四五三《濰縣古城考》、《濰縣金石志》，一一六一《蜀典》，一三六一《古文舊書考》，一三七八《皇清經解提要》，一四三七《山左金石志》，一五六三《削觚廬印存》，一五七三《史通通釋》（録批），一五九九《歷朝詩史》，一六一六《鹽鐵論》（金蟠考證），一七六五《蒙古律例》，一八四六《傷寒來蘇集》，二一五九《讀杜韓筆記》，二五一八《王摩詰集》，二八八七《空同詩鈔》，一九二八《法書考》（何校），二三七〇《一切經音義》（臧校），八九九《桂林風土記》（吴抄）。

承寄書目，開上右列各書，敬乞寄示首册。承寄《王荆公詩注》二册，乃録評本，校字處甚少，後六册當同樣本，願出四十元買之。又收到《雙虞壺印譜》二册，與太田孝太郎《印譜舉隅》所載三本均不合（太田云一本古録九十三、一本古録四十二、一本古録九十二，貴店本古録乃僅十印。）更煩寄後六册一看，何如？《王荆公詩注》，亦煩全寄。貴店目録二九九五號，《朱文懿集》，闕後六卷（卷七至卷十二），此書在禁毁書内，恕有一部，如貴店願鈔成完帙，可以奉借，示知當即付郵。

三四六四《錫山文集》，三七六八《唐文粹》（許刻，要無□者），三八五一《皇明詩選》（紀批），四〇六六《罨畫樓詩話》，四四〇七《寶樹堂遺書》。先寄《漢書》《左傳類》一看。右五種，亦懇寄示樣本。文禄主人大鑒，徐恕再拜。廿四年五月廿五日。

六月四日，致書王文進。致王文進書之八云：

文禄主人大鑒：

承寄書四包，内四十二册，並前寄《雙虞壺齋印譜》《王荆公詩注》各二册，今將留者、退者，分别説明于左：

《雙虞壺齋印譜》八册（已收，内印文共九百廿二，較太田印譜所説印數，一爲一千〇十五、一爲一千〇十一，則貴店本少九十餘印。前已出價六十元）；

《王荆公詩注》（八册已收，前已出價四十元，此書有河西石印二開本，批語（無名氏），後數册尤少。）

孔刻《周禮》（孔氏刻有《爾雅郭注》，能爲覓購一册否?）《大戴記解詁》《山海經類賦》《古文舊書考》《讀杜韓筆記》《左傳翼》《字學蒙求》《續春秋測義》（此書乃論《周禮》，與書名不合。）以上八種，依價七折。

由郵局寄還書十七册如左，乞銷帳。

《周易王注》一册，《禮記傳》一，《公穀合刻》一，《左傳日知録》一，《水經注》一，《皇明詩選》一，《法書考》二册，《左傳類對賦》一，《此木軒四書説》一，《南唐書》一，《蜀典》一，《山左金石志》一，《來蘇集》一，《錫慶集》一，《罨畫樓詩話》一，《空同詩抄》一（此書應有附録一卷十三頁、跋三頁，以貴店書目寫云十六卷，故退。）

擬借鈔三種：《濰縣古城考》《金石志》各一册（存僕處）；《史通通釋》（首尾二册，已寄小兒公廙，如蒙許借鈔，乞以中四册付之。以定直過昂，七抄亦須五十六元，僅能出卅元，相差多也。浦氏《史通》印本，較《王荆公詩注》爲多，本書不過直十元，録批加廿元矣。）

更求寄示書如下：46《易翼述信》，602《書經旁訓》，391《爾雅翼》（楊批），401《拾雅》（孫批，孫何人），1274《皇朝謚法考》（乞寄《補編》一看），1553《擷華齋印譜》，1554《名印偶存》，90246《百衲解》，9545《韓柳文》（陳批，陳何人），9622《唐四家集》（有批），3380《隱拙齋文抄》，3581《潛虚文集》（馬校），3407《唐詩别裁》（有批）。廿四年六月四日，徐行可拜手。敬頌財安。

十五日，致書王文進。致王文進書之七云：

承寄來書四包，收到。後寄樣本，留《易翼述信》一册。餘書與價不合者，作三包還上。乞察收銷帳。其各包内書如左：第一包，《雙虞壺齋印譜》第一、二兩册；紀批《書經》二册；《唐詩别裁》首册，共伍册。第二包，《雙虞壺齋印譜》第三至第八，共六册；《擷華印譜》及《拾雅》兩首册，共捌册。第三包，《字學蒙求》二册；《王摩詰詩》二册；《尔雅翼》二册；《唐四家詩》二册；《濰縣故城志》《金石目》各一册，共拾册。

外，《皇朝謚法考》二册，附寄小兒書内，命其還上。又强汝詢《續春秋測議》二册，内容乃《論周禮》，與書名不相應。如小兒願買作參考書，當全繳價。僕所留書如左：《周禮鄭注》（三元），《大戴解詁》（一元五角），《山海經類對賦》（一元五角），《古文舊書考》（三元），《讀杜韓筆記》（七角五分），《左傳翼》（一元五角），共拾壹元二角伍分。外加郵費八包。

《王荆公詩注》乃李君韵清託買，前僅出四十二元，今願依書目碼銀六十作七折付價，爲四十二元。來書誤碼洋爲六十四元七五折，則四十八元矣。惟李僅能出四十二元，不認郵費（此由僕于八包内貼付），如不願售，當爲寄奉。手頌財祉。徐行可拜白。廿四年六月十五日。

《易翼述信》後七册可交小兒寄郵。

案：“《大戴解詁》一元五角”之“角”，楊健録文注釋云：此處及後文兩處均寫作“△”，兹統一爲“角”。

七月初六，黄侃收悉先生托人轉致之《説文諧聲譜》。《黄侃日記》云：

（殷）孟倫來，爲趙少咸送予西藏罽一方，極精美；又，其鄉人某過漢，徐恕忽貽予新出版《説文諧聲譜》稿本二十册，託其齎來，亦由殷生送至。[1]

案："新出版《説文諧聲譜》稿本"，當爲民國二十三年（1934）葉景葵影印本。

初七，致書陳乃乾。《徐恕致陳乃乾信札十八通》之十二：

乃乾先生左右：前承手帖，以漢代邊郡都尉官制見詢，又云周自庵謂一郡有四都尉，其言無據。恕檢陳樹鏞《漢官答問》，不云一郡有四部都尉。周自庵書置舊宅中，未易檢取，因以問諸楊遇夫、余季豫二君，楊君云："强汝詢《漢州郡縣吏制攷》論之甚詳。"余君云：前漢會稽之錢唐爲西部都尉治，回浦爲南部都尉治（以上均見《漢志》）。鄞爲東部都尉治（全謝山、吴項儒、王葵園皆有此説），此與隴西郡之南部都尉，酒泉郡之北部都尉等官稱正同，而與天水、安定、上郡、西河等郡之屬國都尉不同，皆所謂邊郡都尉也（會稽傅海亦邊郡）。又《吴志·虞翻傳》注引《會稽典録》朱育云："元鼎五年，除東越，因以其地爲治，竝屬于此，而立東部都尉，後徙章安。陽朔元年，又徙治鄞。"《續漢·郡國志》云："章安，閩越地。"朱育以爲元鼎五年除東越（年月有誤）。《宋書·州郡志》亦云："漢武帝世，閩越反，滅之，徙其民于江淮間，虚其地，後有遁逃山谷者頗出，立爲治縣，屬會稽，後分治地爲會稽東南二部都尉，東部臨海是也，南部建安是也。"楊子雲曰"東南一尉"，孟康注舉會稽東部都尉爲説。蓋爾時王化所及之遠如此，若内地諸郡都尉不分部治民，故無東西南北中部等號，即邊地亦非一郡之内，五部都尉皆有之，因地設官，辨方定名，此其大較。恕檢强汝詢書，邊地一郡有三部者，如朔方、五原、雲中、定襄、代郡，皆有中、東、西三部，酒泉有東、西、北三部，西河有西、南、北三部，會稽則强氏廑列有西、南二部。依朱育

① 《黄侃日記》第1075頁。

説，則更有東部也。一郡而有四部五部者，史文無徵，未敢逞肊言之。錢文子引《史記大事攷》，疑東萊吕氏《大事記》。先生續攷，有前儒舊攷所未備者，尚乞教示。承約購《廿五史補編》，出書時睎示書價、郵費若干。《國史經籍志》四部均收到。中國書店近聞虧累甚鉅（幸爲祕之），寄售書籍不審債權人彊取抵款否？便中睎惠示，郭君石麒、唐君秉之治店事精勤，何以致此？手上，敬叩著安。弟……七月七日。[①]

案：此書未署年。五月二十五日書信十五言收到兩部《國史經籍志》，此書云"《國史經籍志》四部均收到"，當爲同年之事。

是月下旬，校畢《朝野僉載》，跋云：

乙亥秋孟下旬，徐恕校于漢口番街寓舍。（鈐"徐恕讀過"朱文方印。）[②]

案：是書先生朱筆通校一過，逐條標識出自《太平廣記》之卷次，亦見劉治墨筆校語。

九月十一日，黄侃卒於南京。[③]

是月，霸縣高步瀛《唐宋文舉要甲編》六卷出版，其中有稱引先生之説者。

《唐宋文舉要甲編》卷三韓退之（愈）文引先生説已見前。同書卷六柳仲塗（開）《應責》"胡從于吾乎"句高步瀛注："'吾乎'，集'乎'作'矣'，《文鑑》同，吾友徐行可據拜經樓所藏舊鈔本校作'乎'，今從之。"[④] 此校語出自先生手校《三宋人集》本《河東先生集》，是集過録清唐翰題校跋，唐翰題所據正爲拜經樓所藏舊鈔本。[⑤]

---

① 虞坤林《徐恕致陳乃乾信札十八通》，《文獻》2007 年第 3 期。

② 朝野僉載十卷，唐張鷟撰，民國武昌徐氏鈔本。湖北省圖書館藏，索書號：善/1483。

③ 黄焯《黄季剛先生年譜》，《黄侃日記》第 1153 頁。

④ 高步瀛《唐宋文舉要甲編》卷六，第 650 頁。

⑤ 書影見《徐行可舊藏善本圖録》第 304 頁。

十月初一，跋《陳氏易説》，贈與葉景葵。

（過録）先生名壽熊，字獻青……其未刊手稿，賴其門人淩礪堂孝廉代藏不失墜。

右迻書吴江翁稺歐棨《小蘇齋隨筆·跋陳子松詩經融注評本》一則。

陳先生學行不見它書，此其《易説》二册爲翁跋所未及，知所舉有未盡者。繆小山《藝風堂藏書記》著録此本，卷端有其印記可徵也。揆初先生心好異書，又力能刊布，故遠寄之以爲贛。武昌徐恕手記于漢口法蘭西蕃街之是古東塾南榮，時乙亥孟冬一日。①

二十二日，蘇州。《徐乃昌日記》云：

徐行可來譚。②

二十三日，《徐乃昌日記》云：

昨晚徐行可來譚。今往答拜。取□抄□《四庫提要類目》。③

二十六日（11月21日），上海。張元濟致書謝昨日過訪。獲贈《永樂大典》本《水經注》毛樣，請轉交熊會貞。張元濟書云：

昨承枉顧，失迎。涂遇未獲暢談，甚歉甚歉。《大典》本《水經注》比已印成，尚未裝本。熊君急欲先睹，謹取毛樣一部呈上，即乞轉交熊君檢閲，閲後不必見還，此書即請歸鄴架。能請熊君賜一跋文，評定是書聲價，尤爲感幸。弟近日病目，稍閒再趨詣。廿四年十一月廿一日。④

十一月上旬，倩王禔題《董其昌山水册》。

---

① 陳氏易説四卷附録一卷，清陳壽熊撰，清諸福坤、陶惟坻輯，稿本，清諸福坤跋，徐恕跋。《上海圖書館善本題跋真蹟》第2册第77—84頁。陳先行、郭立暄整理《上海圖書館善本題跋選輯（經）》，《歷史文獻》第1輯。

② 《徐乃昌日記》第10册第249頁。

③ 《徐乃昌日記》第10册第249頁。

④ 《張元濟全集》第3卷《書信》，第67頁。

香光墨妙。旃蒙大淵獻律中黃鐘之月上澣，弜誃道長先生過滬上寓齋，以所得文敏爲敬韜畫册二頁見眎，爲篆四字。福厂王禔。[1]

十二月初九（1936 年 1 月 3 日），《積微翁回憶録》云：

徐行可贈王仁俊編《白虎通引書表》一册，頗便檢查。[2]

下旬，已返漢，致書陳乃乾。《徐恕致陳乃乾信札十八通》之十三：

乃乾先生大鑒：東遊得聆麈談，甚羡海上多出異書，常親雅士，此間則不易覯也。前日郵贛《金正希年譜》《易實甫墓誌》各一册，康更生母夫人碑拓本二紙奉詒，篋中别有《金正希年譜》鈔本一册，亦檢奉清鑒。承命唐醉石君篆印二石，今日介城隍廟東梧桐街永古齋碑帖店主黄小玄之兄賫寄，即託黄君面呈，并附寄《後漢書》拾陸册迻寫錢警石校語未竟者，儻得先生與姚石子君商假所藏副墨轉鈔，即乞以兩本代付約翰大學王欣夫君，寄南潯嘉業樓施韵秋君付前手書録之，則全書可一律也，無任企懇。承借《胡安定年譜》，得小兒書云已録斁，已屬其寄回一校，年内可還之清閟。别有書跋二册，當遲之來年，想能蒙惠許也。高君《詩經類書目》印就，乞爲購寄一部。大箸《别號録》何日能合裝成書？先生治學孟晋書樓，復有麗侶清豔之福叢于一身，視恕之徒對故書者若霄壤矣。歸來俗務叢脞，熊固之先生復命理董《水經注疏》藁，恕于水地無所究心，廑能商榷義例，厘正文字而已。率白，敬頌儷福。弟徐恕頓首上，十二月廿……

《廿五史表志補編》價尚未能寄奉，乞……[3]

① 《徐行可先生捐贈古籍文物五十周年紀念集》第 84 頁。

② 《積微翁回憶録》第 109 頁。

③ 虞坤林《徐恕致陳乃乾信札十八通》，《文獻》2007 年第 3 期。

案：此書未署年。關於移録《後漢書》錢泰吉校語，《徐恕致陳乃乾信札十八通》之十三、十一、十六均言其事。書信十三“附寄《後漢書》十六册”，是寄出書籍之年。書信十一言“去冬以傳録嘉業堂本《後漢書》全帙寄上”，則已是次年。書信十六言“前托代假姚石子君藏移鈔錢警石《後漢書》斠語，以恕所録自嘉業堂未完本，全帙存庋高齋者，經歷兩春，未蒙轉寄南潯劉氏書樓施君韵秋録副”，則又是後年。書信十三、書信十一、書信十六屬於連續三年。是書云“東遊得聆塵談”，是年先生有滬上之行，且返程已近年底。如此，書信十一屬一九三六年，書信十七屬一九三七年。

是月，寄示王大隆清顧廣圻校《輿地廣記》，議價不協，允其録副而還之。《蛾術軒篋存善本書録》癸卯稿卷二《輿地廣記二十八卷札記二卷》云：

清光緒六年金陵書局重刻黄氏士禮居覆宋刊本。吴縣王欣夫臨元和顧廣圻校。

一九三五年臘月，徐君行可知余留心黄、顧校本，自漢口寄到，索值奇昂，無力購得，因請録副而歸之。①

約是月，先生請章太炎題黄侃評《爾雅正名》。章炳麟題：

季剛殁後，求其遺著，有《説文、音韵、爾雅略説》三種。此汪氏《爾雅正名評》則徐行可所得者，其間精覈之語不少，行可將舉以付刻，余先爲登之《制言》。蓋所謂遺著者，今人亦不必遜于昔儒也。民國二十五年一月章炳麟識。（鈐“章炳麟”白文方印）

案：1936年1月1日爲乙亥十二月初七。此書尚存黄侃跋：

癸亥三月廿六夕閲竟。黄侃季剛記。

① 《蛾術軒篋存善本書録》第917—918頁。李軍《王欣夫先生編年事輯稿》，收入沈乃文主編《版本目録學研究》第四輯，北京大學出版社，2013年，第489頁。

訓詁字《説文》無者欲作篆尚易尋本字，名物字《説文》無者欲作篆唯有擇據舊本，必不可任意改作。孔子曰：蓋有不知而作者，我無是也；吾猶及史之闕文也。聖有謩勳，明徵定保，可無念乎？

乾隆中戴鎣撰《爾雅郭注補正》，汪君適與同名，亦治《爾雅》。然戴氏之書，尚不能及此也。①

案："癸亥"，民國十二年（1923）也。又，《制言》第十八期、第十九期連載《爾雅正名》，題"歙汪鎣芸石，蘄春黃侃季剛評"，出版時間爲民國二十五年（1936）六月一日、十六日。同年，章氏國學講習會鉛印《爾雅正名評》。

是冬，游鄞縣，獲《捫燭脞存》，題贈余嘉錫。

乙亥冬遊鄞縣得此書，寄贛季豫先生姻家。徐恕上。②

案：是書清陳僅撰，有民國三年（1914）繼雅堂木活字本。

是冬，曾由上海過鄞縣，至象山拜訪陳漢章。後又於鄞縣訪問馮貞羣，至上海訪問張之銘，可惜均未晤談。十二月，先生贈陳漢章《八代文萃》等書多種，陳漢章覆書致謝。陳漢章《復徐行可》云：

一月四日及七日並由縣城寄到賜書七包。前五包共計富順簡、陳二氏《八代文萃》八十本，顧氏《補輯風俗通義佚文》一本，王先生《白虎通義引書表》一本，秦君《漢西嶽華山廟碑續攷》一本。後二包共計秦君景元本《韓詩外傳》二本、高君《唐宋文舉要甲編》八本、北平《輔仁雜誌》一本、《晉辟雍頌碑》拓本及碑陰題名拓本二紙，謹敬拜登厚貺，銘感靡既。伏思大駕光臨舍下，諸多簡慢，猥蒙海涵，弗加責備。又古今

① 爾雅正名十九卷，清汪鎣撰，清抄本。黃侃批并跋，章炳麟跋。湖北省圖書館藏，索書號：善/2333。《徐行可舊藏善本圖録》第43頁。

② 是書今存北京大學圖書館，此據徐力文惠示書影輯入，餘不詳。

書籍及石文多種，貧兒慕富，視前貺更有加無已，九頓首以謝，猶覺歉然。

讀手諭，黄君季剛文稿、日記未刊，不知黄君前存故友劉申叔遺著尚皆什襲巾箱否？前年黄君嘗欲拙序劉君遺書，如孔顨軒序《戴氏遺書》例，後亦未出示其稿幾何也。

正中書局編輯主任許生雖一再請代印《古姓氏人名韵編》，漢章以此稿尚須增删，朱墨戢舂，未易辨認，迄未之許。柳翼謀君尚未知其詳耳。秦君、高君所賜，敬祈代謝。附復秦君一紙，更懇暇日，便鴻轉寄。又諸君所徵拙稿，擬拙稿如《孔賈經疏異同評》，前活字板既劣，後續又多于前，擬合并重印爲一種。《周書後案》《蘇詩注補》，譌字皆當續爲刊誤表。明年彙合他種成一叢編，再求就正。《水經注後箋》《太平御覽校録》卷帙頗多，排印尚待異日。又楊惺吾先生所輯《古詩目録》，承鼎諾借鈔，可否一見爲快？此書必較馮惟訥之《古詩紀》爲可據也。《輔仁雜誌》中俞君攷證晉碑，詳博精覈，讀之不忍釋手。少有貢獻，附呈上《跋尾》一首，婢求郢政，有舛駁處弗吝指斥，無任企望之至。

徐君行可爲漢章詅癡，見笑大方，猥蒙藻譽，汗顔無地。拜讀大著《華山碑續攷》，精博無似，并獲覩元槧《韓詩外傳》，銘謝嘉貺，媿無以報。拙稿《孔賈經疏異同續評》未印，擬即付鉛印者，與别稿合爲叢書郵呈郢政。已刻者多誤字，須重校，并他種彙呈校正。奉藻復詩安。①

案：是書編者繫時爲一九三六，極確。1936年1月7日乃乙亥年十二月十三日，回信當在舊曆年前。是書末段乃“附復秦君一紙”。“《輔仁雜誌》中俞君攷證晉碑”之“俞”乃“余”之筆誤，即余嘉

① 《陳漢章全集》第19册第668—669頁。

錫也。①

年底，陳漢章致書張之銘，詳述行可先生之行事。《復張伯岸》云：

承詢徐君行可住址，徐君武昌人，住漢口法租界華實里四號，爲蘄春黄君季剛（侃）兒女親家。博雅好古，家富藏書。與漢章遇于金陵，請受業爲弟子，出示孫氏星衍《春秋三傳》及張氏澍《三古人名考》，皆未刊手稿本，并贈元本《路史》一册。見拙稿《古姓氏人名韵編》，愛不釋手。其後再至南京，則章已離校返舍矣。即郵寄洋蚨五十番，并宣紙四十張，囑覓書手鈔録拙稿副本。又示以文廷式考黄帝、伊尹手稿二本，漢章爲作二跋，並返其銀、紙，以拙稿尚待增删，非定本也。去年請録拙著定海黄氏《禮書通故識語》副本以去。今年由上海過甬來舍，徧觀舊稿，手録書名。見漢章《讀禮通攷後案》稿十卷稿，囑即付印行世，不可再如季野先生成書未刊，爲人所篡也。嗣問漢章于同鄉交好中何人最爲好古敏求。章首舉大名以對，次則馮君孟顓，其餘尚有儒者爲章所未悉。于是至甬訪馮，至滬謁台端。可惜未與接談，若一見必如故交。徐君尚有近著，於近來學校中教術多有箴砭，歸咎于章太炎諸人，措詞甚峻，其識見加人一等也。又絶無時流習氣，樸素真一學人。今返漢口，寄贈書七包，内有影元槧《韓詩外傳》及富順簡氏燊所編《八代文萃》，皆人間罕見之本。又有洛陽新出土晉咸寧二年《辟雍碑》及碑陰拓片兩大張。以近來刻成拙稿，分贈其知交江都秦曼卿，霸縣高閬仙，北平余季豫、吴檢齋，武昌熊固之（名貞幹，楊惺吾弟子），如到處逢人説項斯然。漢章爲之作

① 余嘉錫《晉辟雍碑考證》，《輔仁學誌》第三卷第1期，民國二十一年（1932）一月出版。後收入《余嘉錫論學雜著》，中華書局，1963年，第133—174頁。

《晉辟雍碑跋》一首，容後録呈郢政。[①]

案：是書編者繫時爲一九三六，極確。惟是時陰曆尚在乙亥年十二月。據此書，知陰曆是年底陳漢章已書就《晉辟雍碑跋》，應先生之請也。陳伯弢《晉辟雍碑跋》云：

> 徐君行可寄詒此碑拓本，竝示以余君季豫所爲跋，語極詳贍。謹申碑文"舊典"二字之義，以廣余君之説所未備，兼正段氏肊增《毛詩》傳文之失。[②]

又，陳漢章《復蘇州（西花橋巷三十五號）王欣夫》云：

> 漢章學問空疏，武昌徐君爲之詅癡，渥蒙藻譽，汗顔無地矣。承賜陳氏碩甫文集，黄氏《蕘圃題跋續録》，並罕見之籍。[③]

則陳漢章與王大隆之交往，行可先生爲之介也。

是年，葉恭綽《廣篋中詞》印就。是書先生獲贈一部，書中夾有支出證明單一紙，背面尚存黄孝平書：

> 遐厂贈送《廣篋中詞》四册，屬轉致。敬上行可先生，黄君坦頓首。[④]

是年，《乙亥叢編》印行，末附《集印乙亥叢編姓氏録》，先生與焉。先生曾捐贈一部於湖北省立圖書館。[⑤]

是年，發表《與文華圖書館學專科學校沈校長書》。[⑥] 案：此即

---

① 《陳漢章全集》第19册第660—661頁。

② 陳伯弢《晉辟雍碑跋》，《制言》第十三期，民國二十五年（1936）三月十六日出版。

③ 《陳漢章全集》第19册第662頁。

④ 廣篋中詞四卷，葉恭綽輯，民國二十四年（1935）番禺葉氏鉛印本。湖北省圖書館藏，索書號：集五/646。

⑤ 乙亥叢編十六種，趙詒琛等編，民國二十四年（1935）鉛印本。湖北省圖書館藏，索書號：叢一/85。書衣内貼簽條載本書捐贈者爲徐行可。

⑥ 徐行可《與文華圖書館學專科學校沈校長書》，《制言》第七期，民國二十四年（1935）十二月十六日出版。

《文華圖書科季刊》第3卷第3期（韋棣華女士紀念號）所載《徐行可教授與沈紹期校長論收藏書籍書》，今重刊時刪去首尾數句。

是年，發表詩作《即事次沈剛甫（家權）韵》《次剛甫詩糜字韵先得四十字别爲一章用申盍各之義》《贈周子美》《題周丁庵印稿》《爲楊遇夫題葉焕份手帖》《壽張翁（翁精于攻工以紡織業起家）》《范儁丞以歲寒堂壽讌啓事徵文裁詩緟歲字以叶引年之祝》《壽何敘甫（遂）母孫氏七十（代敘甫妻姪陳）》《壽人畬頌王翁夫婦八十》《林公鐸將去北平次趙元方贈别原韵奉寄兼懷元方》《盧慎翁十年前求借印陳愚谷先生〈湖北舊聞録〉手稿檢寄爲貺並致蘄水陳氏寫本歸之歲月不居而慎翁今年已六十矣溥雪齋爲作校書圖漫題四十韵爲壽》。①

案：此詩非一時之作。至少前二首作於民國二十年（1931）南潯讀書時，末一首則作於盧弼六十歲時，即當年（民國二十四年）。

是年，劉鳳章師卒。②

民國二十五年（1936）　丙子　四十七歲

正月十五（2月7日），楊樹達過漢口，來訪。《積微翁回憶録》云：

> 抵漢口，到徐行可家。行可出示所藏書畫。見贈王大隆《乙亥叢編》一册，車中以此消日。③

是月，張元濟覆先生去年十二月三十日書，此前先生寄其《歷代帝王法帖釋文考異》和陳遵默校《三輔黄圖》，推薦收入《四部叢刊三編》。書云：

> 行可先生閣下：滬濱奉手，聞教良多。别後正切馳思，接

---

① 《制言》第八期，民國二十五年（1936）一月一日出版。

② 湖北省地方志編纂委員會《湖北省志·人物志稿》，光明日報出版社，1989年，第784頁。

③ 《積微翁回憶録》第111頁。

誦十二月三十日惠書，藉知安抵珂鄉，至堪欣慰。承示《法帖釋文考異》原刊本二册，貴友陳君手校《三輔黄圖》一册，均已遞到，具感盛意。王虚舟《閣帖考正》敝館先已出版，顧氏《釋文考異》正可並行不悖。既蒙指示，謹當接續印行，可收相得益彰之美。擬即加入《叢刊》三編，以副嘉惠之意，校本《三輔黄圖》亦擬留讀，俟前書照竣，一併奉繳。《大典》本……①

案：《張元濟全集》編者擬定時間爲一九三六年初，今繫於是年正月。

三月二十五日（4 月 16 日），倫明《辛亥以來藏書紀事詩》赞誉先生：

家有餘財志不紛，案鵰元槧漫云云。自標一幟黄（丕烈）、汪（士鐘）外，天下英雄獨使君。（武昌徐行可恕，所儲皆士用書，大多藁本、精校本。嘗舍南潯到翰怡家，二歲盡讀其所藏。南北諸書店，每得一善本，争致之君。暇則出遊，志不在山水名勝，而在訪書。聞某家有一未見書，必展轉録得其副而後已。一切仕宦聲利，悉謝不顧，日汲汲於故紙。版不問宋元，人不問古近，一掃向來藏書家痼習，與余所抱之旨，殆不謀而相合也。）②

案："案鵰"當作"宋雕"，"到翰怡"當作"劉翰怡"。又，倫明所言"二歲盡讀其所藏"，乃友朋溢美之詞，定非寫實。徐行可先生於一九三一年三月初七（4 月 24 日）抵達南潯，七月十八日（8 月 31 日）自南潯返回滬上，擬明日回鄂。行可先生在南潯讀書時長，首尾共計一百三十天整，其中包括自南潯往返上海祝賀劉承幹五十大壽之十天（五月初七至上海，十六日返回南潯）。《倫明致劉承幹》云：

① 《張元濟全集》卷 3《書信》，第 67 頁。

② 余天休主編《正風雜誌》第二卷第 5 期，民國二十五年（1936）四月十六日出版，北平《正風》雜誌社發行，第 374 頁。

比聞董授經、徐行可兩先生俱在府上纂修藏目，不禁神往……五月十七日即四月朔日。[①]

案：此書當作於一九三一年，是年陽曆5月17日正當四月朔日，徐行可時在南潯，然倫明書信之時確不瞭解行可先生此行何爲。至草就《辛亥以來藏書紀事詩》之際，倫明理當已然瞭解其年先生之行事。

四月初五（5月25日），熊會貞卒。《熊會貞先生逝世》引熊小固啓事云：

先父熊公固之平生致力著述，不慕榮利，民國四年以前，侍從已故楊惺吾老先生，合成《隋書地理志》《歷代輿地沿革地圖》《歷代疆域戰争地圖》《水經注圖》《水經注疏要删》《要删補遺》《要删續補》，此等書圖已早付梓行世。自楊公作古，先父獨力擔任《水經注疏》，二十餘年來無間寒暑晝夜；去年秋已寫成稿本四十卷，計八十餘萬言。歷年辱承海内知音馳函詢問，未遑作答。現謄正本已付楊府收存，不久即付剞劂。又先父在日，深慮兵燹水火，書稿恐遭散失，已由徐君行可另録副本。迨年底，先父因心血耗損過度，突患失眠症。今春漸致神經衰弱，醫藥無效，延至五月二十五日申時，在武昌西卷棚十一號本宅溘然長逝，享年七十有七歲。[②]

案：熊會貞在世之時，先生録副《水經注釋》，抄手爲張和廷、傅朗西。[③]

二十六日（6月15日），《積微翁回憶録》：

徐行可寄贈《山陽丁顯叢書》。[④]

---

① 沈麗全整理《求恕齋友朋手札（上）》，上海圖書館歷史文獻研究所編《歷史文獻》第16輯，上海古籍出版社，2014年，第262頁。

② 《禹貢半月刊》第4卷第8、9合期（西北研究專號），民國二十五年（1936）七月一日出版，第28頁。

③ 郗志群《〈水經注疏〉版本考》，《中國史研究》2002年第2期。

④ 《積微翁回憶録》第117頁。

案：《山陽丁顯叢書》，亦曾寄贈馮貞羣、張之銘、陳漢章、陳乃乾、高夔、姚光。

是月，陳鼎忠跋借自先生之《古文尚書冤詞補正》。

宋儒疑經，發難《古文尚書》，朱子頗依違其間。清閻百詩遂假其勢力，昌言經僞，惠江繼起，湊成冤獄。非閻氏力能爲此也，假之朱子也。毛奇齡氏務與朱子爲敵，平時持論多偏，獨《古文尚書冤詞》，爲能持正，非其見之能及此也，攻朱子也。周松靄先生《冤詞補正》，獨伸明朱子之疑，爲疑書序，疑書傳，疑孔序，而非疑二十五篇之古文，將閻氏之所挾以爲重者，並其根本而去之。伸朱子之冤，而《古文尚書》之冤亦白矣。後幅雜取諸家，伸以己意，而終以齊氏召南之説，尤爲持平。雖未能如後洪良品、吴光耀兩先生之闡發無遺，然篳路啓山，其來有漸矣。邇者羣言淆亂，毀聖廢經，余滋戚焉，謂凡經無僞，立論自《古文尚書》始，於諸儒之護經者，採掇頗多，獨是書未遇，玆幸徐行可先生郵寄見示，若獲瓌寶。先生别有《訂閻》，雖未得見，然睹此可以隅反矣。

丙子夏四月，陳鼎忠天倪甫書於廣州中山大學。①（鈐“鼎忠”朱文方印）

五月十九日，趙世忠（少咸）寄示《古逸、涉園二本〈廣韵〉王校異文表》稿，其從事斯役，因先生去冬之屬也。《古逸、涉園二本〈廣韵〉王校異文表》云：

王静安以涉園所藏宋小字本《廣韵》校黎刻本，箸其異文于下，今復相勘，又得異文，制爲斯表。二本相異，王氏不注，今録之曰“王漏”。二本本同，王校用黎記原誤者，今録之曰“依黎”。涉園本缺葉，叢刊時用澤存堂本補之，王氏云明人以

① 古文尚書冤詞補正一卷，清周春撰，民國鈔本。湖北省圖書館藏，索書號：善/2931。

略注本補，今諭王校，似爲詳注本，其校依黎記者仍曰“依黎”，不知所本則闕。二本本同，黎刻避清諱缺筆者，王校用涉園本，今注云避諱。版心姓名，二本全異，王校又異，以無關弘旨，不記。正文誤則但録正文，注誤則兼録正文，俱書一字。正注文同而注誤者，則書二字。乙亥小除夕得徐君行可以黎本過録趙萬里校及王君此校書寄示，命勘舛互，今寫此以復，恐仍多譌，願徐君正之幸甚。丙子小暑休寧趙世忠。

稿内附一紙，乃趙世忠致徐行可書：

再者，世忠自去歲九月末上書，嗣以天寒日短，覆校《廣韵》，竟尠暇日，致疏音問。又辱承尊命，校勘段、王所記《廣韵》校語，卒卒未能。前月《廣韵》畢事，乃以《十韵彙編》相覆，别紙録奉。段記無復同異，惟去聲候紐“鬻”，注“形如車文”，段校改“悳”自是“惠”字之誤。入聲屑韵“湼”字，段校作“湼”，《彙編》云恐是涅字傳寫之誤。藥韵綽紐“礡”，大脣，屵礡皃，段校《集韵》“硸”，逆約切。硸礡，人脣皃。《彙編》云正文當作“屵”，注當作“屵”。礡，大脣皃。又緝韵執紐“汁”注“瀽”，段云字書無“瀽”，《韵彙》作“塞”，《彙編》云《廣韵》“汁”注“瀋”，“瀋”“瀽”形近而訛，鄙校亦已訂作“瀋”，惟此數事而已。《彙編》所校，于巾箱、《古逸》兩本異同，校忠前表尤密。兹之所奉，即出《彙編》，以補前缺，餘語大多疏略，鄙校已全送商務館寫印，他日出書，敬呈左右，敢求指正其紕繆，感激之至。世忠附啓上行可先生。

外《異同表》四紙。①

案：“《異同表》”即《古逸涉園二本〈廣韵〉異同表》。

六月八日，致書陳乃乾。《徐恕致陳乃乾信札十八通》之十一：

① 古逸涉園二本廣韵王校異文表一卷，趙世忠撰，民國鈔本。湖北省圖書館藏，索書號：善/2335。

乃乾先生左右：奉别忽已半載，此間求心好異書如足下者絶不可得。回憶去冬三謁高齋，晤言之樂，無任悵惘，張君冷僧近來此間，云在北平手鈔管芷湘《花近樓蘂書》《朱一是集》兩鉅帙，而其本未存行極。恕今年廑得張古餘刻《儀禮疏》、周耕崖《循陔纂聞》（傳鈔多誤字）、許珊林寫刊《字鑑》，不審清閟異書又增幾許？馮登府《石經閣遺箸》副本承許相分，能示價否？高吹萬先生《詩經説解書目》已印未？近由蟫隱廬以新印山陽丁韵漁（顯）遺箸三部（每部八册），分詒高先生、姚石子甥舅及足下，不審均收到否？去冬以傳録嘉業堂本《後漢書》全帙寄上，敬侻代假姚君藏本補其未完具者。如蒙借到，求竝前寄之書，統付欣夫兄轉寄南潯書手謄寫。手書奉懇，伏乞荃察，敬頌儷祉。弟徐恕再拜，六月八日。①

案：此書定於是年之理由，已見書信十一。書云“近由蟫隱廬以新印山陽丁韵漁（顯）遺著三部（每部八册），分詒高先生、姚石子甥舅及足下，不審均收到否?”是年 6 月 15 日楊樹達收到先生寄贈之《山陽丁顯叢書》，亦可作爲佐證。

四月二十五日（6 月 14 日），章太炎逝世。②

七月十日（8 月 26 日）《積微翁回憶録》云：

爲徐行可題確山劉武仲《送白子美赴館陶尹任詩卷》。③

十二日（8 月 28 日），金毓黻聽説《水經注疏》已輯成，清稿存先生手。《静晤室日記》卷九十二：

晚，徐森玉、袁守和邀飯於泰豐樓，餚饌極精。座有朱逖先先生，談及楊惺吾《水經注疏》八十卷已經其弟子熊會貞輯成，清稿存漢陽徐行可手。此書亟應刊行，而無人過問，何也？豈世無好事

---

① 虞坤林《徐恕致陳乃乾信札十八通》，《文獻》2007 年第 3 期。

② 《制言》第十九期，民國二十五年（1936）六月十六日出版。

③ 《積微翁回憶録》第 121 頁。

如劉翰怡之徒耶！近年翰怡頗窘於資，不然早取而刊之矣。[1]

案：先生僅爲録副。

八月十五日，王大隆跋借自先生之《兩漢訂誤》。

眉端粘籤爲太倉李君惠農所校。丙子春已據王蘭泉家鈔本付手民排印。嗣承行可先生寄示此册，因屬李君覆勘，其是正印本之誤者，已入校勘記矣。八月望王大隆。（鈐“補庵眼福”白文方印）[2]

九月十七日（10月31日）《積微翁回憶録》云：

徐行可寄王大隆編《丙子叢書》三部來，蓋余曾有佽助也。[3]

下半年，再贈陳漢章書籍，有某月十九日書信附余遜信兩紙，陳漢章覆信致謝。陳漢章《復徐行可》云：

前由上海蟫隱廬郵書一包，内計《五經異字同聲攷》九卷、《諧聲譜》二卷、《韵學蠡言舉要》五卷、《韵學叢書題跋》一卷，都凡八本外無信件，方慮投錯。奉讀今月十九日手書，乃知丁氏書本由台端寵錫。又惠示楊君樹達書兩種，直如大球小球之降賜，何感如之。丁氏未知即檢卿先生後裔，楊君即惺吾先生族人否？熊固之先生厭世仙去，拙稿《水經注補疏》内多糾正孫氏、戴氏説者未及就正，痛先生并自痛也。惜道遠，末由奔弔。惟如前聞長沙王葵園先生之訃，遙申奠酹而已。粵省于前月招弟爲學海書院諸生講經，函電迭至，並派人來迓同行，弟固辭不往。今有此舉，幸未如韓文公之過瀧也。弟以軨材末學，大蒙青睞，已覺過分，加以藻譽，更汗顔無地。

---

① 《静晤室日記》卷九十二，第5册第3909頁。

② 兩漢訂誤四卷，清陳景雲撰，民國鈔本。湖北省圖書館藏，索書號：善/1381。

③ 《積微翁回憶録》第123頁。

兒子校刊《叢稿》初集已將完功，現惟《遼史索隱》十二卷尚未寫定，一俟刊竣，即當郵請校正。《叢稿》有《禮書通故識語》一卷，即前年抄寫呈閱者，今添數則。又以《論語徵知録》付刊，間有數則爲漢以來諸先儒所未説者，庶幾如劉氏《論語駢枝》。昔桐城姚仲實先生爲漢章作敍，尚未添入。

太炎與季剛之歿，俱可爲學界一慟，經學就亡，一綫之遺，何從紹述乎！承命爲惺吾《古詩存目》校勘，漢章未見其目，恐未能爲役，且俟見其目後，再竭其材焉。弟于《嚴氏文編》，雖有所補正，未必皆是。況《古詩》視《文編》之目更多，要能一一校其所出。繳還令甥攘之君信兩帋，並祁詧收。①

案：是書編者繫時爲一九三六，可從。書中言及熊會貞和章太炎逝世，又云“《禮書通故識語》一卷，即前年抄寫呈閱者”，則陳漢章爲先生録出《禮書通故識語》在一九三四年。

十月十八日（12 月 1 日），《禹貢》第 6 卷第 7 期刊登楊守敬校補、譚其驤覆校《〈宋書郡志校勘記〉補遺》，譚其驤記明確指出源自先生所過録楊氏手校本。譚其驤記：

楊氏守敬讀《宋州郡志校勘記》，以所見批注於眉端；既竟，又撰爲序一篇，夾附卷中。校與序皆未經刊露。漢陽徐行可先生依楊氏手校本鈔録一册，由武陵余讓之先生轉借與本會。楊氏一代地學大師，此雖零詞片語，亦覺可珍。因亟爲董理，刊載於此。楊氏之説亦有未盡妥善者，傳寫尤多譌字，不揣愚陋，爲作覆校若干則，附注於各條後。二十五年十一月，其驤記。②

十一月十一日，陳漢章覆信先生。《復徐行可書》云：

昨日，縣城隆泰布莊郵到惠函，伏讀與張君菊生書三十紙，

---

① 《陳漢章全集》第 19 册第 659—660 頁。

② 《禹貢》第 6 卷第 7 期，第 37—40 頁，民國二十五年（1936）十二月一日出版。

厥協六經異傳，整齊百家雜語，演繹文史通義，罔羅放失舊聞，雒誦再三，五體投地，曷勝欽仰之至。奉諭裁正，何敢贊一辭，書中言漢學儒用宋儒説，必没其名，深中諸集之病。漢章嘗據瀏覽所及，發其覆而抉其隱，戴東原、蔣叔澐二氏更多，不知何苦而爲此等分壘畫界之舉，而諱之四時解回，或説甚且如伯尊攘善，郭象之盜襲也。書中舉《别雅》《疊雅》等書，尚有朱氏之《説雅》、俞曲園所云《韵雅》，似亦足供採擇。前儒有欲爲《鄭雅》者，似未成書，書中文言採擇奏疏中之經解，洵非俗儒所能見及。即如《林文忠政書》解釋《周禮・卝人、職方》較注疏詳備，由是可見通經致用之實，非鄭氏方坤之《經稗》所能比擬也。簡音字、白話，使中國未亡而先亡，其百餘年後無人能讀古書、識古字，較之焚坑爲禍尤烈，有心世道，不爲之長太息哉！書中注《唐文粹》"可樂其病"，"樂"字筆誤，或爲"藥"字，或爲"爍"字，書末更舉及拙稿，加以藻譽，誠覺汗顔無地。手諭并言季剛論拙稿以人名、地名韵編爲鴻寶，其實此二篇乃餖飣如類書，若其間遺漏有悂繆者，不值大雅一吷矣。目下尚增删卷，必須蓋棺始定，未可出而問世。蓋在中大時，季剛但見此有清本，稿已三易，尚須四易。拙稿雖多，恥自表襮。當充教員時，又無暇録存寫定，故季剛未及知有他種，以此爲鴻寶。不妄自僭言，當以讀《禮》（五禮）、二《通考》之續考爲稍有補於治術。《全上古三代至六朝文補編》次之，《通鑑注疏》及《水經注補疏》《漢北水經注》《遼史索隱》又次之。其餘零星小種，皆不足充大方家數，惜季剛之不及見矣。

又一事不敢不辨者，近見太炎先生所爲季剛墓誌，竟有非常可怪之論云："與象山陳某言小學不相中，至欲以刀杖相决。"不知何以造次至此！……前蒙惠賜《丙子叢編》，内有文道先生《兩漢刊誤》四卷，以校王葵園師之《後漢書集解》，未見者多，誠爲内秘籍。楊惺吾先生之《古詩存目》尚祁賜讀，諭爲審正，則如王君欣夫屬爲段、顧二氏論學制之判斷，皆非淺學所勝任者。拙稿近又排印四種，急求誨政。《禮書通故識語》前已録呈，兹又加數條。《論語徵知録》内有漢以來所未發明者，如式負板者、司馬牛言兄弟、顔淵喪言鯉也；有不從漢儒舊説者，如民不可使知、匹夫匹婦自經於溝瀆，並從姚仲實先生作序後加入者，未知是否，乞並《後漢書校録》《南田志略》切實裁之。尚有《遼史索隱》排印未完，一俟畢止再郵寄呈。外者已成十卷矣，今謹掛號奉還大著與張菊生書，附張原書並拙稿二本，至祈察收還示，以書慰鄙懷。諭又飭問孟君頫曾否收到丁氏遺書，此君前止一面，未嘗如上海張君伯岸通信，故近不知其所在也。其收到丁氏書不復信，蓋名士自有一種習氣，合併聲發，敬賀新禧。①

案：文集整理者言此信作於一九三六年十一月十一日，從之。是日陽曆12月24日，故有“敬賀新禧”之語。

是月，吴縣潘景鄭題借自先生之《曹子建集》《吴都文粹》。題《曹子建集》云：

丙子十一月吴縣潘承弼敬借讀一過並識。（鈐“景鄭眼福”白文方印、“文恭玄孫文勤從孫”朱文方印）②

題《吴都文粹》云：

丙子十一月吴縣潘承弼敬勘讀一過。（鈐“景鄭眼福”白文方印）③

案：徐行可《與潘景鄭論學書》云：

恕有朱述之（緒曾）《曹子建考異》寫本（以藝風堂藏鈔本

① 《陳漢章全集》第19册第673—675頁。

② 曹子建集十卷，清朱緒曾輯，清鈔本，徐恕校并跋，潘景鄭跋。湖北省圖書館藏，索書號：善/1498。

③ 吴都文粹十卷，清鄭虎臣輯，清活字印本，清華湛恩校并跋，潘景鄭跋。湖北省圖書館藏，索書號：集三/2。《徐行可舊藏善本圖録》第310—311頁。

校，與《金陵叢書》本詩文次第間有不同，校語繁簡亦復微異，未及勘正。）、華紫屏（湛恩）校《吴都文粹》（㢈依文正訛，别有孟超者用《吴郡志》校過，孟超何人乞示），以大箸書跋及此二書，欲從借鈔，先以藏書郵奉勘對。①

則此二書爲行可先生主動借予潘景鄭者。《吴都文粹》跋文如下：

此書惠保老人用活字排成，差悮脱落不可勝數。嘉慶己卯予歸自都門，冬夜偶校，隨見隨改，不僅如掃落葉也。孟超氏偶記。

按此書虎臣先生所撰，悉從石湖先生《吴郡志》中採輯成之。予舊藏《吴郡志》影宋鈔本，即據之以考證，補其缺，正其訛，但恐尚有罣漏。惠而教我，是所望於同志者。孟超又記。

道光丁未年，孟超氏又校正數字。時正辦理革除錫金兩邑見年輪役事。匆促未能細校此書也。華湛恩識。②

行可先生言潘景鄭"大箸書跋及此二書"，當指連載於《制言》之《盉宀羣書校跋》。《制言》第一期有《曹子建文集》，第十三期有《吴都文粹》（民國二十五年（1936）三月十六日出版）。果然，獲得行可先生襄助以後，潘景鄭寫就《吴都文粹校記》，發表於《制言》第三十三期（民國二十六年（1936）一月十六日出版），所言"施氏活字本"即借自行可先生者，文末潘景鄭識云：

余既得謝心傳手鈔本《吴都文粹》，以校舊藏東皋錢枚手鈔本，頗有是正。因録成《校記》一卷，並爲跋語（見《制言》十三期補白）。意所校未必盡善，不敢示人。今者徐行可先生假

① 徐行可《與潘景鄭論學書》，《制言》第四十五期，民國二十六年（1937）七月一日出版。

② 吴都文粹十卷，清鄭虎臣輯，清活字印本，清華湛恩校并跋，潘景鄭跋。湖北省圖書館藏，索書號：集三/2。《徐行可舊藏善本圖録》第 310—311 頁。

讀梁溪華湛恩手校活字一本。其校正處與謝鈔本暗合。謝校出自宋本《吴郡志》，而華氏所據爲《郡志》影宋鈔本，蓋同出一源故也。虎臣此編，與石湖《郡志》並重。其關係鄉邦掌故，尤非淺尠。《郡志》得毛氏重刻，張氏影摹，家户傳頌，無遺憾矣。此編傳世，僅施氏活字一本，而脱譌錯漏，殊拂人意。就余此校，雖未能盡掃落葉，要得十之八九矣。爰寫清本，以付手民。讀此書者，庶便省覽。不賢識小，幸無譏焉。二十六年一月潘承弼識。

案：此跋後收入《著硯樓書跋》，署時爲“丁丑二月”。[①] 又，據此可以確定徐行可《與潘景鄭論學書》作於丙子年（1936）。

十二月十七日（1937年1月29日），瑞安温處仿古印書局繳還先生《藝舟雙楫》，隨贈《山左先喆遺書提要四編》，書衣存陳準致先生書。書云：

前奉還鄭氏《金石筆識》，想已收到矣。兹又奉還黄氏《藝舟雙楫評語》一册，希查收，一併示復爲荷。其他批校本及抄本遺稿能再檢寄若干，不勝感激之至。各事已詳前，兹不復贅。此致行可先生公電。後學陳準頓首。十二月十七日。[②]

約是冬，先生借黄侃、陳尊默校《尚書孔傳參正》與王大隆，供其移録。《蛾術軒篋存善本書録》癸卯稿卷一《尚書孔傳參正》云：

《尚書孔傳參正》三十六卷，六册。

清長沙王先謙撰。光緒三十年王氏虛受堂刊本。吴縣王欣夫屬友臨歙縣吴承仕、蕲春黄侃、江北陳尊默校。

一九三六年冬，借檢齋本，以墨筆臨之，又從徐君行可借

① 潘景鄭《著硯樓書跋》，古典文學出版社，1957年，第318—319頁。

② 《山左先喆遺書提要》四編，王獻唐編，民國二十六年（1937）瑞安陳氏仿古書局鉛印本。湖北省圖書館藏，索書號：史十四/839。

季剛、季皋本，分以朱筆、緑筆録之，皆屬其任於徐君振之。[1]

年末，潘承弼《柳三變事跡攷略》出版，題贈先生。潘承弼題：

行可先生誨正，二十六年一月潘承弼贈。[2]

是年，先生獲張敦仁刻《儀禮疏》、周廣業《循陔纂聞》鈔本、許梿刻《字鑑》，見《徐恕致陳乃乾信札十八通》之十一。

是年，《丙子叢編》印行，末附《集印丙子叢編姓氏録》，先生與焉。

是年，發表《與文玥德陽書》《毛詩通度類目》《詩義申難録序》《詩疏楬問序》。[3]

民國二十六年（1937）丁丑　四十八歲

正月，陳漢章借鈔先生所藏《古詩存目》，其題識云：

《文選》及《唐文粹》《宋文鑑》類皆有文有詩，《藝文類聚》《文苑英華》亦然，唯《全唐文》與《全唐詩》別行。嚴氏輯《全上古三代至六朝文》遂不載詩，漢章每讀《尚書疏》引應璩詩云"積念發狂癡"，《毛詩疏》引古詩云"清晨登隴首"，不獲見其全篇，爲之寢食不安者久之，恨古詩之不若古文之可攷也。夫嚴氏既以梅鼎祚《文紀》不善爲之改編，而乃謂有馮惟訥之《古詩紀》可以不載，未免不充其類。且《詩紀》傳本尠，前在北京大學時，見同事朱逖先希祖有其書，勸以集貲付刊，公諸同好，朱不謂然，後在南京大學再遇黄季剛侃，則謂宜都楊惺吾先生嘗因《詩紀》爲《古詩存》百五十六卷，已鈔得其目三十二卷，有此目即可以按圖索驥。雖其書尚未行世，無害也。

---

① 《蛾術軒篋存善本書録》第716頁。李軍《王欣夫先生編年事輯稿》，《版本目録學研究》第四輯第491頁。

② 柳三變事跡攷畧一卷，潘承弼撰，民國二十五年（1936）鉛印本。湖北省圖書館藏，索書號：史七/1168。

③ 徐行可《與文玥德陽書》，《制言》第十四期，民國二十五年（1936）四月初一出版。徐行可《毛詩通度類目》《詩義申難録序》《詩疏楬問序》，《制言》第二十二期，民國二十五年（1936）八月一日出版。

然季剛甚秘，惜不肯出示人，余亦不能録一副本。其鈔本原得自武昌徐君行可，余更向徐君求之。徐君則慨允借鈔，郵寄原鈔本，馳六百餘里而來。余狂喜，即自迻寫并命姬人輩分寫，雖字體奇醜亦存之，以其書不便久稽，當速還徐君之故。故但存其字形，取備檢校而已。徐君又以原書多錯誤，或復重，或缺漏，囑余爲之重訂。余謂兹事體大，苦未得有暇晷可以從容討論，如嚴氏改編《文紀》之故事。姑先分時代補一《總目》，兼記其卷數，備觀覽焉。强圉赤奮若之歲驚蟄後五日漢章識。

正月二十四日驚蟄，二月二十四日清明。①

二月十五日，張宗祥爲先生校明吴琯刻古今逸史本《三輔黄圖》一過，其跋云：

丁丑花朝用致和覆紹興本校一過。冷僧。

是書尚有陳遵默校及跋，其跋云：

行可取明萬曆陝西布政使司刊本，屬以校是書，勝處無幾，因復參諸畢、孫兩本及史漢羣籍所載者，略箸異同以報，仍無勝處，幸行可爲我藏拙也。楧識。②

案：此或爲民國二十五年（1936）正月張元濟致先生書所言“貴友陳君所校《三輔黄圖》一册”。致和本或即張元濟《涵芬樓燼餘書録》所著録元刻本《三輔黄圖》。③ 又，一九五六年九月九日張宗祥《校正三輔黄圖序》云：“二十年前，曾致力於此。因復寫定，以供參考。”④ 其校該書之《古今逸史》本，當屬此類。

---

① 古詩存目口口卷，楊守敬輯，民國二十六年（1937）陳漢章等鈔本，浙江圖書館藏。存十八卷：一至十（上古至魏），二十七至三十四（梁）。張群《陳漢章校書題跋輯釋》，《圖書館研究與工作》2017 年第 2 期。

② 三輔黄圖六卷，明隆慶至萬曆吴琯刻古今逸史本。湖北省圖書館藏，索書號：善/1532。

③ 《張元濟全集》第 8 卷《古籍研究著作》，第 275 頁。

④ 張宗祥《校正三輔黄圖》，古典文學出版社，1958 年。

三月二十九日（5月9日），楊樹達過漢口，訪先生。《積微翁回憶録》云：

到漢口訪徐行可。渡江到武漢大學，訪譚戒甫、劉弘度、任贛忱、方欣安、吴子馨。贛忱出示新得宋刊林之奇《拙齋集》二册（共四册，其二别在徐行可處）。[1]

四月初十（5月19日），潘景鄭跋借自先生之清許瀚臨何焯校本《金薤琳琅》。

都元敬《金薤琳琅》二十卷，原刻殊不易覯。丁戊之際，獨山莫氏書散，予曾見一本，有葉石君、馮定遠二家校語甚精，以賈人居奇，議價未諧。旋爲虞山丁芝孫丈所得，思假録校語，遷延未遑從事。後丁丈歸道山，此書益復不蹤跡矣！此日照許印林先生手臨何義門先生校乾隆重刻之本。前三卷以原本對勘，并依原本注其行款，最爲詳贍。餘卷則就所見碑文，互勘之。每校一碑，必詳其出處及所校年月，足見前賢功力之勤，其縝密蓋非一朝一夕所可成就者。何校而外，印林先生復補校，得若干事，南濠遺文，斐然可觀矣。許校本爲徐行可先生家傳珍秘，慨然惠假迻録，予手臨於學古齋本上，添改塗乙，不下數百事。惜不獲丁氏所藏葉、馮兩家合校互勘之，以成完書。余别有乾隆重刻之本，某君以明鈔勘補八九字，以視此本，奚翅霄壤。兹并迻寫於别紙，以附許校之後，先生見之，幸無以續貂見譏焉。二十六年五月十九日吴縣潘承弼借校并識。

卷一	二頁	一行	失前古妙絶之迹　明抄無“古”字
又	又	八行	嘗摩此字　明抄“摩”作“摹”
卷二	二頁	七行	晚節獲嶧山碑摸本　明抄無“節”字
卷三	六頁	四行	晨姓氏見於後碑　明抄“氏”作“字”
卷四	七頁	一行	而必證之以地理書也　明抄“而必”

① 《積微翁回憶録》第133頁。

下有“欲”字

卷六　四頁　六行　《隸釋》歐陽公不知碑在酸棗　明抄“隸釋”下有“謂”字

卷八　十一頁　四行　而不知書人名氏　明抄“氏”作“字”

卷八　十一頁　十行　歐公謂寺廢寺碑在常山府　明抄“廢寺”之“寺”作“與”

卷十一　十一　十六行　此其草藁也　明抄無“藁”字①

案：是跋兩紙，用“碧雲仙館”稿紙。鈐“二十萬卷樓”朱文方印、“景鄭藝文”朱文方印、“潘承弼”白文方印、“景鄭”朱文方印。後收入《著硯樓書跋》，題《金薤琳瑯校本》，今再録於後，兩相對比，“足見前賢功力之勤，其縝密處，非旦暮造次所可成就者”。《金薤琳瑯校本》云：

都元敬《金薤琳瑯》二十卷，原刻殊不易遇。丁戊之際，獨山莫氏書散，予曾見一本，有葉石君、馮定遠二家校語甚精，以賈人居奇，議價未諧。旋爲虞山丁芝孫先生所得，思假録校語，遷延未遑成事。未幾，先生歸道山，此書益復不蹤跡矣！此日照許印林氏手臨何義門先生校，乾隆重刻本。前三卷以原本對勘，并依原本注其行款，餘卷則就所見碑文，互勘之。每校一碑，必詳其出處及所校年月，足見前賢功力之勤，其縝密處，非旦暮造次所可成就者。義門所校而外，印林復補校，得若干事，南濠遺文，斐然可觀矣。許校爲徐行可先生家傳秘帙，慨然惠假迻録，予手臨於學古齋本上，添改塗乙，不下數百事。惜不獲丁氏所藏葉、馮二家合校互勘之，以成完書。余别有乾隆重刻一本，某君以明鈔勘補八九字，以視此本，奚翅霄壤。

① 金薤琳琅二十卷，明都穆撰，補遺一卷，清宋振譽撰，清乾隆四十三年（1778）刻本，清許瀚臨，何焯批校，潘承弼跋。湖北省圖書館藏，索書號：史十五/1013。《徐行可舊藏善本圖録》第146—147頁。

茲於別紙迻寫，以附許校之後，並呈行可先生，幸無以續貂見譏焉。丁丑四月十日。[①]

案：學古齋本，當指清光緒會稽董氏取斯堂刻《學古齋金石叢書》本。潘先生之過録本，今存蘇州博物館，其跋云：

丁丑四月初九日假徐行可先生所藏許印林臨何義門校本對臨一過，是日天暴熱，大雷雨，盉宀揮汗記。[②]

十七日，先生繼母魏太夫人卒。武進徐震撰祭文，潛江甘鵬雲遠寄輓聯，餘不詳。徐震《祭徐母魏太夫人文（行可之母）》云：

維中華民國二十有六年四月十七日，愚姪徐震謹以清酌庶羞之奠，致祭於徐老伯母魏太夫人之靈。顯懿賢母，公高遥胄。儒術醫經，三葉繼懋。爰初在家，明慧孝恭。紹主中饋，嬪德斯同。保惠鬻子，侔于己出。既愛既誨，率禮靡忒。壹政允釐，贊軌十載。天難匪忱，君子捐背。抑哀奉養，舅年綦高。喪服甫除，閔凶仍遭。婁彼貪人，蔑死長者。遺貲是覦，凌孤弱寡。母心憂傷，孰依孰恤。嗟茲不造，毋毀我室。乃督令子，式遏侵牟。振我直辭，邪惡息謀。孤尚介操，賢哲所難。趨時順俗，庸衆所安。粤若賢母，胡行之特。豈伊違時，風教宜飭。人惟願富，母不患貧。喜覩令子，耽篤蓺文。謂富而侈，菑將逮身，逸居飽食，亦忝先人。廣羅羣書，不吝于財。務滋學殖，成德達才。下及諸孫，無問男女。敦之古訓，質文交舉。延師授學，六蓺是崇。誕敷典則，養正由蒙。恢恢令子，綜貫衆流，績文稽古，敞放之儔。祕籍滿家，撰述標譽。高尚厥志，不役世務。我來漢滸，幸獲定交。直諒多聞，爲益孔昭。實欽母儀，思奉徽音。如何不弔，神歸天潯。嗚呼哀哉。瞻拜象設，令範存焉。徒深懷仰，愴惻何言。卜宅既辰，輴車將駕。陳茲羞酤，靈其

① 《著硯樓書跋》第148頁。

② 徐鋼城《寶山樓主潘承弼遺存書跋五則捃録》，《收藏家》2014年3期。

来下。尚饗。[①]

案：徐震字哲東，江蘇武進人。又，先生致甘鵬雲書：

> 藥樵先生大鑒：前者先妣致喪，承錫聯遠寄，感戢無似。近請于象山陳伯弢先生，乞其《斠注列女傳》，付印以副慈願。[②]

魏太夫人卒，先生將戚友賻金悉數寄與中國學會，以助刊張錫恭《喪禮鄭氏學》。一九五四年先生致盧弼書：

> 先母逝世時，收致戚友賻金銀鉼四百數十鉼，悉數寄之，爲助刊張先生錫恭《喪禮鄭氏學》費用。[③]

《蛾術軒篋存善本書録》未編年稿卷一《喪禮鄭氏學十卷》云：

> 徐君行可適遭母喪，所得賻儀，悉作刊資，亦千餘金。[④]

五月十八日，潘景鄭跋借校自先生之《隸續》校本。

> 行可先生假讀所藏《隸續》校本二册，爲上元劉移盦手臨各家校語於曹楝亭本上。先生復補録顧千里校語，朱墨爛然，其爲精本固無待言……行可先生一瓻之惠，誠如百朋之錫矣。謹識數語，以志謝忱。二十六年五月十八日吴縣潘承弼拜跋。[⑤]

案：此跋三紙，用“碧雲仙館”稿紙，鈐“滎陽”朱文橢圓印、“文恭玄孫文勤從孫”朱文方印、“潘弼私印”白文方印、“景鄭眼福”白文方印。此跋題《隸續二十一卷（臨各家校曹楝亭刻本）》，發表

---

① 穀梁箋記二卷附《游回山辭章先生誄祭徐母魏太夫人文》，徐震撰，稿本。湖北省圖書館藏，經五/5673。

② 2016年泰和嘉成秋季藝術品拍賣會·中國書畫Ⅱ，編號1292。

③ 2018年泰和嘉成秋季藝術品拍賣會《字裏相逢——盧弼友朋信劄專場》，2228號。原題《徐恕因王大隆托余嘉錫借書廿年不還事致盧弼手劄》，一頁帶封。現藏湖北省圖書館。

④ 《蛾術軒篋存善本書録》第1435頁。

⑤ 隸續二十一卷，宋洪适撰，清康熙四十五年（1706）曹寅揚州使院刻本。湖北省圖書館藏，索書號：史十五/1012。《徐行可舊藏善本圖録》第144頁。

於《制言》所連載之《盉宀群書校跋》[1]，署時“丙子五月”，文字和題跋手迹略有小異。是月潘景鄭寫就《隸續勘補》，所引“何義門校本”即爲劉家立過録清何焯校語本。又據毛氏影寫宋本校補《鄧君闕畫像跋》，則源自行可先生過録顧千里校。[2]

六月，劉治爲先生鈔畢《循陔纂聞》。卷五末劉治題：

> 二十六年六月治傳鈔于武昌徐氏塾中。[3]

案：用“知論物齋書鈔”稿紙。該書趙懷玉《循陔纂聞序》言及周廣業未刊書，行可先生批：

> 《兩浙地志録》一册，北京圖書館有海昌費寅復齋鈔本。《目治偶鈔》四卷，北京圖書館有種松書塾鈔本，費氏寅復齋鈔本，各一部，均裝三册。[4]

七月十七日，致書陳乃乾。《徐恕致陳乃乾信札十八通》之十六：

> 乃乾先生左右：奉别已兩改歲，得讀大箸《年譜目》《别號録》二書。邇來有它纂述否？東坡詩云“火急著書千古事”，舊京危急，河以北無堅城，利于戰車，空中機艇又可震撼南國，吾儕未能執干戈衛鄉土，惟冀筆耒墨畊之餘，不與煙埃俱滅而已。前侂代假姚石子君藏迻鈔錢警石《後漢書斠語》，以恕所録自嘉業堂未完本，全帙存度高齋者，經歷兩春，未蒙轉寄南潯

---

① 潘承弼《隸續》二十一卷（臨各家校曹楝亭刻本），《制言》第四十二期，民國二十六年（1937）六月一日出版。後改題《隸續校本》，收入《著硯樓書跋》第144—145頁。

② 潘承弼《隸續勘補》，《制言》第五十一期，民國二十八年（1939）四月二十五日出版。

③ 循陔纂聞五卷，清周廣業撰，民國二十六年（1937）武昌徐氏知論物齋鈔本。湖北省圖書館藏，索書號：善/1460。

④ 循陔纂聞五卷，清周廣業撰，民國二十六年（1937）武昌徐氏知論物齋鈔本。湖北省圖書館藏，索書號：善/1460。

劉氏書樓施君韵秋寫副，因請于高吹萬丈，乃得姚君惠許，謹以原箋奉覽，並俔姚虞老取寄兩書。長男孝寬在北平，録其師《三禮書疏識語》，今則朔南阻隔，更以鈔畢此書爲念，先生能不見哂否？率候纂祺，不具。弟徐恕再拜。七月十七日。[①]

案：此書繫於是年之依據，已見書信十一。

八月二十一日（9月25日），張舜徽回長沙，托其轉送楊樹達《列女傳斠注》。《積微翁回憶録》云：

張舜徽來，致徐行可贈陳漢章撰《列女傳斠注》一本。[②]

九月十四日，致書甘鵬雲。書云：

藥樵先生大鑒：前者先妣致喪，承錫聯遠寄，感戢無似。近請于象山陳伯弢先生，乞其《斠注列女傳》付印，以副慈願，甫成而郵路藕阻，末由寄奉。先生譔定志稿，數年來當已積中成帙，朔南睽隔，不得廁校字之役，無任怊悵。夏靈炳主省政時，恕適得其鄉先正梅中丞之涣遺稿鈔本四册（此書未見刊本，又未別見傳抄，必求見還）郵奉清鑒，意欲遊説付栞，而先生以之自任，今已四年，想寫刻訖竟，小兒孝寬將南下，乞以此集付之，至眄，至眄。手上，敬叩纂祺。制徐恕頓首謹白。九月十四日。[③]

案：此書未署年，然定作於是年。癸酉（1933）夏五月甘鵬雲《湖北文徵例言》云："《梅之焕中丞遺集》八卷，徐行可蒐得。鵬雲抄有副本。待梓。"夏斗寅一九三二至一九三三年任湖北省省長。行可先生今又守制，出借此書"今已四年"，則出借必然在癸酉年。

十月三十日（12月2日），金毓黻抵漢口，拜訪先生，此二人首

① 虞坤林《徐恕致陳乃乾信札十八通》，《文獻》2007年第3期。案：虞坤林據"舊京危急"句已定於一九三七年。

② 《積微翁回憶録》第137頁。

③ 2016年泰和嘉成秋季藝術品拍賣會·中國書畫Ⅱ。編號：1292。

次見面也。《静晤室日記》卷九十四：

徐君行可（恕）爲武昌藏書家第一，亦爲季剛先生之至戚畏友，余於十年前已知其爲人，所居在漢口華實里四號，午間往拜。初見如素識，坐談之頃，出所藏書及近作，恣余窺覽，可謂古貌古心，學道之君子矣。楊惺吾先生《水經注疏》爲畢生精力所萃，迄未成書，其門人熊會貞補成之，寫成定本，凡四十卷（楊氏自稱八十卷者，夸詞也）。徐氏録副藏於家，今日出以示余，君謂日人出千金購其稿而不之予。又有孫淵如《春秋長編》傳鈔本，亦極罕見。余行旅中不暇一一詢覽，兹不過嘗鼎一臠耳。君告我陳伯弢先生撰《遼史索引》八卷，在其所著書中已刊，日人某撰《遼史索引》頗便尋檢，此可爲治遼史之助。君又出李鐵君墨蹟一幀貽余，以其爲遼東先正也。君文典麗淵雅，取徑淵如、稚存，持論嚴，陳義高，不隨俗爲取舍，故落落寡合。有郎七人，女數人，皆令沉潛古籍，不入學校。長郎治禮尤有聲，此亦足見其所守。余遭變離，向牽於世網，未能竄身無人之鄉，壹志讀書，今晤君不覺自愧，又翻然悟其已往之失計也。

徐君導余渡江至武昌城，先造其故宅，在府後街十五號，謂居此已三十年矣。又至鼓架坡六號訪劉博平、孫鷹若，皆以外出不值，悵然而返，過江北至漢安里十七號李印泉寓，詢鷹若尚未至，乃返徐寓。午餐之後，徐君又介陳醫勉公爲余醫面疱，旋别去。今日君殷殷款余，過於所期，殊可感也。[①]

案：陳漢章“遼史索引”當爲“遼史索隱”。

十一月初一（12月3日），金毓黻借去《遼史索隱》。《静晤室日記》卷九十四：

向徐君行可假《遼史索隱》二册，期以數日内閲畢。午間

---

① 《静晤室日記》卷九十四，第6册第4044—4045頁。

仍飯於徐寓。①

初六（12月8日），金毓黻來，向其借得《遼金正史綱目》。同訪張宗祥不遇，金毓黻自謂“今日於故籍頗有所獲”。《静晤室日記》卷九十四：

> 兩至徐可行先生寓小坐，所藏有足本《問經堂叢書》凡三十餘種，爲繆小山先生舊藏，向所未見，誠可寶也。又有孫馮翼集，忘其名，凡録文二十餘首。君言倫哲儒臧有孫氏詩集，當名《灌木莊初集》，與陳某之集合刊，稱曰《孫陳二先生集》是也。君欲借鈔余所藏《遼金正史綱目》，即取付之。君有友人張氏名宗祥，字閬聲，别號冷僧，海寧人，寄居漢口，喜鈔書，運筆如飛，日書萬餘字，皆繩頭細書。徐君引余至其家，以外出不晤，檢所鈔書數十種，多假之徐君者，中有《新唐書·藝文志注》五册，原爲傅沅叔藏，余君嘉錫鈔以貽行可者，而張氏又自徐氏假鈔焉。據余氏序稱，係繆筱珊未刊稿，雖著墨不多，亦至可貴。又有陳仲魚所注《禮記》，未經付刊。又《續四部叢刊》所收查伊璜《東山樂府》，亦張氏鈔自行可者也。此書原出嘉業堂劉氏，行可鈔得之，以假之張氏。今檢卷首，題“據海寧張氏傳鈔本”，而未注出自劉、徐二氏，是不免有攘善之譏矣。今日於故籍頗有所獲，光陰爲不虚度。②

案：經徐行可介紹，近日内金毓黻曾於張宗祥謀面。《静晤室日記》卷九十七民國二十七年（1938）七月十日：

> 商務館本《説郛》一百卷，出自海寧張冷僧（宗祥），即余前在漢口經徐行可介紹所識者也。冷僧喜鈔藏秘籍，如查東山《罪惟録》《東山國語》，皆爲其舊藏，張菊生取以入《四部叢

① 《静晤室日記》卷九十四，第6册第4045頁。

② 《静晤室日記》卷九十四，第6册第4047—4048頁。

刊》三編者。[①]

初八（12月10日），金毓黻向先生辭行，不值，於日記概歎先生之爲人。《静晤室日記》卷九十四：

余定於今夜離漢西上，往别徐行可不值，而有無限之感。蓋與君非素識而歡若平生，萍水相逢而能肝胆相照，真今之古人也，遂不勝其惜别之意。設余能留此，必與君時時過從，而從其受教。乃相處不過旬日，匆匆别去，其感慨爲何如哉。[②]

二十三日（12月25日），金毓黻於宜昌旅次致先生牋，言《遼金正史綱目》鈔畢可交與其子。《静晤室日記》卷九十五《致武昌徐行可牋》云：

行可先生道席：一昨轉徙到武漢，本擬近依光采，爲閉户讀書之計；乃以環境太劣，生計迫人，不憚遠行，倉皇西上，言念君子，於邑如何？十一日由漢啓碇，十五日晚達宜昌，在此候輪赴渝者，無慮萬人，旅舍充溢，無插足地，略如武漢。嘆我生之不辰，傷邦家之不造，桃源難覓，樂土焉求，來日茫茫，正不知税駕何所也。某之此行，擬由重慶轉至成都，登峨眉山，臨自流井，然後南入滇、黔，一觀點蒼、雞足之勝。干戈漸息，道路稍通，再返渝城，重理故業。預計程途，非三閲月不能畢，豈意行未千里，而遽患濡滯乎。近日私心所不能釋然者，其一則妻孥八九口，半在匡廬，半在漢口，處境皆非甚安，今既孑身遠逝，脱然無累，亦姑置之；其二則行篋存書，多屬東北掌故，《遼寧志稿》亦在其内，訪鈔諸本，尤多史料，徒以遂置不早，付諸若存若亡，每一念之，至於廢餐忘寢，所謂謀之不臧，於人無尤者也，不識先生何以教之。某在宜三四日後，約可成行，到渝之後，舍館有定，再行函達。拙藏《遼

① 《静晤室日記》卷九十七，第6册第4185—4186頁。
② 《静晤室日記》卷九十四，第6册第4048—4049頁。

金正史綱目》計已鈔畢，小兒長佑現寓漢口，去尊寓甚近，已飭其趨請啓誨，並請以全帙付之，當可託人寄渝也。時際嚴冬，風雲日急，尚祁順時珍重，不盡欲言。晚學某拜上於宜昌旅次。①

十二月初七（1938年1月8日），劉治爲先生鈔畢清周廣業《過夏雜録》。

二十七年一月二日鈔歟。（《過夏續録》末）

二十七年一月七日。（附録吴騫《蓬廬文鈔序》末）②

案：用“知論物齋書鈔”稿紙。

是年，周延年《洛陽伽藍記注》出版。先生有作者題贈本。周延年題：

行可先生較正，延年持贈。③

是年，楊樹達《積微居小學金石論叢》出版。先生有作者題贈本。楊樹達題：

行可先生正之，樹達。

自序中武昌徐生謂郎君孟博也，並記。④

案：是書先生尚録陳遵默之説：

楊君《小學論叢》，演聖美右文之緒，時有巧思精語，而意義淺末。數言可了者，輒牽引飾説敷衍成篇，如《釋𥎦》之漫引銕血宰相，《説廌》之傅會轅生刺彘（轅生刺彘、李禹刺虎猶武帝使狄山乘鄣耳，非觸衺指佞之謂），皆無當也。《釋簸篇》

---

① 《静晤室日記》卷九十五，第6册第4059—4060頁。

② 過夏雜録六卷續録一卷，清周廣業撰，民國二十七年（1938）武昌徐氏知論物齋鈔本。湖北省圖書館藏，索書號：善/1460。

③ 洛陽伽藍記注五卷，周延年撰，民國二十六年（1937）萬潔齋石印本。湖北省圖書館藏，索書號：史十一/1919。

④ 積微居小學金石論叢五卷補遺一卷，楊樹達著，民國二十六年（1937）上海商務印書館鉛印本。湖北省圖書館藏，索書號：經九/5604。

以“篋”爲笞臀，所引《急就篇》及郭舍人事皆在景帝後，而謬謂元帝時之史游遠在景帝前，此復與宣帝名史皇孫何異（楊君《續補古書疑義舉例》有此例）？上録陳季皋說。

案："聖美"，宋王子韶也。

是年，駱鴻凱《文選學》出版，稱贊先生訂補《文選》徵引群書目録之精審。該書《源流第三》云：

至其徵引羣書，取材繁富，藝林尤爲無匹。以今考之……都二十三類，一千六百八十九種，其引舊注二十九種尚不在内（目載汪氏《理學權輿》，孫志祖重加訂正。武昌徐行可先生又就其目爲補遺訂誤，最精審可據）。①

案：是書民國二十六年（1937）六月發行，先生批校《文選理學權輿》今存湖北省圖書館。②

是年，《丁丑叢編》印行，末附《集印丁丑叢編姓氏録》，先生與焉。

是年，發表《與潘景鄭論學書》。③

案：是書作於去年，見該年十一月條。該書先生自道鈔書購書事，今附録於此。

又聞錢小廬氏《十三經斷句説》稿本，已爲日本東方文化學院於北平買去。恕曾託友人徐君森玉假鈔彼院所獲張月齋氏《延昌地形志》殘本，用銀帖七十版，以無餘錢，遂未商借錢氏書，足下有意鈔存之否。

---

① 駱鴻凱《文選學》，中華書局，民國二十六年（1937）鉛印本，第62頁。

② 文選理學權輿八卷，清汪師韓撰，清光緒十二年（1886）王氏長沙刻本。徐恕批校。存兩卷：一至二。湖北省圖書館藏，索書號：善/1646。

③ 徐行可《與潘景鄭論學書》，《制言》第四十五期，民國二十六年（1937）七月一日出版。《徐行可與潘景鄭論學書刊誤》，《制言》第四十六期，民國二十六年八月一日出版。

恕近致日本人士新著數十種，以仁井田陞所輯《唐令拾遺》爲最精善。佗如瀧川龜太郎之《史記會注考證》，於張氏《正義》得見佚文溢出今本外者，多至一千二三百條（高閬仙先生方事輯録），其佚文中引《括地志》可補孫、曹二氏輯本之遺。青山定男之《支那歷代地名要覽》，别名《讀史方輿紀要索引》，可爲檢尋顧氏原書之用。森本角藏之《四書索引》（森本氏别譔《五經索引》，亦大勝葉紹鈞《十三經索引》，見其版樣，值昂未購），安井小太郎、諸橋徹次之《左傳索引》，鈴木隆一之《國語索引》（二書簡而知要，森本氏索引則失之繁瑣矣。重澤俊郎、佐藤匡玄合編《左傳人名地名索引》引重澤俊郎之《左傳賈服注捃逸》，中土有此類書，不重譯也。），若城久治郎之《遼史索引》，亦同斯製。

民國二十七年（1938） 戊寅 四十九歲

正月十三日（2月12日），《静晤室日記》卷九十六：

徐行可假去之《遼金正史綱目》已由振兒帶來。①

二月八日（3月9日），金毓黻自重慶致信先生。《静晤室日記》卷九十六《再致徐行可牋》云：

前在宜昌寄奉一箋，略道旅途困狀，不知以何時得還。走在宜滯留十餘日，新曆年終，轉至萬縣，又留三日，再西航，一月四日始抵重慶。溯由漢皋出發，已將及一閲月矣。到渝未久，又轉赴自流井、成都、灌縣等處，一爲訪友，一爲遊覽，又經廿餘日，仍返重慶，時當二月有半，亦舊曆正月初旬也。頃移居沙坪壩，既已屏絶百事，頗能温理故書，第以此間圖書館藏書極少，各書肆亦絶少可購之書。每有易得必需之籍，多方求之而不能得，此最感困難者也。《遼史綱目》八卷，已由漢口寄到，首册經先生點校，而未終業，豈以時促之故耶？由尊

① 《静晤室日記》卷九十六，第6册第4096頁。

處假來之《遼史索隱》二册，此書未見他本，萬不獲已，雇人鈔寫，需二十餘金，再過半月，始能畢工，遇有妥人，乃可託寄，否則恐致遺失。走得一家函，由牯嶺至此，兩閱月乃寄到，其遲滯可想矣。近聞武漢大學已他遷，博平能否同往？孫鷹若旅居武昌，殊非久計，未識已否他往；所携章氏遺稿，已著手整理否耶？走前撰《東北通史》，僅成三分之二，擬在蜀中繼輯，暫就所能考得者録入，餘俟來日補訂。假以半年之力，當可成編，所慮干戈搶攘，未許從容命筆耳。知念附及。[①]

二月初十（3月22日）、二十二日（4月3日），張元濟兩次致書先生，繳還所借先生之書。書云：

戰伐聲中，蟄居海市。時局至此，幾無可言。故久久未通音訊。前月高子約兄轉到二月十二日惠書，展頌備承廑注，不勝感荷。賜寄珍藏《名賢彙語》四册，察閱版本，實足補《今獻彙言》之闕。然前書既已印成，則原書序目不可得見，即加此七種，亦未敢認爲完璧，故不擬補入。其中《寓圃雜記》《緑雪亭雜言》《近峰聞略》《三餘贅筆》四種或不見於他叢書，或已采刊而有異同，已擅爲照存。異日如有印行機緣，再當刊布，以副盛意。再去歲承寄示名人手稿多種，總思覓一刊行機會，故遲遲未曾寄繳。戰釁既開，一切停頓。兹已檢齊，另附清單，敬祈察覈。郵寄恐有不妥，即日有便人經行香港乘飛機到漢口，當託帶上。敬乞檢收，并謝雅意。此次戰事，敝館受累奇重，刊播舊籍之事恐成絶望。敝寓託庇幸獲安全，賤軀亦尚頑健，堪釋綺存。肅復布謝。敬候起居。廿七年三月廿二日。

（二十七年四月三日又寄一信，託千里、寶桂帶漢，交分館高、許二君轉送。同時附寄高、許二君一信，并附去還書

① 《静晤室日記》卷九十六，第6册第4111—4112頁。

清單。)[①]

二月十九日（3月20日），致書金毓黻。《徐行可復牋》（三月二十日寄自漢口）：

承惠兩箋，闕然久不報，無任歉仄。審近復施教上庠，得此人師，爲學子慶。今時庠序，横教所出，横民所止，以教本師資，兩俱失之，國步斯頻，有由然矣。安得如先生者，化億萬身，隆德隆智，二者兼進，則中國之亂庶有豸乎！别來既改歲，已復春中，恕荒落未理舊業，僅從一書賈假讀所收馮己蒼抄校《潛夫論》，其《述奢》篇云“孺子可令妲”。汪氏箋本誤仞爲“姐”，乃以《説文》“媎”字釋之。各本皆作“妲”字，古人以此字入文者，如顔延年《庭誥》云“妲語以敵要義”，即其例也。韓文公《張徹墓誌銘》語云“銘以貞之，不肖之呾”，音義並同。以此證之，汪氏爲鹵莽矣。楊陸榮《遼金正史綱目》，書名既不雅馴，“正史”二字尤謬，以史文勘之，復多違異。擬就張君冷僧鈔本斠録，寄奉教定，俟之來日，惟期不吝施誨耳。《鄭學齋集》移書寄贛清閟，孫氏手校《淮南子》，前以卅餅得之扈讀（瀆），僅以道藏本校異文，别無考訂也。博平無西上意，鷹若校印《章氏文稿》，來月可畢。恕戚友文君伯魯頗富藏書，在重慶華光廟街（又名都郵街）開貿同福春藥肆，儻以恕此書往就訪之，必蒙延接。率白。[②]

是月，孫世揚撰就《鈔校編印太炎先生文録續編始末記》，署時“民國二十七年二月”，言及先生對編纂《太炎文録續編》之襄助，其記云：

既轉徙至武昌，主劉博平，始與共事校勘，更就徐行可先

① 《張元濟全集》第3卷《書信》，第67頁。

② 《静晤室日記》卷九十六，第6册第4134—4135頁。

生借《國華》，乞博平之弟若女彙鈔之。[1]

三月六日，點校《沈下賢文集》畢。先生題跋云：

闌上朱筆以《全唐文》校。（卷一眉）

闌下朱筆以明刻本校。（卷一欄下）

廿七年三月六日斷句。（卷十二末）

卷中朱筆以明李賓《八代文鈔》本斠寫，其衍文誤字，未加勘□也。徐恕。（卷十二末）[2]

二十三日，先生致劉承幹、施维蕃、周延年書。書云：

翰怡、韵秋、子美三先生大鑒：兵事起，有倗好自東來者，必問三先生安否。近審翰公已反扈瀆，爲之欣喜。清閟之儲爲覬覦者攘敚去，則韵兄無能爲守藏史矣。子美兄與其外舅羅公近狀若何？其友人王君欣夫違難洞庭西山，絶無音訊，能示以消息否？恕局居此間，生事日促，半年來廑取金竫闇君假我楊陸榮《遼金綱目》及海王村書友借我馮己蒼抄校《潛夫論》勘正一過，它無可告也，頃俿一友寄書福廣兄，敬乞轉上一書，敬眄惠後數行，手頌近祉。弟徐恕再拜。三月廿三日。[3]

案：此信未署年，但必在是年。《静晤室日記》卷九十四民國二十六年（1937）陽曆12月8日：

君欲借鈔余所藏《遼金正史綱目》，即取付之。[4]

是爲先生半年來所校書之一。又，《求恕齋日記》戊寅（1938年）三月十二日云：

① 上海人民出版社編，黄耀先，饒欽農，賀庸點校《太炎文録續編》，上海人民出版社，2014年。《章太炎全集》本。

② 沈下賢文集十二卷，唐沈亞之撰，清光緒刻本。徐恕批校并過録黄侃句逗。感謝某藏書家惠示。

③ 《求恕齋友朋往來書札》，稿本，上海圖書館藏。該信一紙。

④ 《静晤室日記》卷九十四，第6册第4047頁。

衡之來長談。韵秋自海門携眷到申。（衡之自湖州來此避難）①

則是時湖州已無法安居。

十九日（4月19日），金毓黻托人奉還所假先生之《遼史索隱》。《静晤室日記》卷九十六：

前假徐行可之《遼史索引》二册，已覓手抄竣，託卞宗孟帶往漢口，並行可託書之便面一併帶去，惟未及作函。②

二十三日（4月23日），金毓黻收到先生二月十九日（3月20日）信，先生鈔寄清孫馮翼《鄭學齋文稿》一册，囑其過訪文伯魯。《静晤室日記》卷九十六：

得徐行可漢口書，並鈔寄孫鳳卿《鄭學齋文稿》一册，著録之文凡二十首：一、《許慎〈淮南子注〉序》，附《序〈畢萬術〉》；二、《桓子〈新論〉序》；三、《魏文〈典論〉序》；四、《〈皇覽〉序》；五、《司馬彪〈莊子注〉序》，此皆見於《問經堂叢書》者也；六、《重刻〈孫樵集〉序》；七、《家父介公廷試册跋》，皆向所未見；八、《〈四庫全書〉輯〈永樂大典〉本書目序》，此余曾輯入《遼海叢書》者也；九、《樂安孫氏〈譜略〉序》；十、《三雅考》；十一、《漢乙瑛碑跋》；十二、《漢碑穿文考》；十三、《吴天發神讖碑跋》；十四、《宋普生泉井闌刻字跋》；十五、《元趙孟頫書劉伶〈酒德頌〉真迹異同考》；十六、《〈京畿金石考〉序》；十七、《先公行述》；十八、《〈忠愍侯祠堂書目〉序》；十九、《記滇南諸苗》；二十、《記打戡》，亦爲余所未見。徐氏曾得孫氏家刻本，去冬余在漢見之，商而抄得者也。鳳卿名馮翼，先世於明初居臨榆，後乃移居瀋陽。其父名秉，以甲科累官貴州巡撫，久宦於江南，鳳卿隨父之任，遂流寓江

① 《求恕齋日記》第12册第375頁。

② 《静晤室日記》卷九十六，第6册第4132頁。

南不歸。今其後裔若何，已不能悉。所集刻《問經堂叢書》最爲有名，聞其所著書曰《灌木莊初稿》四卷，與一陳姓合刻，稱《孫陳二先生集》。余求之多年不能得，今由徐氏得此本，題曰《鄭學齋文稿》，是否爲《灌木莊集》之一部，無由考定。然其爲吾鄉先正之遺籍，至可寶貴，則無待言者矣！余方思續刊《遼海叢書》，已蒐得數種，合以此卷，更能爲之生色，所慮邦家多難，未遑安居，能否實現尚未必耳。

午間往訪文伯魯於同福春藥店。文君究心國學兼通方書，家富於收藏，與行可有同好；其子德陽，即行可之婿也。行可函中屬往訪，可略觀其藏書，故往見之。①

四月二十日（5月19日），金毓黻覆先生書。《静晤室日記》卷九十七《復徐行可牋》云：

曩者敝眷入川，抵此月餘，始由衣篋中檢出尊札，及鈔贈孫鳳卿《鄭學齋文稿》。發緘快讀，如晤對一庭，其樂爲何如也。往見楊惺吾先生《叢書舉要》，著録孫氏所著書曰《灌木莊初稿》，而北平通學齋主人孫君所見之本亦然。訪求數年，迄未能得，不曉鄴架藏本，何以名“鄭學齋”？校其所録之文，凡二十有一首，中五首見《問經堂叢書》，一首見《遼海叢書》，餘十五首則向所未見。然孫氏之作，必不止此，文之外或又有詩，既不可驟得，此戔戔者，亦當以瓌寶視之矣。嘗病並世藏書家，多閟惜珍本，不肯與世人共見，久之付諸兵燹劫灰，而世人亦終不可得而見，譬之埋寶窖金，其愚至於無等。獨有先生時時以所藏示人，且千里付郵，曾無吝色，此豈可望之於今人耶！感領之餘，彌用敬佩。頃因尊札啓示，得讀顧氏《庭誥》，尋其理致，湛深殊非黄門《家訓》所及，願寫一通，懸之户牖，藉以督教子弟，又與《柏廬格言》有雅俗之判矣。自年造文之粗

① 《静晤室日記》卷九十六，第6册第4135頁。

鄙，由於喜誦常文，不究音訓，久而與之俱化，以致俗深入骨而不可醫。昌黎謂非三代兩漢之書不敢觀，實文家甘苦之言，非老於其事者，不能喻也。近苦無書，如饑鷹待飼，重承紹介，即往拜文君。託其潤溉，已獲慨允。此後當有所采獲，而可供一飽矣。謝謝！前在張冷僧先生架上，得見繆氏《唐書藝文志考證》，雖著墨不多，寥寥可數，而其中必有可供研討者。且《隋志》以後，考證經籍藝文者，除此書外，絶無一見，政自可珍，如荷將史部各條，覓書録寄，亦足以沾丐儉腹也。以此爲請，不敢過望。前託卞君攜還之《遼史索隱》及便面，想荷檢收。拙撰《史學考略》計分十章，約十餘萬言，撰稿已逾半，秋間乃能畢功，已爲檢出一份，覓便寄上。再舊撰《東北通史》稿，僅得三分之一，餘俟時局安定再足成之，以其紛亂難理，容俟異日清正。國難日劇，敵氛益深，東望泗淮，莫名憂憤，試檢往史，摧毀文化最烈者，厥爲兵禍。吾儕於文化未能盡瘁，而深懼陸沉淪胥之禍，不識先生何以教之。所懷萬端，未能盡吐，復書奉訊，即惟珍重，不宣。①

五月二十四日（6月21日），金毓黻收悉先生自武漢托廣濟劉賾攜去之《唐書藝文志注》。《静晤室日記》卷九十七：

劉伯平來自武昌，轉赴嘉定，未得晤。徐行可託其攜來《唐書藝文志注》四卷，爲傳鈔本，余前曾向其借鈔，故以全帙見寄，是可感也。②

閏（七）月初五（8月29日）《静晤室日記》卷九十八：

致曹素岑、徐行可各一箋。③

九月初三（10月25日），日寇進入漢口，次日武昌陷落，後日

① 《静晤室日記》卷九十七，第6册第4155—4156頁。

② 《静晤室日記》第6册第4176頁。

③ 《静晤室日記》卷九十八，第6册第4206頁。

漢陽陷落。[①]

十月十七日，高燮憶及先生所贈董其昌長卷。《吹萬樓文集》卷五《跋董宗伯自書詩册》云：

履仁彌甥所藏《董宗伯自書詩册》，飛行絶跡，已臻化境，而不署年月，後有青宮太保之章。程易疇廣文以宗伯於崇禎甲戌加太子太保，因斷爲八十一歲後所作，其言稔矣。余於昔歲春間，徐君行可見贈董書長卷真跡，與少傅挹齋先生者，亦無年月。攷挹齋爲宜興周玉繩别字，見葛萬里《别號録》。其官少傅史傳失載，其加太子太保則在崇禎三年二月，引疾乞歸則在六年六月。董宗伯乃以崇禎四年復故官禮部尚書，居三年乞休致仕。又二年卒，年八十有三。卷中所稱挹齋先生東山之志始終不渝，其昌亦出春明有日矣云云。計其時當爲崇禎六年，宗伯亦年八十歲矣，所書較此詩册尤精，乃於今春五月與藏書三十萬卷同被暴軍刼載以去。而邑里朱氏履仁所藏之册幸得無恙，碩果僅存，愈可寶貴，出以囑題，爲憶記數語於此，以誌余之痛惜。戊寅大雪節吹萬居士書於滬上格簃。[②]

十二月，《戊寅叢編》印行，先生所校清黄世發《羣經冠服圖攷》與焉。王大隆跋《羣經冠服圖攷》云：

右羣《經冠服圖攷》三卷，黄世發撰。世發字弱中，福建晉安人……今據吴興劉氏嘉業堂所藏鈔本，歙吴君檢齋（承仕）武昌徐君行可（恕）爲之詳校。百五十年後，始得印行，庶可慰士之寂寞身後者已。歲戊寅季冬吴縣王大隆跋。[③]

案：先生之校語，見《羣經冠服圖攷》字里行間。又，《蛾術軒篋存

---

① 《武漢市志·大事記》第131頁。

② 吹萬樓文集十八卷憤悱録一卷，高燮撰，民國三十年（1941）金山高氏刻本。

③ 《戊寅叢編》本。

善本書録》甲辰稿一《羣經冠服圖攷三卷》條云：

清晉安黄世發撰。鈔稿本。歙縣吴承仕、武昌徐恕手校……原稿藏劉氏嘉業堂，吾友徐行可恕傳抄，並訂其誤字。余付印時，趙學南先生詒琛又加粘簽。有“徐恕定”朱文方印，“弜誃閒業”“彊誃眼學”“彊誃點勘”三朱文長方印。[①]

則《戊寅叢編》該書之底本，乃先生傳鈔本。先生鈔校嘉業堂本，時在民國二十年（1931）。

是年，蔡尚思自序其《中國思想研究法》，坦言向向先生借書和請教。《中國思想研究法自序》之《圖書館與文化界》云：

武漢藏書家兼目録學、版本學者徐行可先生（恕）和努力搜集近代史料的鄭鶴聲先生，我也曾向他們借過書籍，問過版本。[②]

案：該自序末署“一九三八年十月十日草於上海”。是書民國二十八年（1939）商務印書館初版，一九八七年九月蔡尚思《新版卷頭語》云：“一九三九年出版後，一年之内再版四次。”[③]

民國二十八年（1939）　己卯　五十歲

三月初一（4 月 20 日），僞漢口特别市政府成立，張仁蠡充任市長。[④]

八月十五（9 月 27 日），金毓黻《静晤室日記》卷一〇一節録先生《與楊明照論治〈通鑑〉書》，且言：

余於前年冬，始晤行可先生於漢口華實里，轉盼已將二年。兵亂阻隔，書問不通，頃於《制言》得讀此文，函（亟）録出

① 《蛾術軒篋存善本書録》第 1152—1154 頁。

② 蔡尚思《中國思想研究法》，上海古籍出版社，2013 年，第 20 頁。徐孝定《大藏書家徐行可事略》。

③ 蔡尚思《中國思想研究法》之《新版卷頭語》。

④ 《武漢市志・大事記》第 133 頁。

之，爲以讀治《通鑑》之准。所擬廿二例目，具見研幾之深。治《鑑》本爲專門之學，應與唐人治《漢書》《文選》一例用力乃可。惜今人好奇鶩新，多不措意於此耳。①

是年，王大隆跋與先生易得之《孟子篇敘》。

案：《孟子篇敘》七卷，清嘉慶五年（1800）漱芳書塾刻本，兩册。封面存王大隆民國二十八年（1939 年）題記云此書以《戊寅叢編》三部與徐君行可易得，希見書也。②

是歲，生事不給，先生於家塾講授《論語》，擬撰《論語博喻》，可惜僅成《論語首章講疏》，寄高步瀛、余嘉錫就正。徐行可《論語首章講疏》之《後語》云：

己卯冬，先業燬於兵火，生事不給，有執此經來就質者。申析疑難，爲草此疏。以舊注詮言簡略經意難明，後解猥多學者致書爲艱，莫定從違，兼斯二難，罕得究尋，意欲綜爲一編，削煩舉要，折中取正，以蘄不失經恉。脱稿後以寄霸縣高君閬僊（步瀛。高君爲桐城吴摯甫先生汝倫高足弟子，于去年冬逝世。遺著有《孟子文法讀本》《文選李注義疏》《古文詞類纂箋證》《唐宋文舉要甲乙編》《唐宋詩舉要》等書）於闕失處，有所匡舉。（顧炎武曰《論語》稱夫子諸文“不直曰子，而加以夫，避不成辭也”。（見《日知録》卷四“大夫稱子”條下）汪中曰：“夫者，人所指名。”“以夫配子，取足以成詞耳。”（見《述學·别録·釋夫子》）《講疏》初稿本之，以釋“夫”字。高君引《白虎通》及《左傳》昭七年疏訂之。）又以長箋致戚友常德余君季豫（嘉錫。余君撰述《四庫全書提要辨證》）商榷體例，其義有前序所未發者，玆録如左：

---

① 《静晤室日記》第 6 册，第 4373 頁。

② 韋力《2006 年中國古籍秋拍述評》，收入《中國古籍拍賣述評》，紫禁城出版社，第 181 頁。

《論語博喻》名疏之意，喻者，詮詞取徑省而易曉；博者，事義尚兼綜而靡遺。務立是以廢非，不多端而寡要。故於通訓不録注文，以本誼先釋經字。蓋眾家生説，非異其所通。一字立詮，必根乎其本也。不鄙後儒之説，示無偏主，兼存别解之舊，用廣異聞。惟流學外義，後師曲説，亦在所略耳。疏中稱引文句，貫比事類，雖資别據，不漫移鈔。或即本書後篇之文，條列同異。或舉他經先事之例，参究始末。悉心斟量，極意捃選。要使質而不野，繁而非蕪，述元意於先聖，祛來惑於新學。非曰能之，請事斯語。復于疏義雜用朱墨者。昔貞白之補方書，元朗之釋經注，皆以朱字、墨書兩相識别，易爲辨分。前有矩製，今依寫放之。（更以旁證、録作子注）唐劉子玄所云："除煩則意有所吝，畢載則言有所妨。"志存賅博，遂乃列爲子注，若蕭大圜《淮南亂離志》（今佚不傳）、楊衒之《洛陽伽藍記》（道光十三年，錢塘吴若準集證本，即依劉氏説，分别刻之）者（見《史通·補注篇》）。又其先例，俾較然於目，斯豁如於心也。素業怠荒，家塗空迫。成稿以草創急就，託意爲釋憒消愁，情存著撰，而用施講章，不知所裁，願安承教。謹先寫首章奉覽。謀評裁於友親，顔介詒作來則；好擊彈於文製，陳思侈爲孅談。古則有之，今亦所希也。①

案：以上末段當爲先生致余嘉錫長箋之部分内容。又，先生自述當日心境云：

余少違庭誥，晚學無成，未敢久尸講席，而睠念宗國，有未能已於言者，故於職名、聘幣一無所受，惟於見惠購致書册費，資以博關群籍，未之辭也。②

余承先人素業，未竟所學，夙膺匪莪之悲，復深微莞之歎。

① 《論語首章講疏》第37—39頁。
② 《論語首章講疏》第54—55頁。

怠荒於早歲，勵志於中年，不揆梼昧，綴集前聞。[1]

案：民國三十五年（1946）先生致金毓黻書言："後語十餘葉，以明微志，斯時斯際，無拳無勇，無以相抗拒，否則藏書難全其有矣。"[2]《後語》言高步瀛"去年冬逝世"，則作於辛巳年（1941）。

是年，《己卯叢書》出版，姚景瀛曾題贈先生一部，其辭云：

行可我兄惠存。姚景瀛持贈。（鈐"珍帚齋"白文方印）[3]

是年，發表《與明照論治通鑑書》。[4]

民國二十九年（1940）　庚辰　五十一歲

四月，王大隆跋《蕘圃藏書題識再續録》，言先生曾鈔示所藏黃丕烈跋。跋云：

余于癸酉歲輯刻《蕘圃藏書題識續録》四卷，見聞弇陋，自視歉然。既而至德周君叔弢暹首以所藏題識十餘種自津寄讀，江安傅先生沅叔（增湘）、武昌徐君行可（恕）、長沙葉君定侯（啓勳）、祁陽陳君澄中（清華）、吴縣張君蔥玉（珩）、同縣潘君伯山（承厚），亦各以所藏鈔示。吴縣張君芹伯（乃熊）又續得數十種，而高陽王君有三（重民）爲鈔于北平圖書館，海寧趙君斐雲（萬里）爲鈔所見聊城楊氏海源閣散出者，常熟瞿君鳳起（熙邦）重檢增補數種，又爲借鈔于南海潘氏寶禮堂及上海涵芬樓，于是余得藉諸君之力，編爲《再續録》三卷。合諸繆氏所刻，雖不敢謂無遺，而蕘圃精力所聚，亦略備矣……歲在庚辰孟夏吴縣王大隆謹跋。[5]

---

① 《論語首章講疏》第58頁。

② 《静晤室日記》第6册第6083頁。

③ 己卯叢編，趙詒琛輯，民國二十八年（1939）鉛印本。湖北省圖書館藏，索書號：善/2664。

④ 徐行可《與明照論治通鑑書》，《制言》第五十三期，民國二十八年（1939）六月二十五日出版。

⑤ 《蕘圃藏書題識再續録三卷》，王大隆輯，民國二十九年（1940）刻本。

案：先生所提供者爲《史記》《後漢書》。

五月，潘承弼題贈先生《春秋左傳讀》。[①]

行可先生惠存，庚辰五月，潘承弼謹贈。（鈐“景鄭持贈”白文方印）

案：是書牌記爲“民國二十八年十二月印行”，有編號，行可先生所得爲第九八部。

是夏，嫁女於楊明照。楊明照《增訂文心雕龍校注》云：

季剛先生評校底本爲四明林氏翻刻，原藏外舅徐行可處。一九四零年暑假赴武漢親迎，幸得細讀數過，并一一照録於崇文局本眉端，以便研閱。[②]

七月初十，覆書盧弼。

慎之鄉丈史席：京邑奉手，忽已十年，國事傖囊，繁憂總集，闕箋候。廑以陳愚谷先生《湖北肒聞録》一册自書肆敗簏中覜獲者，于前年郵上，介季豫姻兄贛之清閟，不審爲寄致否？鄉國沉隃，倏兩改歲，書册存舊廬餘百五十廚，幸保其有，賴一軍曹大書楬門禁闌入掠取致，然後相解。後詒之以長生未央瓦研，索書數字爲關讖取諗之用，爲占一截句，末云“戰骶未央書厄解，定觀天道有除乘”。以文教施者，乃爲武虓報，真宰不可�，又安卜所終邪！先業大半燬於兵劫，餘之廛租入不逮昔三出一，而衣食所資，以見時物貫言之（糲米石卅五鉼），必月有三百鉼始辨，屋租廑皕金，去年以鬻書取給，今春以教徒自活，月致脩脯銀百鉼以佐饔飧，日授課晨迄午方罷，日昳中至餔時，復爲友姻朋徒籀誦文史十餘箓，體力不勝其勞，生事

① 春秋左傳讀九卷敘録一卷，章炳麟撰，民國二十八年（1939）影印本。湖北省圖書館藏，索書號：善/1427。

② 黄叔琳注、李詳補注、楊明照校注拾遺《增訂文心雕龍校注》，中華書局，2000年，第664頁。

所須，未能憚煩就閒逸，如何，如何！所差喜者，家人兩地分居，未出錢顧一僕媪。内子執爨舊廬，仲男孝威儋水析薪，尚能爲役，寓舍則諸女雜作，自比于竈婢庸女親煩辱之事。塾師違難遠行，小男從季女受讀《左氏内外傳》，温故進業，昏勞嬽善，惟以此檢誨之。自遘屯蹇，數爲利誘執迫，而不以逡志動心，亦賴以儉素自將耳。郝晉卿天挺誨元遺山云："人不耐饑寒，無一事可爲。"黄太沖斥侯朝宗云："人不耐寂寞，將何事不爲。"閒者服膺斯二語，書之坐右，存之心目。五十之年已至，又安用改易故轍邪。承手帖，辱存問，竝示以周君志俌、志俊昆弟暨其女公子《園記》印本，昇慚交并，莫能置對。長男孝寬北遊十年，廑先母逝世時一返故里，始出門時，五經、《國語》、《論》、《孟》都已卒讀，于《通鑑輯覽》全書加點，蜀中友人陳君季皋（遵默）爲綜説三傳義，未得終業，北上後就吴鯢翁肄三禮、陸君穎明（宗達）受音學字例之條，麤辨阡陌，未臻奥窔，兵事起，吴翁竄避，後以病殂。陸子自廢，不理故業，舊京頹俗，素衣化緇，就學無師，析疑無友，歲月遷流，朔南間阻，家業蕩嗾，此兒意興亦豩索然，賴侂居季豫姍兄處，施之檢柙，羑以進善，女夫余攘之能讀父書、楊弢甫（明照）問業通人（爲巴縣向宗魯承周、江北陳季皋及門弟子），咸克自力于學，語以諷籀所得，爲之乞假師説（寬兒近方逡書鯢翁遺箸），事資攻錯之益，情有觀摩之效。寬兒今日所蒙，懿親之力也。前事周君志俌曾爲小女謀合，其人爲顧頡劉續講《尚書》，頡剛謂夏禹事誣，續其講者將以之廢《虞夏書》邪？以此畏沮，遂負來情。今者乃辱更申惠好之誼，令從女又復詞才斐嗾，寬兒得廁嘉姻之末，寔乖素對之義。以寒家無膴仕之貴，有妻空之實，國步斯頻，遊子復在遠也。故前者張君庾樓、趙子元方曾以其姪媢介徐森玉、陸穎明二君致詞，恕于二家有唯無否，苐申力儉食貧見屈之私，遂以不諧，今之以答來旨者，敢以攀附之心，漫爲誣罔之語。爰以素詞自白，其情猶昔也。寬兒生辰年月日時書於箋末，伏睎代呈，其終許之，周君之惠也。鄦君説妻字，古文[illegible]，云古文上从貴字，寬兒樸樕之質，其將儷豫章之選也。先後議昬始末，又有若前定者，善爲説詞，企之蹇脩矣。臨書媿悚，竚俟德音。敬問譔安。不宣。徐恕頓首再拜。廿九年七月十日。

孝寬生壬子建元後三年五月端三日時加卯，八字爲：甲寅，己巳，癸丑，乙卯。

《園記》印本“提挈”作“提絜”，爲墨版之誤。“廿畝”竟印作“念畝”，則大不可。廿卅卌等字，古人直讀爲二十、三十、四十，故《廣韵》云今直以爲二十、三十、四十，《論語》“三十而立”，漢石經作“卅”，唐石經從之。于《詩·無羊篇》“三十維物”、《噫嘻篇》“終三十里”，竝作“卅”，《詩》四字爲句，不可讀作三言也。廿之讀爲入，《唐韵》人汁切，《廣韵》人執切，可證與卅卌二字，皆急言之，自反爲音，故《國語補音·魯語》“廿轂”下引顔之推《稽聖賦》云：“魏嫗何多，一孕四十？中山何夥，有子百廿？”以“廿”與“十”韵，又足證也。（嚴可均輯《全北齊文》，失收顔氏此賦）《園記》墨版以之徵詠俗音，譌字必加是正。譜牒之學後世難言之。《記》文説誦汃名堂之意，有我祖肇興云云，建德之宗，非必與姬同出，以國爲氏也。毛公説“宜其家人”，云“一家之人，盡以爲宜”，鄭君箋之，自下己意，則云“家人，猶室家”殊不得傳意。人者，衆詞，必人皆曰“宜”，自盡其宜，意乃賅備，毛義爲長矣。如鄭君説，則直換字以合韵耳。

來教及《桃夭》詩語，紙有餘白，因附言之。

去秋答余季豫兄書，略詳近狀，改作《張益州畫像記》，不失明允原恉否？教學生涯于斯，可見不得英才而教，樂于何有？

大著《國志注》度已定藁。恕意中欲爲之書頗多，而無暇爲之，如何，如何？賡白。慎之先生左右。恕再拜謹上。[1]

八月二十四日，覆盧弼八日來書。

慎之先生譔席：辱八日誨簡，承周志俌先生以其令姪媛小像惠眎，姿儀端好，貌副其才，兼蒙道及志俊先生書語，不以儉素見譏，甚相嘉樂，不以位業訾富之殊，有所別異，恕何幸而得此於周君昆季，抑以先生之有所獎借而致嗞邪。恕少孤露，文質無所底，稍長心好異書，以是略審先士治學徑術，後麤解經書，又自憾于字學禮學未能沈孳鑽極，罕能通其義薀，故前者教學舊京，遂挈長男孝寬北上，命之執贄吴綗齋先生門下習治禮經，迻寫其注疏書眉識語，後數年，綗翁乃以侈談蘇聯政體學説自憙，于鄭氏禮説，孔、賈疏義倚席不講。兵事起，倉皇奔竄，終以憂悸隕身。黄君季剛弟子有陸穎明者，能傳其學，黄君《集韵表》初藁爲所編寫，以黄君之介，寬兒得從問業，于音紐韵部等呼三者之通轉變遷，與聞其申析緒論，又得從之乞假北京大學所藏王石臞先生《韵譜》《合韵譜》兩藁録副校讀，頃歲穎明亦自放廢，喜與優人韓世昌遊，究心于崑曲聲律，甚者乃至服食罌粟膏，苟以取適一時，終爲悍藥所苦。寬兒從二君受學，未能迵悉師説，幸于詖説狂習無所熏漬，以前所籀誦者爲經言史册爲之防也。"舊學極知難少貶"矣，已事可説者如此。周濂谿先生曰："師道立則善人多"。張横渠先生言教學有四益，其四曰：常以壞人之才爲憂，不敢惰。揆以西國近事，普之敗法，其國人歸功于小學教師。恕以一子外遊就傅，乃所遭值者如此，國内學子所漸被者爲何如也。恕無似，無以教勒子姓，復以兒輩質性駑下，于中西術業期之兼綜，良所難能。

---

[1] 北京泰和嘉成拍賣有限公司2019年春季藝術品拍賣會《聽墨・近代名人手劄——影像・手蹟・文獻專場》，2111號。四紙。

嫥于一涂，儻其庶幾，私心所蠘幸者又如此。

來教索寬兒像片，業于十四日郵上，儻副志備、志俊二先生初旨，有所告語，敬睎繢示。

大箸《國志補注》度已定稿，已墨版未？頃者鄰家子有取此志披覽者，恕命兒輩共之勘讀。《魏武紀》注（建安五年）魏武迎謂許攸曰："子卿遠來。"胡梅磵以攸字子遠，疑"卿""遠"字倒誤。案宋義以故楚令尹而號"卿子冠軍"（荀悦《漢紀》及如淳注），越王偁文種"文子大夫"，賈侍中曰："親而近之之詞。"子卿之呼，亦猶是歟。它文有可徵者否？又注（建安九年）令冀州"户出絹二匹、緜二斤"。攷之唐制，輸絹二匹、綿三兩謂之調，《昌黎集·張署誌》卷卅云："歲徵緜六千屯。"儻源于此歟？抑前時更有之。又潘勗《加九錫文》云："袁術僭逆，懾憚君靈，用丕顯謀。"徑用"丕"爲咈詞，與《詩》《書》"丕顯"字義殊，更有旁例同此者否？又《武紀》衛兹爲陳留太守將，注引《世語》云爲陳留孝廉，當即衛臻之父。志備先生《世系表》不箸其官。橋瑁于玄爲其族子，表又未列其名。衛以後卷山濤，山簡，李驤、壽、雄之例，不其闕諸。紙有餘幅，寫以奉質，敬乞誨答。手叩纂祺不既。八月廿四日。徐恕頓首再拜。

近爲番街一女塾閲改課卷，遂稽裁復，謹致歉忱，伏希荃察。①

據徐力文言，《徐行可先生捐贈古籍文物五十周年紀念集》照片中之"慶芬"②，其父輩稱爲"慶芬嫂"，乃徐孝寬之妻，確實姓周，或許孝宽終和建德周氏成婚。

① 北京匡時國際拍賣有限公司 2017 迎春拍賣會《見字如面——盧弼友朋信劄專場》，編號：1109。二紙。

② 《徐行可先生捐贈古籍文物五十周年紀念集》第 13 頁。

十月十一日（11月10日），高步瀛逝世。①

是月，徐海鐸自先生處借《洛陽伽藍記》校本二，一爲屈爔過録張宗祥校本，一爲先生手校本。

十一月，徐海鐸自先生處借謝元震《洛陽伽藍記校箋》。②

案：據徐海鐸過録《洛陽伽藍記》，知其亦署振五。《中日文化協會武漢分會會務動態》民國三十年（1941）11月份載：

> 增聘徐海鐸爲國學研究會研究委員。③

是年，駱鴻凱發表《文始箋》，引用先生藏劉治過録黄侃批校大徐本《説文》和《爾雅郝疏訂補》。④

案：駱鴻凱題記署"民國二十九年九月"。又，黄焯一九八一年致程千帆書云："先從父所批《爾雅郝疏》，原擬定名爲《爾雅郝疏訂補》。"⑤

是年，于省吾《雙劍誃殷栔駢枝》出版。先生有作者贈閲之本。

案：該書書衣題"行可先生指正"，無落款及印章。揆之常理，當爲于省吾親贈先生并題書衣。⑥

---

① 《國内學術界消息（二十九年七月至十二月）》之《悼高步瀛先生》，《燕京學報》第28期，民國二十九年十二月出版。

② 魏小虎《一部稀見〈洛陽伽藍記〉箋注本小識》，《上海博物館集刊》第10期。

③ 僞中日文化協會武漢分會編《中日文化協會武漢分會周年紀念特刊》第36頁，民國三十年（1941）出版。收入民國時期文獻保護中心、中國社會科學院近代史研究所編《民國文獻類編・文化藝術卷》，國家圖書館出版社，2015年，第879册第168頁。

④ 駱鴻凱《文始箋》，《文哲叢刊》第1卷，民國二十九年（1940）十二月國立湖南大學印行。

⑤ 《黄焯先生書》，見巩本棟編《程千帆沈祖棻學記》，貴州人民出版社，1997年，第204頁。

⑥ 雙劍誃殷栔駢枝一卷，于省吾撰，民國二十九年（1940）影印本。湖北省圖書館藏，索書號：經/3652。

是年，發表《仲姊氏李高行六十生日介壽文》。①

民國三十年（1941） 辛巳 五十二歲

二月初八（3月5日），僞中日文化協會武漢分會成立。②

九月二十八日（11月16日），出席僞中日文化協會武漢分會國學研究會座談會。《中日文化協會武漢分會會務動態》民國三十年（1941）11月份：

> 國學研究會座談會。本會國學研究會座談會於十一月十六日下午三時，假市立第一女子中學舉行，出席黄仲唐、金陸戈、衛石樵、汪書城、内田佐和吉、王知生、徐行可、徐海鐸、童善存、濮智銓、史坤侯、葉月舫、聞惕生、吉岡正秀、胡蓮舟等，由汪書城主席，討論國學研究會細則草案，及最近期内出版國學叢刊，并定於十一月二十日下午三時仍假市立女中聘徐行可先生主講第一次國學講學會。③

十月初四（11月22日），僞中日文化協會武漢分會舉辦第一次國學講學會，先生主講《論語博喻》。《中日文化協會武漢分會會務動態》民國三十年11月份：

> 舉行第一次國學講學會。本會舉辦之第一次國學講學會於十一月二十二日午後三時假市立第一女子中學禮堂舉行，由徐行可先生主講，題爲《論語博喻》，到各校校長教員及高年級學生共五百餘人，因演講旁徵博引，至爲詳盡，聽衆頗爲忻悦。④

《論語首章講疏》之《後語》云：

---

① 徐行可《仲姊氏李高行六十生日介壽文》，《制言》第六十二期，民國二十九年（1940）三月二十五日出版。

② 《武漢市志·大事記》第137頁。

③ 《中日文化協會武漢分會周年紀念特刊》第35頁，《民國文獻類編·文化藝術卷》第879册第167頁。

④ 《中日文化協會武漢分會周年紀念特刊》第36頁，《民國文獻類編·文化藝術卷》第879册第168頁。

日者在女子中學敷講時，以來集聽者多女生，爲舉《春秋經》兩書“子叔姬”（宣五年經之“子叔姬”嬪於高固。叔姬歸寧，壻來反馬。反馬乃成爲婦。故以父母之詞言之。），魯女也。一適杞而出棄大歸，見文公十二年。一適齊而子死身執，見文公十四年。服虔云：“閔之，故言‘子’，爲在室詞。”孔穎達疏申之云：“十二年，‘子叔姬卒’，已被杞絶，是並在室也。”（成八年經書“杞叔姬卒”，亦魯女而見絶于杞者。終爲杞伯所葬。故稱“杞叔姬”，以一字見意，春秋之義，微而顯矣。）蓋嫁而絶昏，反在父母之室，如未嫁者然。故稱“子”，自魯録之也。今世女教不修，昏姻道苦，覯閔者多矣。爰爲更舉太史公語，曰“禮之用以昏姻爲兢兢”（《外戚世家敍》）。“兢兢”者，慎之又慎也。其《儒林傳序》，又引武帝詔書曰：“蓋聞‘導民以禮，風之以樂’，婚姻者，居室之大倫也。今禮廢樂崩，朕甚愍焉。”馬端臨《文獻通考》學校門引此詔文，特加注曰：“是時論學者尚知本如此。”（朱子《小學》卷五載《胡文定公與子書》，曰：“治心修身以飲食男女爲切要，從古聖賢，自者裏作工夫，其可忽乎?”）以申儆女生之列前席者。[①]

十一月二十六日（1942 年 1 月 12 日），僞中日文化協會武漢分會編譯委員會决議將先生主講之《論語博喻》列入叢書發行。《中日文化協會武漢分會會務動態》民國三十一年（1942）1 月份：

編譯委員會第二次叢書股股務會議。編譯委員會第二次叢書股股務會議，於元月十二日午後四時舉行，出席全體編譯委員，有芮委員道一代主席，决議將徐行可先生主講之《論語博喻》發行叢書。[②]

① 《論語首章講疏》第 41—42 頁。

② 《中日文化協會武漢分會周年紀念特刊》第 38 頁，《民國文獻類編・文化藝術卷》第 879 册第 170 頁。

十二月二十日（2月5日），僞中日文化協會武漢分會出版組出版《論語講疏首章》。芮道一《中日文化協會武漢分會出版組工作報告》云：

《論語講疏首章》。國學名家徐行可先生應本分會之徵，講學漢市，輯其所述，印爲本分會國學叢書第一種，於二月五日出版。①

王叔槐《中日文化協會武漢分會學術組工作報告》云：

本組設立之國學研究會，規定每月舉行講學會一次，首次講學會，敦請徐行可先生講述《論語講疏》，其講詞由國學研究會整理後，已刊行單印本。(《國學叢書》第一種)②

十二月二十七日（2月12日），僞中日文化協會武漢分會議決爲《論語講疏》付給稿酬。《中日文化協會武漢分會會議録要》之《會議聯絡會務》云：

第三十四次會務聯絡會。二月十二日在本會會議室舉行第三十四次會務聯絡會議，議决要案……三、關於徐行可先生主編之《論語講疏》應改爲本會叢書得援照其他叢書付給稿費。③

十二月二十八日（2月13日），僞中日文化協會武漢分會舉辦第二次國學講學會，先生主講《韓昌黎〈柳子厚墓誌銘〉》。《中日文化協會武漢分會會務動態》民國三十一年2月份：

第二次國學演講會。本會爲期發揚國學起見，特定於二月十三日午後四時假市立中學舉行第二次國學講演會，仍聘國學名流徐行可先生主講，題爲《韓昌黎〈柳子厚墓誌銘〉》，出席

---

① 《中日文化協會武漢分會周年紀念特刊》第62頁，《民國文獻類編・文化藝術卷》第879册第208頁。

② 《中日文化協會武漢分會周年紀念特刊》第58頁，《民國文獻類編・文化藝術卷》第879册第202頁。

③ 《中日文化協會武漢分會周年紀念特刊》第25頁，《民國文獻類編・文化藝術卷》第879册第157頁。

聽衆除市中高年級學生及教職員外，各方參加者亦極踴躍。[①]

是年，甘鵬雲卒。[②]

是年，向宗魯卒。[③]

民國三十一年（1942） 壬午 五十三歲

正月十二日（2月26日），僞中日文化協會武漢分會議決先生《論語首章講疏》版權歸於該會，付給稿酬二百元。

> 舉行第三十五次會務聯絡會議，議決要案……六、關於徐行可先生主編之《論語首章講疏》版權已歸本會，可援例付給稿費二百元，由出版組簽請理事長核示。[④]

是春，張仁蠡於先生處鈔録《黄帝政教攷》《伊尹事録》，以貢汪精衛。稍後，爲賀汪精衛六十歲生日，又奪先生藏《純常子枝語》稿本。張仁蠡《伊尹事録》跋：

> 右《伊尹事録》一卷，爲萍鄉文道希先生遵修經史諸子舊文以成之者，要爲乙部之鴻箸也。卷端題“知過軒箸書之一”，殆爲寫定稿原本，夾有象山陳伯弢（漢章）先生校語數紙，説極精審。仁蠡曩承雙照樓主人屬訪文氏書稿，得於武昌徐行可（恕）先生家獲見《純常子枝語》四十册，越數日，復承徐君出眎此編，及《黄帝政教攷》，求一得三，遇合之際，有非偶然者，因亟假迻副本，奉陳清覽，藉留藝林之佳話，俾廣祕籍之流傳，仁蠡何幸參與有榮

① 《中日文化協會武漢分會周年紀念特刊》第40頁，《民國文獻類編·文化藝術卷》第879册第172頁。

② 《湖北省志·人物志稿》第950頁。

③ 向宗魯《校讎學》，第170—171頁。

④ 《中日文化協會武漢分會周年紀念特刊》第25頁，《民國文獻類編·文化藝術卷》第879册第157頁。

焉。壬午春日，南皮張仁蠡跋於漢口落伽碑路寓齋。[①]

又，張仁蠡跋《純常子枝語》云：

右《純常子枝語》四十册，萍鄉文道希先生（廷式）所自屬稿也。先生一字芸閣，純常子又其自號，故以題兹稿册。先生以咸豐六年生，卒於光緒三十年，年四十有九。應光緒八年壬午北闈，登榜選，以十六年庚寅恩科成進士，授編修，未幾擢爲侍讀學士。二十二年丙申，爲虞山楊莘伯（崇伊）揭參，落職南歸，不數年遂殁世矣。先生少長嶺南，得從陳東塾先生問業，才名與費屺懷（念慈）、江建霞（標）相等侔，而文筆勁警，詩傭衆體，詞尤隱秀。遺箸已印傳者，有《補晉書藝文志》《雲起軒詞鈔》；有其書見之時人稱述而未及目覩者，爲《中興政要》暨《雲起軒詩録》；書未刊布，而已見手跡者，此書而外，别有《黄帝政教攷》《伊尹事録》；其屬稿成否，莫可訪詢者，則爲《氏族略攷》《軒轅氏徵文》《環天室日記》三書。又據此書撮録所擬纂輯之書，有《三代會要》（見第二册"師説"條。《黄帝政教攷》《軒轅氏徵文》《伊尹事録》三種當爲此書别出者）、《群經撰句例》（見第七册"經義論語"條）、《全上古三代秦漢三國南北朝文輯補》（見第十册"論嚴鐵橋是書"條下）、《天下各國古今字様》（見第三十六册"論外國文字"條），要多僅有題號，而天不假年，未竟其志也。此書隨手編寫，分册先後，時日間有可稽，而部居雜厠，未爲定箸，其參據繁博，大小畢宣，於古今中外政教學術，靡不有所論列，王壬秋《湘綺樓記》目爲雜家之流，其以此乎？先生他書爲所知見者，都非鉅帙，則其畢生精力咸萃是書，以與洪景盧《五筆》，王深寧

① 伊尹事録一卷一册，清文廷式撰，民國三十一年（1942）南皮張氏鈔本，近人張仁蠡手跋。《標點善本題跋集録》第118—119頁。《"中央圖書館"善本題跋真跡》第615頁。

《紀聞》，顧寧人、錢辛楣《日知》、《養新》二録相挈比，又如驂之靳矣。辛巳歲杪，仁蠡承雙照樓主人之命，就武昌徐行可（恕）先生訪求是書，并獲見《黄帝政教攷》《伊尹事録》各一册。徐君自言致書之由，乃於民國二十年間得自湘潭彭子英，子英則得之於龔夫人所者。維時武漢大學方謀築館聚書，有以是書求售者，拒未之收，乃由羅田王季薌先生（葆心）之介，走千里，斥鉅資得之，其後，徐積餘（乃昌，南陵人，文先生門下士，嘗校刻《雲起軒詞鈔》）復介葉遐庵（恭綽）購求是書，將以合諸所藏文氏書稿，余未之允云。道希先生歿世垂四十年，遺稿沈湮，世鮮知聞，今幸於主人篤舊甄微之餘，復承徐君許於代録副本歸之後，以手稿本分讓，用遂留真之願，因先爲覆寫《黄帝政教攷》《伊尹事録》以進。今歲夏曆三月二十有八日，爲主人六十生日，謹奉斯手稿以爲駢福之祝，蓋必壽世之作爲與壽人之頌相符應也。猶冀他日獲與葉氏篋衍所藏，并歸插架，同付剞劂，蔚成鉅帙，留藝林之嘉話，廣秘籍之流傳，則闡幽稽往之盛，與眉壽無害之詠，有足爲今世慶者，庸獨仁蠡以得讀道希先生手跡三種私幸墨緣而已哉！中華民國三十一年壬午四月，南皮張仁蠡謹識於漢口五花賓館。①

案：當時徐振五亦鈔録《純常子枝語》一部。②

四月初六（5月20日），僞中日文化協會武漢分會舉辦第三次國學演講會，先生主講《賈誼〈過秦論〉》。《中日文化協會武漢分會二周年紀念特刊》之《本會學術組工作報告》云：

---

① 純常子枝語不分卷四十册，清文廷式撰，著者手稿本，民國三十一年（1942）張仁蠡手跋。《標點善本題跋集録》第328—329頁。《“中央圖書館”善本題跋真跡》第1838—1840頁。

② 徐振五《漢奸張仁蠡的一生》，收入《天津文史資料選輯》第27輯，天津人民出版社，1984年。

第三次國學講演會——本會國學研究會原爲提創吾國固有文化，及增進武漢人士研究國學興趣起見，舉辦之國學講演會，於三十一年五月二十日午後二時，假江漢中學繼續舉行第三次國學講演會，聘請國學名流徐行可先生主講，題爲《賈誼〈過秦論〉》，聽衆爲該校全體師生，因解釋之精詳，故均極感興趣。①

是秋，跋《文選李善注》。跋云：

《韵語陽秋》云張衡詩"客賦醉言歸，主稱露未晞"。白樂天詩有"客告暮將歸，主稱日未斜"。汪立名刻《白氏詩集》引之云：觀白公《和裴晉公集賢林亭即事詩》末句云"願我比蒲稗，永得相因依"，自注"謝靈運詩'蒲稗相因依'"，可見公極平易句，亦必有本。恕按：白公《謝裴少尹詩》云"《毛詩》三百篇後得，《文選》六十卷中無"，可見爾時崇賢注本傳頌至廣，正不獨如杜子美云"熟精《文選》理"也。壬午秋徐恕。②

是冬，張仁蠡又奪先生藏清文廷式評注《莊子》，獻於汪精衛。張仁蠡跋云：

去年五月，余既進萍鄉文道希先生遺箸《純常子枝語》原藁，暨《黄帝政教攷》《伊尹事録》副寫本，爲雙照樓主人壽，是年冬，復得文氏評注本《莊子》於武昌徐君行可許，乃舊藏於無錫丁仲祜（福保）家者，籀頌所爲校注各條，如……先生銓字刱詁之謹嚴多類此，以視高郵王氏父子，殆無多讓，於以見賢者固無所不能也，遂留篋衍，重念主人竺舊甄微之意，不敢自祕，兹值履端伊始，謹以奉詒，藉爲獻歲祝釐之頌。中華

① 僞中日文化協會武漢分會編《中日文化協會武漢分會二周年紀念特刊》第51頁，民國三十二年（1943）出版。收入民國時期文獻保護中心、中國社會科學院近代史研究所編《民國文獻類編·文化藝術卷》，國家圖書館出版社，2015年，第879册第311頁。

② 文選李善注六十卷，梁昭明太子選，唐李善注，清末民國初年上海扫葉山房石印本。湖北省圖書館藏，索書號：史十四/982。

民國三十又二年元旦，南皮張仁蠡謹識。[1]

案：徐振五《漢奸張仁蠡的一生》記録了張仁蠡和汪精衛之間關於文廷式手稿的往來函稿，以及張仁蠡如何從行可先生之手鈔録或購買典籍之事，該作者對當日情況知之甚熟。聯繫到魏小虎揭示上海博物館藏徐海鐸《洛陽伽藍記》過録本亦署“振五”，此徐振五或即當日僞中日文化協會武漢分會國學研究會委員徐海鐸。

民國三十二年（1943）　癸未　五十四歲

正月二十八日（3 月 4 日），徐乃昌卒。[2]

約四月，黄侃《反切解釋上編》印行，先生集字，摹以爲簽。

案：是書題籤印“反切解釋上篇（輯顧南原《隸辨》字徐恕摹）”，鈐“徐行可”印。[3]《黄侃日記》戊辰九月八日（1928 年 10 月 20 日）云：

> 行可寄來《唐詩紀事》二函（昔年吾所批），又贈予聚珍版《方言》校本三册、《反切解釋上篇》（昔年吾所編，國學館石印頗精，行可裝成）。[4]

不知民國十七年（1928）國學館石印時，先生是否已集字用作題簽。

五月初三（6 月 5 日），法國（維希政府）駐漢總領事向僞南京國

---

① 莊子十卷四册，周莊周撰，晉郭象注，唐陸德明音義，清光緒二年（1976）浙江書局刊二十二子本，民國三十二年（1943）張仁蠡手跋。《標點善本題跋集録》第 423 頁。《“中央圖書館”善本題跋真跡》第 1821—1822 頁。

② 楊成凱《徐乃昌卒年補説》，《文獻》2004 年第 1 期。楊成凱《南陵徐乃昌的墓表和墓志銘——略及人物生卒的查攷》，《文獻》2006 年第 3 期。

③ 反切解釋上編一卷，黄侃編，民國三十二年（1943）石印本。書末印：中華民國三十二年五月印行。案：本條係徐力文見告，徐力文言聞自馮天瑜。

④ 《黄侃日記》第 371 頁。

民政府特派大使吴頌皋、僞漢口市長張仁蠡"移交"漢口法租界。[①]

九月，張仁蠡示以清王聞遠《孝慈堂書目》，先生校并跋，自署"武昌遺黎徐恕"。蘇曉君纂《蘇齋選目》云：

《孝慈堂書目》，（清）王聞遠藏并編，民國八年書種樓鈔本，一册。

周貞亮題：民國八年九月，假吴興徐氏藏舊本傳録，手校一過。退舟記。

徐恕題：舍利函齋主人以此迻鈔本見示，取長沙葉奂份新刻勘讀一過。葉本脱誤悉録左方，後之人毋以此出重寫而易視之也。癸未杪秋，武昌遺黎徐恕識。(鈐"徐行可"朱文方印)[②]

案："舍利函齋主人"即張仁蠡。行可先生部分鈔本如手輯《童蒙訓佚文》，即用"舍利函齋"稿紙，故前人偶有誤將"舍利函齋"作先生齋名者。

又，《中國著名藏書家書目匯刊·明清卷》第15册《孝慈堂書目》，正據國家圖書館藏民國八年（1919）漢陽周氏書種樓抄本影印，先生校語赫然在目，惟不見周貞亮和先生跋。[③]

是月，先生題《西吴韓氏書目》，自署"武昌遺黎徐恕"。蘇曉君纂《蘇齋選目》云：

《西吴韓氏書目》清韓應陛藏 封文權編 民國間書種樓鈔本 二册

卷末徐恕題：沔陽歐陽伯濟長息政慶，年甫逾冠，雅好録略之學，視以此目，謂即虞山錢氏《絳雲樓書目》改題者，考之信然。故邵位西云有《韓氏目》，所刻書與《錢目》相出入。漢陽周子貞亮鈔存此目，著録于所編《書目舉要》中，復迻寫

① 《武漢市志·大事記》第141頁。
② 蘇曉君纂《蘇齋選目》，中國經濟出版社，2013年，第352頁。
③ 林夕主編《中國著名藏書家書目匯刊·明清卷》，商務印書館，2005年。

邵氏案語于《芙蓉莊書目》下。不取錢氏書薄一加勘對，而云韓氏失名，其粗率可嘆有類此者。其改題之由，疑錢蒙叟詩文與所選《列朝詩》及它書敘跋，均遭滿珠禁毀削版，鈔此目者，遂乃易其姓氏。昧者不察，板爲二書，實此之由。癸未季秋，武昌遺黎徐恕記。（鈐“徐行可”朱文方印）①

案：先生舊藏鈔本《絳雲樓書目校記》一卷，正是“依漢陽周氏書種樓傳鈔《西吴韓氏書目》本批校伍氏《粤雅堂叢書》本”②，此校記又移録於《粤雅堂叢書》本。③

是年，倩妻姪鄭可以朱希祖抄本《南渡録》校己藏之清抄本并跋。斠文卷端先生題：

李映碧先生《南渡録》斠文（卷上。依武昌徐恕桐風高藏本勘訂，徐本起崇禎十七年四月盡是年末，後殘□）。

斠文之末，先生跋云：

妻姪鄭無可（可）爲舍利函室主人勘寫是録異文訖竟，復倩舅婿黄清若（悳）補正其奪誤，其與明季野乘、紀聞異詞者當別爲書論之，不遑備舉也。壬子紀元後卅有二禩，武昌遺黎徐恕識。（鈐“藏棱”白文方印）④

民國三十三年（1944）　甲申　五十五歲

二月，爲搜古主人題《湖北先賢詩佩》。跋云：

---

① 蘇曉君纂《蘇齋選目》，第352頁。

② 絳雲樓書目校記一卷，鈔本。湖北省圖書館藏，索書號：善/1650—1。

③ 绛雲樓書目四卷，清錢謙益撰，清陳景雲注，清道光三十年（1850）南海伍氏刻粤雅堂叢書本。湖北省圖書館藏，索書號：善/1650。《徐行可舊藏善本圖録》第126頁。

④ 南渡録六卷，清李清撰，清抄本。附校勘記二卷，鄭可撰。湖北省圖書館藏，索書號：善/1376。北京大學圖書館藏朱希祖抄本《南渡録》斠文之照片，見1986年1月20日、3月13日黄俶成致徐孝宓書信二通。該書信夾置書中。參考黄俶成《〈南渡録〉版本考》，《揚州師院學報》1990年第1期。

此集傳本絶少，卷一首武昌，卷九訖荆州，府州備矣，殿以香籨，方外又附庸也。印本有與十五子詩佩卅八葉合印者，則餘一册。搜古主人以重金致此本于鄞縣壽商手，其别識舊藉敬恭桑梓之心力，固與今之短于聞見挾書自雄者迥不侔矣。卅三年二月，徐恕行可。①

案：歐陽蟾園批校楊守敬《寰宇訪碑録合篇》云：

頃徐氏搜古齋送來楊氏惺吾殘存卷一《續補寰宇訪碑録》零册定本，校勘一過，較此爲備，補録於此，用墨圈以别之。蟾園記。卅一、一、廿五。②

則搜古齋主人亦爲徐氏。搜古齋乃當日舊書肆，店址在武昌萃豐巷，店主徐林江。③

是年，王葆心卒。④

民國三十四年（1945）　乙酉　五十六歲

正月，校并跋《韵補》。跋云：

宋乾道本，汲古閣舊藏，袁寒雲曾得之。森玉宗兄假歸，取明何道亨刊本比勘，記其行欵異同如右，惜未及校正書。今寒雲藏書已歸數姓，此本入何家不可究詰矣。乙酉正月，徐恕臨校斁因識。

何本每葉十六行，行二十字，有嘉靖改元陳鳳梧序。序云何名天衢，楚之道州人。⑤

---

① 湖北先賢詩佩十卷附録一卷，清張旋均編，清乾隆宛在軒刻本。湖北省圖書館藏，索書號：集三/1336。

② 《徐行可舊藏善本圖録》第149—150頁。

③ 湖北省地方志編纂委員會《湖北省志·新聞出版（下）》，湖北人民出版社，1995年，第216頁。

④ 《湖北省志·人物志稿》第785頁。

⑤ 韵補五卷，宋吴棫撰，明嘉靖許宗魯刻本。湖北省圖書館藏，索書號：經九/111。《徐行可舊藏善本圖録》第65頁。

案：先生過録徐鴻寶校，僅限於徐藏序及吴棫序。

七月七日（8月14日），日本宣布無條件投降。[①]

八月十三日（9月18日），第六戰區在漢口中山公園舉行受降典禮。[②]

二十一（9月26日），湖北省政府接收原漢口法租界。[③]

武漢淪陷期間，先生備歷艱辛，曾被囚禁十日。一九五一年先生致盧弼書云：

> 倭寇内犯，武漢淪陷者八年，艱貞自守，雖利誘威脅，不爲效奴虜，仍爲其囚禁者十日。幸平生未效一官，更恥民黨政客傾側之行，有所不爲，有以自解，得脱于厄逮。[④]

《静晤室日記》卷一百三十六民國三十五年（1946）陽曆6月13日録《行可先生來書》云：

> 恕屢遭刼迫，終未降辱，惟舊居夷爲平地，先業所遺市屋，僅餘一椽。家人都十九口，戚屬來相依者又復二人，衣飾長物，斥賣已盡，租入不足以自活。[⑤]

約民國三十五年（1946）先生《致楊樹達書》云：

> 前者此間淪陷，州閭爲虚。恕先業市廛，廑餘一椽。武昌舊居竝鄰近二屋，夷爲平地。家人都十九口，戚屬來相依者又復三人。兵事相屬，彌歷七年。衣飾長物，斥賣已盡。書册去復緟者，易取遠西文史，不下數千本……前年冬杪，飛彈肆威，僦舍四周屋多傾圮，遠者才十餘丈，近者甫逾旬尺。[⑥]

徐振五《漢奸張仁蠡的一生》分析行可先生爲何答應張仁蠡鈔書買

① 《武漢市志·大事記》第143頁。

② 《武漢市志·大事記》第145頁。

③ 《武漢市志·大事記》第145頁。

④ 見本譜一九五一年。

⑤ 《静晤室日記》卷一百三十六，第8册第6082頁。

⑥ 見本譜一九四六年。

書要求時，提供了一段往事如下：

當柴山兼四郎初到武漢之後，曾慕徐之名欲購徐所藏王陽明墨跡卷子，許以日票一萬元爲酬。徐故昂其值，謝絕之，事亦告寢。三數月後，日本憲兵隊將徐行可逮捕拷問，詢其既無恒產，又無職業，全家十數口何以爲生，爲什麼不出來做事，想是不願“給帝國服務”，是一個地道的“反日分子”。徐百口莫贖，幸而曾在女中任過教，又在中日文化協會講過學，關了兩三個月，才被釋放。①

據《武漢市志·人物志》“柴山兼四郎”條：

1939 年 9 月在日本十一軍司令部供職，任漢口軍陸軍特務部部長…… 1943 年 4 月調南京任汪僞政府最高軍事顧問……喜愛書法，擅長丹青。②

徐振五言“關了兩三個月”，先生自言“爲其囚禁者十日”，當以後者爲準。

武漢淪陷期間，先生曾購得黃侃批《八代詩選》，其跋云：

此選友人蘄春黃季剛（侃）加圈識，武昌陷陷時得之星貨肆。弜誃。③

武漢淪陷期間，先生和沔陽歐陽蟾園多有往來。《論語首章講疏》之《後語》云：

《講疏》重加理董，係以十二絶句，集朱晦庵詩成之。沔陽歐陽伯濟過寓舍，見之案頭。曰……對曰……伯濟欣然，許出近頃所得常熟丁秉衡國鈞集斠《齊民要術》未刻稿本假鈔。索

① 徐振五《漢奸張仁蠡的一生》，收入《天津文史資料選輯》第 27 輯，天津人民出版社，1984 年。

② 武漢地方志編纂委員會主編《武漢市志·人物志》第 576 頁，武漢大學出版社，1999 年。

③ 八代詩選二十卷，王闓運撰，清光緒十六年（1890）江蘇書局刻本，黃侃批校。湖北省圖書館藏，索書號：善/2290。

居累年，作此冷淡生活者，今鮮其人。余與伯濟，固於故紙攤頭舊書肆中，時相邂逅，成相識也。爰附記之。[①]

案："伯濟"之名，當爲蟾園。武漢圖書館藏丁國鈞《齊民要術校勘記初稿》，即爲"湖北沔陽歐陽蟾園收得"。[②] 一九五五年沈疇春從徐行可處鈔得《齊民要術校勘記》[③]，足見歐陽蟾園言而有信。

又，先生致歐陽蟾園書信兩通，未知何時，今附於此，以見二人交往之迹。徐行可致歐陽蟾園書之一：

蟾園先生大鑒：家中舊存清代制錢卅余斤，古泉及外夷圜幣之不足存者，均擬出鬻，敬睎惠臨僦舍午飯，一爲審定。衛聚賢《古錢索引》及日本人論越南紀元書與論清代制錢書，統希携來。手白。敬候晨安。徐恕拜。一月一日。

徐行可致歐陽蟾園書之二：

中南銀行吴君穀庵買柯家書，有焦弱侯校沈氏刊《謝康樂集》，挩失尾頁及前序。鄴架本似有破字，能檢付小兒携回否？恕每晚八句鐘至吴君所寓永（或是立字）興大樓，閱其所得書。先生能于七句半鐘來恕寓同往，以殅霽路不泥濘時，方可往。尊藏《八代全文》《古經解彙函》，已爲吴君説二書有用。惟杜衛初近買明本六十册，僅十四萬。蟾園先生大雅。徐恕拜上。[④]

又，歐陽蟾園曾批校楊守敬《寰宇訪碑録合篇》（署時民國三十一年（1942）一月二十五日），是書鈐"沔陽歐陽蟾園珍藏印"，後爲徐行可收藏。[⑤] 歐陽蟾園校《橋西雜記》，手書《〈橋西雜記〉校勘記》，亦成爲徐行可舊藏，第不知歐陽蟾園加墨和行可先生收藏孰先

① 《論語首章講疏》第46—47頁。

② 陽海清主編《中南、西南地區省、市圖書館館藏古籍稿本提要（附鈔本聯合目録）》，華中理工大學出版社，1998年，第206頁。

③ 見本譜一九五五年。

④ 感謝某藏家惠示兩通書信之照片和録文。

⑤ 《徐行可舊藏善本圖録》第149—150頁。

執後。[1]

又，先生亦識歐陽伯濟長子政慶，見民國三十三年九月。

民國三十五年（1946） 丙戌 五十七歲

四月，致書金毓黻，附贈《論語首章講疏》，索還《唐書藝文志注》，此前三月底亦致一書。《静晤室日記》卷一百三十六民國三十五年（1946）五月初二（6月13日）録《行可先生來書》云：

静庵先生史席：兵事不得休息者八年，恕戢景儆舍，絶少與友朋通書問，以鯷虜於西去簡牘詗察極嚴，函札往還徒作寒暄語，抑遲久不作答，都非敝心所安，率直布白，容有無妄之禍及之。遂乃疏候起居，緘默之情，當蒙荃察。

此間淪陷士夫尟能持高節者，言念在昔先生違難去國，携家南奔，兩相持較，欽企尤深。恕屢遭劫迫，終未降辱，惟舊居夷爲平地，先業所遺市屋僅餘一椽。家人都十九口，戚屬來相依者又復二人，衣飾長物斥賣已盡，租入不足以自活。性復婞直，未能隨俗俯仰，守正以自安，固士君子之分也。

三月杪，有賈客入蜀，曾以一書介白左右，託女夫德陽轉收代呈，未奉清誨，豈爾時先生已返舊京耶？兵事前，承手帖從恕假讀繆藝風先生《唐書藝文志注》，適巴縣友人向君宗魯（承周）擬補正阮氏經疏斠記，從恕乞借多書，遂以繆氏《志注》鈔本八册託向君轉上，當已徹覽，想久迻録訖竟，求以厚楮密裹郵還。昨於書肆邂逅吉林張君素，爲貴校高材生，爲道先生行止甚悉，藉審大著《史學史綱》《遼東書徵》俱有印本，臨川李澄剛先生《易説》亦於蜀中墨版，統睎惠讀。恕雖庸劣，志學之念不減於疇昔，敢以爲請。附呈拙草《論語首章疏》，爲奸人賺劫印布，本非定稿，自加補正者不下數十事不及録上，意欲整齊傳訓，以教學子，語淺未足以達經旨，語深又未能以

[1] 《徐行可舊藏善本圖録》第199—200頁。

喻庸識。體裁當否？誼詁碻否？諸俟大雅有以教之。後語十餘葉，以明微志，斯時斯際，無拳無勇，無以相抗拒，否則藏書難全其有矣。重有見於今世學子，鄙棄古籍，國脉已斬，疇持正論，故加述而申儆之，迂濶之懷，固不辭好辯之譏也。手訊教祺，恭竢德音。徐恕再拜敬白。[①]

五月初八（6月7日），金毓黻於北京覆先生書。《静晤室日記》卷一百三十六：

得徐行可先生兩函，爲前借《唐書藝文志注》事，久未復，今始作答，語甚長，另録存於後幅。行可藏書遭亂死守，曾無少亡失，今當爲海内藏書家第一人矣。[②]

《復徐行可書》云：

在渝由令坦文君轉到大箋，適值理裝待發，未及作答。到京後，不知度置何所，以致遲遲至今。昨敝鄉人張君素由漢到京，遞到先生二次致箋，重承不棄，至於如此，中心感紉，真無可形容也。

前借繆著《唐書藝文志注》稿本，彼時即照抄一分，旋奉函囑由趙翁少函轉交向宗魯先生家中，謂能設法轉致。或因戎馬搶攘，向先生未及轉寄即歸道山，此書當在向宅，可由文君設法查詢，必不致零落無存也。至某傳鈔之本尚在篋中，如果原本散亡，自當照鈔一帙寄上，以充鄴架。嘗謂海内藏書家肯以秘本珍籍借人傳鈔者，唯先生一人而已。他人則以孤本爲鴻寶，以謂如經人傳鈔即不能保其高值，所遇比比皆是。喪亂以還，蕩然無存者不知幾許，以無副本故，亦等於廣陵散，作者九原有知必爲之痛哭失聲。以故先生不靳於傳鈔，某亦以刊行爲亟務，印一種即傳一種，故叢書尚焉。倘得償北歸之願，仍

① 《静晤室日記》卷一百三十六，第8册第6082—6083頁。

② 《静晤室日記》卷一百三十六，第8册第6078頁。

擬亟亟於此，尚望先生以秘本珍籍源源見假，則於表彰遺著，嘉惠來學，兩得之矣。

頃自尹石公借得《純常子枝語》刊本十六册，知其原稿藏先生所，且由尊處借鈔付印，此真盛德事，當代碌碌諸公安知此事之宜亟？文道希先生讀書甚勤，所見亦博。某所注意者，文氏在清季翰林院中見《永樂大典》八百九十餘册，較今日所存多至一倍以上。文公謂自輯《元經世大典》二十卷，不知此本曾經先生寓目否？又如宋人薛季宣《地理叢鈔》幽州一卷、《元太常集禮》一卷、《梓人遺制》四卷之摘録、《考古質疑》之佚簡，皆由《大典》輯出，亦俱載於《枝語》中，尤爲難得可貴。惟此書僅印數十部，版片雖存，而購求不易。某今日撮要録出若干事，尚覺美不勝收，苦難盡録，它日當設法别求全帙。此即先生表彰遺著、嘉惠來學之一端，某深愧弗如者也。

張君賫來大著《論語講疏》，細針密縷，無義不搜，雖爲一章，可窺全豹，佩服之至。附載十二絶句及告人讀書標準，語重心長，粹然有道之言，今日能知此希矣，奈何奈何！

先師季剛先生藏書與某舊藏同於戰前送采石磯魯宅保存，其後魯宅家人避寇他去，委棄於地上三四載。迨主人歸來，稍爲收整，大半亡去，存者亦無一全帙，兩家之書皆然。某還京後，親往檢點，運回都門，尚存六七千册，劫灰之餘，堪供抱殘守闕之用。結局如此，爲之愾然三嘆。先生於炮火飛彈之下抱持所藏，死守不去，因而存書幸少亡失，不愧爲吾道干城。昧者不知，猥以印書微事横加訾謷，何足論也。

拙著《史學史稿》《遼海書徵》雖有印本，均在由渝運京之行李中，稍遲再爲奉寄。李澄剛講稿僅有油印本，亦不易覓。日昨黄師母赴漢口，託爲問候，想已晤面矣。匆匆奉復，情不能宣。常希時惠好音。[①]

八月二十二日（9 月 17 日），張舜徽赴蘭州大學之聘，過漢來訪。《壯議軒日記》云：

早起，用點心畢，赴華實里訪徐行可姻丈。十年不見，須鬢俱霜，導其諸子出見，均已長成。庭廡之間，寢食之地，充棟塞宇，無非書也，所蓄視前時益多。八年兵火，幸獲全完，若有神明呵護，余爲之舉手稱慶。談至晡後，用膳始退。[②]

二十四日，《壯議軒日記》云：

上午未出門限，閱行可丈所撰《論語博喻》首卷畢。[③]

案：張舜徽所讀《論語博喻》首卷即《論語首章講疏》。

二十五日，張舜徽來參觀藏書。晚間，先生詣張舜徽，談至初更。《壯議軒日記》云：

早起，用點心畢，赴華實里參觀行可丈藏書，出示孫淵如《春秋集證》稿本及楊惺吾《水經註疏》鈔本，玩繹良久，歎爲拱璧。孫書以經傳爲綱，收羅子史百家以及類書說部，靡有闕遺，與所纂《孔子集語》體例略近，鈎稽排比，足見昔人用力之劬。[④]

二十六日，晚詣張舜徽談。《壯議軒日記》云：

晚間，行可丈來談至初更，多關人心世道之言，並盛稱余

---

① 《静晤室日記》卷一百三十六，第 8 册第 6080—6082 頁。

② 張舜徽撰、周國林點校《壯議軒日記》，華中師範大學出版社，2018 年，第 279 頁。

③ 《壯議軒日記》第 280 頁。日記原作八月廿四日（九月十八日），整理者以爲“無法確認張先生當時是誤記陽曆還是陰曆（中間跳脱八月二十三日日記也無法考證原因）”。案：日記以陰曆爲主，誤記者或爲陽曆。又，本日言讀《論語博喻》，或爲二十三日所得。姑以陰曆編入年譜。

④ 《壯議軒日記》第 280 頁。日記原作八月廿五日（九月十九日），姑以陰曆編入年譜。

所著《廣校讐略》中指斥時賢無所顧憚，爲有膽識，至更初始出。[①]

二十九日（9月24日），詣張舜徽談，是時先生已應教育部清理戰時文物損失委員會之聘，任湘鄂區代表。《壯議軒日記》云：

巳刻，鐵錚來，已而行可丈亦來，談至晷。

行可丈今應教育部清理戰時文物損失委員會之聘，任湘鄂區代表，不日將入湘調查，就詢湘中老輩孰最諳於掌故。余爲稱舉曹籽穀、劉盅園、李肖聃諸先生，徐丈皆未嘗謀面，屬余一言爲介。談至午時，乃邀二徐至食肆用膳。[②]

九月初二（9月26日），張舜徽來，先生與之商榷文稿。是夜，詣張舜徽談至更初，其明日離漢乘飛機赴蘭州矣。《壯議軒日記》云：

早起，赴華實里。行可丈出示其報教育部清理戰時文物損失委員會主任委員杭立武及副主任委員陳訓慈信稿二篇，及告湘鄂父老徵求文物書一首，就余商榷辭意損益之跡。余爲删易數處，欣然從之。前輩風規，固如是也。

夜間，行可丈來談，至更初始出。[③]

初五（9月29日），《壯議軒日記》云：

作家書，並寄漢口二徐各一函。[④]

案："漢口二徐"，即徐行可和徐鐵錚。

約是年，先生致書楊樹達。書云：

遇夫先生教席：辱手帖，審教學麓山，傳箸定藁，極慰積想。往歲，有自南來者，云先生荷長教事者獎語，錫以榮名，

① 《壯議軒日記》第280—281頁。

② 《壯議軒日記》第281頁。

③ 《壯議軒日記》第282頁。

④ 《壯議軒日記》第283頁。

欣于所遇，詩以紀事，此自稽古之力，不願乎外，先生固持此素分也。恕意同時膺斯顯號者，不無冒濫。容有舊聞新知兩俱違實爲先生所不齒録者，必非一輩。恕雖在遠，揆之私肊，決非縣擬。

前者此間隃陷，州閭爲虚。恕先業市廛，廑餘一椽。武昌舊居竝鄰近二屋，夷爲平地。家人都十九口，戚屬來相依者又復三人。兵事相屬，彌歷七年。衣飾長物，斥賣已盡。書册去複緟者，易取遠西文史，不下數千本。今者中土聖哲，時流既加鄙夷，經言史牒，學子不復籀誦。儻以之詔示，將何由究識。偶取西國碩彦雋詞眇語，以華言繙度之，俾驚新知者喻夫道原固今古一揆，治理則夷夏同貫。雖振聾启昧，事咈所願，來學不有得焉，而我則得矣。前年冬杪，飛彈肆威，僦舍四周屋多傾圮，遠者才十餘丈，近者甫逾旬尺。兒輩略迻書物廿餘簏庋存漢陽鄉區，前賢名迹、殷虚遺文適在此内。迄今以絀于資，未爲運徙之謀。重以蘇聯將嶹鯷虜故步，鱧食北疆。戰皊一啓，北自醫無閭，鹵暨天山，朔徼二陲，皆將被兵。機艇所屆，無遠弗至。炎黄遺胄，將無噍類。災害所及，北酷于南。都邑受其憯毒又烈于鄉野。埶在必發，久遲則所難逆覩也。以持民枋者未稍涉學治之藩，不有安兆庶之略。反側之輩，外内搆扇。安攘之策，進退失措。而期其正傾持危，曷克有濟。乃其政教所施，峻促有加于昝。范蔚宗所云："誚譟遠術"（亂後，仍未痛定思痛，尚以廢經隓聖、剗威文教之胡適主上庠，何以正人心、端士學?），"賤斥國華"（獨行之士如馬君一浮，知本之儒如熊君十力，皆陽爲優礼，虚致廩餼，未能盡其用也。國内賢俊英彦屏絶聲聞者，不無其人。未得奉手，末緣偁舉。第遠揆孔門四科之等，曰德行也、政事也、言語也、文學也。近迹清儒四學之目，曰性理也、經濟也、詞章也、攷據也）……傳訓之意。印成後，于詮解闕脱，自加補輯者，得數十條，未能迻寫。惟爲今時學子講授經業，語淺不足以達書旨，語深又無以喻庸識。其體裁若何取正，疏稿有無扃失，乞大雅有以教之。前以顧尚之（觀光）《國策編年》一册奉借。先生去舊京時，以此書存張某家，讓之曾爲代取，未得入手，求即移書，命張某以此小册交讓之手收。此書印本極少，決不願其亡失也。高齋舊刊《助字辨略》《古書疑義舉例》二書，能以印本見惠否？子女有分居武昌賃廬者，舊有一帙，不足以給用，故以爲請。恃愛瀆白，敬頌箸祺。①

案：夏金波考定此書時間爲一九四五秋至一九四六年冬之間，可從。今姑置於是年。又，信中所言淪陷時艱辛及《論語首章講疏》，與本年致金毓黻書類似。

十八日（10 月 12 日），取皇甫湜語“茹古涵今”名倗心書室，倩書王禔。

茹古涵今之齋。皇甫持正爲韓先生志有此語，以名倗心大兄書室，固勉其教後胤以修先軌也，徐恕記。丙戌寒露後三日王禔書。②

民國三十六年（1947）　丁亥　五十八歲

二月十二日（3 月 4 日），金毓黻覆先生書并致書一種。《静晤室日記》卷一百三十八《致徐行可先生書》云：

行可先生門下：去冬自瀋還京，得奉讀賜札及大作，久思報謝，以牽於人事未果。嗣黄師母來京，藉知左右有衡湘之行，謹託面候平安，亦未得作札，歉疏奚如。

先師季剛先生遺書，經某多方收拾，蓋無一種全者。兹經師母決定，捐與武昌圖書館，可謂得其所，而某抱殘守缺之心

① 上海鴻海商品拍賣有限公司 2008 冬季藝術品拍賣會，編號 0668。此書原爲册葉，共十七葉，拍賣網僅展示三葉。夏金波《徐行可致楊樹達函稿一件畧考》，《圖書情報論壇》2015 年第 5 期。感謝夏金波提供録文。

② 復旦大學吴格教授示以照片，係 2020 年 11 月西泠印社《美德嘉行——王福庵舊藏暨王福庵誕辰 140 周年紀念特展》展出作品。

顧，亦爲酬其大半矣。念自劫後來京，滿目滄桑，其可觀之新版書，惟明、清兩《實録》耳，然皆出之僞朝，且印於兵戈搶攘之際，則世運之升降於此可窺其消息矣。居嘗語人：吾華抱殘守缺之士，如漢經師之苦心孤詣，不似晦明風雨而易其操，祇武昌徐君一人，設有人於徐君而致詆諆之辭，使其無以自存，則吾華讀書種子絶矣。循誦大著，語重心長。詩不云乎："知我者謂我心憂，不知我者謂我何求。"其先生之謂歟？兹託便帶上拙著一種，乞詧收鑒定，餘不具。三月四日，毓黻頓首。[①]

是春，張舜徽自蘭州，題贈《積石叢稿》五種。

行可嫻丈教正，丁亥春日，舜徽自兰州寄奉。[②]

夏，馬一浮爲先生書"中國之人世守之"。

中國之人世守之。徐君行可富藏書，取昌黎此語，屬爲書之壁，其志遠矣。丁亥夏，蠲叟。[③]（鈐"蠲戲老人"）

案：行可先生曾郵贈馬一浮《諧聲譜》一部，時間不明，姑附於此。是書書衣題：

山陽丁韵漁先生字書二册郵贛一浮先生。後學徐恕敬上。[④]

九月九日，題《韓筆酌蠡》。

《道古堂集·閻若璩傳》云：崑山徐公嘗謂海寧盧孝廉軒云："書不經閻先生眼過，譌謬百出。"是盧君與健庵先生有過從議論之雅也。丁亥緟九日，徐恕。

軒字素功，一字巽行，號日堂，又號六以，海寧人，以康熙四十八年己丑科成進士，散館後授檢討，官至司業。此書外

---

① 《静晤室日記》第8册6186頁。

② 積石叢稿五種，張舜徽撰，民國三十五年（1946）鉛印本。湖北省圖書館藏，索書號：子十/864。

③ 《徐行可先生捐贈古籍文物五十周年紀念集》第11頁。

④ 諧聲譜，清丁顯撰，清光緒刻本，浙江圖書館藏。

別譔有《春秋三傳纂凡表》《日堂文鈔》《詩鈔》。恕又記。（商邱宋犖序後）

程氏又於乾隆八年癸亥爲閻信藪林刊其大父百詩先生《四書釋地又續、三續》。（歙州程崟序後）[1]

廿八日（11月10日），吴宓主編《武漢日報·文學副刊》發表先生撰《大足楊氏燕喜屏風題辭》、譯《劍橋書感》，均題徐恕。遺憾未能找到英文原作以資參考，兹録先生譯詩如下：

英國查理蘭穆一八一九年八月十五日所作詩

劍橋書感　徐恕譯

學府之重阿複宇兮，曾未涉藩以闚户。道藝之源泉雙流明浄而交午兮，嗟余不蒙其潤煦。揆一己之有可偁數兮，未暇就上庠以稽古。儻得徜徉其窔堵兮，厠彼多士之列爲朋伍。仰兹格難達之前矩兮，□之在膝之孩乳。怳若莪冠之束額兮，曳長裾而踽踽。若挾異能兮，勇可賈。陳詞娓娓兮，飾辨術以自輔。伊古拉姆氏之幽魄兮，相余繼武。意藴無窮極兮，集吾靈府。汝曹承嘉姆之流裔兮，静聆余之理剖。以誘進攻苦之學侶兮，有以通其脈縷。彼斯達幾野之哲彦始祖亞里士多德兮，將亦躊躇於余言而得十抽五。[2]

案：原件模糊，譯文之"□"或是"爲"。

十一月九日，吴宓訪曾昭安建議購買先生藏書。十一日（12月22日）《吴宓日記》云：

夕訪昌，詢圖書委員會開會（二十日下午，宓不克赴，故由陳家芷導宓午飯後往訪曾堿益，建議購徐行可藏書。未蒙采

---

① 韓筆酌蠡三十卷年譜一卷，清盧軒撰，韓筆敘説，清盧軒纂，清雍正八年（1730）程崟刻本。湖北省圖書館藏，索書號：善/2055。

② 吴宓主編《武漢日報·文學副刊》1947年11月10日第八版。感謝羅恰襄助是版掃描件。用湖北省圖書館藏縮微膠卷及原件校過。

納施行）情形。[①]

十二日（12月23日）《吴宓日記》云：

是午徐恕來訪，未遇。[②]

民國三十七年（1948）戊子　五十九歲

正月，題《説文解字徐氏繫傳》。

陸務觀《南唐書・徐楚金傳》云："江南圖書之盛爲天下冠，鍇力居多。"亂至五季，兵戈不閲，吾家楚金獨存黄虞夏於盜賊禽獸之中，功無與尚矣，不特與其長昆鼎臣傳布鄦書爲文字絶業也。戊子春孟貞勝書宬主人識。[③]

是夏，馬一浮抄示近作。

論道經邦付九家，憂生念亂等狂華。不知稷下雕龍辯，何如青門學種瓜。

近作書奉行可先生莞教。戊子夏，蠲叟。（鈐"蠲叟"白文方印）[④]

① 吴宓著、吴學昭整理注釋《吴宓日記》，生活・讀書・新知三聯書店，1998年，第10册第295頁。

② 《吴宓日記》第10册第296頁。

③ 説文解字徐氏繫傳四十卷，宋徐鍇傳釋，清道光十九年（1839）祁寯藻刻本。湖北省圖書館藏，索書號：經九/5027。

④ 湖北省圖書館徐行可紀念圖書館藏複製件。

一九四九年至一九五九年（1949—1959）

一九四九年　己丑　六十歲

是夏，黄悳過録楊守敬《日知録》跋文校語於先生餽贈之本上，是書尚過録有清李富孫批校。

（黄悳過録楊守敬跋）此書卷端校注語無姓名，據歙縣鄭君愈云是商城楊魯生先生（鄭君忘其名）所批，先生嘉慶間進士，作令山東，周文忠天爵其弟子也。余從鄭君得此書，又得萬季野《群書疑辨》，亦有先生批語，附記之。乙酉秋宜都楊守敬記。（摹"楊印守敬"白文印）

（黄悳跋）行可大兄以楊校本見詒，因以校語過録於此本。語首有朱圈者是也。己丑長夏清若謹識。（鈐"黄悳"朱文方印）[①]

案：黄清若名悳，徐明庭《葉調元與〈漢口竹枝詞〉》云："徐行可妹夫黄清若。"[②] 先生題《讀杜筆記》云："舅婿黄清若。"[③]《與楊明照論通鑑書》云"舅婿黄君清若"。既言"舅婿"，則黄悳與先生爲連襟也。

閏（七）月，先生之子孝定過録清章壽康校《拜經樓藏書題跋記》并跋。

---

① 日知録三十二卷，清顾炎武撰，清康熙三十四年（1695）潘耒遂初堂刻本，佚名過録清李富孫批校，黄悳過録楊守敬校及跋，黄悳跋。湖北省圖書館藏，索書號：子十/74。

② 徐明庭《老漢口叢談》，崇文書局，2013年，第245頁。

③ 讀杜筆記一卷，清夏力恕撰，清末至民國刻濩農遺書本。湖北省圖書館藏，索書號：集四/83。

章君碩卿壽康手校此書，藏鄂城柯逢時家，其冢孫計斤論直，鬻之市廛。偶得寓目，迻録書眉。己丑秋閏七月徐孝定記。[①]

八月初十（10月1日），中華人民共和國成立。

一九五〇年　庚寅　六十一歲

五月，北游至京，獲《名賢詩評》。

此書四庫失收，庚寅夏五北遊，得於隆福寺書肆，弜誃寫記。[②]

是月，在京獲《字雅》殘帙，分贈金毓黻。

恩詠春（華）《八旗藝文編目》載英斂吾（浩）《字雅選文》六卷，未詳所據，亦未及此本書，不審選文與此書若何別異，録之以待續訪。同時得此書第九卷申集艸部至西部，以遺遼寧金君竫盦毓黼。彊誃記於北平旅次，庚寅夏五。

斂吾有《字典校録》，光緒癸巳年刊本，慕純氏藏版。[③]

二十七日（6月12日），訪許寶蘅、傅嶽棻。《許寶蘅日記》云：

與娟净弈，魯瞻觀局。徐君行可恕言曾聞廖君談及，曾在隨州徐冠瀛刺史署中與余共事，此五十年前事也。廖君姓名已不記憶，而徐君偶爾有聞，尚能道及，可謂强記矣。徐君藏書甚多。[④]

案："娟净"即江夏傅嶽棻。許寶蘅雖籍貫仁和，然自幼生長於漢口，和湖北人交往甚密。

來京期間，和金毓黻多次晤談，贈其《潛索録》，獲贈《文淵閣四庫提要》。1950年6月16日（五月初二）《靜晤室日記》卷一百五十二：

---

① 拜經樓藏書題跋記五卷附録一卷，清吴壽暘纂，清道光二十七年（1847）蔣氏刻別下齋叢書本。湖北省圖書館藏，索書號：善/2421。《徐行可舊藏善本圖録》第123—125頁。

② 名賢詩評二十卷，明俞允文編輯，明李仲芳删定，明刻本。湖北省圖書館藏，索書號：集三/1374。

③ 字雅□卷，清英浩輯，稿本，存卷五至六。湖北省圖書館藏，索書號：經/3889。

④ 許寶蘅撰、許恪儒整理《許寶蘅日記》，中華書局，2010年，第1627頁。

日前徐行可先生來自武漢，余曾作數次之晤談。此公古貌古心，不合時宜，要之今之有道君子也。余贈以所印《文淵閣四庫提要》一帙，君亦贈我瀋陽范氏《潛索録》一册。君不日南返，惘惘而别。①

冬，贈馬一浮明刊《焦氏筆乘》，囑書"貞勝書宬"榜字，又集馬一浮詩句爲三百餘聯，馬一浮賦詩感謝。馬一浮《徐君行可貽明刊焦氏筆乘屬書貞勝書宬榜字又手集拙句爲楹帖得三百餘聯録副見示賦謝》云：

尸居久已廢將迎，漢上書來雪始晴。幸有貂狐存燠抱，何期葵蓼附侯鯖。割將片玉歸雙袖，夢託微波在兩楹。他日高齋看榜刻，秋蛇春蚓庶同貞。②

又，馬一浮書：

徐氏貞勝書宬，庚寅冬爲行可先生書，蠲叟。(鈐"蠲戲老人"印)③

一九五一年　辛卯　六十二歲

正月，跋清蕭穆校《徐騎省集》。

蕭敬孚先生手斠本，所據校改者題《徐公文集》，當依明州本勘寫。蕭君别有據朱竹垞藏鈔本校録者，亦歸敝篋，均於辛壬丕變前得之。忽忽已逾四十年矣，尚未披誦一過。前人之勞，古緣所萃，殊媿負之也。辛卯春孟，武昌徐恕。④

三月，方喦題贈先生鈐印本《波若波羅密多心經》。

辛卯三月寄似彊誃道長正篆，介堪方喦。⑤

① 《静晤室日記》第9册第6928頁。

② 《蠲戲齋詩編年集·庚寅》，《馬一浮集》第三册第517頁。

③ 《徐行可先生捐贈古籍文物五十周年紀念集》第11頁。

④ 徐騎省集三十卷補遺一卷，宋徐鉉撰；校徐集札記一卷，清朱孔彰撰，清光緒十七年（1891）黟縣李氏刻本，清蕭穆校。湖北省圖書館藏，索書號：集二/6063。

⑤ 《徐行可先生捐贈古籍文物五十周年紀念集》第11頁。

是月，吴樸爲先生治印“傳家只要存書種”，白文方印，邊款“彊誃先生取陸務觀詩句屬爲治印。辛卯季春，樸堂。”①

四月初一，吴樸爲先生治印“武昌徐氏所藏四庫闕佚書”，朱文長印，邊款：“貞勝書宬所藏册籍多滿珠祕閣未録存者暨其禁焜之書，爲治此印，俾識卷耑。辛卯四月朔日，吴樸記。”②

約三月底四月初，覆盧弼書，來書訊先生地址，以便寄《湖北舊聞録》。

慎之先生左右：前奉三月廿四日手賜露箋二紙，恕適以病胃淹滯床蓐者逾月，家人未以相示。近始就痊瘉，乃得披誦。辱雅誼殷勤垂念迂朽，撫己慙赧，作答稽遲，既深感荷，復滋歉仄，幸乞鑒原。恕自廿年冬杪辭去俌仁教事，自揆庸虚，斂門息景，歲廑五稔，倭寇内犯，武漢險陷者八年，艱貞自守，雖利誘威脅，不爲效奴虜，仍爲其囚禁者十日，幸平生未效一官，更恥民黨政客傾側之行，有所不爲，有以自解，得脱于厄。逮倭寇乞降，民黨欲羅致名流，陽奉虛禮，恕本以治學爲職志，迂闊成性，復自審非政事材，堅卻其請，且決其失政失民，必危禍國家，欲絜其身，而能失其所守乎？今值新運，設施大政，于舊革去民黨粃政，吾儕小人惟冀國勢日强，世局早臻寧謐，得修先人素業，終此餘年已耳。令兄木齋先生，前于京中刑部街設館藏書，主其事者何人？書經喪亂得全，其有否？恕有書六百櫥，幸未亡失。前年冬杪，武漢大學一教授陳君爲言校中所藏舊書方志外無多册籍，意欲從恕乞借。恕欣然願以書四百櫥存之校中，惟移運費須近二千萬。校中生徒，目前尚無閒晷肇治中土故書，至今未有成言也。前去都門，與先生相别時，承許以奉詒之陳愚谷先生《湖北舊聞録》廿六册見還（後得一册，侂

① 吴樸著，周建國、譚飈編《吴樸堂印彙》，重慶出版社，2020年，第26頁。本條乃王可萬見示。

② 《吴樸堂印彙》第67頁。本條乃王可萬見示。

余季豫姻兄送呈，曾奉白，當收到），不願與孟叟壽生所鬻奉者析而爲二，故未收受，今重付印行爲不可能，即依它本補成完帙，亦無此好事者爲之。兒輩多未入學校，尚能楷寫，惟家人廿一口，艱於生事，未能以數人竭日力以速成此閒業。粗白賤狀，當嗤其癡頑如恒耳。大著《國志注》聞已印，能賜讀否？手叩箸祉。弟恕拜。

恕武昌舊宅在武昌者燬于寇，前年賣一地重葺之，未能畢工，尚可住（現爲市府後街卅五號）。①

案："前去都門，與先生相别時"，則二人在京曾會晤。

四月十三日，盧弼覆書先生。《慎園啓事》卷下《覆徐行可》（一九五一年五月十八日　辛卯四月十三日）：

奉示忻慰。前探詢尊址，爲商寄《湖北舊聞録》事。拙齋藏書賣盡，此書艱苦保存，鈔補完璧，幸未失墜。自我得之，不欲自我失之。耿耿在心，決定全部掛號，寄交尊寓。賤齒七十有六，願速了此事。廿年苦況，略述於後。拙藏數十萬卷，大宗圖籍，第一次賣歸北平木齋圖書館（所買福建林氏大本《圖書集成》在内），始獲於天津置一小樓（此樓近擬易主，即爲無産階級矣），爲避地之計，亦即生最失策之舉。大兒經商重慶，急需母本（日寇時棄北平市府職南行），賤軀患病，居醫院四十餘日。子婦亦罹重疾，行大手術二次。數者所需，乞靈敝藏（他物無可賣者），是爲第二、三次之賣書。小女室人先後重疾，醫藥葬費（室人逝世即日草草埋葬）無所出，乃竭二十年手自批校《國志》參考書數十種（《水經注》各種數十部在内）及善本書數百種，一舉而歸諸北京大學圖書館，極廉之價，等於半賣半送，幸書得其所，是爲第四、五次之賣書。收藏鄉賢著述，除已歸木齋圖書館外，尚有三十種，不願歸之

① 2018年泰和嘉成秋季藝術品拍賣會《字裏相逢——盧弼友朋信劄專場》，2226號，原題《徐恕爲不任日寇僞職不入民黨官場及武漢大學欲借書事致盧弼手劄》。現藏湖北省圖書館。

他人，每部當時新券一元，賣諸楚學精廬，爲長孫女輔大膳宿之資（此女已畢業在醫院辦事）。案頭只餘童時所購鄂局本《詩韵釋要》一册，供吟詠遣日之用（尚有拙著文稿三卷、詩稿七卷。平生刊印數百千卷，自著乃不能印一字，真可笑），數十年辛苦得來之藏書盡矣，此亦李易安《金石録跋語》之一段傷心史。因兄爲藏書家，異日續鞠裳《紀事詩》，知有此一段始末。天春園主人以三鈔書屋自詡，倩張乾若撰序，轉屬代作，其二鈔則敝藏也（一《康熙一統志》十餘册，一《皇輿全覽》數册）。平日借木齋圖書館零星小册，一一歸還。詎意先兄木齋逝世未幾，北平在圍城中，東北流氓學生千餘人，盤踞舊刑部街，木齋圖書館拆毁一空。所有《沔陽叢書》《慎始基齋叢書》及其他各種版片，全燬作薪。後聞尚有若干，搶歸清華大學。先兄提學奉天，鋭意興學，涓滴歸公，白骨未寒，食報適得其反。此與張江陵之盡瘁身後籍没何異！言之痛心。藏書賣以前，纂成《三國志集解補》二卷，稿存津寓。數年之間，兄（九十三）、姊（九十一）、妻（七十三）、女（五十一）相繼云亡。終日以淚洗面，寫字摸瞎，環境逼迫，留此頑軀，未填溝壑。回憶前塵，如同隔世，惟以吟詠自遣而已。[①]

約四月中下旬，先生覆書盧弼。

慎之先生史席：奉讀四月十三日誨答，具案此廿年來鼭嶇寇難之中，遘罹死喪之戚，情有獨至，故詞有餘哀。惟念共業難回，耄期有盡，此皆無可爲計，豈宜以之厝褱。事出非常，理有大斷。欲相慰解，亦秪能以此等語相抑勉耳。清閟圖籍未全其有，竟違素心，幸以善本歸之上庠，嘉惠來學，良爲德舉，尚𢑱半價，可資存濟。恕許以藏書四百櫥借與武漢大學，存之永遠，不索一錢，訖今不爲逡運，未有成言，兩相持較，所感爲何如邪。承示唫槀，名篇

① 盧弼《慎園啓事》卷下《覆徐行可》，一九六一年油印本，第十九葉。感謝湖南圖書館劉雪平惠示照片。

如温詩一律結語，與放翁詩所云“愈老愈知生有涯”情韻適同，雋語如“天壤留斯文，異代成知己”“購方同疾苦，何必問微軀”“治家惟汝頼，疾惡（恕正坐此取憎於人）勸余寬”“舉世盡作没字碑，腐儒應悔術不擇”都爲雅音，可共欣賞。它詩則多出之率易，未加祓飾，徒增篇什，終以自釀嘲詞，甚無謂也。放翁詩近萬首，古今詩人無以過之，而理致未深，格律未閎，在當代未能絜比蘇、黄二家，遑論唐賢古先。恕近擬製七印，輯其律絶成短詠卅二章，以當題詞，鐫之石側，爲兒輩勸學之箴。惕犢之情，所不容已也。寫本與曩作壽頌一篇、和詩一篇、輯山谷詩壽文一篇、《論語首章講疏》一册，别函郵呈，伏睎教削。大箸《國志亼解》，程功爲密，雖已墨版，以絀于貲力，未能印布，大足惋惜。《續解》二卷尚未定箸，願爲勘對，任校字之役。恕意先生于《集解初編》，最録儒先遺箸未刊布者及自下己意者，重爲要删，録成别册，亦爲盛業。愚谷先生《舊聞録》承惠賜不敢辤，未死餘生，于鄉國故實資以披誦，擬加補訂，或視前此官書爲較審慎。臨書致謝，手頌箸祉不旣。

令孫女芳名爲何？年若干？在倩仁何系？已字人否？敬問。弟徐恕叩白。[1]

五月十五日（6 月 19 日），覆信盧弼，謝贈《湖北舊聞録》全帙。

慎之先生史席：奉手誨，竝郵惠《湖北肍聞録》全帙，兼示以録中何卷較爲美備，教益遠賜，軌則尚遵，庶程功得審所從事矣。辱荷雅況，感不拜嘉。惟恕年事漸老，精力就衰，僦舍湫隘，書四百餘篋填溢室宇，又百數十櫥分貯武昌舊宅，繙

① 北京泰和嘉成拍賣有限公司 2018 年秋季藝術品拍賣會《字裏相逢——盧弼友朋信劄專場》，2227 號，原題《徐恕爲免費寄存藏書四百櫥予武漢大學等事致盧弼手劄》。現藏湖北省圖書館。

帑不易，兩兒家居者復一任副組長，一任治安員，終日有所事事，開會募捐，領謌詠隊及識字班，幾無暇晷，欲其稍佐編寫之勞，無能爲役也。此閒雖古籍善本罕得見諸市廛，而近人譔箸西土書册涉乎文史究及玄理者於星貨肆中廢紙攤……儀匹，此豈今日學校女生所願屈就者乎。故謀婦之事，未能以之上請也。今之當涂秉政者，措施有勝于前，而于書教第一重事，傳宣强天才与凡庶而一之，于聖言治迹過事耒殺，于人心風俗不端其趨向。憂褭總集，欲效賈生之哭涕太息而不可得。所能保持者，區區一心，所印蘄者，蒼蒼者天而已。殘年向盡，口不擇言，一爲大雅陳之，不足爲外人道也（余季豫孫女三人爲恕長女所出，去年見之，自校歸即去韡履，不韤而著曳鞵。戒之，不見聽納也）。臨書馳企，敬頌箸祺不偈。弟徐恕頓首再拜。六月十九日。

大箸十紙函上，敬乞察入。[1]

案：此信尚存封，天津郵戳日期爲1951年9月6，即陰曆八月初六。信封内容如下：

天津十區大理道六十四號　盧慎之先生大啓　華實里三號徐行可上

顯然，信件和信封已錯位。

案：先生所言盧弼“示以録中何卷較爲美備”，今不得而詳，然尚見一斑。徐孝宓《陳詩和〈湖北舊聞録〉》云：

沔陽盧弼致武昌徐行可先生書云：“書中鄉鎮、置郵、壇廟、寺觀、雜記多可删，文獻最好，亦有疏略。如董香光爲張

① 北京海王村拍賣公司2017年秋季書刊資料文物拍賣會《彩箋尺素——近代名人書札專場》，1116號。共八紙，未展示之六紙用省略號表示。用桐風庼緑格稿紙。

江陵申辯見《畫禪隨筆》，即未録入，其它類此者甚多。”[①]

盧弼又賦詩《〈湖北舊聞録〉鈔本四十六册寄徐行可》云：

蘄州陳愚谷（詩）先生著《湖北舊聞録》，久求不得，聞業師孟壽蓀（晉祺）先生藏十三册，江夏徐行可（恕）藏二十六册，行可初不相識，分函借印，有“擬假二美合爲一編，有珠聯璧合之雅，收腋集裘成之功。石莊繹志，失而復得。梁谿遺稿，散而復完。傳鄉賢之名篇，增藝林之佳話”云云，均荷惠諾。余鈔補數册，已成完璧。先兄木齋謀付刊，時方多難，厥願未償。三十年來，滄桑陵谷，拙齋藏書數十萬卷，悉已易主。是書艱辛保存，幸未失墜。今以全帙歸行可，庶幾無憾於愚谷先生矣，走筆感賦。

久聞愚谷翁，鄉獻舊聞寫。沉鬱幾何年，歎息知音寡。刻意苦蒐求，翰墨結風雅。孟徐藏殘編，忻然許我假。趙璧仍未完，拾補不敢惰。阿兄擬汗青，閡願遂未果。我得不我失，經歷幾兵火。晚景逝桑榆，慮不勝負荷。檢點授郵傳，珍重寄行可。付託喜得人，重負已釋我。[②]

案：此詩所在卷六均爲“辛卯 七十六歲作”。此詩行可先生有奉和，且屢次修改。盧弼亦寄示石榮暲，石榮暲於立秋日（七月初六）和詩一首。劉文嘉見之，於立秋後七日和詩一首。盧弼、石榮暲、劉文嘉、行可先生四首詩作，録文具見皮明庥等點校本《湖北舊聞録》。

十九至二十六日（6 月 23 日—30 日），作爲特邀代表，參加武漢市第二屆各界人民代表會議第一次會議。《武漢市各界人民代表會議》載：

---

① 清陳詩著，皮明庥、李懷軍標點，張德英、皮明庥校勘《湖北舊聞録》，武漢出版社，1985 年，前言第 6—7 頁。

② 盧弼《慎園詩選》卷六，一九五八年油印本。

武漢市第二屆各界人民代表會議第一次會議。1951 年 6 月 23 日—30 日，在漢口一元路青年劇院（今改建爲人民政府大禮堂）舉行……全市選舉産生出席市第二屆各界人民代表大會第一次會議的代表 511 名……特邀代表團 50 人。[1]

據《武漢市歷次各界人民代表會議代表名單》，先生和張春霆（繼煦）均爲武漢市第二屆各界人民代表會議第一次會議、武漢市第三屆各界人民代表會議第一、二次會議特邀代表。[2]

二十九日，覆信陳乃乾。《徐恕致陳乃乾信札十八通》之十八：

乃乾先生大鑒：前奉孟月五日手帖。恕南歸後，胃疾增劇，偃息在床，近始就痊。齒危牙斷，醫者爲悉拔去，迄今浹月，尚待齒肉緊縮，方能裝製僞品，頗極委頓，以是於先生生日大作久未賡和。春杪友人自杭來者鈔示馬一浮先生生日詩，詞意憯痛。昨理故牘，乃復見之。積雨新霽，謹次答大雅來唱，初稿寫上，伏乞宲正。篋中無嘉陟釐，詩既醜惡，書迹尤劣，豖未別謄，寔不足存也。壽馬先生詩，兒輩副墨，謹呈教削，尚未郵呈馬先生也。蘇君繼廎在京，去年方獲奉手，見所藏何屺瞻評《兩漢文鑒》，翁正三有跋尾，不審能相分否？如可，乞垂示。匆上，敬頌吟安。徐□拜白，五月廿九日。[3]

案：此書未署年，可以定於是年。先生去年在京，今年覆盧弼三月二十四日來書時言“恕適以病胃淹滯床蓐者逾月”。此書署時五月廿九日，雖視爲陰曆編入，但更有可能爲陽曆 5 月 29 日即陰曆四月二十四日。馬一浮自六十歲至於逝世，幾乎每年都有生日詩（褉日詩），一九五一年亦不例外，爲《褉日答諸友致問二首》。[4] 先生《壽

① 武漢地方志編纂委員會主編《武漢市志・政權政協志》，第 44—45 頁。

② 《武漢市志・政權政協志》第 105、110、114 頁。

③ 虞坤林《徐恕致陳乃乾信札十八通》，《文獻》2007 年第 3 期。

④ 《馬一浮全集》第三册第 521—522 頁。

躅叟詩》，一九五二年張元濟覆書先生時亦言及。1950 年 12 月 30 日《陳乃乾日記》云："過秀州遇蘇繼廎，云將於下星期往北京。"①1954 年 10 月 10 日、1958 年 3 月 16 日《陳乃乾日記》仍有蘇繼廎在京的記載②，范祥雍《養勇齋詩鈔》之《奉謝太平翁贈何屺瞻手批宋刊本〈兩漢文鑑〉目有翁蘇齋等題識》③ 亦言及同一部《兩漢文鑑》，其《養勇齋詩鈔》屢及"太平翁"即蘇繼廎。晚至一九五九年，先生致陳乃乾書仍言及蘇繼廎。

又，蘇繼廎曾見先生藏《牧津》。蕭新祺輯録《蘇繼廎先生遺翰——訪書所見録》云：

> 《牧津》四十四卷，明祁承㸁撰，澹生堂刻本。
>
> 是書《四庫存目》著録，實人間孤本。采輯歷代循吏事實，分類編次，原爲湖北徐行可舊藏。④

是月，石榮暲爲鈔補楚學精廬《湖北舊聞録》所闕《名勝》册，自盧弼處假得，鈔畢寄還先生并跋。

> 楚學精廬匪有《湖北舊聞録》一部，内闕《名勝》一筋，特從盧慎之處假此筋鈔補，俾成完帙，亦一段翰墨緣也。謹寄還徐行可先生，誌之以謝。辛卯仲夏，陽新石榮暲記。（鈐"石氏榮暲蓋年"白文方印）⑤

案：楚學精廬藏《湖北舊聞録》後亦捐入湖北省圖書館，《名勝》册石榮暲題"辛卯仲夏石榮暲鈔補"。

---

① 《陳乃乾日記》第 177 頁。

② 《陳乃乾日記》第 262、324 頁。

③ 《范祥雍文史論文集（外二種）》，上海古籍出版社，2014 年，第 400 頁。《范祥雍古籍整理匯刊》本。

④ 蕭新祺輯録《蘇繼廎先生遺翰——訪書所見録》，《學林漫録》第 12 輯，第 231 頁。《牧津》書影見《徐行可舊藏善本圖録》第 112 頁。

⑤ 湖北舊聞録，清陳詩輯，清抄本，湖北省圖書館藏，索書號：史十一/2146。《徐行可舊藏善本圖録》第 101 頁。

六月初十（7月13日），覆書盧弼，奉和詩作。

禹貢曁職方，疆理庫敷寫。後史繼前轍，記繁而志寡。

愚谷稽邦乘，纂言擇尤雅。實齋聘夸詞，虛美固難假。

獨兹巨帙傳，筆精無羃惰。流布侂賢昆，宿諾期必果。

廿載兵戈中，幸脱咸陽火。半珪成全璧，寵錫寔忝荷。

藏山與傳人，二者絶少可。忍古銷塵埃（東野句）。我自寧作我。

愚谷先生《肊聞録》，辱以全帙見詒，訂補之責，欲罷不能，願陳力竭才，以紹先軌。若傳播原書，非所任已。《太白集》日前已以劉氏蓉峰寒碧莊藏王琢厓注卅二卷初印木（定本爲卅六卷）郵贛，計可入覽，不足答厚貺於購一也。

先生際兹屯蹇，逸興遄飛，恕不嫻韵語，不能不露其醜拙次來韵，敬乞慎之先生教削，恭叩吟祺。大稿二紙兩半幅函上。弟恕頓首。七月十三日。[①]

六月十一日（7月14日），改和詩，再呈盧弼。

慎之先生左右：前奉六月廿三日手帖，適在此間人民代表會議中，市府强恕参列，其閒不得不應命而往，會期十日，用錢當近億購。恕之迂闊，何能有所陳説，亦何能見諸采納，弟從眾旅進旅退而已。以多書薄，有時譽，甚矣逃名之不易也。會畢，尚須要審察提案，不及作答。昨始勉和大作一首郵上，又忘將惠函述近年事命迻録者函入，並訂改昨詩如左：

禹貢曁職方，疆理庫敷寫。後史繼前轍，記繁而志寡。

愚谷稽邦乘，纂言擇尤雅。實齋徒空言，虛美固難假。

獨兹巨帙傳，筆精無羃惰。流布侂賢昆，宿諾期必果。

廿載閲兵戈，幸脱咸陽火。珪殘得璧完，厚况實謬荷。

① 2018年泰和嘉成秋季藝術品拍賣會《字裏相逢——盧弼友朋信劄專場》，2226號。現藏湖北省圖書館。

藏山與傳人，今乃無一可。忍古銷塵埃，我其寧作我。

大稿未敢留真，能以素楮小幅賜，俾裝入《�聞録》卷首，俾識高誼。此録先生得之孟老者爲十三册，恕前奉者則廿六册，後佐余季豫更致一册，都廿七册，新鈔者六册。大札前云季豫未交，疑遺忘其事，季豫兄久病未康復，詢之亦未能裁復也。誨帖云有一嫥治古學少年未昏者，信古耶？疑古耶？性情又何若？敬晞惠示。手叩箸祺。弟徐恕頓首白，七月十四日。[①]

案：先生言收到盧弼6月23日來信，自己正參加市府人民代表會議，故於7月14日回信。據此，知6月23日、7月13日、14日均用陽曆。

八月初二，改和詩，又呈盧弼。

沔陽盧慎之丈郵還陳愚谷先生手寫《湖北舊聞録》廿七册竝得之其鄉人孟氏者十三册兼爲鈔完闕卷六册附詩白意依韵次答

禹貢暨職方，疆理庳敷寫。後史繼前轍，記繁而志寡。

愚谷稽邦乘，甄録冣尤雅。實齋空大言，虛美固難假。

舊聞茲足徵，筆精無羼惰。流布佐賢昆，宿諾期必果。

廿載閲兵戈，幸脱咸陽火。璜往得璧還，厚貺寔謬荷。

藏山無奥區，傳人疇宜可。忍古銷塵埃（孟東野《秋懷》詩句），我其寧作我。

中華空籍之次年秋仲二日，恕呈稿。[②]

案：是年八月二日當陽曆9月2日，故編號1116信所帶之封，天津郵戳爲1951年9月6日（八月初六），或爲此信之封。

---

① 北京海王村拍賣公司2017年秋季書刊資料文物拍賣會《彩箋尺素——近代名人書札專場》，1118號。一紙。

② 北京海王村拍賣公司2017年秋季書刊資料文物拍賣會《彩箋尺素——近代名人書札專場》，1119號。一紙。

八月初八（9月8日），《中南軍政委員會文化部表揚啓事》云：

武昌徐行可先生捐贈《金溪縣志》一部。[①]

九月初四，先生覆書盧弼，言及王君借書不還事。

慎之先生史席：奉簡誨幾逾月，闕嘫久未裁復，一以衰病偃息在床，一以貧乏債税交迫（舊逋僅負官帖百六十萬，近以完納屋地兩税，均視舊額增多，更添皕萬新債），未能援筆作答，復無暇通箋問也，歉仄無似，幸垂鑒宥。華實里僦舍廛二間樓，上下兩堂五室積書四百數十橱，遂少隙地，地復庳下，溼氣鬱蒸，遂有白蟻，書爲蟲蝕者數橱，無錢可作計迻徙、可施工修繕，且未能購入大量殺蟲劑（D. D. T. 粉每磅六萬伍千石油每斤六千）施之全屋，將其袪除（《説文》有袪無袪），衹能移書就日曝令僵死之，無它策也（久未作報書者，此亦其一因也）。前許以書四百橱永遠寄存武漢大學，且出二子爲之董理部帙，檢發册籍。未云捐贈者，以彼校自有綫裝書，目録淪敝，迄今未更寫定（此間解放已復三年），恕藏書亦未編目，必身逮校中，面命兒輩爲之别録，庶便學子得用稽覽，有所取益，則此四百餘廚典册不爲虛庋高閣，四十餘年心力不爲空糜景光，將以俌敎學，存……誣。數年前日寇未退時，美國飛機投一定時弶于鄰右，距僦舍不二丈許，時在中夜，侵晨爆裂，二屋傾圮，甎石灰飛，恕安坐寓中，晏然無恙，惟塵烟滿室，猝難啓目，脱兹劫戹，寧非天幸，亦貞勝之休徵也。

先生所印書，辱惠賜者先正遺書外，僅得陳玉叔《二酉園集》，别購入梁節廣詩、令長昆《古詞令學》印本四册而已。恕近所爲事非其本願，惟有取法乎蘧伯玉告……明治四十四年待漏書院版……東方文化學院印本，則其晚年所著也，篋中無此書。The Luminous Religion by Mrs. C. E. Couling, 1925.

① 《長江日報》1951年9月8日。

edition. 近人岑仲勉有《景教碑書人吕秀巖非吕巖》一文（見《真理雜誌》一卷一期，乃駁佐伯氏説）。大札所云甲乙丙丁四人及某小丑假書不婦，以濫易精，藉善本書夤緣固位，恕僅得聞易培基于故宫古物有盗取事，亦未悉其詳，以北遊旅居爲時無多，于此數人容有識面者，何妨詳示及之，此非無題詩也……又恕於王丈季薌許見京山易眉孫（本烺）《紙園筆記》，删要存之，鈔成四册。王君擬印入叢編，終未踐諾，亦不以原鈔見還。去年七月致書周子美索取此書，乃云已將鈔費計字論值，婦入叢編認股印費。恕檢其積年來札，不及此筆記事。迄今又復經年，竝所自承借去鄭子尹（珍）《親屬記》刻本，三種亦不郵還，此又兩事。又，恕先母見背，曾以親友賻贈四百餘鉼寄王君之師金松岑爲……錢警石《後漢書》校語、眉孫《紙園筆記鈔》（必云恕已抵股，亦求借鈔）、鄭子尹《親屬記》刻本，三種儻由先生致書索回，恕與王君故無蒂芥也。手白，敬頌唫安。徐恕再拜謹上，九月四日。①

案：一九五四年先生致盧弼書言“周子美兄于庚寅年爲彼代復一牋”，該書云：“去年七月，致書周子美索取此書，乃云已將鈔費計字論值，歸入叢編認股印費。”據此可以肯定是書作於一九五一年。

約是年，張舜徽曾於先生府上閱覽《湖北舊聞録》。一九八六年九月二十日張舜徽《湖北舊聞録序》言：

三十五年前，曾從武昌藏書家徐行可先生處，見有《湖北舊聞録》抄本，取而覽之，歎爲富美。②

① 北京海王村拍賣公司2017年秋季書刊資料文物拍賣會《彩箋尺素——近代名人書札專場》，1117號。拍賣説明確定寫於1951年，從之。五紙，今就文字可見者録之，不可見者以省略號代替。

② 清陳詩著，皮明庥、李懷軍標點，張德英、皮明庥校勘《湖北舊聞録》，武漢出版社，1985年。

一九五二年　壬辰　六十三歲

八月二十二日至二十七日（10月10—15日），武漢市第三屆各界人民代表會議第一次大會，先生爲特邀代表。《武漢市各界人民代表會議》云：

武漢市第三屆各界人民代表會議第一次大會，1952年10月10—15日在青島路市稅務局禮堂舉行。會議由市人民政府和市協商委員會負責籌備。由各選舉事物委員會協商，並經群眾討論醞釀，選舉産生會議代表503人……特邀代表46人。[①]

九月十九（11月6日），張元濟覆信先生。音問不通已過十年。先生寄奉張元濟《死之研究》和己作馬一浮祝壽詩，且言自己勸公家收購舊籍至萬餘斤，張元濟回贈《宛陵先生集》《稼軒詞》影印本。張元濟書云：

行可先生通鑒：曩者日寇肆虐，抗戰軍興，宇内擾攘，音問遂絶。新國肇建，弟曾至京一行，稍貢芻議。歸後未久，即患偏中，左肢不仁，舉動需人扶掖，纏綿床席，殆將三年。然每展閱《彭茗齋集》，未嘗不眷懷左右也。近奉上月十九日大函，并蒙惠賜華文祺譯《死之研究》，至深感謝。舊籍消沈，散失無數。先生勸公家收購至萬餘斤之鉅，保存文物過掩胔埋骼之仁，此誠爲儒家盛舉，欣佩之至。宋不全本《宛陵先生集》、毛抄《稼軒詞》景印有年，莫由寄奉。今承齒及，謹各檢呈一部，《梅集》六册，《辛詞》三册，奉呈清覽，即希粲存。鄧廣銘似係時人。其注本未得寓目，無以應命，慚歉之至。大作《壽蠲叟詩》，刻意推崇，足徵宗尚，審爲底稿，讀過仍以繳還。倚枕作答，倩人代書，至祁鑒宥。敬頌著祺不備。一九五二年十一月六日發。

① 武漢地方志編纂委員會主編《武漢市志·政權政協志》，武漢大學出版社，1998年，第46頁。

（信稿地址欄内原注：漢口黄興路華實里三號。）[1]

案：先生詢問鄧廣銘，與讀《稼軒集》有關。清嘉慶十六年（1811）辛啓泰刻《稼軒集鈔存》卷四《贈黄冠》《鶩湖夜坐》《御賜閣額二首》四首，鄧廣銘指出均非辛棄疾之作，先生一一鈔録其説。[2]

十二月，録清楊鳳苞《秋室集》卷一《書唐太守改堂文鈔後》於所藏《改堂先生文鈔》。

（徐恕過録）歸安楊傅九（鳳苞）《秋室集·書唐太守改堂文鈔後》云：改堂太守少得文訣于姜湛園編修，登第後復問業于李文貞公，故行筆遒鍊，得晁無咎張文潛之遺。是編晚年手定，于請告後止存二卷，惜餘散佚矣。太守隸湖，政簡刑清，不媿循良之目。七十年來，莫有繼者。嘗偕杭禾二守會讞石門鹽獄，力爲雪冤，賦詩云：皂林驛畔水潺潺，夾岸居民疊背看。要識浙西三太守，中天月朗夜霜寒。人競傳頌。時鮑待翁爲長興令，鄉民有獻野羊者，鮑以奉太守。太守卻之，報書曰：聞係明末之物，野老多有見之者，似此等壽羊，世所希有。幸匃其命，縱之深山邃谷中可也。鮑乃命吏放于弁山龍華寺，且紀以詩，太守復賡和焉。噫，不忍以口腹之故戕一物之命，豈反忍戕及黔首。彼艸菅人命之二千石，亦嘗聞此風乎？

壬辰嘉平月十有一日，武昌徐恕録。[3]（鈐“徐恕”朱文方印）

（佚名墨筆題）按唐公名紹祖，字次衣，號改堂，江都人。康熙進士，知湖州府，入爲刑部員外，告歸卒，有《改堂文

① 《張元濟全集》第3卷《書信》，第67—68頁。

② 稼軒集鈔存四卷稼軒詞四卷補遺一卷，宋辛棄疾撰，清嘉慶十六年（1811）刻本。佚名過録清陸貽典校，湖北省圖書館藏，索書號：善/2911。

③ 改堂先生文鈔，清唐紹祖撰，清乾隆十八年（1753）刻本。湖北省圖書館藏，索書號：集二/6822。

鈔》。

是年，馬一浮贈先生詩。《蠲戲齋詩編年集·壬辰》之《答徐行可見贈》云：

日昃常嗟鼓缶遲，著書深負百年期。膻留熱螘方緣釜，桑盡枯蠶絶吐絲。《三統》幾曾關損益，《七哀》長是敘流離。時人苦學鮮卑語，虞夏黄農總不知。①

一九五三年　癸巳　六十四歲

正月，購并題《淳熙玉堂雜紀》。

此書闕尾葉，以有漢陽葉氏三世藏印，購存之。癸巳春孟弜誃。

別有《學津討原》本、《説郛》本、《百川學海》本可勘對。②

案：此書鈐“葉繼雯印”“葉志詵印”“漢陽葉氏名琛名灃同讀過”。

三月二十八日至四月初一（5月11—13日），武漢市第三届各界人民代表會議第二次大會，先生爲特邀代表。

案：據《武漢市各界人民代表會議》，武漢市第三届各界人民代表會議第二次大會，1953年5月11日—13日舉行，出席會議的代表419人，特邀代表51人。③

三月，跋《書舶庸譚》，出以易米。

此書爲董綬經康東游日録，於中土舊本小説戲曲散佚海外者，記載備悉，足供參稽。綬經復明曉律學，乃效忠鯨虜，以殞其身。昔人云：“士先器識而後文藝。”不其然歟！癸巳季春，

---

① 《馬一浮集》第三册第544頁。

② 淳熙玉堂雜紀三卷，宋周必大撰，明崇禎毛氏汲古閣刻津逮秘書本。湖北省圖書館藏，索書號：史十三/558。《徐行可舊藏善本圖録》第111頁。

③ 武漢地方志編纂委員會主編《武漢市志·政權政協志》，第47頁。

出此易米，漫識册首。弜誃。[1]

是月，題《嘉祐集選》。

此爲趙忠毅公選本，夢白其字也。右刻印文上一印似爲“儕雀”二字，豈其別號耶。敘作于天啓之元，云年七十有二，與《明史》傳所載天啓七年卒年七十八符合。癸巳季春。弜誃。[2]

案：《嘉祐集選序》末署“天啓元年夏六月夢白書”後刻二印“儕雀”“夢白氏”，乃先生題識之標的。

是月，囑黄焯跋章炳麟《黄季剛墓志銘》手稿本。《太炎文録續編》卷五之下《黄季剛墓志銘》（附徐行可所得太炎先生手稿本——《黄季剛墓志銘》）注云：

黄焯藏書本説：“癸巳三月，武昌徐行可持太炎先生手稿來，屬跋其尾。因將其未改定前字句，移識於旁”。[3]

案：1935 年 11 月 16 日出版《制言》第五期收入《黄季剛墓志銘》，即附徐行可所得太炎先生手稿本《黄季剛墓志銘》。

是夏，馬一浮作《爲徐行可書杜秦州至成都紀行詩長卷跋（一九五三年夏）》。

少陵爲秦州至成都紀行詩，風骨在建安以上，直似曹孟德《苦寒行》。固由山川險阻，行旅憂傷，有以發之。而體物哀民，一一從惻怛流出，怨誹不怒，真《小雅》詩人之志也。昔黄魯直在黔州日，盡書少陵兩川、夔諸詩，遺丹稜楊素翁，俾刻之石。素翁乃高屋廣楹，以庇所刻石，名之曰“大雅堂”。今不復

① 據徐力文見示一書影録入，據悉該書影源自網絡，餘不詳。

② 嘉祐集選一卷，宋蘇洵撰，明趙南星輯，明天啓元年（1621）刻味檗齋遺書本。湖北省圖書館藏，索書號：善/2063。

③ 黄耀先、饒欽農、賀庸點校《太炎文録續編》，上海人民出版社，2014 年，第 295 頁。

有此事。余因逭暑，偶書此卷，日燥風炎，墨枯筆秃，了不當意，本求自適，不欲示人。雖曰勞而無功，亦謂懸解可俟。但恨古今人不相及，詩人之志未足以喻俗耳。癸巳長夏，蠲戲老人。①

八月二十日，題《安定先生周易口義十四卷》。

　　恕以此書借與先師劉耘心先生，先生授徒巴縣蘇汰餘家，爲蘇氏子弟失去五、六兩卷，富人子弟之不可與爲緣也如是，後子孫戒之哉。癸巳仲秋廿日，弜誃。②

九月十九日，先生讀畢鄔慶時《孝經通論》，書末題：

　　癸巳季秋十九日讀，彊誃。③

十月十八日，借校并跋清抄本《訂訛類編》。

　　此書有吴興劉氏嘉業堂栞本，初編六卷續編二卷，所據爲漢陽葉潤臣名灃敦夙好齋藏精鈔本。兩編分《義訛》等目，均爲十七類，録存舊説者爲多，自下己意論駁者極少，於同論一事散見它書者，甄采亦復不備。蓋董浦先生雖手自鈔撮，成此兩編，慘以嶂唐代顔師古《匡謬正俗》之作，未自視爲完具，故未及身刊傳之也。此鈔本爲劉刻續編，分卷爲三，與劉本異，復闕《義訛》《事訛》《句訛》三類，《地理訛》類較劉刻少"東箱"一條，寔非完帙。餘類中多出劉刻者卅八條，多不足存，似録後重加删去者。鈔本卷上首葉有"劉文淇"白文、"孟詹"朱文、"儀徵劉孟瞻氏藏書印"白文三印，均别紙黏附於上，蓋假經儒之名以取重，拙目書賈作僞爲之也。然有可勘正劉刻挩

① 《馬一浮集》第2册第120頁。

② 安定先生周易口義十四卷，宋胡瑗撰，清康熙二十六年（1687）吉水李振裕白石山房刻本。缺二卷：卷五至六。湖北省圖書館藏，索書號：經一/5167。

③ 孝經通論四卷，鄔慶時撰，民國十九年（1930）刻半帆樓叢書本。湖北省圖書館藏，索書號：經六/4725。

誤者，未可以鈔本書迹惡劣而忽視之。文物會從鄂城柯氏購得，沈疇春同志惠假勘讀。既依劉刻補訂譌闕，復檢所徵引各書覆校一過，于各條論駁中失有可加平議者，理而董之，竢諸異日。癸巳冬十月十八日夜燈下識。武昌徐恕。(鈐朱方印“徐恕”)①

案:《訂訛類編》三卷，清杭世駿撰，清抄本，徐恕校并跋。湖北省博物館藏。

二十六日，借校并跋清抄本《唐御覽詩》，和自藏汲古閣本互校。

此書刻本傳世者廑有汲古閣本，據之以校此鈔册，互有得失，未可定孰爲優劣也。目録前有“小字阿印”“何公邁印”二印，詩首葉有“述皋”一印，其人均不可考。以鈔手書迹及紙質言之，當是清初所寫，不知所據何本。然有可勘正毛刻處，宜以善本視之。紀顯平同志爲文物會購取是册于鄂城顯宦柯逢時家。三年前，其孫以舊書多帙鬻之廢紙肆，計斤論直，先後賣出者餘五十石，檢存完帙，殘失者當逾三之一。傖夫孽子，一身兼之，遂致書物罹此厄運。此雖小册，脱兹刼灰，後之人當重視之也。癸巳孟冬廿有六日，武昌徐恕。(鈐朱文方印“徐恕”)②

案:《唐御覽詩》不分卷，唐令狐楚纂，清抄本，徐恕校并跋。湖北省博物館藏。

是月，借校并跋《明夷待訪録》清抄本兩部，和自藏黄氏五桂樓刻本互校。

案:先生所借二本今藏湖北省博物館。一爲周星詒鈔校本，尚附《思舊録》。《明夷待訪録》所用校本有二老閣刻本、王鳴盛舊藏鈔

① 羅恰《徐恕校書題跋輯釋》,《古籍版本學研究》第13期待刊。羅恰友情提供，特此鳴謝。

② 羅恰《徐恕校書題跋輯釋》。

本、《小石山房叢書》本、《海山仙館叢書》本、《梨洲遺著彙刊》本、黄承乙本。[①] 先生跋周星詒鈔校本《明夷待訪録》云：

此册乃祥符周季貺依德清戴子高望鈔慈溪鄭氏《二老閣叢書》本移寫者。鄭氏本爲梨洲先生二録第一刻，故視後來諸刻爲勝，然不無訛奪，非盡緣謄寫致闕誤也。文物會得此本，紀顯平同志惠許借得，爲檢傳世各本悉心校補，亦一適也。癸巳孟冬下旬，武昌徐恕識于漢口是古寓廬。

戴氏校語麈于全氏《思舊録》序，云集本無兩“之”字，它未加是正也。恕又識。[②]

先生所借另一本爲王鳴盛舊藏鈔本《明夷待訪録》，先生跋云：

此本首葉有王鳴盛印，爲西莊先生藏書，卷中訛奪不少，《方鎮》《兵制二》《胥吏》三篇有奪字，自十餘至逾卅者，然以四明萬氏二老閣初刻本移寫者校之，尚可補正其訛闕，則此舊鈔爲足貴矣。是書之論治道至矣、備矣。其《原君》篇言之於異族僭主中夏之日，爲人所不敢言，尤爲後世稱頌。文中推論堯舜禹心跡，《論語》所云“有天下而不與焉”者也。其《學校》篇云必使治天下之具皆出於學校，漸摩濡染以《詩》《書》寬大之氣。《尚書》所云“學古入官”，《論語》所云“學優則仕”，鄭子産所云：“學而後入政，未聞以政學也。”其《奄宦上》篇云一世之人心學術爲奴婢之歸，又孟子所斥爲妾婦之道者也。㑌舉數則，審夫通儒至言實非創論，莫不本祖經術，以究察乎理極。時有古今，理無同異也。此册舊藏鄂城柯氏。陳燿駿同志奔走累日，爲文物會購得。恕得假歸勘對，亦墨汁因

① 羅恰《〈明夷待訪録〉兩種抄本比較研究》，國家古籍保護中心編《古籍保護研究》第一輯，大象出版社，2015年，第116—121頁。

② 羅恰《〈明夷待訪録〉兩種抄本比較研究》。

緣也。敬識卷尾。癸巳孟冬，武昌徐恕。（鈐“徐恕”朱文印）[①]

先生所校自藏乃清光緒五年黄氏五桂樓刻本，今藏湖北省圖書館。《明夷待訪録》所用校本有二老閣刻本、王鳴盛舊藏鈔本、《小石山房叢書》本、《海山仙館叢書》本、《棃洲遺著彙刊》本。《思舊録》卷端先生題“朱筆以《昭代叢書·己集》本校，墨筆以戴子高望鈔鄭性本校，所據者爲周星詒轉鈔戴本”。[②]

是月，借得《醉翁談録》，校而跋之。

此書《四庫目》未著録，阮伯元氏始校寫奏進，所譔提要見《揅經室外集》卷一。光緒中，巴陵方柳橋功惠始刊入《碧琳琅館叢書》，乃多傳本。壬子丕變後一年癸巳歲，烏程張石銘鈞衡復刻之《適園叢書》中，所據爲拜經樓鈔本，可補正方本脱誤。兩本均八卷，視阮氏寫進五卷，多卷六《禅林叢録》、卷七卷八之《平康巷陌記》，爲完帙也。此册脱誤略同方本，亦有足正張本處，亦舊鈔之佳者。沈疇春同志爲文物會購得此書。卷首附葉題字及卷五前題“書鈔閣秘极”等字，均爲祥符周季貺星詒手迹。季貺曾得舊鈔《北堂書鈔》，爲孫伯淵、嚴鐵橋手校者，故以名閣。葉鞠裳昌熾《藏書紀事詩》云同邑蔣香生鳳藻得季貺藏舊本虞祕監書，築書鈔閣貯之，昧厥由來矣。季貺以服官絓誤遣戍，受蔣氏重金，以書歸之。其人寔無行。李炁伯慈銘與潘伯寅書云：“庚申冬，老母鬻田得四百金，將謀寄都，而季貺（貺，貺音轉）公肆無良，劫敚以去。”正謂其人。友倗居五倫之一，季貺所爲，寧復有交道邪？校斁此書，爲特記之，以著滿珠季末仕途之濫彝倫之斁，其亡徵之先見也有如

① 羅恰《〈明夷待訪録〉兩種抄本比較研究》。

② 黄梨洲先生遺書二種，清黄宗羲撰，清光緒五年（1879）黄氏五桂樓刻本。湖北省圖書館藏，索書號：叢一/509。子目：明夷待訪録一卷，思舊録一卷。

此者，秉國之人宜知所取鑒矣。癸巳孟冬，武昌徐恕。（鈐朱文方印“徐恕”）①

案：《醉翁談録》八卷，宋金盈之撰，清抄本，徐恕校并跋。湖北省博物館藏。

是月，校并跋《杜詩義法》。

寶應喬億《劍谿遺集》十九卷中有《杜詩義法》二卷，與此書偁名同，卷數合，而不著名氏，署其别號曰“内訟老人”。篋衍無《劍谿集》，未能質言之也。沈君疇春爲文物會購得此書，黄岡杜君衛初本倫方事冣録箋釋杜集之書都爲一目，别鈔存之，爲此書多留一傳本，待後迻寫。記之末簡，以自識其好事云爾。癸巳冬孟，武昌徐恕。（鈐朱方印“徐恕讀過”）②

案：《杜詩義法》二卷，清内訟老人撰，清抄本，二册，徐恕校并跋。湖北省博物館藏。

又，先生言“黄岡杜君衛初本倫方事冣録箋釋杜集之書都爲一目”，該書名《杜工部集註解書目》，今藏湖北省圖書館之鈔本，有先生朱筆校字。《杜工部集註解書目》注明“武昌徐氏鈔本”一種：《杜詩選評》不分卷，清王柏心撰。注明“武昌徐氏藏書”甚夥，今摘録如下：

《杜詩集評》十五卷，清劉濬撰，海寧藜照堂刊本，嘉慶九年劉氏自刻本（倪巨源手録諸家評語并跋）。《杜詩闡》三十三卷，清盧元昌撰，康熙壬戌自刻本。《分類杜工部七言律詩》四卷，友琴堂纂輯。《杜工部七言律詩註》五卷，清陳之壎撰。《杜律通解》四卷，清李文炜撰。《杜律分韵》，日本摛文院彙編，日本刊本。《杜詩律》七卷，清俞瑒原評，張學仁参訂，道光丙申年懷風草閣刊本。《藏雲山房杜律詳解》八卷，清一正主

① 羅恰《徐恕校書題跋輯釋》。

② 羅恰《徐恕校書題跋輯釋》。

人撰，石閭居士評點。《補堂杜律詳解》十二卷，清高承欽撰，康熙時刊本。《杜詩淺説》二卷，清莊詠撰，道光甲辰清和堂刻刊本。《杜律正蒙》二卷，清潘樹棠撰，同治己巳永康尋樂軒刊。《杜詩選讀》四卷，清何化南、朱煜編。《杜詩鈔》五卷，清鄭杲撰，趕耕堂印行鉛字本。《杜詩評鈔》四卷，清沈德潛纂，京都求文堂刊本。《杜詩分類》全集五卷，清張縉彦、谷應泰輯定，亮明齋刊。《趙虞選註杜工部五七言近體合刻》（趙註三卷虞註三卷），清查弘道、金集補註，亦山草堂刊本、敦本堂刊本。《樹人堂讀杜詩》二十四卷，清汪灝撰，道光壬辰銀城麥浪園刊。《唱經堂杜詩解》四卷，清金聖歎撰，順治己亥原刻本、《唱經堂全集》本、《貫華堂才子書彙稿》本（風雨樓鉛字本）。《王漁洋杜詩話》一卷，清翁方綱録，乾隆年刻本、寫刻本。《杜詩本義》二卷，清齊翀撰，乾隆間刊。《莽山集杜》四卷，清王霖撰。《鶴泉集杜》四卷，清戚學標撰。《選杜》一卷，無撰人姓名。《杜詩索引》二十三卷（附工部足跡圖），日本飯島忠夫、福田福一郎編，日本東京松雲堂書店昭和十年九月發行。《杜詩百篇》二卷，清張師筠撰，《張師筠著述》本，咸豐九年己未汲縣賀際盛刊。《紅萼軒杜詩匯》（分體四卷分韵二卷），清孔傳鐸撰，鈔本。《李杜韓蘇詩選句分韵》四十卷，清黄位清撰，道光間松風閣刊巾箱本。[①]

顯然，杜本倫輯《杜工部集註解書目》之時，曾大量借閲先生藏書，今附於此，以見先生成人之美。

十一月初七（12 月 12 日），有書賈見先生藏書五百箱。

《邓之誠文史札記》云：

> 大雅（堂）李估來，新從川、陜歸，云：在濟南以百廿萬

---

① 杜工部集註解書目不分卷，杜本倫輯，1950 年代鈔本。徐恕校。湖北省圖書館藏，索書號：史十四/1350。

元購得乾隆銅板《圓明園圖》二十幅。在漢口，見徐行可藏書五百箱。柯逢時家賣餘之書，尚存二千餘册，每册以三千元計，賣與湖北文物局，僅值八百萬。此間帶經堂照價買得三十餘册，回京賣得三百餘萬，内《咄咄録》稿本即得百餘萬。[①]

是年，入武漢市文史研究館爲館員。[②]

约是年，致書齊燕銘，請轉托趙萬里裝訂書籍三部。齊燕銘致趙萬里札云：

斐雲先生：多日不見，身體想好？近接武漢徐行可先生來函，囑轉侂裝訂書籍三部。徐先生雖夙未謀面，但知其藏書頗富，近似已參加武漢文史研究館。書三部並徐先生手書一帋奉上，請酌辦。如何之交請逕告徐。專此，敬候近安。齊燕銘，八月十九日。我已另覆徐先生。[③]

案：齊燕銘札用中華人民共和國國務院稿紙，據介紹信封尚有“書一包三部共二十六册”“請收條”字樣。

一九五四年　甲午　六十五歲

二月十五日，蔣國榜借讀先生藏民國三十六年（1947）刻本《蠲戲齋詩編年集》并補闕句。該集辛巳、壬午年《七思》之六《問予何思思黄山》云：

問予何思思黄山，虯松倒掛雲海間。天都蓮華拔天關，頂居始信羣真翺。（黄山奇壯，莫如西海。而始信峯尤卓絶，其名甚當。）今我何爲滯烏蠻？羽人輕舉厭凡骨，坐令塵客凋朱顔

---

① 鄧之誠著，鄧瑞整理《鄧之誠文史札記》，鳳凰出版社，2012年，第766頁。

② 武漢市政協文史資料委員會、武漢市文史研究館編《武漢文史資料·紀念武漢市文史研究館建館40周年專輯》1993年第3輯（總第53輯），1993年10月第1版，第170頁。

③ 徐衡《百年風雅見斯文——致趙萬里學人書札小考》，《中國書畫》2012年第12期。

（天臺、黄山，昔欲居之。平生所歷，無此奇勝。淩雲、烏尤，真螘垤耳。）

顯然，是刻脱一句。蔣國榜批：

鑾韵下刊時脱句“崩崖急湍沙土頑”。甲午花朝，蘇厂假讀，謹補。①

三月十八日，杜本倫借讀《湖北舊聞録》。杜本倫題：

甲午三月十八日穀雨初讀。（鈐“本倫讀過”朱文方印）②

十九日，蔣國榜還《學製齋論文書札》。

審言師遺著。甲午暮春客漢上，徐貞勝翁假讀，用志雅故。奉璧。穀雨後一日，蘇厂謹識 。（鈐“蔣蘇盦印”朱文方印）③

四月十九日，論斤購得馮從吾《馮少墟集》十八册，跋云：

甲午孟夏十有九日，用官帖貳購肆千版購之於一糕肆，重陸斤四兩，計斤論直，古籍之浩劫也。卷首有明季吾邑賀文忠公尊人陽亨先生後敘一通，是宜載之邑乘者。徐恕行可謹識。④

五月十八日（6 月 18 日），在京訪馬衡。《馬衡日記（1948—1955）》云：

傍晚有徐行可者來訪。⑤

七月二十二日，購得清朱錫綬《沮江隨筆》。跋云：

---

① 鬫戲齋詩編年集八卷鬫戲齋詩前集二卷，馬一浮撰，民國三十六年（1947）刻本。湖北省圖書館藏，索書號：集四/443。

② 湖北舊聞録四十六卷，清陳詩撰，清鈔本。湖北省圖書館藏，索書號：史十一/2146。

③ 學製齋論文書札一卷，李詳註，民國二十三年（1934）鉛印本。湖北省圖書館藏，索書號：集四/468 。

④ 馮少墟集六種，明馮從吾撰，清康熙十二至十四年（1693—1695）刻光緒二十二年（1896）補修印本。湖北省圖書藏，索書號：叢五/550。

⑤ 馬思猛整理《馬衡日記》（1948—1955），生活・讀書・新知三聯書店，2018 年，第 674 頁。案：《馬衡日記》三條，係羅恰見告。

此朱嘯筠（錫綬）令遠安時紀所聞見，以白列名纂□縣志，推美之非實，乃購藏之，藉審往昔宰百里膺民社者之不苟尸虚僞爲足風也。甲午秋孟廿有二日，弜誃。[1]

案：朱錫綬《沮江隨筆》下卷末條《縣志》有助於理解先生之跋，謹録於右：

《遠安縣志》八卷，教諭劉君（子垣）所修輯。余視遠安事，志已付刊，且過半矣。既成，劉君首列余名，余初不知也。計生平未嘗掠美，此事殊疚心。因隨録在遠聞見，釐爲二卷，語雖不精，意在輔翼縣志，以補吾歉。[2]

七月二十五日，致書盧弼。

慎之先生左右：前承誨帖，審欣夫以廿年前致余季豫君手簡寄示。恕庚寅北遊，已四改歲，欣夫于代向陳乃乾君處取回迻録錢警石《後漢書》校語寫于金陵書局刊宣紙印本上用銀餅數十鈑者，則云存之來青閣失去。（尒時何未郵致，尒時重二公斤單掛號作五包計郵資不過一銀餅，以致季豫兄寄去者内記鈔資數十元故也。）于所選京山易先生本烺《紙園筆記鈔》四册，則云抵認彼所輯印叢編股款。（此事未能詳記。即容有此事，必欣夫許以此書印入叢書中，故未寄股款，股款每分不過十餅，今時越廿載，欣夫既食言未印，願以官帖十贖版收回，稍多亦可。）于借去鄭子尹先生《親屬記》三種，周子美兄于庚寅年爲彼代復一牋，則自承書存彼手，今已星霜四周，未以一本見還，則又何邪？先母逝世時，收致戚友賻金銀餅四百數十餅，悉數寄之，爲助刊張先生錫恭《喪禮鄭氏學》費用，已刻之數卷，未以印本寄惠，固以金君松岑遲滯致然，欣夫一人不應受過，

---

① 沮江隨筆二卷，清朱錫綬撰，清刻本。湖北省圖書館藏，索書號：史十一/2277。

② 沮江隨筆二卷，清朱錫綬撰，清刻本。

豈其篋衍中絶無此書印本乎？即云印本存國學會，則有版片權歸其受持，恕出銀四百數十餅，得一刊刻未竟印本，亦不以相遺乎？如此爲謀不忠，久假不歸，更以恕索書寄去與季豫兄箋寄示先生，以加中傷，此固士君子之行乎？恕未請罪者，輕侻之咎，寔難自逭，惟冀族大雅弛怒時，恕其廿載前愆耳。來京已逾兩月，購入書數百種，負債已數百萬官帖。處無如何之時，直不可爲之地，而褭不得已之心，冀以嘉惠鄉邦學子耳。手叩大安，徐恕再拜。

又，信封内容如下：

天津五區大理寺六十四號，盧慎之先生大啓。徐行可自北京東四隆福寺一五二號修綆堂書店上，七月廿五日。[①]

案：北京郵戳爲1954年8月25日，當陰曆七月二十七日。

九月十二日（10月8日），《積微翁回憶録補編》云：

修綆堂寄《木犀叢書》《雙硯齋筆記》及徐行可見贈《燕説》來。[②]

二十八日（10月24日），訪馬衡，贈《易經》拓片。《馬衡日記》云：

傍晚徐行可來，以新買漢石經拓片囑余閲，并謂當有可補我缺遺者即以奉贈。在一百餘張之中檢得《易·上經》“蒙”至“比”五卦一石，并碑陰校記“童”“牛”“之”“告”等字。此石本爲張溥泉所藏，今不知何在矣。羅叔言《集録》收其碑陽而遺其碑陰，當係洛陽拓本未見原石也。[③]

---

① 2018年泰和嘉成秋季藝術品拍賣會《字裹相逢——盧弼友朋信劄專場》，2228號。原題《徐恕因王大隆托余嘉錫借書廿年不還事致盧弼手劄》，一紙，帶封。現藏湖北省圖書館。

② 《積微翁回憶録》第390頁。

③ 《馬衡日記（1948—1955）》第709頁。

十月初六（11月1日），馬衡回訪，不值，留《漢石經集拓序目》和拓片若干。《馬衡日記》云：

下午訪胡蘭生話别，并至隆福寺修綆堂以《漢石經集拓序目》及若干石經拓片贈徐行可，答其《易經》拓片之惠也，不值，交鋪轉交。①

十八日（11月13日），《顧頡剛日記》云：

索介然偕徐行可來。②

在京期間，先生借通學齋藏《違碍書籍目録》補足自家藏本之闕葉。跋云：

此目鄧秋枚以前半册與咫進齋刊河南官本《違礙書目》略同，未重墨版，廑以後半册印入《國粹叢書》第二集，改題爲《奏繳咨禁書目》，卷尾復闕第九十五至一百一頁，共桼葉。甲午北游都門，借通學齋主人藏本補寫，乃成完書，距購入此册時已歲星再周矣。讀者毋忽視之。弜誃手識。③

案："歲星再周"，正值甲午，則歲當庚午（1930）購入此册。"通學齋主人"，孫殿起也。

十二月八日，仍在北京，致書盧弼，求《擊筑餘音》兩部。書云：

慎之先生左右：月前寄上尊刻《擊筑餘音》一册，當已達覽。恕夏杪來京，得家中轉來大札並王君欣夫原書，已早函復，具道下情。恕性雖婞直，與儕好相處，務竭其誠，未敢漫爲開皐，書籍通假，期其傳布，未嘗扃其珎祕。王君借去之書無一册見還，又何能望此心迹邪！客中得《擊筑餘音》一册，乃與

① 《馬衡日記（1948—1955）》第712頁。

② 《顧頡剛日記》第七卷，中華書局，2011年，第613—614頁。

③ 違碍書籍目録一卷，（清）江寧布政使輯，清乾隆江寧布政使刻本。湖北省圖書館藏，索書號：史十四/10。

明内監王永章《甲申日記》《乾嘉詩壇點將録》合刊，不署付梓人名氏及其年月，嗣得尊刻，因取勘對寄上，敬乞先生别以尊刻清本二册見惠，一自庋藏，一以後更得一傳寫本，南歸後可録其異文别以奉鑒定也（賈鳧西曲、熊次侯《無何集》儻餘多册，亦睎各以一部分惠，以尊札曾許以《沔陽叢書》貽贈也）。恕淹滯都門，幾及半載，購入書千數百種，多短書小帙，擬嵊先生昆弟儲書建樓嘉惠來學盛意，世局澒洞，未審能副所願否。與人爲善，非所望于今之人，固莫如何也。敬頌冬安。徐恕頓首拜。十二月八日。

賜書敬乞寄漢口黄興路華實里三號。

此書用北京大學稿紙。帶封，内容如下：

天津十區大理道六十四號，盧慎之先生大啓。漢口黄興路華實里三號。徐行可上。四月十四日付郵。[1]

又，天津郵戳爲 1951 年 5 月 16 日，當陰曆四月十一。顯然，信、封錯位。此封或爲一九五一年復盧弼三月二十四日來信者。

先生五月抵京，至是將返故里，故請回信至漢口。

又，先生和王大隆之間的誤會，集中於四事。

移録錢警石《後漢書》校語事。此書先生於一九三五年底寄陳乃乾，至一九三七年仍未成功轉致。後轉托王大隆。今檢先生舊藏，計九册移録校語：目録及卷一至五十三（本紀十卷、列傳之卷一至四十三）八册，卷八十六至九十（列傳之卷七十六至八十）一册。未移録者七册，即卷五十四至八十五（列傳之卷四十四至七十五）五册和《續志》三十卷二册。

《紙園筆記鈔》四册。未知詳情。湖北省圖書館今藏一部《紙園

---

① 2018 年泰和嘉成秋季藝術品拍賣會《字裏相逢——盧弼友朋信劄專場》，2225 號。原題《徐恕爲王大隆借書不還等事致盧弼手劄》，一通兩頁帶封。案：非此信之封。現藏湖北省圖書館。

筆記》，三十一卷，民國十三年鈔本，八册，然而，此書并非徐氏舊藏。

《親屬記》。王大隆致盧弼書云：

綏丈遺著，十年來朝夕編校，不敢自逸，倩人楷寫清本，巍成鉅帙，所費亦不貲。自幣制變更，知付印無望，即商諸中華書局董事長高欣木先生，請其出版，以成本過鉅不果。今擬稍待數年，倘仍無法措手，則將原稿清本捐贈北京圖書館，以待後之有心人，並於跋中敘述經過，附以已出資諸公題名，總之必有以對綏丈地下之靈。悠悠之口，請證之異日。臨穎悵悒，不盡欲言。大隆再拜。

《親屬記》以單本小册，屢經轉徙，不知夾置何處。留蘇書篋，封鎖多年，無暇檢理，故不克寄還徐君，以此見責，我知過矣。今當於書肆訪求，有得即付郵不誤。然徐君前欲價購《箋經室集》《辛巳叢編》，弟即寄贈，並不計值，倘必斤斤於此，則所值尚過。當一笑。[①]

助刊《喪禮鄭氏學》事。[②]《蛾術軒篋存善本書録》未編年稿卷一《喪禮鄭氏學四十四卷附通禮案語一卷三十五册》條：

清婁縣張錫恭撰。清稿本。吴縣王欣夫手校。

錫恭字聞遠。光緒戊子舉人。戊申徵爲禮學館纂修。先生踐履篤實，學養兼修。精治三禮之學，得定海黄元同之傳……一九三六年吾師金松岑先生主持國學會，議刊前賢遺書，以廣其傳。僉謂先生禮學專家，喪服尤爲絶學，是書卷帙既鉅，慮

① 北京海王村拍賣公司2017年秋季書刊資料文物拍賣會《彩箋尺素——近代名人書札專場》，1160號。

② 可以參考林振岳《張錫恭〈喪禮鄭氏學〉成書與刊刻》，上海交通大學經學文獻研究中心編《經學文獻研究集刊》第12輯，上海書店出版社，2014年，第301—317頁。

有散佚，宜亟謀刊布，與《喪服鄭氏學》並行。乃撰啓籌貲，促衡甫清寫定稿，於吴中付梓，而余與汪君柏年任校字之役。此即衡甫所寄寫本，當時旨在速成，寫完一册，即付郵筒，故不無譌脱之處。余復徧查徵引原書，一一校正，黽勉從事，不敢言勞。詎知《士喪禮》《既夕禮》《士虞禮》三篇甫成，而日寇内犯，貲亦不繼，世變倉卒，終未能續成全書。既刊者亦版片零落，同付毁壞，僅存此稿本，藏諸篋中。於是知著述之傳否，蓋有幸不幸也，吁，可傷已。①

《蛾術軒篋存善本書録》未編年稿卷一《喪禮鄭氏學十卷十册》云：

清婁縣張錫恭撰。一九三六年中國學會刊，藍印樣本。

中國學會之成立，蓋始自平旦學社。一九二四年夏，張仲仁、李印泉及吾師金松岑三先生創設學社，延聘通人，每逢日曜，假觀前青年會禮堂，公開講學。以時在黎明，故號曰“平旦”。聽講者暑假還鄉學子外，邑之耆宿，亦多拄杖來臨。時章太炎先生寓蘇，亦贊成之，遂擴而成學會。主持其事者實爲松岑師。會員有建議刊布前賢遺著以廣流傳者，僉以聞遠先生此書爲禮學鉅著，一代絶業，有功經術，而卷帙繁重，非衆擎莫舉。于是撰啓募資，推曹復禮師爲首，題名發起者若而人。余及汪君伯年任校字。出納則由學會會計掌之。高君吹萬以鄉人，勸募最力，達二千金。徐君行可適遭母喪，所得賻儀，悉作刊資，亦千餘金。葉君揆初、郭君輔庭各五百金，約得五六千金。板式則依劉氏《求恕齋叢書》，備他日與《喪服鄭氏學》合印。刊工則由復禮師刻書之蘇人陳海泉任之。爲求速成，分其半交施君韵秋在南潯開板，時正刊《四明叢書》也。余羅列羣書，細心勘對，朝夕不遑。詎知甫成《士喪禮》《既夕禮》《士虞禮》

① 《蛾術軒篋存善本書録》第1433—1434頁。

三篇，而日寇來犯，刊工星散。松岑師亦避地赴滬，事遂中頓。其後雖屢謀續成，而人事乖迕，無從措手。其在蘇板片，寄存於塔倪巷寶積禪寺，忽傳駐兵已有斯以爲薪者，亟設法搶救，移交滄浪亭圖書館，在南潯者亦並貯焉。乃主者不甚措意，捆置廊下，任其日曝雨淋，後復屢經遷徙，零落浥爛，不可復問矣。當時僅印藍樣本三分，呈復禮、松岑二師外，自留一分。暨二師逝世，皆從師母乞得，則不知何故，各闕一册，疑陳海泉並未送去，至完者祇此一部而已。先是集議時，余力主用活字排印，費省而功速，乃多以爲經學鉅著，校勘宜審，無事促迫，且可與劉刊合併，故均主刊木。停工時，集資尚餘五百金，余建議全書雖未成，而《儀禮》部分已告一段落，可先印數十部以傳。又多謂此書終須刻成，不妨緩圖，不料世變倉黄，時機一失，不可復追。僅留此孤本，他日作書林珍秘耳。①

數十年過去了，我們拜讀相關文字，除却深表遺憾，倍覺前輩之不易。確實，對於《喪禮鄭氏學》，既無印本所送，亦無板片可印。即使已生誤會，仍無妨有所掛念。一九五四年八月十日王大隆致盧弼信依然寫道："漢江大水，徐君行可之藏書如何，久不通信，重以誤會，未便問候也。"②

又，王大隆與先生之交往，尚有數事。因無具體年份，姑附於右。

王大隆擬印行徐行可鈔校之清黄世發《春臺贅語》，未果，見《蛾術軒篋存善本書録·辛壬稿》卷二《春臺贅語五卷》。③

① 《蛾術軒篋存善本書録》第 1435—1436 頁。

② 北京泰和嘉成拍賣有限公司 2018 年秋季藝術品拍賣會《字裏相逢——盧弼友朋信劄專場》，2239 號。一紙。原題《王大隆擬業師曹叔彦行狀請教正致盧弼手劄》。案：信言"曹叔彦先生於去年歸道山"，據此斷定作於一九四五年。

③ 《蛾術軒篋存善本書録》第 509—511 頁。

王大隆自徐行可處過録《華陽國志》之楊守敬、陳遵墨校，見《蛾術軒篋存善本書録·癸卯稿》卷二《華陽國志十二卷附補三州郡縣目録》。①

徐行可贈其次女據北京圖書館稿本所鈔之《季漢官爵考》於王大隆，見《蛾術軒篋存善本書録·甲辰稿》卷二《季漢官爵考三卷》。②

徐行可寄示王大隆海源閣本《蔡中郎集》，過録清羅鏡泉校，見《蛾術軒篋存善本書録·甲辰稿》卷四《蔡中郎集十卷外紀一卷外集四卷傳表一卷》。③

王大隆自徐行可處鈔《詩經韵讀》，因徐行可所藏舊鈔本可補刻本之鏟板處，見《蛾術軒篋存善本書録·未編年稿》卷四《詩經韵讀四卷》。④

是年，出售《水經注疏》《古詩存目》於中國科學院圖書館。賀昌群《影印楊氏〈水經注疏〉的説明》云：

> 現在影印的《水經注疏》稿本，是一九五四年中國科學院圖書館從武漢藏書家徐行可處購得的。徐氏説，抗戰期間武漢淪陷時，日人多方搜求此稿，向徐氏加以壓力，他百計迴避，保全了此稿未落於日人之手，言下感慨系之，不禁泫然……與此稿一起有徐行可售與中國科學院圖書館的，還有楊守敬撰的《古詩存目》稿本一部，共十册。⑤

案：或云出讓中國科學院圖書館之《古詩存目》爲黄侃鈔本。⑥

---

① 《蛾術軒篋存善本書録》第897—907頁。

② 《蛾術軒篋存善本書録》第1176—1178頁。

③ 《蛾術軒篋存善本書録》第1351—1358頁。

④ 《蛾術軒篋存善本書録》第1630—1631頁。

⑤ 賀昌群《賀昌群文集》第三卷《文論及其它》第490—491頁。

⑥ 母庚才《論楊守敬的〈古詩存目録〉》，《首都師範大學學報（社會科學版）》，1994年第1期。

一九五五年　乙未　六十六歲

正月四日（1月27日），楊樹達托何澤翰轉贈先生《句讀釋例》。《積微翁回憶録補編》云：

王疏安、何申甫來，各贈以《句讀釋例》一册，又送徐行可一册，請申甫轉致。①

二月二十五日（3月18日），楊樹達致書顧頡剛，推介先生所藏《春秋長編》。《顧頡剛讀書筆記》卷六《孫星衍〈春秋長編〉》條：

一九五五，三，十八，楊遇夫先生來書云："孫淵如有《春秋長編》稿本五十餘册，現在漢口徐行可處，達一九三二年冬過徐寓曾見之。其書取諸子百家之涉及春秋時事者一一迻録，爲治春秋史者省卻許多工夫，實爲極有用之書，科學院能取之印行，大爲有益。昨讀劉伯山《通義堂集》第四卷有《春秋集證跋》，實即此書，因此憶及前事，故舉以奉告，望與郭院長一商之何如？"②

三月上旬，校《鮚埼亭集》。

（過録）鈔本首世譜，次年譜，再次目録。每行廿字，計七百五十六頁。

凡鈔本某字與刻本不同，而鈔本下注刻本作某字者，以一墨、爲記。凡上注即、上方。凡鈔本某字與刻本不同而旁有朱墨筆注出刊本作某字者，今亦照存，但將刻本之字用朱墨筆描數筆爲記。凡鈔本字與刻異上下無注者，不復用朱墨、，只旁注某字。

右鈔本朱墨〇乙，不必盡是。凡兩存者，均以朱墨、匡下。

右迻鈔蕭敬孚先生（穆）校例。

此本中有方植之先生東樹識語，以「」加於起訖處，俾與

---

① 《積微翁回憶録》第395頁。

② 《顧頡剛讀書筆記》卷六，中華書局，2011年，第361—362頁。

蕭氏前録嚴修能先生元照評語無掍可别異也。恕用朱墨筆補寫嚴先生評語于上下闌及行間者，均依北庠藏蕭氏别録之本增入。乙未暮春上旬，恕記。①

案：此清蕭穆校本也，除移録清嚴元照、方東樹批校外，鈔補刻本闕文，書内浮簽甚多。行可先生過録蕭穆校例和跋，過録蕭穆别録之本所載嚴元照校語，又以一抄本通校全書一過。先生所言“北庠藏蕭氏别録之本”，或爲今北京大學圖書館藏書：

《鮚埼亭集》三十八卷，清全祖望撰，清嘉慶九年史夢蛟刻本，清蕭穆批校。②

又，《鮚埼亭集》，先生用力甚勤。先生曾以清嘉慶九年史夢蛟刻本校清乾隆五十五年（1790）龍尾山農鈔本。葉景葵《卷盦書跋》之《鮚埼亭集》云：

辛未冬，傳書堂餘籍散出，有龍尾山農抄本《鮚埼亭集》卌八卷，較史刻本增《李元仲傳題三山野録》二篇，以廉價得之。卷中本有校語，乃徐君行可恕以史刻本對讀者，異同之處，皆以朱筆詳記。③

案：該鈔本現藏上海圖書館。

又，《鮚埼亭集》，先生曾借一鈔本與張元濟，見民國十年四月二十一日。曾呈張元濟《鮚埼亭集遺文校記》一紙，見民國二十年四月二十一日條。又，致王文進書言内編有轉録嚴元照評本，見民國二十三年十一月。《鮚埼亭詩集十卷》，先生於所藏清道光十四年

---

① 鮚埼亭集三十八卷，（清）全祖望撰，清嘉慶九年（1804）史夢蛟刻同治十一年（1872）印本；經史問答十卷，（清）全祖望撰，清乾隆三十一年（1766）董秉純刻本。清蕭穆録清嚴元照、方東樹批校。湖北省圖書館藏，索書號：善/2279。

② 《中國古籍善本書目》第七册集部卷二十七，第135頁。

③ 葉景葵《卷盦書跋》，上海古籍出版社，2006年，第144—145頁。

（1834）鄭爾齡箋經閣刻本之上，傳録清鄭爾齡録清董秉純跋。[①]

三月末，囑唐長孺跋《郭氏族譜》。

右杭城《郭氏族譜》。郭氏諸望悉本太原，此譜但承華陰一系，序次至於清光緒間。其中案語稱杭郡老譜、貽衛公譜云云，則亦承舊譜而改脩者。自一世至十四世，蓋本之《唐書世系表》。國史家乘所記，固難盡合，而攷之載籍碑誌，與此譜輒相牴牾，不獨林寶《姓纂》輯本撰此譜者曾未寓目，即《郭敬之家廟碑》、兩《唐書·子儀傳》，爲郭氏雲礽所宜熟習者亦若未覩，則誠可恠之甚者。譜以廣智爲一世，子孟儒，孟儒子徽。攷之《唐書世系表》，稱孟儒子孫自太原徙馮翊，後魏有同州司馬徽，則徽雖是孟儒之後，而非其子。今譜直以爲孟儒子，又以“後魏”作“梁”，不思同州之非梁境也。徽子榮，《隋書》有傳，稱父徽，魏大統末爲同州司馬，後官至洵州刺史安城郡公，譜以《唐書世系表》僅列司馬一官，遂不録官爵之終。又，榮傳榮卒於楊玄感叛隋之明年，則大業十年也，而譜稱卒於恭帝義寧二年。榮子福善，《姓纂》稱唐兵部侍郎，歐陽公《集古録》云福善唐初官至益州都督府長史，謚曰“慎”，而譜稱卒於隋大業七年。榮弟弘道，《唐會要》四十五云隋尚舍奉御郭弘道來歸，遂拜同州刺史，而譜稱卒於隋仁壽四年。弘道子廣敬，貞觀二十一年曾使突厥，見於《舊書·突厥傳》，而譜亦以爲卒於隋大業元年。凡此乖異，豈諱其歷仕兩朝而改之邪？第七世敬之即子儀父也，苗晉卿撰墓碑明言卒於天寶三載，壽七十八，而譜稱卒於天寶八載，年九十四，其誤自不待言。敬之長子子琇《唐表》無官，譜亦缺之，攷之《家廟碑》，則是昭武校尉守絳州萬泉府折衝都尉上柱國，非無可補也。令公子曜，《舊傳》

---

① 《鮚埼亭詩集》十卷，清全祖望撰，清道光十四年（1834）鄭爾齡箋經閣刻本。湖北省圖書館藏，索書號：善/2094。

建中四年卒，《新傳》在三年，而譜云貞元五年，攷曜弟曖於貞元三年襲代國公爵，曜豈得於五年尚存？曖，兩《唐書》本傳均言贈太傅，而譜云贈太保，亦不合，其卒在貞元十六年，見於《舊傳》，而譜云貞元九年。攷之《册府元龜》五五三《郭曖贈官詔》，亦傳是而譜非。曖子釗，《舊傳》稱文宗大和四年十二月卒，又釗妻沈氏均有明文，譜皆失載。釗弟鏦尚順宗女德陽郡主，順宗即位，改封漢陽公主，譜逕稱"德陽公主"，蓋以爲天子女不當稱郡主，不知尚主猶在德宗時，而其後又改封也。《舊傳》鏦卒在長慶二年十月，譜亦失載。鏦弟銛，《新傳》稱長慶三年暴卒。《全唐文》録沈亞之《郭曖墓誌》，稱長慶二年卒，年三十七，自當從誌，譜則并不載卒年及年壽。郭昕，兩《唐書》傳稱子儀弟幼明子，《姓纂》作子雲子，《唐書世系表》仍列幼明下，而注云"譜云：子雲子"，則《姓纂》本之郭氏譜也。此譜仍列幼明下，知其所承之老譜，非由唐宋舊譜而來矣。長孺寡陋，謹以習見之書證之，其違戾若此，疑此譜蓋未足據。行可先生屬爲題後，書此歸之，不足以塞明問也。乙未春末吴江唐長孺。（鈐"唐長孺印"朱文方印）[①]

案：是跋二紙，用"長孺讀史藁"緑格稿紙，每紙八開。

五月五日（6月24日），先生寄《廣新方言》《俗字編》與楊樹達。《積微翁回憶録補編》云：

徐行可寄到《廣新方言》及《俗字編》，閲之。録《廣新方言》，中多蕪湖語，安徽又多得一處矣。[②]

七月，題《杜詩分類全集》。

陸務觀句（《劍南集》卷卌九十頁）："卻尋少時書，開卷有慙心。"此集購得幾四十年，曩多成誦，今則强半不復記憶矣。

---

① 郭氏族譜不分卷，清末抄本。湖北省圖書館藏，索書號：善/2662。

② 《積微翁回憶録》第404頁。

仍置坐側，以之亂思佚老，亦一適也。乙未孟秋，徐恕。[①]

八月初七，題《通典》。

中夏政典總録傳本第一書。

潘氏寶禮堂奉獻書册中有北宋□□杭州刊宋元遞修印本《通典》，見一九五二年□□《中國印本書籍展覽目録》，不審爲□□抑有闕卷，又藏貯何所，亦未之及。傅增湘氏有此書宋槧本，鬻之東鯷江户文求堂書肆，傅氏曾以明刊半版十行行廿三字勘對。甲午北遊，得此明本，賴乞假之惠致之。它日得就傅氏家迻寫校語，俾鄂中留一宋槧副本，亦墨汁因緣也。乙未仲秋七日徐恕夜起□。[②]

八月，馬一浮《周鄮山書〈太上感應篇〉爲徐行可跋（一九五五年九月）》云：

鄮山不應鴻博，自比商容，其人品可知。書法圓潤，深得松雪之味。乙未八月，蠲叟。[③]

九月二日，題《重刻朱子年譜》。

《四庫總目·傳記類·存目二》有此書二卷附録一卷，其所云附録乃指附諸卷首者，非謂後三卷之附録也。惟《歷代褒典》載在第五卷，則庫本又將原書末簡有截存者。以不云全五卷，其非足本則昭昭矣。乙未初秋之二日，弜誃識。[④]

十一月十九至二十日（1956 年 1 月 1—2 日），囑錢基博作《讀

① 杜詩分類全集四卷，（唐）杜甫撰，清張縉彦、谷應泰輯，清順治十六年（1659）還讀齋刻本。湖北省圖書館藏，索書號：集二/6809。《徐行可舊藏善本圖録》第 231 頁。

② 通典二百卷，唐杜佑撰，清同治十年（1871）學海堂刻本。湖北省圖書館藏，索書號：善/4443。

③ 《馬一浮集》第 2 册第 88 頁。

④ 重刻朱子年譜一卷附録一卷，清黄中撰，清康熙四十七年（1708）紫陽書院刻本。湖北省圖書館藏，索書號：史七/1328。

易質疑序》。

讀易質疑序

武昌徐行可先生得吾邑先正黄爻資先生《讀易質疑》八卷稿本。朱墨斕然，觸手不忍。屬序其指，以弁簡端。方前清乾隆之盛，文治武功，於鑠當年，亦有儒生通經稽古，黼黻承平。而吾邑先正著書窮經，一時彬彬。蔡德晉、秦蕙田治《禮》，顧棟高治《左氏春秋》，而吴氏鼎、鼐兄弟及黄先生治《易》，皆稱專家之學。其間秦蕙田有《五禮通考》二百六十二卷，顧棟高有《春秋大事表》五十二表，萬本流傳，熟習人口。蔡德晉有《禮經本義》十七卷，亦見版行。而吴鼎有《易例舉要》二卷、《十家易象集説》九十卷，吴鼐有《易象約言》一册不分卷，著録《四庫存目》。獨黄先生《讀易質疑》此稿，寂寞人間而知之者鮮。吴氏兄弟尚象，而黄先生窮理；吴氏兄弟主互卦，而黄先生不用。同里同時而逕塗攸别。然吴鼎《易例舉要》不過推衍康熙《御纂周易折中》卷首之義例，而《十家易象集説》則集元明十家之説，而多取來知德《周易集注》，不免穿鑿。吴鼐《易象約言》尤不過詮釋文句。黄先生此稿則順理成章，原始要終，本末粲然，焯有心得，豈吴氏兄弟之摘章尋句短記剿説所能及。其書不以十翼之《彖傳》《象傳》《文言傳》分隸諸卦，而與《繫辭》《説卦》《序卦》《雜卦》諸傳共次上下經之後，依吕祖謙《古周易》，同於朱熹《周易本義》，而究爻位之上下，觀卦德之剛柔，乘承比應，觀象玩辭，以致知窮理，指陳人事，且今的當，則有合於程頤《易傳》，而以推本王弼。其揭《繫傳》“不可爲典要”“既有典常”兩語，以發凡起例，歸於乾易坤簡，則王弼《略例》所謂易一名而含“易”“變易”“不易”三義也。王弼破互體，黄先生亦不用互體，逐卦逐爻，詳論其義以明憂患與故，自序謂：“吾所值之時即卦也，吾所居之位即爻也，吾所與之人即爻之雜居而有相得不相得之情者也。

即所值之時、所居之位、所與之人，而審其不易之典常，則無時不有易，而不蹈於凶悔吝，夫子謂‘學《易》，可以無大過’者，此也。”反身而求，務以切於人事爲主，朱熹言：“人能取《易》一卦若一爻，熟讀而深玩之，推於事而反於身，則吉凶消長之理，進退存亡之機，無所求而不得，無所處而不當。”黄先生其知之矣。獨博以爲宇宙不無變易之古今，古今無不變易之事物，變易之爲必然當然，其事實證明不易，其理簡易明白，無待索解，所以“典常”涵於“不可爲典要”之中，而“典要”之“不可爲”，則以不能不“動”，故曰“聖人有以見天下之動而觀其會通，以行其典禮”，非“典常”爲一事，“不可爲典要”又一事也。《易》六十四卦，首冠以乾，而曰“乾，健也。天行健，君子以自强不息”，開宗明義，所以揭“運動”不滅之第一義諦。（恩格思言運動不滅的理論已包含在笛卡兒之斷語中，謂宇宙中永遠保留有同一數量之運動，語見《辯證法與自然科學》第二一條。又言如把運動用在物質上是一般之變化，語見《辯證法與自然科學》第三八條。）萬變紛紜，事事物物無不有起則有滅，而運動無起滅，惟運動爲能通其“變”以成終成始，而會歸於“一”。故曰：“天下之動貞夫一者也，爻也者，效天下之動者也。”馬克思言辯證法在理解現存之肯定時，同時理解其否定，理解其必然滅亡，所以辯證法欲從運動從進展以觀察一切生存，而不爲任何事物所威脅制伏。其本質爲批判，爲革命者也。語見《資本論》第1卷第二版跋文。辯證法之根本大法如此，而《易》道何嘗不如此。《易》“明於天之道，而察於民之故”，以自然律規範人生，以宇宙現象辯證自然律，而以“變通不居”明世運；“有以見天下之動，而觀其會通”，亦如唯物辯證把握不絶之運動變化、變形及發展以觀察世界，而欲以發見其運動及發展之相互關聯，故曰“知變化之道者，其知神之所爲乎”。故“神無方而易無體”，“易無思也，無爲也，寂然不動，感而遂通天下之故”，非天下之主神，孰能與此？《易》之言“神”，不同常解。“神”之爲言，伸也，引也。（《風俗通·怪神》：“神者，申也。”《論衡·論死》：“神者，伸也。”《禮記·禮運》：“列於鬼神。”鄭玄注：“神者，引物而出。”《説文》：神，天神引物而出者也。从示，申聲。）乃延展之誼，非鬼神之謂也。“是故闔户謂之坤，闢户謂之乾，一闔一闢謂之變，往來不窮謂之通。見乃謂之象，形乃謂之器，制而用之謂之法，利用出入，民咸用之謂之神”，則“神”之爲引伸，爲運動而延展，其誼甚明。“神也者，妙萬物而爲言者也”，舍“萬物”無以言“神”，猶之唯物辯證離“物”無所施辯證，然而“唯物辯證”之“物”也，非物也，《易》所謂“妙萬物而爲言”之“神”也。欲知所以，不可不知“唯物辯證”之“物”爲何。恩格思言：“所謂物者，物質也。所謂物質也者，衹爲純粹之思想結構與抽象耳。言物，吾人視之爲有體有質而確實存在之物，苟以物納入物質之概念時，則抽去其性質之差異而融納入範疇之相同，因之所謂物質者，不同乎固定存在之物，而非感覺之所得知其存在。”語見《反杜林論》附注（己）《論機械之自然科學》，豈非《易》所謂“妙萬物而爲言”之“神”乎！所以，“唯物辯證”之“物”，非物也。凡物必“相對”，而後辯證以立，亦力必“相對”，而後易道以“神”。故曰“陰陽不測之謂神”，而宋儒張載爲之説曰“兩在故不測”，“兩在”則“相對”矣。恩格思首創自然辯證法，而稱“《百科全書》第一一一節附録云‘在實質中一切皆相對者’，物質之真實性已爲黑格爾一語道破，如正與負衹有在相互之關係中乃有意義，一分則索然意盡”。語見《辯證法與自然科學》第十一條。然中國八百年前宋儒程灝已先黑格爾而發前人所未發，謂“天地萬物之理無獨必有對，皆自然而然，非有安排也。每中夜以思，不知手之舞之足之蹈之也”，然程子衹論天地萬物之必有對，而未及相對之關係。相互以無不融調而躋於易，《易》一書六十四卦，一卦六爻，無非闡明相對之關係，相互以無不融調而無不躋於易，所謂“觀其會通”也。夫易之所以成變化，不外“剛柔相推”，故曰“剛柔相推而生變化”，又曰“剛柔相推，變在其中矣”。“剛”者，陽也，表之以⚊；“柔”者，陰也，表之以⚋。六十四卦，乾坤開端，乾爲陽之純，坤爲陰之純，故曰“乾坤其易之蘊耶？乾坤成列，而易立乎其中矣。乾坤毀，則無以見易。易不可見，則乾坤或幾乎息矣”。“乾，陽物也；坤，陰物也。陰陽合德而剛柔有體。”“乾，天下之至健也。”“坤，天下之至順也。”蓋以示天下之動中涵兩力，一正一負，相反相成，如數學之有正負兩數，如電氣之有正負兩電，乘除相生，剛柔相摩，以生八卦。八卦相盪，以成六十四卦，無一卦不剛柔相易，即無一卦不乾坤迭用。“乾，健也；坤，順也。”反身以求，“道並行而不相悖”。乾以表自我意志創造之力，坤以示社會秩序應守之誼，使吾人知乾健而不知坤順，則人自爲制，争民施奪，社會之紀綱不立，而羣以壞散，己丑解放前之中國是也。使吾人知坤順而不爲乾健，則一人稱制，專政獨裁，意志之自由胥泯，而羣以腐化，辛亥革命前之中國是也。所以“剛柔相易，不可爲典要”，如地球之有離心、向心二力相劑爲用以繞太陽，使地無離而僅有向，則將爲太陽所翕而不得運行；反之，無向而但有離，則將出軌道之外而失其運行。“易不可見，則乾坤或幾乎息”，此之謂也。宇宙之自然規律如此，人生何莫不如此。生乎今之世由今之道，而博管窺蠡測之所以讀《易》者有然，則是黑格爾辯證三定律之對立律、否定律，而恩格思所用以創造自然辯證法者，莫非吾《易》之所固有，而早發明於二千五百年以前。範圍天地之化而不過，此所以爲“窮神知化德之盛”也。然獨念黄先生廿年成書，五易其稿，題曰“讀易質疑”，盛德若虚，而欲就正有道，未敢以自信也。博猝迫握管，豈敢以自信，亦既不得起黄先生於二百年以後之今日而以所見質之。欣獲讀黄先生之書於行可先生，儻以行可先生爲有道之正焉。行可先生博學通人，生當斯文欲絶之交，經史束閣，《論語》當薪。昔聞其語，今見其人，而先生閎識孤懷，人棄我取，節衣縮食，搜求攤肆，舊本孤籍，列屋充棟，余一造訪，置身不得，何論旋足，亦既室不能容，則以分儲武漢大學圖書館，沾溉來學，而不私其有。博謂行可先生爲人之所不爲，北走上京，南極嶺海，罔羅天下放失，不止抱殘守闕，而爲興廢繼絶，功在斯文，百世利賴。當世之所迂怪，後人必有欣慕。一卷把讀，而以追懷先生於無極者，姑以余言爲之券。寔爲中華人民之八年丙申元旦，邑後學錢基博端肅謹序。時年七十，客授武昌。(鈐“錢基博印”白文方印、“守藏史”朱文方印)

讀恩格思書，每言“物質即運動，運動即物質，非運動不見物質，言物質無不運動，運動非移動”，一編之中，三致意焉。《易》六十四卦以乾、坤二卦開端，以既濟、未濟二卦終篇，而言“大明始終”，又曰“成終而成始”，而名其書曰“周易”。“易”者，“變動不居”之謂；“周”者，“周流六虚”之謂，正“以見天下之動”之爲“運動”而非“移動”，故曰“智周乎萬物而道濟乎天下”，故不過自明其書爲言運動之書也。恩格思大言炎炎，詡爲獨得之祕，而不知吾國聖賢早發其藴於二三千年以前。正宜開張聖心，何可妄自菲薄？不圖子孫，乃輕家丘。垂老玩索，撫卷三歎。丙申元旦後一日子夜三時起記。知死老人。(鈐“基博”朱文圓印)①

十一月二十五日，移録徐乃昌舊藏《至聖林廟碑目》校記。

徐積餘丈藏本中有校記，迻書玆册。乙未仲冬廿五日，徐

① 讀易質疑八卷，（清）黄印撰，清抄本。錢基博題識。湖北省圖書館藏，索書號：善/2322。此書《中國古籍善本書目》經部714著録爲清抄本。《徐行可舊藏善本圖録》第7頁。

恕識於華實里僦舍。①

十二月十五日，題《詩源辨體》。

《重修常昭合志》據許玉森《〈芳洲集〉序》著録此書，而於伯清之名爲學夷，則用空圍識之，於其行事亦無一語及之。《四庫總目》亦未收此書。乙未季冬望日。弜誃。

《詒莊樓書目》有此書明活字本。②

是月，沈疇春借抄《齊民要術校勘記》。沈疇春跋云：

一九五五年十二月沈疇春據徐行可先生舊藏鈔本録。（鈐"沈疇春"朱文方印）③

案：一九五四年，沈疇春入武漢市文史館，爲館員。④ 撰《〈書目答問〉清代著述家姓名韵編》一卷，稿本藏武漢圖書館，見《中南、西南地區省、市圖書館館藏古籍稿本提要》。

是冬，贈顧頡剛《列女傳斠注》。顧頡剛題該書云：

徐行可先生見贈，時一九五五年冬也。越數年，先生逝世。其後予到武昌，獲於湖北圖書館中覽其藏書，具見收集苦心，惜匆匆不克徧觀耳。顧頡剛記。⑤

王煦華案語："此書陳漢章撰，民國二十四年序排印本。"

---

① 至聖林廟碑目六卷，清孔昭薰、孔憲庚編，清道光十八年（1838）刻本。湖北省圖書館藏，史十五/1119。

② 詩源辨體三十八卷，明許學夷撰，民國十一年（1922）上海褧廬鉛印本。湖北省圖書館藏，索書號：集四/260。

③ 齊民要術校勘記十卷，一九五五年沈疇春鈔本。湖北省圖書館藏，索書號：子四/77。

④ 武漢市政協文史資料委員會、武漢市文史研究館編《武漢文史資料》1993年第3輯（紀念武漢市文史研究館建館40周年專輯），第171頁。

⑤ 顧頡剛著、王煦華整理：《緩齋藏書題記》，載上海圖書館歷史文獻研究所編《歷史文獻》第2輯，上海科學技術文獻出版社，1999。《列女傳斠注》條，收入顧洪、張順華編《顧頡剛文庫古籍書目》卷二，中華書局，2011年，第771頁。

是年，馬一浮爲先生題查繼佐畫册。《查東山畫册爲徐行可題》云：

寸寸崑山玉，片片旃檀香。試看五字題，中有萬壑藏。東山信奇士，下筆飛風霜。脱身劍刃間，女樂列後堂。談義更紛綸，弟子粲成行。結交慕任俠，獨行亦可坊。少康無一旅，所繫非苞桑。晚草罪惟録，其志鬱弗彰。餘事貌水石，不數倪與黄。磊落何多能，百世猶骫骫。富哉貞勝蓄，寶之過琳瑯。開卷領深趣，令我思迷陽。①

案：張宗祥亦曾題查東山畫册，時間不明，姑附於此。張宗祥《題徐行可兄所藏查伊璜先生畫册》（三首）：

嶺外曾傳載石歸（绉雲石後歸馬氏，復歸崇德蔡氏，今存崇德一佛廟中），人民城郭已全非。麗京禪去先生老，秃筆縱横寫翠微（莊氏史案，先生與陸氏同被逮）。

萬石窩中無片瓦，杭州難覓敬修堂。罪惟一録千秋業，董理遺編兩載忙（萬石窩在沈山，先生筑室著《罪惟録》處）。

拜經道古亦成塵，畫筆流傳各有神（吴兔床、馬寒中二先生均能畫）。奇辟寒荒公獨步，一生未作太平人。②

一九五六年　丙申　六十七歲

三月三日，題《讀杜心解》。

從謝研穀借所鈔魯通甫評語，迻録未竟即爲索回。研穀殁後，其本不知入何人手，後之人儻見魯評别寫本補完之，亦一墨汁因緣也。丙申暮春三日，弜誃記。③

---

① 《蠲戲齋詩編年集·乙未》，《馬一浮集》第3册第583頁。

② 《張宗祥先生紀念册》（《海寧人物資料》第五輯），海寧市政協文史資料委員會編，1992年4月。墨迹及釋文見《張宗祥題畫詩墨蹟》，浙江人民美術出版社，1997年。

③ 讀杜心解六卷卷首二卷，清浦起龍撰，清雍正二至三年（1724—1725）浦氏寧我齋刻本，徐恕過録清魯一同批。湖北省圖書館藏，索書號：善/2870。《徐行可舊藏善本圖録》第234—235頁。

案：《通甫評杜》稿本，現藏南京圖書館，建國後曾批量複製。

二十一日（5月1日），王利器撰《〈鹽鐵論校注〉前言》初稿，言其所用“陳遵默先生《校録》”爲“徐行可先生藏”。[①]

案：王利器念念不忘徐行可先生對其之襄助。王利器《往日心痕——王利器自述》之《良師與益友》云：

> 解放後，我作《鹽鐵論校注》，漢口徐行可先生聞知，即以其傳抄之陳先生《鹽鐵論校録》見詒，我將全部《校録》收入我的《校注》外，即將徐氏迻録本捐贈給北京圖書館了。[②]

又，同書之《未達之知與不虞之譽》云：

> 余之從事於整理古籍也，泰半爲總結性工作，居恒以責備求全自律，有求必應，從而使余坐收集思廣益，取精用弘之功。有如余之作《鹽鐵論校注》時，漢口徐行可先生即以所迻録之陳季皋先生《鹽鐵論校録》（含黄季剛先生《校記》）見贈……凡物聚於所好，諸如此等，皆余前所未見者，一旦得而稱之，以張吾軍，深爲大幸。此不僅爲諸書讀者之益友，抑且爲諸書作者自吕不韋以下諸家之功臣矣。[③]

是夏，吴則虞過訪，先生延至藏書樓，出借朱孝臧校《山中白雲詞》移録本等書。三十年前，曾通書問，今始見面。吴則虞校輯《山中白雲集》附録《玉田詞版本述略》云：

> 《山中白雲詞》八卷，朱孝臧校。徐行可先生有過録本，余過漢皋，借歸讐校。[④]

---

① 王利器《鹽鐵論校注》，中華書局，2015年，《前言》之第33、40頁。案：此書一九五八年四月古典文學出版社初版。

② 王利器《往日心痕——王利器自述》，山西人民出版社，1997年，第35頁。

③ 王利器《往日心痕——王利器自述》，第151頁。

④ 宋張炎撰，吴則虞校輯《山中白雲詞》，中華書局，1983年，第217頁。

又，吴則虞《續藏書紀事詩》卷十《徐恕》云：

> 丙子丁丑間，余曾通書問。閱三十年，丙申夏始識面。延余登書樓，遍觀所藏，並以朱古微校《山中白雲詞》及明清舊本相借。是年秋，余自白下過漢，换舟入峽，君又贈書十餘種及印章一方，余出示《續藏書紀事詩》書目相質，君大喜，把余臂曰："當爲子浮一大白。"走市樓，僦樓角同飯。夜半至舟次送别，宵風露冷，猶不忍去。舟將發，君倚欄呼曰："蜀中少書，有所需，一瓻勿吝也。"余抵寓，君書至，謂續葉詩壽人壽書，爲可傳之作。惟某趨時，某挾貴，某無故舊誼，不可入録。皆當世士也。[①]

又，是年先生借《淮南子》趙曦明校本與吴則虞，或亦在此時。吴則虞《〈淮南子〉書録》言"丙申徐行可先生借録（自十一卷至二十一卷）"。

四月四日，跋《敬業堂詩集》，跋云：

> 貞勝書宬藏《敬業堂集》第三本（集）。丙申孟夏四日，南京萃文書肆郵來此集，檢視册中有華陽王翕存先生短箋與洪君者，偁爲"五兄"，則此集爲涇縣洪君幼琴舊藏，卷卅三尾頁有"老友展成過訪"云云，展成姓翟氏（忘其名），爲幼琴編栞《四洪年譜》者。卷首逯書拜經樓藏《敬業堂詩》原稿册目及評點諸人姓字竝吴兔床跋，目録前有洪君識語云：原稿朱、墨兩筆，先已圈讀，後見王夅翁（翕存别字）本勘補其異同。有足徵也。[②]

案：洪幼琴名槃，洪汝奎之子。"華陽王翕存"即王秉恩。翟展成名

① 吴則虞撰，吴受琚增補，俞震、曾敏整理《續藏書紀事詩》，國家圖書館出版社，2016年，第452頁。

② 敬業堂詩集五十卷，清查慎行撰，清康熙五十八年（1719）刻本。湖北省圖書館藏，索書號：集二/7916。

鳳翔。王秉恩之短箋内容如下：

年譜二分，代收轉致，謝謝。黄錠一祈哂存，餘面談。

五兄大人。弟恩頓首。

洪大人。

又，是書洪幼琴過録清吴騫拜經樓藏原稿本之册目、諸家評點及吴騫跋，又過録王秉恩評點及跋。洪幼琴跋，徐恕批校并跋。洪幼琴跋如下：

每卷下有不注明者皆公之族兄漸江、從弟德尹所評點，其孫石門先生所過批，眉批未標姓名之評語，或謂層芝，或謂茗文，缺疑俟塞。朱筆則襍出諸手及各家選本。

此集已閲，得朱、墨兩筆原稿本。後又見王弇翁本，間有同異，然亦是朱、墨筆，恐致混淆，因以藍代墨，以黄代朱云。

案：首條先生以朱筆校注，“缺”改“闕”，“塞”改“補”。“茗文”旁注“汪琬別字”。先生跋所言“卷卅三尾頁有‘老友展成過訪’云云”，全文如下：

連日展成老友過訪，曠課。今早完此卷。八月廿有一日。

又，先生舊藏清康熙五十八年刻雍正增刻本《敬業堂集》尚有兩部批校本。一本乃清張誠之批，徐恕録清查奕照、朱洪等評。① 一本清許葉芬録清翁方綱批校。②

八月四日，讀《南宋文範》，跋《丞相魏公譚訓》。

陸務觀譔《吏部郎中蘇訓直（玭）墓志》云：“公從父有著《魏公談訓》者，未及成，或附益之。正議（謂訓直之父）常以

① 敬業堂詩集五十卷，清查慎行撰，清康熙五十八年（1719）刻雍正增刻本，清張誠之批，徐恕録清查奕照、朱洪等評。湖北省圖書館藏，索書號：善/1573，書影見《徐行可舊藏善本圖録》第285—286頁。

② 敬業堂詩集五十卷，清查慎行撰，清康熙五十八年（1719）刻雍正增刻本，清許葉芬録清翁方綱批校。湖北省圖書館藏，索書號：善/1572，書影見《徐行可舊藏善本圖録》第283—284頁。

爲有可更定者，而未及書，公卒成之，藏之家塾。又著《魏公年譜》一卷，累歲乃成，識者貴之。”丙申秋八月四日讀《南宋文範》卷六十七，有放翁此志涉及此書，作敘跋者都未偁引。信矣，録畧之學之未易言也。彊誃徐恕。[①]

案：是書先生題“以愛日精廬鈔本校”，鈔附清黄丕烈校宋《譚訓》一卷。

八日，題《習學記言序目》。

此刻北平圖書館入《善本書目乙編》，豈版已不存印本已少傳布耶。此書得之於湘潭羅正鈞家，有“順循藏本”一印，順循其字也，箸有《船山師友記》，清末修《山東通志》内《金石門》爲所纂輯。其提學山東也，設金石保存所。其子息則盡鬻先人書，未能以學行禪其家，知繼述之事之難也。丙申秋八月八日晨起記。弜誃斆人。

壬子丕變後十八年，《敬鄉樓叢書》緟栞是書。[②]

九月三十日（11月2日），夏承燾過訪，不值，先生回訪。夏承燾《天風閣學詞日記》云：

訪徐行可不遇。夕湖北省市招宴，宴散與心叔遊中山公園。

徐行可來，談至十一時去。六十七歲矣，罵人不絶口，謂有卓敬一印，欲賣與温州文管會，又謂有書六百箱，欲捐四百箱與湖北科學院。臨行託予向張冷僧先生問陳伯韜漢章捐浙江圖書館書稿目録。[③]

同日，顧頡剛題贈先生《説文通俗》。《顧頡剛日記》云：

---

① 丞相魏公譚訓十卷，宋蘇頌撰，宋蘇象先編，清道光十年（1830）刻本。湖北省圖書館藏，索書號：善/2913。

② 習學記言序目十卷，宋葉適撰，清光緒九年（1883）江陰刻本。湖北省圖書館藏，索書號：子十/951。

③ 《夏承燾集》，浙江古籍出版社，浙江教育出版社，1997年，第7册第567頁。

以《説文通俗》贈徐行可，題端，送交昌群。[①]

顧頡剛題端云：

行可先生爲鄂中藏家魁傑，前年到京，寵晤敝家，適當病仆，未得暢談承教益，時時引爲憾事。近以讀沈兼士先生遺文，云先祖有此著，來書見索，即檢出一部奉寄。敬祈賜存。家寒未能付刻，此油印本亦遭亂散失甚多，楹書不守，慙愧何如。一九五六年十一月二日顧頡剛謹記。（鈐“顧頡剛”朱文方印）[②]

是月，和舅婿黄惪共讀《讀杜筆記》。

丙申季秋與舅婿黄清若同讀此書，清若勘正文字譌誤。恕書之板闌下方。（鈐“行可”印）[③]

案：凡校正八處。此書鈐“湖北省政府教育廳查訖”藍色印章、“中南圖書館藏書”印，則民國間已經湖北省立圖書館收藏。

實則，此書乃先生借自湖北省圖書館者，先生有其鈔本，鈔本跋云：

丙申孟秋，從湖北省圖書館借此册，書衣有劉作章題“讀杜筆記弍卷”六大字，分書，册尾有“六世孫正乾校字”一行，以印本未多流布，持示金子石壽，欣然别録一本，更爲代蘄黄君清若以墨筆分别句讀、是正文字，以存耆舊譔述之一。若其説杜，固無多勝義也，稍暇當逐篇覈正之，季秋十八日武昌徐恕。[④]

是秋，吴則虞過漢，先生贈書籍印章。先生喜其《續藏書紀事詩》之佳構，共餐且夜半舟次送别，稍後寓書言某等人不可入録，

① 《顧頡剛日記》第八卷，中華書局，2011年，第140頁。

② 説文通俗六卷，清顧之義輯，民國石印本。湖北省圖書館藏，經九/3834。

③ 讀杜筆記一卷，清夏力恕撰，清末至民國刻澴農遺書本。湖北省圖書館藏，索書號：集四/83。

④ 讀杜筆記一卷，清夏力恕撰，一九五六年鈔本。湖北圖書館藏，索書號：集四/482。

見本年夏吴則虞過訪條。

十月十八日（11 月 20 日），金毓黻思作寄懷先生詩未成。《静晤室日記》卷一百六十：

思作寄懷徐行可先生詩，未成。蓋余於近幾年不甚讀詩，氣機不熟，故不能操筆立就，只好遲之異日。①

十九日（11 月 21 日），金毓黻致書先生，繳還清紀昀批《史通》。《静晤室日記》卷一百六十《函徐行可先生》云：

行可先生，别來二年，通書甚稀，而想念無已。思以詩奉懷，乃不能成章，機調不熟故也。某閲人多矣，爲先生之守道堅貞，老而彌篤，殊罕其匹。昔陳國童子魏昭嘗謂經師易遇，人師難遭。若先生則並世之人師也，惟後漢郭林宗之倫差可比擬，不圖近在咫尺而踪跡轉疏，真所謂失之交臂矣。近一年來體氣轉佳，對古籍日親，薄有購置，重點在隋唐五代之際，企與往日所治宋遼金三史相銜，徒以志奢力薄，未能博覽，但其志則壯矣。頃又喜於臨池，所好亦爲唐代，如太宗《温泉銘》之飛動，李北海《雲麾碑》之凝重，皆奉爲至寶，學之而不能至，藉此以斂心神，遣長日，猶勝於無所用心。不識先生將何以教我也。本月末榮君孟源往武漢訪求史蹟，將造尊廬起居，並將前假紀批《史通》奉還，當能獲悉鄙況，恕不一一。順祝曼福。毓黻頓首。②

二十三日（11 月 25 日），金毓黻收悉先生書，先生另附致賀昌群書。《静晤室日記》卷一百六十一：

接徐行可先生漢口長函，並託轉致賀君昌群一函，爲售讓藏書於科學院圖書館事。余前數日致君之函尚未收到。但兩處不期而同時發函，可謂心心相印矣。余於徐君出售藏書之事，

① 《静晤室日記》卷一百六十，第 10 册第 7305 頁。

② 《静晤室日記》卷一百六十，第 10 册第 7306—7307 頁。

甚不謂然。觀其一方入購，又一方出售，不知用意何在？不知細讀所藏之書，得出一定之成果，而以藏書之富侈爲美談，如徐君者，甚無謂也。[1]

二十五日（11月27日），金毓黻致書先生，托榮孟源到漢後探望先生時轉交，其日記云對於至友往往精神相同，先生即其一也。《静晤室日記》卷一百六十一：

榮君孟源赴武漢等處搜訪史料，囑其到漢口往視徐行可先生，致以候問。此人古心古貌，與今世到處達語者也。

吾於至親至友，往往精神相通，無間千里，近有二驗。一、近七日内，忽致書漢口徐行可先生，致以候問，但不過二日而行可書來，亦想念甚勤，而余書固未至也；二、近三日内因思吾女淑君，致書長春訊之，而昨日淑君書忽來，而余書固未達也（精神感召之效）。余與行可别近二年，在近一年内未通書，又與淑君亦幾二三月未通書，乃於數日内，不期而彼此兩地俱發函相訊，應有精神感召，其不可思議至於如此。

復徐行可箋云：古人所謂精神相同，可以無間千里，僕之於先生亦然。郵書不出二日而尊札適來，彼此不期而同，誠不知其何以致此也。致賀君書已送達，惟未面，聞出讓書籍及推薦黄君二事君已决定，榮君孟源知之甚詳。今日榮君赴武漢，定造尊齋面談，故不一一縷及。榮君爲博通古今之士，與我輩氣誼相孚，有不可以言語形容者，想先生能深知之。科學院在百家争鳴政策中，搜求賢逸，方面頗廣，殊爲佳象，但延聘之程序頗簡，君子隨時卷舒，請勿拘於形式。相喻以心，諸維亮照。[2]

案：金毓黻所言“延聘之程序頗簡”，當指先生被聘爲中國科學院客

① 《静晤室日記》卷一百六十一，第10册第7313頁。

② 《静晤室日記》卷一百六十一，第10册第7314—7315頁。

座教授事。

二十七日（11 月 29 日），金毓黻收悉先生所寄贈《全宋詩話》《唐句分編》。《静晤室日記》卷一百六十一：

徐行可寄贈《全宋詩話》鈔本四册，凡十三卷，非足本，題爲鍾廷瑛退軒作，中有東省藏書頗少之語，行可疑爲東北人，故以寄贈。以余所知，人亦嘗稱山東爲東省，不必定屬於東北也。行可又寄贈《唐句分編》一册，計二卷，鈔本，廣寧郎文勳書常撰，時在康熙五十年，應爲郎廷極之同宗，此則真吾鄉人也。據其總目凡二十四卷，僅此二卷，一論方位字，一論數目字，非其足本可知。所謂方位，即詩句首一句有“東”“南”“西”“北”“前”“後”“左”“右”“上”“下”“中”“内”“外”等字者，所謂數目，即詩句首一字有“一”“二”“三”“四”“五”“六”“七”“八”“九”“十”“百”“千”“萬”等字者，此屬於挦撦餖飣之學，仕官子弟居多暇日者慣爲之，猶勝於無所用心。吾鄉人著述較少，且爲向所未見，足爲《遼海書徵》之續。行可厚惠，至可感也。①

二十八日（11 月 30 日），改定和金毓黻贈詩，寄示之。《静晤室日記》卷一百六十一：

行可又以改訂和余贈詩寄示，尚未及録存。余以行可有贈書之惠，思疊前韵報之，亦以匙暇未爲。②

十二月初七（1957 年 1 月 7 日），王利器致書先生，書云：

行可前輩先生道席：前上一箋，談及有關尊藏《明代各省人物志》一書，欲借閱或倩人代鈔，想邀垂鑑。兹再有懇者，先生曾言還有一本陳季皋先《鹽鐵論校記》，借與楊遇夫先生，並已送還。以器所見，惠借本太略，不知此兩本有無異同之處，亟欲得

① 《静晤室日記》卷 161，第 10 册第 7316—7317 頁。

② 《静晤室日記》卷 161，第 10 册第 7317 頁。

楊借本對照一過，特再專函奉達，想不以買菜求鹽見嗤也。

科院事已了，不知能台從能北來一遊否？此間書已不多，不過，器從今年起已獲得在家辦公之便，暇日較多，深欲時時獲得請益之機也。顓此，敬叩道躬康吉。後學王利器敬上。一月七日。①

案：此書一紙，用人民文學出版社稿紙，鋼筆書寫。“陳季皋先”脱“生”字，“不知能台從能北來一遊否”第一個“能”字衍。此書當作於丙申年十二月初七（1957 年 1 月 7 日），所謂“科院事已了”，或指一九五六年徐行可捐贈圖書給中國科學院武漢分院事。難以確認，姑置於此。《王利器學述》附録《年表》一九五七年條：

10 月，應中國科學院哲學研究所之約，完成《淮南子今譯》……同年，被定爲右派分子（内控）。②

又，先生曾向王利器借得《經典釋文》校宋本，未及歸還而逝世。王利器《往日心痕——王利器自述》之《劫餘話劫中之劫》云：

那是我還住在東四十條胡同北大教授宿舍時，有人從東北搞來一部宋本《經典釋文》，我一看是被溥儀帶出宫的國寶，多少人想看而不得見的寶書。當時，我買得起，却陡然想起白居易《李夫人詩》“尤物感人亡不得”的詩句，不想要，于是對那位朋友説：“假如您放心，就先放在我這裏，再説。”他説：“可以，就放在您那裏，以後再説。”大概他也知道這是故宫流散出來的國寶，不好脱手，就一直放在我那裏了。于是我就拿我收藏的通志堂用開化紙初印的《經典釋文》來一字一句、一筆一

① 清代禁燬書目譔人姓名檢編，民國鈔本，徐恕批校。湖北省圖書館藏，索書號：善/2923。案：書信一紙，夾置該書。《徐行可舊藏善本圖録》第135—136 頁。

② 王利器著、王貞瓊、王貞一整理《王利器學述》，浙江人民出版社，1999 年，第 315 頁。

畫地作了校勘，大概3個多月就完成了，我才把宋本原書退還他了。後來，漢口徐行可先生見到我的校本，十分驚喜，把我的校本借去了，説要傳校一本。其後，徐先生逝世，聽説他的藏書都歸武漢市圖書館了，我也無法去清問。但是，我却因得見此書而寫了一篇《經典釋文攷》，作爲紀念北京大學50周年論文，文中提及的宋本，即指得之經眼之海内孤本矣。①

案：王利器校《經典釋文》，今藏湖北省圖書館。一九五四年行可先生在京半年，看到王利器校本，約當其時。

是冬，屬陳祖壬題《牧齋初學集詩註》。

丙申冬日，徐君行可攜過余齋，因得假觀，時忉庵之逝已逾五年矣。忉庵爲閩縣林提學葆恒别字，嘗輯《國朝詞徵補遺》百卷，未及印行，今不知尚存否也。西閣長翁記。(鈐“陳病尌”印)

此書又存林葆恒跋：

己巳四月二十六日，從沅叔假所藏前人評點本，用朱筆臨之，五月初八日臨至第二十卷止。十九日沅叔將下半部寄來，二十日復臨之，五日臨畢。用墨筆抄《投筆集》附入，廿九日訖。蓋前後縻工二十三日矣。忉盦識。②

是年，捐贈五百箱書籍於中國科學院武漢分院圖書館。《中國科學院圖書情報工作三十五年（1949—1983）》云：

1956年9月，我國著名藏書家徐行可先生向中國科學院武漢分院圖書館贈書500箱，共3萬册，其中大部分爲綫裝書。③

---

① 王利器《往日心痕——王利器自述》，第173—174頁。

② 牧齋初學集詩註二十卷，清錢謙益撰，清錢曾箋注，清康熙刻玉詔堂印本。林葆恒録前人批校，陳祖壬跋。湖北省圖書館藏，索書號：善/1701。《徐行可舊藏善本圖録》第276—278頁。

③《中國科學院圖書情報工作三十五年》編委會編：《中國科學院圖書情報工作三十五年（1949—1983）》，中國科學院出版圖書情報委員會、中國科學院圖書館，1985年，第262頁。

案：此言九月捐贈，有疑問。言三萬册，有疑問。一九五六捐贈五百箱，無異議。

是年，《湖北文徵》定稿，先生曾襄助編纂。《湖北文徵（全本）》之《贊助略歷（一九五六）》列入先生，且有小傳如下：

> 徐恕，字行可，武昌人。寓漢口，藏書最富。現任武漢市文史研究館館員。

案：先生襄助《湖北文徵》編纂，除癸酉年（1933）甘鵬雲所言提供《梅中丞遺集》《皇明經世文編》之外，至少尚有數端：耿定向《與人札》據“江夏徐行可氏藏真蹟”録入[1]，舒逢吉《丘季修懸瓠詩集敘》爲“武昌徐行可采文”[2]，蕭芝《西沚居士集敘》爲“漢口徐行可依道光二年李静庵刊本《西沚居士集》采録”[3]，嚴承夏《洪範圖説序》録自“徐行可氏藏精刊本”[4]。雷以諴、彭崧毓、彭久餘、曹樹鍾、彭瑞毓、胡有械、胡大集、鍾壽朋、杜維祺、杜敬銘、劉占春、魯學鎔、胡洪鼎、胡翟珪、黎海潮、盧殿才等十六人之《賢親録序》，鄭燔《賢親録跋》、趙逢吉《賢親録頌》均録自“漢口徐恕”藏本《賢親録》。[5] 又吴人瑞、葛方拔《賢親録序》，杜申錫《歷代選舉考》《賢親録自跋》，僅標注出自《賢親録》，未言所自，當爲偶脱。[6]

約是年，徐鴻寶自上海寄先生《遠山堂明曲品劇品校録》一册。今存徐鴻寶（森玉）致先生信封一（已裁開作書寫用紙，郵票已割去），文字如下：

---

① 《湖北文徵（全本）》第二卷第 388 頁。

② 《湖北文徵（全本）》第七卷第 412—413 頁。

③ 《湖北文徵（全本）》第八卷第 104—105 頁。

④ 《湖北文徵（全本）》第八卷第 132—133 頁。

⑤ 《湖北文徵（全本）》第十卷第 8、117、127、188 頁，第十一卷第 37、70、158、254、430、433、528、604、647、650、652、740、771、773、653、772 頁。

⑥ 《湖北文徵（全本）》第十一卷第 128、129、282—283 頁。

漢口黄興路華實里三號

徐行可先生

上海天平路四十號徐森玉

内《遠山堂明曲品劇品校録》一册鉛印本

案：此紙夾置於《石壽山房印譜》内，先生於紙背題“湘人汪歗𥟡（蔚）仿丁黄印譜”①，顯爲紙張之二次利用。又，黄裳《遠山堂明曲品劇品校録》，1955 年 4 月由上海出版公司初版。1957 年 11 月古典文學出版社新一版增輯《山陰祁氏遺事》。今無法確認究爲何本，姑置於是年，以留先生與徐鴻寶二人交往之鴻爪。

一九五七年　丁酉　六十八歲

二月，吴則虞過訪，不值，先生後詒其繆荃孫校《淮南子》。吴則虞《續藏書紀事詩》卷十《徐恕》云：

丁酉春仲，余内調過漢，詣君，以下鄉掃墓未值。余時校《淮南鴻烈》，君立斥繆藝風校本相詒，余答書無嗣音。②

此即吴則虞《〈淮南子〉書録》所云：

《淮南子》二十一卷，繆荃孫校本。據宋本藏本以校莊本，并迻録趙曦明、孫志祖、勞格諸家校語，字跡端整，不似筱珊之筆，蓋倩人所鈔録。徐行可先生舉以貽余。③

又，《稼軒詞》陸貽典校本，吴則虞言“徐行可藏有周貞亮過録陸氏校本，借余轉録”。④

四月二十七日，校《古學攷》畢，跋云：

丁酉四月二十七日看斁，弜誃。⑤

---

① 石壽山房印譜一卷，清汪蔚輯，清咸豐四年（1854）拓本。湖北書圖書館藏，索書號：史十五/943。

② 吴則虞《續藏書紀事詩》，第 452 頁。

③ 吴則虞《〈淮南子〉書録》，載《文史》第 2 輯，第 305 頁。

④ 吴則虞選注《辛棄疾選集》，上海古籍出版社，2014 年，第 300 頁。

⑤ 古學攷一卷，廖平撰，清光緒刻本。湖北省圖書館藏，索書號：經十/4358。

五月十二日（6月9日），陳乃乾過訪。《陳乃乾日記》云：

上午抵武昌，乘輪渡至漢口，住新生旅館。至古籍書店，晤魏克孚及北京中國書店張君懿。訪徐行可。[①]

十三日（6月10日），回訪陳乃乾。《陳乃乾日記》云：

晨，行可來。至市文化局，晤出版科長王建新。下午至武昌省文化局，晤局長方壯猷。由文管會程欣人陪往博物館看書板。五時出，獨遊龜山。[②]

十八（6月15日），金毓黻收悉先生書。《静晤室日記》卷一百六十四：

得徐行可先生漢口函，言正景印陳伯考先生漢章遺書，又索前此寄閲郎國勳鈔《唐詩》。[③]

六月六日（7月3日），陳乃乾寄書於先生。《陳乃乾日記》云：

下午至郵局，寄明6及行可書。[④]

七日（7月4日），《陳乃乾日記》云：

行可寄來《遼史索隱》。[⑤]

八月初一，讀畢《濠上雜著初集》。

丁酉季秋朔日讀畢，弜誃。[⑥]

七日（8月31日），於上海拜見劉承幹。《求恕齋日記》云：

夜，徐行可來，濶别廿六年矣，幾不相識。今年六十八，髭鬚已長，談次知其近在作書賈，爲湖北文史館館員，薪津五

---

① 《陳乃乾日記》第297頁。

② 《陳乃乾日記》第297頁。

③ 《静晤室日記》卷一百六十四，第10册第7478頁。

④ 《陳乃乾日記》第299頁。

⑤ 《陳乃乾日記》第299頁。

⑥ 濠上雜著初集四種，張立民輯，民國復性書院刻復性書院叢刊本。湖北省圖書館藏，索書號：子一/650。

十元；又爲中央研究院採訪員，薪金一百五十元。余以書事久疏，且精神疲倦，而渠健談，刺刺不休，見余案頭所置《碑傳集》三十四本，力勸余出讓。余因索價三千餘金，渠言未滿千金，相差過鉅，囑再斟酌，緩日再來議定云云，遂去。此書余目前無力付印，如其能溢出千金，當願讓去也。①

十九日，《求恕齋日記》云：

作徐行可書，即發。②

二十一日（9月14日），金毓黻覆先生書，寄還《唐句分編》。《静晤室日記》卷一百六十五：

徐行可兩次來函未覆，又索《唐句分編》首册，即覆函寄還。《唐詩分編》二十四卷，廣寧郎文勳書常選輯，蓋由《全唐詩》中七言取其首字，分爲方位、數目、珍采、名號、實字、活字、虚字、駢字、截分字、疊字爲類而具録之，以供隨手採擷之用。其書本不足貴，特以鈔本見珍。郎氏應爲清初郎氏廷字輩，爲顯宦者之子。按其自序，撰成於康熙五十年辛卯。行可遠道見寄，蓋以郎氏爲遼東世胄，必爲余所珍視故也。今以寄還，謹記其概於此。③

是月，請馬一浮題王陽明書良知四絶句詩真迹。

末後拈花已費詞，神通妙用總難思。溪山雲月分明在，多少生盲學坐馳。

行可先生出此卷屬題，何期今日獲睹先賢末後之教！率爾贅此，以志欣幸。丁酉秋八月。馬浮。④

---

① 《求恕齋日記》第18册第231—232頁。

② 《求恕齋日記》第18册第234頁。

③ 《静晤室日記》卷一百六十五，第10册第7522頁。

④ 王依平《文人、學者、名將——王守仁及行書手卷》，《書法叢刊》2008年第5期。《蠲戲齋詩編年集・丁酉》作《題陽明書良知四絶句詩真蹟》，僅録詩四句。第601頁。

閏（八）月十九日（10月12日），購《僞書舉例》。是書購買發票尚存，購書人一欄填寫“徐行可”，書價0.60元。①

九月初一，點畢《文鑑例言》。

丁酉九月朔日點畢，弜誃。②

九日，題《靖節先生集》。

此本乃失去年譜《攷異》末册，以篋中適有江蘇書局刊本，遂購致之，成完帙矣。丁酉重九，弜誃識。③

十九日，劉承幹收悉先生信。《求恕齋日記》云：

出門時周子美來，交到徐行可信，略談即去。④

十二月二十三日，過録清嚴元照批《爾雅》。

（過録）以嘉慶六年曾賓谷（燠）刊《尒雅音圖校注》一過，又以武進臧氏翻彫雪窗書院本校注一過。

（過録）嘉慶十年秋九月二日歸安嚴元照校於晝扇亝。

（過録）七日晡時以雪窗本重校一過，《釋文》有可爲證者，采録於上方。一二愚管，亦附見也。管香生校。

丁酉十二月廿三日晡時，郵人送致扈瀆古籍書店寄來嚴氏斠《尒雅》經注，所用者爲汲古閣本，定值官帖卌鈑。篝鐙迻寫異文及校語於此本上。今日午飯前録竟，亦不必留真也。矧囊無餘錢，勘對雖出名賢手，存此副墨，亦足以爲温經之資矣。

---

① 僞書舉例四卷，馬念祖撰，民國二十二年（1933）排印馬氏叢著本。湖北省圖書館藏，索書號：史十四/1073。

② 文鑑例言一卷，（清）陳澹然撰，清光緒二十四年（1898）木活字印本。湖北省圖書館藏，索書號：集四/474。

③ 靖節先生集十卷首一卷末一卷年譜攷異二卷，晉陶潛撰，清陶澍集注，清道光二十年（1840）刻本。缺年譜攷異二卷。湖北省圖書館藏，索書號：集二/6807。

④ 《求恕齋日記》第18册第248頁。

弜誃手識。[①]

是年，先生獲冒廣生校《彊村叢書》。該書易主之時，冒廣生題識於《雲謡集》書衣，其辭云：

《雲謡集》寫定本載《同聲》月刊，此爲初稿所録，詞不盡出唐人，其中調名有《樂章集》所自度者，當時西夏有井水處能歌柳詞，盛行可想。是書今歸武昌徐行可先生，爲志書衣。冒廣生。（鈐“□齋”朱文方印、“鄙人之年八十五矣”白文方印）[②]

一九五八年　戊戌　六十九歲

正月二十八日（3月17日），《光明日報》刊發國務院科學規劃委員會、古籍整理出版小組歷史分組《1958年史部古籍出版計劃》，言及先生所藏《皇明經世文編》。

《皇明經世文編》云：國内現存五部（北京大學圖書館、蘭州大學圖書館、南京圖書館、科學院圖書館及武昌徐行可藏本，其中以科學院藏本爲最壞）。影印時可用北大藏本作爲底本，用他本補缺卷缺頁。[③]

三月，題《耐冷譚》。

此本少十五、十六兩卷，然可補篋中一本闕字，求之積年乃得之。儻後之人别鈔此二卷，又可成一完帙也。戊戌暮春。弜誃。[④]

又，湖北省圖書館藏《金匱心典》内夾一破損書衣，先生題：

---

① 爾雅三卷，晉郭璞注，唐陸德明音義，清乾隆二十九年（1764）孔繼汾刻本，徐恕録清嚴元照校。湖北省圖書館藏，索書號：經九/160。《徐行可舊藏善本圖録》第39—40頁。

② 彊村叢書，朱祖謀輯，民國十一年（1922）歸安朱氏刻本。冒廣生校并跋。湖北省圖書館藏，索書號：善/2240。

③ 《光明日報》1958年3月17日第四版。

④ 耐冷譚十六卷，清宋咸熙撰，清道光九年（1829）武林亦西齋刻本。缺卷十五、十六。湖北省圖書館藏，索書號：集四/275。

尾頁有破闕，借得一殘本補之。歲月荏苒，已踰二紀矣。戊戌暮春，别得前十四卷殘帙，又可補它闕字也。弜誃。①

所言或爲一書耳。

是月，題《詩人玉屑》。

《郘亭書目》云近仿宋刊甚精，即謂此刻。惟此本非初印，嘗見後刷者壞字頗多，新印本仍依。此刻第參據舊槧，附有校記耳。戊戌暮春，弜誃。②

七月，吴則虞聞先生“以言愆被議”。吴則虞《續藏書紀事詩》卷十《徐恕》云：

戊戌蘭日，蜀士賴以莊入京，聞君以言愆被議。③

八月，請馬一浮書清陳鱣藏書印語。

得此書，費辛苦。後之人，其鑒我。行可先生好聚書，自言平生精力皆瘁於此，因取陳仲魚藏書印語，屬爲之書，戲謂身後將以此爲殉。不欲拂其意，遂爲書。六言雖約，固足以見其志也。戊戌秋八月，蠲叟并識。④

是年，從浙江圖書館移録鈔本數種。各册末書寫底本信息、鈔録時間、傳鈔者、校對者。前四種底本爲“浙江圖書館所藏鈔本”，後一種爲“浙江圖書館所藏種松東塾鈔本”。計開：

《古姓氏人名韵編》十二卷，陳漢章輯，鈔録時間或單署一九五八年，或增七月、八月。傳鈔者爲程瑩、羅昂，校對者傅敘倫、程瑩。⑤

---

① 金匱心典三卷，漢張機撰，清尤怡集註，清光緒二十七年（1901）上海醉六堂石印本。湖北省圖書館藏，索書號：子五/509。

② 詩人玉屑二十卷，清魏慶之撰，清康熙至雍正間刻本。湖北省圖書館藏，索書號：集四/340。《徐行可舊藏善本圖録》第 317—318 頁。

③ 吴則虞《續藏書紀事詩》，第 452 頁。

④ 《徐行可先生捐贈古籍文物五十周年紀念集》第 12 頁。

⑤ 古姓氏人名韵編十二卷，陳漢章輯 ，一九五八年鈔本。湖北省圖書館藏，索書號：善/1482。

《太平御覽校録》八卷，陳漢章撰，一九五八年，傳鈔者張衡，校對者李潔民。①

《周禮孫疏校補》六卷，陳漢章撰，一九五八年七月，傳鈔者李潔民，校對者張衡。②

《四書疏記》四卷，清陳鱣撰，一九五八年七月十四日，傳鈔者李潔民，校對者張衡。③

《讀相臺五經隨筆四卷續筆一卷附宋石經記略》一卷，清周廣業撰，一九五八年，傳鈔者傅敘倫，校對者羅昂。④

案：此五種鈔本，均鈐“曾歸徐氏彊誃”“力不扶微學心猶守舊聞”二印。

一九五九年　己亥　七十歲

正月初三，題《山滿樓箋注唐詩七言律》。

（書衣）此書買定，蟲傷，如此二册不必補修。有大者，求爲粘補。書面殼壞（第二册全無殼面），不便繙閱。求爲加换新殼面。徐行可敬託郵購部諸同志。

（錢陸燦序後）據近人姜亮夫《歷代名人年里碑傳總表》，錢湘靈生萬曆卌年壬子，未舉所出。又云年八十餘，未記卒年。依此書序自署八十六翁，則是康熙卅六年丁丑也。己亥孟春三日鐙下，徐恕記。

近人傅增湘《藏園羣書題記》第二集《遂園禊飲集跋》云：

---

① 太平御覽校録八卷，陳漢章撰，一九五八年鈔本。湖北省圖書館藏，索書號：善/1481－1。

② 周禮孫疏校補六卷，陳漢章撰，一九五八年鈔本。湖北省圖書館藏，索書號：善/1481－2。

③ 四書疏記四卷，清陳鱣撰，一九五八年鈔本。湖北省圖書館藏，索書號：善/1481－3。

④ 讀相臺五經隨筆四卷續筆一卷附宋石經記略一卷，清周廣業撰，一九五八年鈔本。湖北省圖書館藏，索書號：善/1481－4。

康熙甲戌（卅三年）徐健庵宴集耆年，會諸人於崑山家園，輯一時酬唱之作，刊爲此集，與者十二人，以錢圓沙爲之長，年八十有三。①

是春，先生病已數月矣，抱病致書陳乃乾。

乃乾先生：恕病數月矣，近十餘日嘔吐□止。體力益衰憊，臥疾中讀報，知大雅輯《清代碑傳文通檢》，此間新華店中竟無售者，恕自去年三□辭去科學院百五十月薪，僅……屋租不足自活，能否惠賜……《通檢》一册，是所企禱。大□……文已買得一集册《蜀山集》……本集内文……有其與他……耳《南雷詩曆》四……三卷，恕得第四卷……同印亦大佳也。尊意如同鄙……清鑒手頌公綏！徐恕拜白。

（先生前……《遼史索隱》已閱數□□還），蘇繼廎先生近何如？周雲青兄處有恕前寄《玉臺□咏》原刊本，能爲賣得八元否？以抵大輯《碑傳文通檢》書價及更擬買新印《三家注評李長吉歌詩》之類，何如？②

案：《清代碑傳文通檢》，中華書局，1959 年 2 月第 1 版。《三家注評李長吉歌詩》，中華書局，1959 年 1 月第 1 版。

四月初六（5 月 13 日），《陳乃乾日記》云：

東華寄來《蜀志》三册，行可寄來《蜀山集》。③

六月初四（7 月 9 日），先生因胃病醫治無效，溘然長逝，享年七十歲。

案：據《徐氏子女徐孝寬等致湖北省圖書館書》。④

① 山滿樓箋注唐詩七言律六卷，清趙臣瑗注，清康熙山滿樓刻本。湖北省圖書館藏，索書號：集三/1341。《徐行可舊藏善本圖録》第 301—302 頁。

② 中國嘉德國際拍賣有限公司嘉德四季第 42 期拍賣會《共讀樓存劄——陳乃乾友朋書信》，1239 號。現藏湖北省圖書館。

③ 《陳乃乾日記》第 352 頁。

④ 《徐行可先生捐贈古籍文物五十周年紀念集》第 14 頁。

譜　後

一九五九年　己亥

六月十日（7 月 15 日），先生之子女徐孝寬、徐孝威、徐孝定、徐孝寔、徐孝宓、徐孝同、徐孝寅，徐孝嬰、徐孝嬨、徐孝旻、徐孝媞共計十一人聯名致書湖北省圖書館，請求接納家中尚存書册。《藏書家徐行可之子女將其藏書捐贈湖北省圖書館信函》云：

湖北省圖書館：家父徐君行可，不幸於月之九日以胃潰瘍症病逝，我輩遘此閔兇，終懷罔極之痛。伏念家父畢生精力，盡瘁於讀書買書，辛辛勤勤，無間寒暑，節衣縮食，樂此不疲，常謂不以貨財遺子孫，古人之休德，書非貨財，自當化私爲公，歸之國家。解放以還，屢申所願，生前曾以五百餘箱捐贈於科學院，亦素心之實踐也。

我家尚存書册，家父在世之日，久擬選擇所藏繼續公諸鄉邦，累因疾病侵尋，理董無力，不幸遽尒逝世，雖死難安。我輩秉承遺志，欲盡未遂之業，擇選遺藏，公之國家。敬求惠予接納，使書得盡其用，且慰死者之心，則不勝感戴之至，謹布所懷，並致敬禮。徐孝寬、徐孝威、徐孝定、徐孝寔、徐孝宓、徐孝同、徐孝寅、徐孝嬰 、徐孝嬨、徐孝旻、徐孝媞共啓。一九五九年七月十五日。[①]

① 《徐行可先生捐贈古籍文物五十周年紀念集》第 14 頁。録文收入湖北省志《文藝志》編輯室編、徐孝宓主編《文藝志資料選輯》（四）《圖書館專輯》（内部參考），河南省信陽市印刷厂，1984 年，第 559 頁。

案：徐孝寬未簽名鈐印，徐孝同僅簽字，其餘子女均簽字并鈐姓名章。

六月十一日（7月16日），湖北省圖書館覆函先生子女。《湖北省圖書館給徐行可先生子女的信函》云：

孝寬、孝威、孝定、孝宧、孝宓、孝同、孝寅、孝婴、孝嫆、孝旻、孝媞諸同志：一九五九年七月十五日大函收悉。驚聞行可先生於月之九日逝世，書林耆宿又弱一個，曷深痛悼！

請同志秉承遺志，擇選遺藏，公之公家，並要求我館代表國家接納。這種化私爲公的共産主義風格，我們衷心感佩之至！頃經請示湖北省文化局，蒙准立即著手籌備接納，以便早日公諸我省科學研究工作者共同使用。至於庋藏、管理的細節，諸同志還有些什麼意見，我館深願所聞，並當盡量照辦。

你函提到行可先生生前曾贈書五百餘箱予武漢科學分院圖書館。我們於收到信件後，爲此也曾走訪科學分院圖書館洪範館長，彼此交換了意見，洪館長表示對於諸同志捐獻遺書給國家並由我館代表受贈一事，非常欣慰，附此奉聞。

專此函復，並表謝悃。爲了尊重逝者，尊重圖書財富，在接交手續，細節安排方面，自以慎重將事爲宜。尚盼你們推派代表與我館進一步研究，不勝企盼之至。即候禮綏。湖北省圖書館（章）。一九五九年七月十六日。①

六月十五日（7月20日），湖北省文化局函覆湖北省圖書館，同意接受徐氏藏書。

省圖書館：七月十七日來函悉。同意你館接收徐孝宓及其兄弟姊妹十一人捐獻的家庭藏書，並即派專人辦理接收手續。

徐氏兄弟將珍貴的私藏圖書無條件捐獻給國家，這種愛國

① 《文藝志資料選輯》（四）《圖書館專輯》（内部參考），第560頁。

主義精神是很可貴的。根據徐氏兄弟不接受國家物質獎勵的請求，我局將另函予以表揚。湖北省文化局（章）。一九五九年七月二十日。[①]

是夏，吴則虞於青島黄孝紓寓獲悉先生逝世。吴則虞《續藏書紀事詩》卷十《徐恕》云：

己亥夏，余逭書青島，於黄公渚寓得耗。[②]

九月十二（10月13日），湖北省圖書館向湖北省文化局報告接受徐氏藏書事。《湖北省圖書館關於接收徐氏藏書給湖北省文化局的報告》云：

文化局：湖北省最大的藏書家徐行可先生於前周因病逝世。他的藏書500箱在1956年曾捐獻給國家，由中國科學院武漢分院圖書館接收。現在他的寓所還有中外文古舊書籍約200箱，其中一部份是與前500重複的，一部份是他手頭常用的，保留下來的。

據他的子女們表示，這兩百箱書仍然願意捐獻出來（只保留極少數版本較差的但與他的手稿有關的，由家屬自行整理後再處理），這批書由本館接收或由科學院接收他們没有意見。

我館認爲，科學院圖書館和我館的分工，是他們以科技書籍爲主，我們以人文科學書籍爲主，該館有了那500箱書，中國舊籍中的經、史、子、集四部書已經夠用的了。而我館的藏書基礎卻有待於補充，他這200箱書恰正是我們急於征求而征求不到的。例如關於目録學、金石考古學部份，是公共圖書館應該必備的。關於清代筆記、批校本、清代名家校刻的集部書，也是我館歷年搜藏近代史資料的重點。這批書補充在省館，對

① 《文藝志資料選輯》（四）《圖書館專輯》（内部參考），第561頁。
② 吴則虞《續藏書紀事詩》，第452頁。

於形成完整的藏書體系來説，是很有好處的。我館面對的群衆面廣，發揮圖書效果也要大些。

家屬的意見是急於處理這批書，我館也認爲這是補充我館藏書方面的一件大事，很想快速進行，特此報請你局研究批示。湖北省圖書館（章）。一九五九年十月十三日。①

七月三十日（9月2日），顧頡剛從黄孝紓處獲悉先生逝世。《顧頡剛日記》云：

聞公渚言，冒鶴亭（廣生）上月逝世，年八十八。徐行可、錢基博亦皆逝，渠二人皆右派分子，含恨入地者也。②

一九六〇年　庚子

正月十八日（2月14日），金毓黻致書先生，囑其姪親送先生居所。《静晤室日記》卷一百六十七：

吾姪長齡以假期將滿，定於明日返武漢市，即致徐行可先生一函，略敘别後企念之渴，囑其親送所居漢口黄興路華實里三號。③

二十九日（2月25日），金毓黻獲悉先生已然逝世。《静晤室日記》卷一百六十七：

長齡自武漢市函言，返校後即持函至漢口華實里三號，詢悉徐行可先生已於去年六月患胃出血病逝世，並未晤其家屬。此真意料不到之事也。先生名恕，字行可，武昌人。藏書最富，且多精本，於前三年，將其藏書大部捐贈武漢科學分院圖書館，可謂得有歸宿。先生性頗執拗，諸子女皆不令入新立學校讀書，祇限令依舊式誦讀。諸公子皆敢怒而不敢言，以故皆乏現代知

① 《文藝志資料選輯》（四）《圖書館專輯》（内部參考），第561頁。

② 《顧頡剛日記》第八卷，第680—681頁。

③ 《静晤室日記》卷一百六十七，第10册第7592頁。

識，至於無法覓求工作。然先生詑不之省，雖有友朋婉勸，亦不之恤也。吾師黄季剛先生在日，曾與先生結兒女絲蘿之親。然於黄先生卒後，黄公子嫌徐女無現代文化，力主退婚，卒至無法挽回。余曾親聞其事，然亦無如之何。余於二十年前與先生未謀一面，但知其藏書有可收入《遼海叢書》者，遠道郵寄商借，即絶不吝惜，立予借用。此與其他藏書家秘惜不肯出借者絶異，亦可稱道之一端也。又先生雖藏文道希（廷式）《純常子枝語》若干卷，借與番禺汪氏，刻木行世，余曾擷要鈔入日記中，但於原刻本迄未能獲，此其樂於傳播罕見之書，亦可與羅貞松媲美矣。先生似少余二齡，卒於去年，應爲七十有一歲。他日當詳詢其生平行誼及治學宗尚所在，爲作一傳以傳之，今兹尚不暇及此也。記於一九三七年冬，余由安慶避寇，乘船上泝入川，途徑漢口，小住旬日，逕往其寓候之，是爲初次謀面。承其款接，屢留食宿，一如素識。如此古道熱腸，爲晚近所罕見，使余時時在念而不能忘懷者，非無故也。兹於逝世半年，遥致懷念之辭，以志永懷。[1]

二月十二日（3 月 9 日），顧頡剛至湖北省圖書館參觀先生舊藏。《顧頡剛日記》云：

到湖北省圖書館，晤崔祥衍、孔憲凱、宋克强，由徐孝密導觀其父藏書……徐行可一生好書，所得稿本、批校本、抄本、明本書甚多，數年前以其半售與科學院。去年七月身故，其子孝密盡出所藏，捐與省圖書館。今日往觀，甚多佳本及鮮見書，惜以時促未得多覽。[2]

十八日（3 月 15 日），徐孝宓代表徐氏子女捐贈先生收藏文物於

① 《静晤室日記》第 10 册第 7613—7614 頁。

② 《顧頡剛日記》第九卷，第 43 頁。

湖北省博物館。[①]

三月初五（3 月 31 日），黄焯致金毓黻函，言先生逝世後武漢可搜討故籍甚少。《静晤室日記》卷一百六十八：

武昌武漢大學教授黄君耀先來函言，長齡投遞之函已收到，並詳言季剛先生之夫人及子女近狀甚詳。又略及行可先生身後之情況。又謂自行可先生没後，武漢可搜討之故籍甚少，僅將前録成之《毛詩鄭箋平議》十卷改訂爲《詩疏平議》十五卷而已。[②]

三月二十一日（4 月 16 日），湖北省文化局致函感謝先生子女捐贈文物於湖北省博物館。《湖北省文化局致徐孝宓及其兄弟姊妹感謝函》云：

徐孝宓同志並轉令兄弟姊妹：你們本化私爲公的精神，將令尊畢生收藏的大量書畫、碑拓等文物，慷慨捐獻給國家的可貴行動是值得表揚的。這些文物將大大豐富省博物館的庫藏，爲我國歷史文書藝術研究工作提供寶貴的資料。我局除責成省博物館作爲專藏妥善整理保存外，特致以深切的謝意。湖北省文化局（簽章）。一九六〇年四月十六日。[③]

是年，吴則虞有詩輓先生。九月廿一日（10 月 30 日）吴則虞致龍榆生函：

默數舊交零落殆盡，昔倦翁云年來文字不啻一篇點鬼簿。今檢詩稿，年内挽詩有徐行可、李哲生、董□□、鄧之誠七八人之多，爲之愴然……虞，十月卅日夜三漏下。[④]

---

① 《徐行可先生捐贈古籍文物五十周年紀念集》第 14 頁。

② 《静晤室日記》第 10 册第 7671 頁。

③ 《徐行可先生捐贈古籍文物五十周年紀念集》第 14 頁。《文藝志資料選輯》（四）《圖書館專輯》（内部參考），第 580 頁。

④ 張暉《龍榆生先生年譜》卷五，學林出版社，2001 年，第 203 頁。

一九六二年　壬寅

八月初一（8月30日），湖北省圖書館請示省文化局，請求將中國科學院武漢分院圖書館徐氏舊藏劃歸該館。《關於請將科學院所藏徐氏藏書撥歸湖北省圖書館的請示報告》云：

省文化局：據聞中國科學院武漢分院所屬之哲學社會科學研究所已經撤銷，我們請局轉呈省委宣傳部將該所6萬册舊線裝書撥歸省圖書館保藏，按這批線裝書原於56年捐獻給武漢分院圖書館的，武漢分院圖書館因以收藏自然科學書籍爲主，同時也没有力量分編整理，就將這批書撥歸哲學社會科學所使用，哲學社會科學所也没有房屋和人力進行整理，一直裝在書箱裡，堆放在一間屋子内，無人照管，這樣，這批書不僅未能發揮它的作用，而且長期堆放不整，實有被蟲濕損傷的危險，徐行可是武漢有名的藏書家，經50年的努力，共積藏有約10萬册圖書，這些書因是刻意搜求，慎重選擇的，所以内中珍本甚多，對科學研究頗有價值，向爲國内學者所重視，徐氏生前提出約6萬册書捐給武漢分院，徐氏於59年死後，他的子女又將所餘之書約4萬册，掃書捐贈給省圖書館了，至此徐氏藏書便全部歸於國家了，惜分藏兩處，不成完壁，不便於學者使用，若將哲學社會科學所的6萬册撥歸省館，則徐氏藏書便又合而爲一了，且省館在收藏線裝書方面，較省内其它圖書館都爲完備，再加上徐氏藏書，更大大豐富了館藏，無疑是有利於科學研究工作的。此事武漢分院圖書館是深表同意的。故當哲學社會科學研究撤銷之際，我們提出這項要求，當否，請批示。湖北省圖書館（章）。一九六二年八月三十日。

（注：此事後經省委宣傳部同意將徐氏捐獻給科學院武漢分

院的藏書撥交省圖書館保藏。)①

一九六八年　戊申

是年，王謇逝世，遺稿《續補藏書紀事詩》之《徐恕（行可）》條云：

又一藏家呈中秘，漢皋解佩即昇仙。中有文柯舊藏在，稿刻校抄得天全。

徐行可（恕，號强誃），武昌人。在漢皋，有祖遺資産，故一生惟以收書爲事。與徐積餘、倫哲如交好，并皆以目録學名于時。所積書至七百餘篋。文廷式、柯逢時二家精本多歸之。遇友好藏有名校抄本，必商借録副，而己之所有，亦不惜人過録。晚年，尤往來京、滬等處收書。聞其即世前，已以所藏三分之一輸歸公家。歿後，其子遵遺志全部捐獻。②

一九七七年　丁巳

是年，吴則虞逝世，遺稿《續藏書紀事詩》卷十《徐恕（行可）》條云：

新詩日益古人稀，漢口秋風送晚暉。
永憶登轤贈别語，漫將魚目溷珠璣。

倫明詩注：武昌徐行可恕，所儲多稾本、精校本。嘗舍南潯劉翰怡家，盡讀其所藏。南北諸書店每得一善本，争致之君。暇則出遊，志不在山水名勝，而在訪書。聞某店有一未見書，必轉展録得其副而後已。一切仕宦聲利，悉謝不顧，日汲汲於故紙。版不問宋元，不問古近，一掃向來藏書家痼習，與余所抱之旨，殆不謀而相合也。

---

① 《文藝志資料選輯》（四）《圖書館專輯》（内部參考），第580頁。

② 王謇著、李希泌點校《續補藏書紀事詩》，書目文獻出版社，1987年，第44頁。

徐宗浩《雪齋詩稿·寄行可武昌》云：望斷飛鴻無一紙，知君高閣擁書堆。青燈黄卷人生福，不是尋常攫得來。買書我亦成殊好，二妙新收鮑氏鈔。何日艤舟江漢上，一編相對話良宵。

則虞案：行可號彊誃，博學廣志，喜藏書，藏書齋名“知論物齋”“藏棱齋”“箕志堂”。行可藏書甲於湖湘。丙子、丁丑間，余曾通書問。閲三十年，丙申夏始識面。延余登書樓，遍觀所藏，並以朱古微校《山中白雲詞》及明清舊本相借。是年秋，余自白下過漢，换舟入峽，君又贈書十餘種及印章一方，余出示《續藏書紀事詩》書目相質，君大喜，把余臂曰：“當爲子浮一大白。”走市樓，僦樓角同飯。夜半至舟次送别，宵風露冷，猶不忍去。舟將發，君倚欄呼曰：“蜀中少書，有所需，一瓻勿吝也。”余抵寓，君書至，謂續葉詩壽人壽書，爲可傳之作。惟某趨時、某挾貴、某無故舊誼，不可入録。皆當世士也。丁酉春仲，余内調過漢，詣君，以下鄉掃墓未值。余時校《淮南鴻烈》，君立斥繆藝風校本相詒，余答書無嗣音。戊戌蘭日，蜀士賴以莊入京，聞君以言愆被議。己亥夏，余逭書青島，於黄公渚寓得耗。君性節嗇，數米鹽計出入，戚友及南北書客具言其屑屑狀。余亦不能爲君曲徇，雖然畢生篤志墳籍，親厚士類如君者，又能有幾人哉！君女夫楊某，蜀人也，亦相識。君以坊本《孝經》一本屬致之，莫測其意。君死矣，其書至今猶置篋中。君以五百箱書捐武漢大學，歿後書分爲中國科學院圖書館、湖北省圖書館。中華書局遣陳乃乾馳往料理，無所獲。其書目余略一檢視，未入録者殊多，其子又罹罰，不可問矣。

藏印有“徐恕”“行可”“彊誃”“無力扶衰學”“守舊聞”，

皆王福厂所鎸。[1]

案：“無力扶衰學”“守舊聞”，當作“力不扶微學，心猶守舊聞”。

一九八二年　壬戌

陽曆5月，湖北省政協文史資料研究委員會辦公室發布《徵集〈湖北文史資料〉參考題目》，其中《湖北人物》共75位，先生與焉。[2]

---

① 吴則虞《續藏書紀事詩》卷十，第452—453頁。

② 湖北省政協文史資料研究委員會辦公室編：《徵集〈湖北文史資料〉參考題目》，收入中國人民政治協商會議湖北省委員會辦公廳編：《湖北省政協歷史資料選編（1950.10—1988.4）》，1991年4月内部發行，第683頁。

交往人名索引

凡例

是索引收入年譜記載徐行可及其友朋直接交往的時間，僅限正譜。

是索引時間均指陰曆。

是索引以人爲綱，以姓名立目，括號内標注出現於本譜的字號或自署。未能知悉姓名者，一仍其舊。以□開頭者附於最末。

是索引以漢語拼音排序。

B

C

F

G

H

J

K

L

Y

楊明照（弢甫） 1939，1940 夏，1940/07/10。

楊守敬（鄰蘇老人） 1910/04、1910/05，1911

楊樹達（遇夫） 1930/03/29，1931/12/12，1931/12/19，1932/02/03，1932/08/10，1932/10/27，1933/04/03，1933/08/16，1933/12/17，1934/04/15，1934/07/07，1935/04/22，1935/07/07，1935/12/09，1936/01/15，1936/04/26，1936/07/10，1936/09/17，1937/03/29，1937/08/21，1937，1946，1954/09/12，1955/01/04，1955/02/25，1955/05/05，1956/12/07。

楊思康（軼庵） 1932/02/06，1932/09/22，1932。

姚光（石子） 1935/12，1936/06/08。

姚景瀛（虞卿） 1915/08，1921/03/18，1921/03/22，1921/03/29，1921/03/30，1930/12/16，1931/12/18，1934/12/08，1934/12/12，1935/01/27，1935/03/11，1939。

葉恭綽（遐庵） 1935。

葉景葵（揆初） 1935/10/01。

易忠籙（均室，仙侶） 1922 秋，1924/03，1924/06，1925/12，1928/03。

尹奭公 1927 年。

惲毓齡（季申） 1931/12/18。

丹徒余氏 1922/03。

余嘉錫（季豫） 1919/12/20，1933/10/08，1933/11/29，1933/12/01，1933，1934/05/14，1934/08/21，1934/11，1935/07/07，1935/12，1935 冬，1939，1940/07/10，1951/03，1954/07/25。

余遜（讓之） 1933，1934/11/05，1934/11，1936。

俞明頤（壽丞） 1931/05/18。

于瑞臣 1932/03。

于省吾 1940。

Z

鄭可（無可） 1943.

趙世忠（少咸） 1936/05/19。

趙萬里 1934/02/23，1935/03/05，1953。

趙致豐 1933/05。

趙宗忭（蜀琴） 1928/11/12。

周慶雲（夢坡） 1931/12，1932/02/26。

周貞亮（子幹） 1927年。

周明泰（志俌） 1940/07/10，1940/08/24。

周明焯（志俊） 1940/07/10，1940/08/24。

周延年（子美） 1931，1937，1938/03/23，1951/09/04，1954/07/25，1957/09/19。

朱孝臧（古微） 1921/03/18，1931/11/22。

鄒介[1]（苾蘅） 1934/10/16，1934/11/05。

鄒壽祺（景叔） 1921/03/30。

□倗心，1946/09/18。

---

① 鄒介，字石于，號苾蘅，亦寫作碧蘅。感謝王可萬教示。

後　記

一

從未想過自己會耗費數年精力和時間，爲表彰徐行可先生略盡綿薄之力。

坦率而言，2008 年入職湖北省圖書館特藏部之前，雖然已在武漢求學六年，我對蛇山脚下的圖書館，足迹頻記憶深莫過於其周邊的古舊書店，這裏有時可以淘到物美價廉的書籍。入職之前，一位師長向我簡單介紹了湖北省圖書館，我才第一次聽説徐行可。

2009 年正值徐行可先生捐贈古籍文物五十周年，湖北省文化廳決定開展系列紀念活動，湖北省圖書館、湖北省博物館共同編寫《不爲一家之蓄，俟諸三代之英——徐行可先生捐贈古籍文物五十周年紀念集》，各自負責館藏文物古籍的展示，同時共同籌辦一場專家及徐氏後人參加的紀念會。工作繁重，人手不夠，我得以濫竽充數，負責徐氏捐贈古籍珍善本選目，參加全書通讀通校工作。通過這項工作，我對徐行可先生及其藏書有了初步的瞭解。

爲了加深對館藏文獻和徐行可的認識，我開始關注文獻記載和我館特定藏書的相互印證，注重追尋徐行可訪書會友的記載，主動查閱和摘抄大量學人的日記、年譜、回憶録、書信和論著，這些先輩包括但不限定於：楊守敬、張元濟、傅增湘、葉景葵、徐乃昌、陳漢章、黄侃、余嘉錫、楊樹達、張宗祥、陳乃乾、鄭孝胥、劉承幹、吴宓、王欣夫、羅振常、馮永軒、馬一浮、盧弼、許寶蘅、金毓黻、王利器、錢亞新、顧頡剛、周子美、張舜徽、黄焯、劉賾等數十人。

幾年前，基於我對徐行可藏書特點和重要舊藏的把握，湖北省圖書館編纂《徐行可舊藏善本圖録》時，安排我起草凡例和選擇善本。我們力圖展示，徐行可舊藏四部兼備而又重點突出，以學者常用書爲宗而又不乏稀見之本；徐行可本人，既廣事搜求又勤事丹鉛，既什襲珍藏又慷慨外借。《徐行可舊藏善本圖録》出現劉家立、章太炎、黄侃、倫明、王禔、丁仁、羅振常、徐乃昌、吴承仕、姚景瀛、謝善詒、易忠籙、劉承幹、余嘉錫、楊樹達、徐森玉、潘承弼、陳遵默、杜本倫、何澤翰、張舜徽等人，即爲展現徐行可以書會友的佳話。特别地，我們看重徐行可題跋的時間性，如"一·二八"事變，如逝世之年。總體而言，我們較好地實現了編纂目標，即從文獻本身出發，實事求是，請徐行可及其藏書説話。

我一直從事古籍展覽、編目及編纂出版物等工作，有機會系統接觸包括徐行可舊藏在内的館藏古籍，有機會閲讀徐行可舊藏的批校題跋。數年積累之後，我决定起草《徐行可先生年譜》，勾稽徐行可著述，以期爲關注和研究徐行可的專家學者提供一點參考資料。2020年底，順利完成年譜編排，同時初步完成十餘萬字的《徐行可集》的輯録工作，包括詩、文、手札、集聯、輯佚、古籍題跋、翻譯作品等。

個人以爲，無善本圖録，不足以展示徐行可先生之精鑒和收藏之富美，無年譜則難以瞭解其行事和交遊，無文集則無法管窺其學問，這便是我從事這項苦差的初衷。

雖然如此，我對徐行可的研究和瞭解，仍有很多空白。湖北省博物館的王曉鐘先生，多年來一直在研究整理徐行可舊藏文物，年内有望發布重要成果。徐行可涉獵廣，交游衆，未知者尚多。即是偶爾知曉相關線索，限於人力、財力和時間，亦不堪尋訪。于我而言，心願已足。這項工作，絶非一人一時所能完成。

2020 年 9 月湖北省圖書館和湖北省博物館聯合發出《徐行可捐贈古籍文物六十周年紀念活動約稿函》。得益於復旦大學吴格先生的主持和全國各地學人的鼎立支持，更多有關徐行可的原始資料和研究成果有望集中面世。此事值得加額稱慶，我亦翹首以盼，期待一睹爲快。

需要説明的是，2021 年 6 月 28 日，湖北省圖書館和湖北省博物館聯合推出《徐行可捐贈古籍文物六十周年精品展》，這項工作由我的同事完成。應部門工作要求，我提供了《徐行可先生年譜摘要》以及張宗祥、酈承銓、唐醉石、王禔、李尹桑、陳漢第等六人與徐行可交往事迹的初稿。本年譜引用資料頗爲細碎，若與上述展覽偶有雷同之處，其發明權固然歸屬我的同事。

二

得益於衆人的幫助，本書得以完成和面世。對於熱心提供資料的師友，雖已逐條注明，但我仍想藉此方寸之地，再此鳴謝。

感謝不願我公開大名的某位藏書家惠示歐陽蟾園致徐行可信件以及徐行可《示子書》掃描件，鈔示《沈下賢文集》徐行可跋文。特别地，同意我編入年譜。

感謝北京師範大學楊健先生惠示徐行可致文禄堂主人書信録文。特别地，同意我編入年譜。

感謝湖北省博物館羅恰先生惠示待刊稿《徐恕校書題跋輯釋》，該文即將發表於《古籍版本學研究》第十三期，引用者請以正式發表稿爲準。羅恰更提供《漢口畫報》《馬衡日記》與徐行可相關的記載以及《會稽典録》書影。又，羅恰設法覓得《李鉨齋先生印存》全書掃描件、《武漢日報》某一頁面掃描件，供我輯録。

感謝上海博物館陳才先生惠示蘇州圖書館編著《蘇州圖書館藏善本題跋》與徐行可相關記載。

感謝湖北省博物館王曉鐘惠示黄侃爲徐行可所書《思玄室》《賞

詩閣》《書譜》録文溢出公開發表者。

感謝湖北省圖書館徐力文女士惠示《書舶庸譚》《反切解釋上編》《捫燭脞存》相關書影，感謝其告知徐行可妻子與側室生女取名規則、徐孝寬妻子姓周這兩點重要信息。

感謝《書法報社》王可萬先生惠示《吴樸堂印彙》與徐行可相關葉面并告知我徐行可所言鄒苾蘅之名和字。另，李尹桑所治“爲夸目録散黃金”印，據悉王可萬數年前已發布於微博，我雖不會使用微博，但此發明應歸其人。

感謝陝西師範大學黃壽成先生惠示《王荆公唐百家詩選》徐恕跋之照片。

感謝遼寧省圖書館劉冰先生惠示《静晤室日記索引》徐恕條之照片。

感謝湖南圖書館劉雪平女士惠示盧弼《慎園啓事》部分頁面之照片，當時《盧弼著作集》尚未出版。

感謝武漢圖書館李茜女士惠示《廣韵土地名鈔》徐行可跋之照片。

感謝國家圖書館出版社劉奥林先生鈔示國家圖書館藏《百粤風土記》題跋。

感謝浙江圖書館童聖江先生惠示《陳漢章全集》所載兩詩之照片。

感謝湖北省圖書館各級領導特别是古籍與地方文獻部領導，允許我使用館藏古籍之書影若干，感謝提供館藏徐行可致陳乃乾及盧弼信件之掃描件，這份掃描件遠比拍賣網所展示者清晰。感謝提供徐行可致陳漢第信件之掃描件。

感謝湖北省圖書館原特藏部、今古籍與地方文獻部的各位同仁，大家總是不厭其煩地向我提供徐行可題跋真迹。

感謝湖北省圖書館管小柳先生多年一以貫之的鼓勵和幫助，他總是耐心地聽我誇示新獲徐行可相關資料并提供中肯的意見。

感謝湖北省圖書館劉水清女士對我釋讀館藏徐行可信札的指點和幫助。

感謝湖北省圖書館夏金波先生提供《徐行可致楊樹達函稿一件略考》電子文檔，供我複製《積微翁回憶録》相關記載以及徐行可致楊樹達信件内容。

感謝湖北教育出版社蔡夏初先生的鼎立襄助，他無數次第一時間爲我覓得急需書籍。

感謝復旦大學吴格先生的鼓勵和教示。感謝 2020 年 10 月底惠示《金毓黻與徐行可交往事跡鉤沉——〈静晤室日記〉輯鈔》未刊稿。同年 11 月西泠印社《美德嘉行——王福庵舊藏暨王福庵誕辰140 周年紀念特展》展出作品《茹古涵今之齋》照片亦爲吴格先生最早惠示。12 月初，我將本年譜打印件寄與吴格先生，感謝先生百忙之中不吝賜教和屢屢督促。

感謝崇文書局韓敏社長願意無條件出版此書。若計經濟效益，此書定然無法面世。

感謝我從不忘記、未曾訴諸筆端的親朋好友。

懷念湖北省圖書館特藏部原主任李天翔先生，十餘年前徐行可先生捐贈古籍文物五十周年系列活動的成功舉辦，他可謂盡心盡力，其職業素養令人敬佩，人格魅力令人仰望，悄然羽化令人扼腕。至今我們所從事的工作，依稀可辨其勞心費力處。

懷念辛亥革命紀念館徐力田先生，他的豁達樂觀令人難忘。他是徐行可先生的孫男，得知我在勾稽徐行可年譜時，以朋友的姿態兄長的身份勉勵我積極努力。年華暗换，星霜已易，負此良友，令人腹痛。

馬志立

二〇二一年七月十二日

附録（徐行可集）

輯録説明

徐行可傳世文字不多，此前未見拾掇，今予以録文編排，偶加案語，姑名之《徐行可集》。初擬單行，今附於《徐行可先生年譜》之末，删去已寫入年譜者約四萬字，既便省覽，又省成本。原文多存點讀，今加以通行之標點符號。徐行可存世文字包括若干部分，兹一一分述。

1. 詩。發表於《制言》第八期，共計十餘首。又，徐行可和盧弼詩作《〈湖北舊聞録〉鈔本四十六册寄徐行可》一首，曾經再三修改，見《徐行可先生年譜》一九五一年條，兹不再重出。"讀《朱文公集》集句得十二絶"，附見《論語首章講疏》，兹不再重出。

2. 文。發表於《制言》和《文華圖書科季刊》者，除去修訂重新發表的一篇，共計九篇，包括書數篇。發表於《武漢日報·文學副刊》者，文一篇，譯作一篇，後者見《徐行可先生年譜》民國三十六年十月廿八日條，兹不再重出。又，徐行可致朋友書札，前人已整理者如致張元濟、孫毓修、陳乃乾、金毓黻等人者；拍賣網展示者，如致王秉恩、甘鵬雲和盧弼者；未曾公開者，北京師範大學楊健先生惠示致王文禄者整理稿，某藏書家惠示致歐陽蟾園者整理稿及掃描件，另有致陳漢第、劉承幹、徐乃昌等人者數通未曾整理和公開過。以上書札均已寫入《徐行可先生年譜》，今附存其目，標識相關録文見於年譜之年月日。另有未寫入年譜者三通，謹附於文末。凡詩文之雙行小注，仍用圓括號表示。

3. 古籍題跋。題跋署時者多已寫入年譜。今僅録未收入年譜者若干條。凡未標注藏書地點者，均來自湖北省圖書館。

4.《論語首章講疏》，爲徐行可擬撰《論語博喻》之一部分。此書爲武漢淪陷期間徐行可爲養家糊口於家塾講授《論語・學而章》之教本，鉛印於斯時，未明確署名。關於作者的判定，詳見《徐行可先生年譜》清光緒二十四年（1898）條注釋。今用某藏書家藏品録文。原書用宋體、楷體兩種字體印行，楷體之用意相當於着重號，今一律改爲宋體字。全書既有大字，又有雙行小注，小注之注釋用圓括號。今將雙行小字改用圓括號，原圓括號中文字用小一號字體表示。原書“己”“已”“巳”偶有混同，徑改。“丘”闕筆，徑改。所引英文偶見拼寫錯誤，徑改。

5. 輯佚。徐行可輯《童蒙訓佚文》，湖北省圖書館曾委托華寶齋高仿影印。該影印件流傳較廣，且輯佚究非撰述，姑不再録文。

6. 聯語。徐行可喜好集句聯語，曾集馬一浮詩句三百餘聯，手書贈出。湖北省圖書館存其若干集聯，數量極小，墨色黯淡，時見勾畫，故不再輯録。

詩

即事次沈剛甫（家權）韻

淫雨成川澤，炎歊有伏陰。芒芒真宰意，亹亹式微斳。北里隳湯社，南風仰舜琴。疋聲今不作，何以發天心。

澮菑無善政，況乃未休兵。在野蜚鴻迹，當關虎豹聲。今誰寬白著，念不到蒼生。衷手凝眸意，危心萬象横。

大地山河動，金風滿意吹。禁書嬴肆虐，去籍孟興悲。噂沓如羹沸，晏安甘鴆糜。遷流終有極，持志視春時。

楚丘興衛後，好善紀干旌。叢桂王孫意，嘉魚君子情。循環成敗迹，泯息舊新争。肉食難爲計，菟裘仞管城。

不盡興亡感，悠悠千載情。闕文尋孔論，雅故儗班生。欲極三長藴，非誇一坐驚。壯褢容自矢，白水此心盟。（時寓南林劉氏嘉業樓，擬篹《明代兵食二大政攷》。）

案：金毓黻《静晤室日記》曾鈔録，見《徐行可先生年譜》一九三五年五月七日條。"北里"，《静晤室日記》作"百里"，"噂沓"作"傅沓"，"壯褢"引作"北褢"。

次剛甫詩糜字韻先得四十字别爲一章用申盍各之義

分難叨魯服，榮敢竊齊吹。素業寧睎志，凋顔詎減悲。程功勞樸斲，效績等沙糜。擿埴非吾意，索涂當及時。

案：《静晤室日記》曾鈔録，見《徐行可先生年譜》一九三五年五月七日條。“分難”，《静晤室日記》作“分離”，“素業”作“素葉”，“減悲”作“滅悲”。

贈周子美

廣交與寡交，持議兩無爽。論交儻得倗，納交吾不廣。我今友周子，枯鮒涽以水。周子存通介，媄名副其孅。立身既有常，無閒世屯康。作書出餘技，亦足砭衆狂。（君嫥斆唐人碑書，謂趙子固譏北碑有氈裘氣語不誣。又云書道與世運相消長，以包世臣、康有爲之瞽説，李瑞清、沈曾植之傖體，而能震眩一世耳目，亂端見矣。）得婦賢復賢，睎縱如趙李。篳文慊景句，隱秀見重旨。詩恩入畫本，致圖鷚致詞。（君配羅孟康女士《初日樓集》有句云：“篳文慊景清于水，不染塵氛祇染秋。”詩如其人，余曾匄諸城徐曉東志鈞以詩意入畫，未加題語。）守雌寧所甘，吾其張吾師。

題周丁庵印槀

相斯符印體，新莽繆篆書。制作有損革，尚復承權輿。治少亂日多，字學隨分挐。清季數（去聲）印人，牧甫（黟縣黄士陵）與缶廬（安吉吴俊卿）。逋峻各有病，（牧父木强處，恨逋；缶廬弩張處，恨峻。）倉籀苦菑畬。傳習蔽所聞，圖俗那可袪。周生嗜奇古，鼎彝日相於。奏刀達神旨，宛若意有餘。

隱秀在山泉，清新出水蕖。姿敏當力學，且毋廢居諸。削觚助苗長，踐迹升堂除。鄦經（注《説文》者莫先吾家楚金，以經目許書，故自命所注爲繫詞也。）儻始業，問津大小徐。

爲楊遇夫題葉焕份手帖

大廈將傾那可支，能持正論不持危。是非莫問文今古，遺札空留絶眇詞。

遜國藝文匧笥充，蘭臺載筆竟虚公。榑桑外史留篇卷，平議寧煩攷異同。（郋園收清代經籍甚夥，而未得與修史事。志清史藝文者，竟以賴襄《日本外史》羼入其中，謬矣。）

寰宇篇殘海外收，鄰蘇傳古意難儔。麓山舊侶滋新議，左袒勞君論未休。（善化陳運溶《麓山精舍叢書》中有《太平寰宇記補缺采僞》六卷，郋園未見日本官庫宋槧，誤信其説，載之《書林清話》。）

石渠書本惑冥搜，紹葉無人志未疇。零墨斷箋勤護惜，遺編待續足千秋。（郋園擬爲《四庫書版本攷》，屬藁未竟。）

壽張翁（翁精于攷工以紡織業起家）

潤身利物自有意，張翁投筆來城市。託迹官廠徒爲耳，難用隻身振廢弛。疇視官事如一己，古貝白氎何能擬。肉食者鄙焉用彼，師法遠人橘化枳。宇内蠢蠢方亂始，綜覈工用意不徙。敬修可願心自矢，衣被氓編志非侈。契闊二紀業已起，織男績女頌樂旨。翁之收穫在耘耔，行道有福眂所履。

范雋丞以歲寒堂壽讌啓事徵文裁詩緟歲字以叶引秊之祝

賓僚晦迹前朝事，東魯棲遲歲月深。四紀庸隨時俛仰，八旬飽看世升沈。女宗作配無攸遂，律學傳家有孠音。千載相關堂榜在，雲仍還證歲寒心。

何叙甫（遂）母孫氏七十（代叙甫妻姪陳）

君家母德世有紀，偁列先祖書在紙。福清徙家明社圮，母葉閒關存孤子。母謝傳經父師比，緜歷煇映遺彤史。君母誦芬良有以，濟媄思齊易自矢。來作母妻五十年，家國戚亂相纏綿。蒼谿循聲氾哀絃，（叙甫祖令蜀之蒼谿，卒官。）扈瀆驚波悲潺湲。（叙甫父殁于上海。）皷嘔契闊心專專，彊于教晦世澤延。五子成業賢復賢，後之視今今眎前。

小子失祜方童聆，我亦有母同零丁。緣事攸教口不停，開善推惡判渭涇。達禮興居身作程，令遊衆國遠揚舲。就學爲重愛則輕，索尻獻抯鐙華熒。兩家舊事相等倫，葭莩有侀悳有鄰。我姑書來癸卯春，聞道榆塞失重闉。慈姑遣子不逡巡，事與願違蹟未湮。虜氛未息氣已吞，于酱母德醇乎醇。何以将母順所親，會看八十慶芳辰，有子執殳竫邊塵。

壽人畬頌王翁夫婦八十

慶因善積，壽以德臻。翁湣飢人，天眷仁人。
豐不弛儉，老不輟勤。夫扶婦服，外馥中芬。
能以身教，不俟銓言。繼迹有子，繩武有孫。
危心巢幕，冷眼滄桑。覯時同運，視履孝祥。

林公鐸將去北平次趙元方贈别原韵奉寄兼懷元方

上庠久闃董生帷，迹遠心留未忍歸。奏雅終同南郭唱，移文敢避北山譏。蘭蕕自判有消長，鹿馬寧云無是非。春色已闌桃李盡，欲回天地惜餘菲。

孰障狂瀾挽逝波，載瞻喬木眄庭柯。野言盡欲謳釘鉸，清唱如聞響玉珂。漫詬自來逢掖服，虛傳不數辟支韡。一詩未慰三季別，書續梨洲屬望多。（元方時從沈君羹梅問業，佐修《清儒學案》）

盧慎翁十年前求借印陳愚谷先生湖北舊聞録手稿檢寄爲貺並致蘄水陳氏寫本歸之歲月不居而慎翁今年已六十矣溥雪齋爲作校書圖漫題四十韵爲壽

祕籍相分十載前，迹已塵土意芊緜。浮世冷眼看桑田，多君志學向華顛。蜀魏書注砉鑽䂄，脱中急待國門縣。校書四圖詩百篇，抱經疋雨争後先。善讀能藏貴取全，直欲長駈齊驂骈。耈余妮古年復年，聚書差可杜屋椽。志奓願廣力則孱，異書何緣付彫鐫。治學牨辨陌與阡，娱親篹言師蕙櫋。運丁陽九白日玄，周情孔思疇傳宣。楚中文字久崩騫，舉似近事心悁然。歐陽先君迷真詮，（某大學教授誤讀劉子駿《七略》“《尚書》者，始歐陽氏先君名之”句，云“始歐陽氏”句絶，“先君”之偁以斥子政，是不審伏生弟子有歐陽生，强劉子駿謂它人父矣。）平林新市年月箋。（有爲新修通志條議者，剏立《平林新市兵事年表》一目。）以學爲市相折苪，分占官中白著錢。淫詞冒義任喧闐，洚水氾濫烈火燀。願君卷旆反戈鋋，收拾箋疑廢丹鉛。息邪距詖執聖權，要使傾煇虞淵還。治史之業君所專，覈其治忽鑠得鍵。寧嚴正閏襲前賢，毋許曹鎦相比肩。不墮枝義水月圓，狂瀾早輓下瀨船。重張楚學日麗天，持此壽君意自偏。難爲輭語比彭籛，勖虔介祉思乾乾。

原載《制言》第八期，民國二十五年（1936）一月一日出版。

文

題明程君房墨苑圖後

《四庫書提要·譜録類》存目列墨譜書五種，而《程氏墨苑》十二卷弁其首，云："明程君房撰。君房，歙縣人，是編以所製諸墨，摹畫成圖，分爲六類，曰玄工、曰輿地（"地"字爲圖字之誤）、曰人官、曰物華、曰儒箴（"箴"字是藏字之誤）、曰緇黄，每類各分上、下二卷，彫鏤題識頗爲精巧，與方于魯《墨譜》鬬新角異，實兩不相下。考沈德符《飛鳧語略》載方、程兩人以名相軋爲深讐，程墨嘗介内廷進之神宗，方于魯恨之。程以不食死，實方之力。真墨妖，亦墨兵也。姜紹書《韵石齋筆談》則云：'方、程以治墨互相角勝，方彙《墨譜》，倩名手爲圖，刻畫研精，細入毫髮，程作《墨苑》以矯之……蓋于魯微時曾受造墨法於君房，仍假館授粲。程有妾頗美麗，其妻妬而出之，正方所慕，命媒者輾轉謀娶。程訟之有司，遂成隙。未幾，程坐殺人繫獄，疑方陰嗾之，故《墨苑》内繪中山狼以詆方焉。'二書所載，雖情事稍殊，而其爲構釁則一也。"（以上皆《提要》語。）

是書程大約撰。大約字幼博，君房其號也，曾官鴻臚。余藏有殘本，校《四庫》所録者首多敘跋九卷，後多弟十三卷，亦標"物華卷四終"。蓋隨刊隨印，所見本多寡不等，全者未一寓目也。其弟十二卷《緇黄》類下目録内有《信而布海》《二徒聞實》《婬色穢氣》

《天主圖》四者，余所見本闕後二圖，其前三圖皆有利瑪竇所爲紀事，用中土文述之，旁綴羅馬字音，詞如下：

信而步海疑而即沈

天主已降生，託人形以行教於世。先誨十二聖徒，其元徒名曰伯多落。伯多落一日在船，忽見天主立海涯，則曰："儻是天主，使我步海不沈。"天主使之。行時望猛風發波浪，其心便疑而漸沈。天主援其手曰："少信者何以疑乎？篤信道之人踵弱水如堅石。其復疑，水復本性焉。勇君子行天命，火莫燃，刃莫刺，水莫溺，風浪何懼乎！然元徒疑也。以我信矣，則一人瞬之疑，足以竟解兆衆之後，使彼無疑，我信無據，故感其信，亦感其疑也。"歐邏巴利瑪竇撰。

二徒聞實即捨空虚

天主救世之故：受難時，有二徒避而同行，且談其事而憂焉。法天主變形而忽入其中，問憂之故，因解古《聖經》言，證天主必以苦難救世，而後復入於己天國也，則示我勿從世樂，勿辭世苦歟？天主降世，欲樂則樂，欲苦則苦，而必擇苦，決不謬矣。世苦之中，蓄有大樂；世樂之際，藏有大苦，非上智也，孰辨焉！二徒既悟，終身爲道尋楚辛，如俗人逐珍貝矣。夫其楚辛久已息，而其受苦之功常享於天國也。萬曆三十三年歲次乙巳臘月朔，遇寶像三座，耶穌會利瑪竇謹題。

婬色穢氣自速天火

上古鎖多麻等郡人全溺於婬色，天主因而棄絶之。夫中有潔人落氏，天主命天神預示之，遽出城往山，即天雨大熾盛火，人及獸蟲焚燎無遺，乃及樹木、山石俱化灰燼，沈陷于地，地瀦爲湖，代發臭水，至今爲證。天帝惡嫌邪色穢淫如此也。落氏穢中自治淨，是天奇寵之也。善中從善，夫人能之，惟值邪俗而卓然竦正，是真勇毅，世希有焉。智遇善俗則喜，用以自賴，遇惡習則喜，用以自礪，無適不由己也。萬曆三十三年歲次乙巳臘月朔，遇寶像三座，耶穌會利瑪竇謹題。

利瑪竇更有述文一篇贈君房者，刻在《墨苑》敘跋第三卷中，詞如下：

述文贈幼博程子

廣哉，文字之功於宇内邪！世無文，何任其憤悱，何堪其闇汶乎？百步之遠，聲不相聞而寓書以通，即兩人者睽諸幾萬里之外，向且相問答談論如對坐焉。百世之後人未生，吾未能知其何人，而以此文也令萬世之後可達己意，如同世而在百世之前。先正已没，後人因其遺書，猶聞其法言，視其丰容，知其時之治亂，於生彼時者無異也。萬國九州，棼布大地，一人之生，百旬之壽，蹻蹶以行，不能殫極，而吾曹因書誌，臥坐不出室門，即知其俗、達其政、度其廣，識其土宜物産，曾不終日，輿地如指掌焉。聖教之業、百家之工、六藝之巧，無書，何令今至盛若是與？故國逾尚文逾易治。何者？言之傳，莫紀之以書，不廣也，不穩也。一人言之或萬人聽之，多則聲不暨已。書者，能令無量數人同聞之，其遠也，且異方無礙也。言者速流，不容聞者詳思而諦識之，不容言者再三修整而俾確定焉。若書也，作者預擇之，筆而重筆，改易方圓，乃著之衆也。故能著書，功大乎立言者也。今歲，竇因石林祝翁詩柬，幸得與幼博程子握手，知此君旨遠矣。程子壽踰艾而志氣不少衰，行遊四方，一意以好古博雅爲事，即其所製墨絶精巧，則不但自作，而且以廓助作者，吾是以欽仰大國之文至盛也。向嘗見中國彝鼎法物，如《博古圖》所載，往往極工緻，其時人無異學，工不二事，所以乃爾。今觀程子所製墨，如《墨苑》所載，似與疇昔工巧無異，吾乃諗大國之文治，行將企唐虞三代，且騃騃上之矣。程子聞敝邦素習文，而異庠之士且文者殊狀，欲得而諦觀之，予曰：子得中國一世之名文，何以荒外文爲邪，褊小之國、僻陋之學，如令演繹所聞，或者萬分之一，不無少裨大國文明之盛耳。若其文也，不能及也。萬曆三十三年歲次乙巳臘月朔，歐邏巴利瑪竇撰並羽筆。

利瑪竇，《明史》無傳，其《曆志》述萬曆三十八年監推日食事下云："先是，大西洋人利瑪竇進貢土物，而迪峨（龐迪峨也）、三拔（熊三拔也）及龍華民、鄧玉函、湯若望等先後至，俱精究天文曆法。"又《徐光啓傳》下云萬曆二十七年"從西洋人利瑪竇學天文、曆算、火器"。又，《外國傳·意大里亞》下云耶穌生後"閱一千五百八十一年，至萬曆九年，利瑪竇始汎海九萬里，抵廣州之香山澳，二十九年入京師……以方物進獻，自稱大西洋人"。下載禮部奏，謂其所貢有天主及天主母圖、神仙骨諸物。下又云："已而帝（謂神宗）嘉其遠來，假館授粲，給賜優厚。公卿以下重其人，咸與晋接。瑪竇安之，遂留居不去，以三十八年四月卒於京，賜葬西郭外。"其在中土所著書，經《四庫》著録者皆華字華語，如《乾坤體義》二卷、《同文算指前編》二卷、《通編》八卷（是書，李之藻演成之）、《幾何原本》六卷（利瑪竇口述，徐光啓筆受，利氏序云其師丁氏曾爲是書集解，又續補二卷於後）、《辨學遺牘》一卷（乃與虞淳熙論釋氏書，即辨蓮池和尚《竹窗三筆》説天主事也）、《二十五言》一卷（《提要》云文詞拙甚，西洋教注法中國，自此二十五條始）、《天主實義》二卷（書成於萬曆癸卯）、《畸人十篇》二卷、《西琴曲意》一卷（書成萬曆戊申，末附《曲意》八章，乃萬曆庚子利氏覲京師所獻）、《交友論》一卷（萬曆己亥，利氏遊南昌與建安王論友道，著是編以獻，《提要》引王肎堂《鬱岡齋筆麈》曰："利氏遺余是論，爲稍删潤之著於篇。"此則此書爲肎堂所點竄矣。）。此外尚有撰述與否及其行事，他書當有涉及之者，如徐光啓、李之藻等爲書必多與利氏有關，皆未尋檢。今於《墨苑》中見此四文，亟移録存之，以《四庫》廑于存目中列其書名，所據以著録者又非完帙，其印本復日稀也。據廬陵蕭近高《墨苑敘》有君房乙巳杖策遊都下語，利氏諸文亦在京師時作，來華已二十餘年，而屬詞拙澀若此，固不足稱，獨其紀年皆奉中土正朔，所爲他書皆華字華語，其嚮化之情可見。萬曆季葉，國勢已漸陵替，而古先聖哲之教，猶未盡沫。今則何如也，庠序之教，所誦習者，非聖之書，不經之談。一二號稱士夫者，復怪舊藝而善野言，日咻於國中，見土耳其廢棄其國文字而用羅馬文，以致書籍盡廢、報紙輟刊之無效績也，不斥其執政之剛愎，顧仍願蹈其覆轍而不之恤。儻長此不已，吾華神明之胄，大好河山，將爲此等莠言邪説所中害，以自隳立國之本，速其危亡，而淪爲奴虜也，哀哉！

善乎利氏之言曰"國逾尚文逾易治"，願覽斯文者勿忽視兹語，若其論著書立言（立字不安，姑仍其舊），優劣之判，亦有合于言文行遠之旨，願吾國人深味之也。至君房之書，尚有《幼博集》六册，見姚氏咫進齋刊本。乾隆間四庫館總裁英廉奏請抽燬書目云："文集卷上《程文學臣源壽序》有偏駁語，應請銷燬。"案："臣源"當作"巨源"，《墨苑》卷一《姓氏爵里》下有程涓字巨源，休寧縣人，文學。又《人文》下列其詩文目多至數十首，爲可考也。君房所爲《圜中》《志益》二草在是集與否，未見刻本，未能質言之矣。

君房所造墨，今藏墨家尚有之，其見於簿録者，如麻孟璿（三衡）《墨志》、宋牧仲（犖）《漫堂墨品》、張長人（任熙）《雪堂墨品》所載是也。詞如下：

《墨志》引《墨談》云：

程君房可稱墨家董狐。

《漫堂墨品》云：

玄元靈氣，下程幼博方印，一面程大約銘，上“庚戌”字，旁“君房氏”三半字，薄甚，重二錢一分。玄璧，下程氏君房印，一面盤螭上妙品字，漆色如新，麻城劉子貞贈，重九錢。

《雪堂墨品》云：

程君房、寥天一，萬曆庚戌，余家世藏，經兵火僅存者。所謂有墨氣無香氣，與方于魯反者也。君房墨最玄元靈氣，而有時寥天一反踞其上，蓋所值工料偶勝耳，識者别之。程君房陳玄墨，製極大，今存其碎餘，堅光射人，如小兒目睛可愛。君房玄元靈氣阿膠墨，萬曆庚戌，薄甚，重不滿錢餘，其製一而厚者，余往往見之，包以綾文，畫牡丹其上，始入匣中，匣亦異今時也。余有于魯九玄三極墨，亦與君房墨並藏。按：于魯初執事君房家，已自爲墨，遂狎主齊盟，不相下，至訟於官。嘗以贋者應郡守古公重購買，古公怒，請驗于汪左司馬，逮而笞之。邢子願號知墨，每云于魯規模色澤勝耳，左司馬差愧太玄董狐，或别有祕合，爲司馬出一瓣香，未可知也。要之，君房俠於墨，意專在名，于魯多爲利，利則真贋雜出，無疑矣。君房墨有次第，而煙皆佳，至最下爲妙品，亦足當上乘，此兩氏之别乎。

朱之蕃《墨苑歌序》述君房墨法云：

桐煙中，試半投漆汁，火不得燿。漸減而投以三之一，熒然星燦，耿然珠圓，焰不四灼，而煙輕如碧天顯采，始在有無之間。繼微拂而徐積之，盡一石，僅得煙十數兩。和劑既成，不借色于金珠而清光溢目，不借馥於龍麝而幽韵襲人。筆浥其瀋，不濁如水，紙受其澤，不滯如脂。

其贊美之語，可謂盡態極工矣。今吾國製墨者，不自製煙，皆仰成於外人，故所製成之品，不中書畫題識之用，至墨版彫篆之麤率，題語之僿陋，更無論矣。一墨之微，可以瞻世運之盛衰也如此，可慨已夫。若書本圖畫彫刻之精，爾時其它傳奇等書所附繢像本事，皆美好工緻類如此，五季以來，未有其比。喜鑒藏者能言之，兹不贅。

原載《文華圖書科季刊》第 2 卷第 3、4 期，民國十九年（1930）十二月出版。

與文華圖書館學專科學校沈校長書

月前，恕以訪文芸閣書稿事入湘，淹滯積旬（得其《純常子枝語》四十册，《黄帝政教攷》《軒轅氏徵文》《伊尹事録》各一册。）歸來得誦手帖，承製題命屬草，行期匆迫，闕爲面謝。以識既弇陋，文無根核，流布醜拙，昔賢所嗤。恕雖不敏，竊服膺斯義也。且聚書之方，夾漈八求，夷度三説（見《澹生堂藏書約》），言之綦詳，欲别造論，誠無以加。溯恕往事，則妮古之癖，肇自弱齡，彌歷年紀，部袠漸富，遊轍所至，偶獲善本，亦緣會適合耳。若鑒書之術必先資夫問學，修業之要在自嚴其程限，以歲月易逝，涉覽難周，載籍至繁，捘采莫能備也。近之士風，恒憙涂飾，未通字學而漫論殷虚卜詞，不爲章句而侈談六藝奥旨。一二妄人且復詆娸先正，呰毁前言，昌披横恣，不自檢柙。班固所云"譁世取寵"者，此輩坐之。柳玭《戒子書》有云："懜前經而不恥，論當世而解頤。"則愚者當之矣。二者相摩成俗，害且中于家國，不善讀書之弊有如此者。儻此風不已，則書何益于學子，聚之又奚裨于用邪。至今之藏家，特夸奇祕，用自矜衒，蔽適相等，蓋徒飫羞珍而辟食穀，衣袨服而去絺纊，未見其可也。恕以孤蒙，多隨二創，馳鶩瞀迷，靡所取止。執事不知其駑下，誣諉斯文，爰疏己過，兼明衆惑，敢告同學諸子，然常談不能以抒意，款言未足以厭聽，更借近事明之。

恕東下時，寂處船室，偶取景印宋槧《容齋四筆》殘卷（存卷一至卷五，原本藏舊京圖書館）對勘今本，此書宋槧流傳絶少，異文無多足偁，此而殘卷中有關蓺文涉及斠讎者析爲十三目，别白申述之。

其記當代刻本也，如云劉昭注補志乾興初元始鏤之版（卷一"范曄漢志"條），趙明誠《金石録》龍舒郡庫嘗刊其書（卷五"金石録”條)，《蘇魏公集》則有太平州本（卷二“鈔傳文書”條)，王勃文章今存者廿卷（卷五“王勃”條。近洪氏蜀中刊本誤作廿七卷，《四庫》著録則十六卷本也)，蜀本韓集小異者數處（卷五“藍田丞壁記”條)，杜詩别本（卷四“老杜詩”條)，庾自直《類文》錯簡（卷二“鈔傳文書”條）是也。其載稿本則有李易安《金石録後敘》（卷五“金石録”條)，記寫本有曾紘書淵明《讀山海經》詩（卷二“鈔傳文書”條)。録其所見異書有姚康《科第録》（卷五“韓文公薦士”條。姚録本十六卷，見《新唐書·蓺文志》。《書録解題》云洪忠宣得姚康書五卷于北方丞相，其子适又得别本起武德終大和于毗陵錢伸氏。容齋先世有此秘袟，故得考引及之。)，目諗之石本有臨汝刻《魯公帖》（卷二“魯公帖”條)，楚觀刻《坡公帖》（卷二“志文不可冗”條)，章簡家刻張天覺小簡（卷二“張天覺”條）暨吴越石刻數十種（卷五“錢武肅”條）是也。至謂《韓氏易傳》偁引于蓋寬饒封事（卷二“五帝官天下”條)，《國策》逸文散見于《韓非子》諸書（卷一“國策”條)，《宋書·謝儼傳》語（卷一“范曄”條)，宫崇《太平經》文（卷一“十十錢”條)，章懷甄録以入史注而今則亡闕。又云鳴犢異名，顔籀引《史記》不同今本（卷二“鳴犢”條)。理李二字，蘇林注《漢書》有異今志（卷二“李法”條)，則其鉤沈撰異之方，堪副後儒先道之目矣。其參校它書者，如案《左傳》雲夢證《禹貢》之名（卷一“雲夢”條)，徵杜注“豕韋”糾應劭之失（卷一“韋孟詩”條)，理李字同譏唐表改姓之妄（卷二“李法”條)，刑天獸名辨陶集俗本之非（卷二“鈔傳文書”條)。他如蘇魏公敘語之出《莊子》（同上)，宋景文賀啓之用《周書》（卷四“六枳關”條)，錢武肅之紀元有三（卷五“武肅”條)，王逸少之寫經非一（卷五“黄庭”條)，于前説偶疏，新史兩誤，刻本有譌者，悉爲是正。其取證本文者，如考周三公兼領六卿，論《金縢》作于周史（均見卷一)，或以經文明之，或以偁謂定之。其正音訓如謂夢瞢同音（卷一“雲夢”條），宿讀如字（卷二“廿八宿”條）。辨名物如謂諸柘之即甘蔗（卷二“甘蔗”條），伏龍之爲竈神（卷五“伏龍肝”條），與夫迷癡迷嬉緬靦厥撥諸俚言（卷一“迷癡”條），南柯黃粱櫻桃青衣等稗説，並遍爲徵證，究其本根。其論撰“吕覽”（卷三“吕子”條、卷五“吕覽”條），《列子》（卷一“列子”條），劉向校《國策》（卷一“國策”條），杜預注《左傳》（卷五“宋桑林”條），王勃文（卷五“王勃”條），《金石録》（卷五“土偶偶人”條）諸書中失，存録唐韋端符（卷四“李郭詔書”條），宋徽宗（卷二“大觀元夕詩”條），吴子經（卷五“饒州俗”條），張天覺（卷二），畢仲游（卷一），周子雍（卷二“元夕”詩，書倆子雍受學于陳無己，據此則後山門人不獨魏衍）諸人詩文（此五卷中所引它文，其集本猶存者，玆不標舉）暨慶元朝臣奏對（卷四“今日官冗”條），亦孯尋流別撢索文史者所宜紃察也。至其論政、論學諸則，如舉《吕覽》語以勸學（卷三“吕子”條），引鬼谷書以戒躁進（卷二），載文潞公奏以明授官舊制（卷二），録畢仲游二書以勸執政綜覈錢粟，戒文士詞傷切直，讀史者以之推治亂之蹟，修己者繹之加存省之功，斯不過目忘心，徒區區于文字間也。

此書在宋人雜箸中，尚非王深寧《紀聞》之比。（恕曾得《隨筆》《續筆》宋贛州本，《三筆》《四筆》弘治中李瀚刊本，黃虎癡分類彙鈔本。又得一本，簡端撮鈔宋人雜箸中論事與此書同異諸條于上，又于吴興蔣孟蘋家得見嚴修能舊藏明錫山華氏會通館活字本，于北平書肆、東方圖書館兩見傳録何義門評本，一爲吴兔床手寫。擬踵翁元圻注《紀聞》前事注之，因循未果，願以勖之諸子。）其本新刻非一，至易得也。此所指晰，非其全衺，而令人媅翫發人深省者得如許事，則周孔之典，子史之文，書庫主者于此等要籍有連繫者，宜廣購求。學者宜勤諷籀，無竢繁説矣。

恕性拘迂，率意放言，未知所擇，有負明問。讀書南潯，遠別諸子。前者謬尸講席，無以相益，悃愊之詞，冀蒙鑒納。近斠顧寧人《菰中隨筆》（三卷本，與行世一卷本絶異）中有與門人書云：“與諸君相處之日短，與後人相處之日長。”竊揆斯義，不憚覼縷，未敢爲阿世之論，寧蹈畢仲游未畏于文之戒，以爲諸子勸。伏乞執事宣示之，幸毋墨諸報紙，以鰌生腐談不足爲外人道也。

原載《制言》第七期，民國二十四年（1935）十二月十六日出版。

案：該文最初發表於《文華圖書科季刊》第3卷第3期（韋棣華女士紀念號），民國二十年（1931）九月出版，題《徐行可教授與沈紹期校長論收藏書籍書》。與《制言》所載相較，《文華圖書科季刊》所刊，首存“紹期校長左右：去冬歸自滬瀆，晤毛、錢、徐三君，審執事腸疾新愈，偃息衡門，未敢造請，介三君申意而已”，末存“手白，順頌公綏，徐恕拜手上。毛、錢、白、徐四君前希致辭問訊，並叩同學諸子學益”，中無“録其所見異書有姚康《科第録》（卷五“韓文公薦士”條。姚録本十六卷，見《新唐書・藝文志》。《書録解題》云洪忠宣得姚康書五卷于北方丞相，其子适又得别本起武德終大和于毗陵錢伸氏。容齋先世有此秘袟，故得考引及之。）”。

與文甥德陽書

去年冬杪，船室夜語，晤言之頃，可爲揚榷。陶公鼎竫、黄君惠和、江安熊君逴轢嵚崎，尒時語默殊趣，中情外宣，著境正同，持己乃異，三人之中，必有我師。愻友視志，固在壯歲。此夜賢甥參然並席，玄鑒冥思，當能自㝠。别後光景可念，節序已遷，世途未夷，生業漸蹙，于親累能無聊慮固護之心，于微躬寧達苟全性命之理，以此情懷，豙闕書疏。陳、向二君疊惠瑶箋，具道賢甥近狀，承庭諎習教事如初。千里通心，寧復待尺書宣意邪。

陳、向二君近以教師爲問，恕意象山陳伯弢先生（漢章）堪任都講。向君屬爲延致，弢老乃竟辭謝。原書録呈，乞示二君。弢老書語有云："於《嚴氏文編》補遺正誤，於《全唐文》稽所參據，則前修之拘覰，官書之闊略，疏者以密，闕者以完。"弢老以耆年之身，一人之力成之。敵門修軌，不關理亂，以此假日媮樂，亂思佚老，事足尚已。

恕近與北平民國大學某生書云：孫鼎如《續古文苑敘》曰："足以葡正史之舊聞，爲經學之俌翼。"此自道其續選古文之意如此。唐以前文字，詞義多本古訓，乃有可俌翼經學者，若張金吾輯录《十七史經説》十二卷，其中議禮之文亦可見歷代損益沿革，必有《通典》所未録者。（其書未刊，南京國學圖書館藏有鈔本。日本人關松華近輯印其國慶長以來漢學著述目録，中有海保元備《十七史經説》一書，未審與張氏所著有出入否。）鄭方坤《經稗》六卷多采自前人筆記，而輯録未廣。（其書亦厪有鈔本）朱琦《國朝詁經文鈔》六十二卷，要多采自文集。（其書未及刊成而稿本旋復散失）三家之書，其所甄録之文，雖不盡合經意，要必有所獨得。綜爲一書，任學者分别觀之，亦孫氏翼經之意矣。

若其“備正史舊聞”一語，則無時代先後之殊，無文體疋俗之别，無詞句妍蚩之分，惟須參據羣書，獨具識解，審其然疑而已。其意乃欲因文攷事，以網羅散失稽辨異同，非第云選文指意當如此也。孫氏以校明薛畿《春秋别典》而發意自爲《春秋集證》（其正副二本均藏敝匧，己巳冬得之盱眙吴氏），變馬氏《繹史》紀事之體爲編年，與其敘續選古文用心正同，惟侂體有别耳。學者儻取嚴鐵橋氏《八代文編》、楊惺吾丈《〈嚴氏文編〉補目》、清代官篹《全唐文》、陸存齋氏《唐文拾遺》《續拾》，掇采其中史事，斷代如會要體録之。（前年南遊湘潭，得文芸閣廷式《純常子枝語》四十册，其中有云擬爲《三代會要》，陳蘭甫師難其事。錢吉泰《曝書雜記》卷上“山堂攷索”條下云：“余嘗欲摘其中論漢事者，合之《玉海》《通典》《通考》《五禮通考》所录漢事，以補徐氏《會要》之未備。”又卷中“西漢總類”條下云：“《郡齋讀書附志》類書類有《西漢總類》廿卷，沈長卿文伯所編，隨事立門，隨門類事，他傳所載總而歸一，雖注中所取者亦皆掇拾而裒集之，今其書不傳。”“余初讀《漢書》，執友吴穌村載和教以東坡分類讀法……吾兄衎翁語余，可仿宋沈氏樞《通鑒總類》編次事迹。”鄭文焯《南獻遺徵》云錢儀吉有《三國、兩晉、南北朝會要》三種未刊。朱銘盤《桂之華軒文集》卷四《與譚仲修書》云：“近頗撰录二晉及南北八朝故事，規爲會要，續徐博士之書，其體例一依博士之舊。”近人汪兆鏞微尚齋譔述目亦有《晉會要》六十卷。若吾家星伯先生《宋會要輯本》，則自南潯劉氏嘉業堂歸之北平圖書館已三年矣，未爲印行。又，邵陽魏蓍譔述其父默深先生事略云所輯書有《明代兵食二政録》。此所舉七家，爲書十種，或有志未果，或有書不傳，或存稿待刊，即宋人所爲漢、唐會要，其門類事文當踵錢警石前志爲之續廣，第欲專以會要名編，取材當不限于總集矣。今以識大相勖，固以會通文史之方相告語也。）其事無關政教而月年具存者，其人廑見姓字而言行無徵者，或爲年表，或爲韵編。取材不限斷於本書，編纂不拘泥于一體。

學子於學文時，即宜恢其志業，知所綜析。前數講時，祇及修詞之術。今辱垂問，敢爲進一解也。儻致力於此，又非先熟所治當代正史不可。鄭康成語有“不信亦非，悉信亦非”云云。此意以之説經，固有紊亂家法之弊。以之治史，庶收刊正扇失之功。蓋經主意史主事，事之是非有定難定者，以史有闕文，意之是非無定。（此就注言，經意難知，注乃生焉）不易知者，以聖無言詮。一代正史，雖不可悉信，而以史官去古未遠，文獻足徵，其去取當有所擇從，後人要不可不依爲繩尺也。此書與弢老所治二書有關，而治之之方有異，故以寫示。其因文及史，答非所問者，作如是答，具如斯解。云如何解，以斯文之作根實，著實表其成敗，記所經歷，實象昭然，非爲懸解獨見，非求合志達私，人所易曉。若析其臧否，通其彼我，即理即情，亦文之用，而必敷理宣情者，皆緣實生，不落空詮，是實非空，是成文之文後於史也。第等其範疇，所施所被有巨有細，細者或無關一身，鉅者或普及羣倫。在文則小大畢宣，在史則鉅細有擇，斯爲異耳，故文之可久者，即史之可見者也。故居今稽古，懲前毖後，有文以效績，史有以先功，既相資爲用，是宜相兼爲理矣。是功有兼資，前言可明，而業期致用，今日爲急。

蓋史之體原于經，經之文傳於今者，虞夏商周之史存焉。漢去四代未遠，政俗之因革嬗變，發于内而非動于外，自他異情，漸驟殊迹，以夷夏强弱之埶不同，又文野之化迴殊，得持其不變以聽其變也。故漢世儒者攷成敗之數，酌損益之宜，視已成事，視之于經，有可明也。故曰：通經可以致用。爾後年祀去古既遠，人事視古爲繁，外禍于今爲烈，固必準理于經，以適于不變之道。揆事于史，以明其因應之宜。故治史之業，攷之近世，詳于當代。沈思往古，内省國情，以識前事，鑒覆轍，俾人興懷舊之念，順經正之理，轉關自我以制動于外，以維于不敝，此秉政施教者之責，其人適當軸發蹤之任，必深明乎此，論盛衰之迹，探興廢之幾，庶是非之理審乎中，以施於其政，修其書教，則利鈍之效自無爽于後。

今日中國之禍，政教之所害，狃于殊政異説，顧化施易無所簡擇，由學之不明，中無適主。故明學以治史爲急，古先哲人有爲之者。孔子道不行，乃垂空文，是非三世，以期撥亂反正。司馬氏身虧不用，乃述故事，文成一家，以拾遺補蓺。顧庸眾難儕夫賢聖，而千里必發乎跬步。前書所云，賢甥儻有所致爲，亦文史足用矣。

原載《制言》第十四期，民國二十五年（1936）四月初一出版。

毛詩通度類目

文

異文

本字

詁訓（傳、箋中詁訓同《尒疋》者與異解者别白言之。釋地理名物者坿焉。）

坿毛詩名彙（依《説文》部次，兼录《釋文》音義）

斠語（後儒勘正傳、箋譌挩語，有足補訂阮氏校記者甄采录之。）

詞例（坿詳比興）

坿毛詩韵藻（非單字與不爲名詞者入此）

毛詩文句韵編（以句末字編類）

毛詩傳箋粹言（依丁儉卿《子史粹言》體式録之） 詩疏雋語

文選文句推本集（录其本自《詩經》者）

音表（簡端列舉經文，首依傳義，迻書陸氏《釋文》所引先唐師説本毛公詁訓作音者于下，於鄭箋用三家義爲之反切者次之，鄭箋異讀不本師説直下己意者又次之，清儒説音者殿焉。）

韵部

坿詩經韵表 韵例

事

本事（兼录三家義説本事者）

逸典（傳、箋中所見史事、禮俗彙鈔存之，箋中以漢制證古制者坿焉。）

坿孔疏禮説（坿录清儒申難語于下）

孔疏攷史語录（坿清儒駁證語）

義

序義

傳義

三家義

箋用三家義

箋義（鄭氏所云自下己意者）

先唐師説（孔疏駁正之者坿鈔于下。它書引詩賦詩斷章取義者坿焉。）

孔疏違義　未詳説

後儒發揮（非申毛、鄭義者不录）

清儒申毛　申鄭　難鄭　廣詁　新義

坿詩義叢鈔（前人《詩》説散見文集、雜著中者录之，不守家注者存目。）

毛詩外傳衍（此與前目似複，以題非説《詩》，而文中舉《詩》義者入此。）

通論

坿詩帖（未授通論時，于經、序、傳、箋、義例等，依經次隨文發問。）

别录

詩説存佚攷

詩説平議（依《四庫書攷證》例，條舉清儒平議語于當文下。間出己意，有所申難者，以“蒙案”二字别之。）

詩説鉤沈（自唐訖宋。清儒未栞遺著其説偶見它書亦爲存录。）

原載《制言》第二十二期，民國二十五年（1936）八月一日出版。

詩義申難録序

諸經傳注，《毛詩》敘、傳最古，承師則原諸子夏，故訓則本之《尒疋》，而文約體略，不讀箋、疏無以明其詞旨，以箋、疏論，亦有蔽短。鄭氏旁采三家，閒下己意，學無專主，又好以《禮》言《詩》，泥迹害志，抵牾遂多。孔氏綜疏傳、箋，于其異同復有牽掍之失，是徒循誦箋、疏，恐亦不得詩人本誼也。宋明儒者因心生説，倍經反傳，抨擊舊文，不憚詞費，其失也誣。清儒説字釋詞，暢隱抉微，程功爲密，第比附詞句，務從齊一，更穿鑿義訓，憙言通假，依其説解，文從理順，而師説有不可悉信者，經旨轉晦矣。今説《詩》宗毛爲主，後儒之書申成傳義者甄要删存，期不繆于原旨。宋明詩説，疏蕪詿亂，人所易審，時有善言，未可悉廢。學者既明古訓，亦應備覽其書，知所從違，故不采列，亦不加駁詰，書不盡言故也。重以即經見道，當文已明具，廣徵雜説，此世之餘事耳。清代萩文未有定論，説經之儒不依先師，義有相伐，持孤文，逞偏詞，以自申證。儻不別白，轉生迷惑，因出其甲乙主名，兩存其語，以明是非，示從違，著一代學術得失之迹，俾承學之士鑑真祛妄，于一切言事，毋取乎紛更專輒之爲者，非特説《詩》尒也。國之治亂，繫于一人之心志，持風化而見諸事爲。生斯世，長斯土，今何時，志何事，何用愚賤如余者之曉曉乎？然《詩》以言志，志以見義，《詩》義廣大美備，固亘今古而不蔽，彌宙合而無閒者。用《詩》之道，拔拂今日中國之難以生以致升平之治綽乎其有餘，而斯意無人知者，故不可以不言。抑今之世，何事足容余言，必假事以成之，言以足志。兹于説《詩》，簒修前緒，不欲迎合風習，埽棄舊文，蒙蝕經誼，假以致余志焉已耳。若曰以是宣達詩人之志于天下後世，則余豈敢。

原載《制言》第二十二期，民國二十五年（1936）八月一日出版。

詩疏楬問序

《詩》三百篇，自《商頌》外，純取周詩。毛公生值周季，去聖未遠，述敘作《詁訓傳》，傳其所學，視齊、魯、韓三家義獨審備，以是鄭君箋之于漢末，二劉疏之于隋世。唐興，孔沖遠氏承詔作疏，兼綜古義，融會羣言，削繁增簡，辨詳得失，治《詩》者儻取其書精研覃思，尋其條貫，于經序詞意，傳、箋隱略之旨庶易通曉，而疏文既緐重，講業有程限，以之施教，良非所宜。漢光武令鍾興定《春秋章句》，去其復重，以授皇太子。（他如伏恭省減其父黯《齊詩章句》，桓榮及其子郁删定朱普《尚書章句》，張奂于牟長《尚書章句》去五之四，其事各具本傳。）唐史徵爲《易口訣》，自謂約孔疏爲理。是講疏尚約，自昔而然矣。錢泰吉《曝書雜記》（卷上）云：唐人義疏，讀者每病其緐，魏氏（了翁）《九經要義》以删讖緯爲主，未能盡節繁文。臧氏（琳）欲仿《史通》點煩之法，裁剪義疏，别爲小疏，舉《禮記·樂記》《周禮·大司樂》二則爲例，見所譔《經義雜記》第十一卷。恕按錢氏亦有意爲小疏而未成書者。宋人則魏氏《要義》外，賈似道門客廖瑩中亦有手節《十三經注疏》，以國事異，未及入梓，見周密《癸辛雜識後集》。明人則張溥有《十三經注疏纂》，見黄道周《張天如墓誌》（見《黄漳浦集》卷二十六）。依錢氏説，《要義》猶未盡善，則廖、張之書，恐亦未能繁簡得中也。恕之虚薄，未能櫽栝疏義，别爲一書，啓學子因陋就寡之習，復不敢以末師碎義雜反之詞譁世取寵，令學子觀聽不決，逐奇而失正。竊以前事不忘，後事之師，公、穀傳《春秋》皆自設問答，逮後班固撰《通義》，徐彦疏《解詁》，仍襲斯體。（唐長孫無忌等造律疏，亦楬問作答，以詮釋律文。）漢永元中，徐防上疏亦云博士及甲乙策試，宜從其家章句，開五十難以試之，其意正同。今循前代成規，依孔疏文句，楬題發問，表其詞，别其事，析其旨，明其例，記阮氏文選樓刊本行格于下，用資究覽。其詮釋語，具載當文之内，不得删要迻書，别爲解答也。解答之語，疏文不具者，倚席之際因言以宣。于疏義有未安者，就問答中設然疑之詞以見意，别爲《詩義申難録》一書明之，以祛蔽導滯。未能自審于是非，故不敢率尒成言之，而漫下己意出之于文以輕詆前修。語夫理董之業，將以竢諸達者。

原載《制言》第二十二期，民國二十五年（1936）八月一日出版。

與潘景鄭論學書

攷文之業，正有大可爲者。爲之之方，宜有以異乎前人，故會之名可存而草案則宜删改，不必别舉會長，傭致理事，徵收會費也。惟刊印之事，書肆不任傳布者，乃始會錢爲之，又不必有會期也。申白意見，咨疑駁難，會員自攄所懷達之會所，居同里閈者則集議取斷，傳之四方，以求僉諾，同力赴事，庶其有成。如此則與國學會二名耦立，權責不相撓矣。會務擬定爲六事：一定著，二篹輯，三迻譯，四平議，五傳寫，六刊印。前三事會員以自力分任，或合意共編，從其所願。

首定著者，今世學校之制，撥棄典文，禁令學僮誦習。小學乃無國史科目，太炎先生晚歲不爲偏側之論，力主讀經，韙矣。故會務宜以此爲首要。十八經文句（十八經云者，于十三經外，益以《逸周書》《國語》《大戴禮》《荀子》《説文》五書，參用段懋堂、沈西雝、劉叔俛諸氏説也。）既應寫正，以上續中郎祕監之緒，體式如吴摯甫氏寫定《尚書》廿八篇爲之，視俗本亦差勝也。李匡乂曰：學識何如視點書。句讀異而意義自别。柯鳳孫氏擬寫定十三經矣，未聞其審正音讀也。經句異讀，注疏釋文中已見其大凡。（北平圖書館于天津李氏得宋槧《釋文》，亟宜集貲影印。）武授堂氏復有攷異之作，删要存之，附本經後，庶可取信於俗目。（又聞錢小廬氏《十三經斷句説》稿本，已爲日本東方文化學院於北平買去。恕曾託友人徐君森玉叚鈔彼院所獲張月齋氏《延昌地形志》殘本，用銀帖七十版，以無餘錢，遂未商借錢氏書，足下有意鈔存之否?）言夫經義，則尤難爲審正也。

即《論》《孟》言之，爲學僮必讀之書，文句視它經爲平易，箋疏之者，亡慮千百部。清儒焦理堂、劉楚楨二氏所爲《正義》，爲審諦矣。焦氏之學高於劉氏，其《孟子正義》固以治《易》餘力成之，覺其註漏甚多，終未厭人意。如趙注題辭云："《孟子題辭》者，所以題號孟子之書本末指義文辭之表也。"蓋趙氏以孟子説《春秋》有其事其文其義之語，遂本之以爲注，題辭以弁注前，在其書表，故云表也，承上"題號"二字來。焦氏乃釋之曰："稱述孟子氏名事實之本末，所以箸書之指義，以表其文詞。"匪特不知趙氏語意所本，且未察"本末""指義""文辭"三者爲平列語，故誤釋"表"字。又於"遭蒼姬之訖録"句，未引《春秋元命苞》"殷時五星聚於房，房者蒼神之精，周據而興"，則讀者不諭"蒼"字之義矣。又於"孟子見梁惠王"句下，引《六國表》惠王卅五年"孟子來"，則誤信史公駁文。又釋"亦將有以利吾國乎"句，云謂亦如商君之于秦，俾富國强兵也，不審鞅爲惠王相公叔痤中庶子，痤才之而薦于王，後乃入秦，鞅之去，惠王之棄之也，而乃引以爲比乎？"亦"字正解，當依《史記》爲説。《魏世家》云惠王招賢者，鄒衍、淳于髡、孟軻至梁，則此文"亦"字以有衍、髡二人先入之言而發，衍有《鄒子》及《終始五德篇》見《漢志》。《孟子外書》云："衍請受業於孟子。"（趙邠卿《孟子題詞》疑《外書》爲後世依託，而注季孫子叔爲孟子弟子，即本《外書》。）王叔師《楚辭章句敘》云："於是楊、墨、鄒、孟、孫、韓之徒，各以所知，著造傳記，或以述古，或以明世。"是漢人直以鄒、孟並稱矣。劉向《別録》于《王度記》下云似淳于髡等所爲，史公亦稱其博聞彊記，則二子雖未足與孟子等倫，實亦副賢者之目矣。其來見惠王前乎孟子，史文先後之敘，當有所據，而焦氏未之察也。又釋"王何必曰利"句，不引《史記》"何以利爲"一語，明史公改"曰"作"爲"而倒言之（如《論語》"何以文爲"句，可改易之曰"何必曰文"，不必爲句末助詞，《七經孜文》云一本作"何以爲文"可證。杜牧之《牛奇章公墓誌》云："公武齎弘（韓弘）書獻公錢千萬，公笑曰：'此何名爲？'"亦其例也。），以訓詁易本文也，而漫引《洪範》“初一曰五行”云云，《左氏傳》“命之曰仇”“曰成師”云云，雖字訓無殊，而語意不合，學子莫由洞曉其義也。于趙氏注文“何必以利爲名乎”句，廑申之云“以名釋曰”，而未引《左氏傳》向戌“欲弭諸侯之兵以爲名”，及述太宰嚭語“無損於魯，而衹爲名”，《國語》“勤百姓以爲己名”（韋解：“名，功也。”釋句意如此，非其本訓。），《晏子春秋》“不廉上以爲名”，《墨子》“欲以抗諸侯以爲英名”，莊子論惠施“欲以勝人爲名”，又曰“卒以善辨爲名”，《國策》“因嬖人景監以爲之主，非所以爲名也”等語，申釋注文“以爲名”三字，而經文“曰”字，詞旨遂晦矣。

是知清儒經説，不無疵纇，必將剟瑕搴蕭，重加刊正，以昭學子，庶幾其可其爲之也。詮釋必不倍於故訓，制度必稽當乎禮文，不得以單詞孤證，漫易舊解。關於微言大義者，固不宜支蔓其詞，羼以異説。然宋儒之學，潛味經文，默會聖旨，推及人事，納之身心，達用知本，未可偏廢，以援救今日陷溺之人心，尤爲切要。吾家健庵先生輯刊宋元經解，後以版歸之通志堂者都四百册，不易卒讀。清儒域於門户之見，於其善言罕加甄采，即用其説亦没其名不著所本，如焦理堂氏于《孟子》首章“千乘之家”云“指畿内之卿”，雖用本書“天子之卿受地視侯，大夫元士受地視伯子男”爲説，實則朱子已先言之，不用趙注，惟取證有異，而焦氏絶未稱引《集注》之文也，隘矣。方望谿氏於《通志堂經解》治之三反，存精削繁而未刊傳（見蕭穆《札記》鈔本），雖其識不逮意，然其事有可慕效者。（海寧陳氏著録載其先世書目有名“世佶”者，曾爲《通志堂經解纂》十卷，無乃太簡。）宜先取吴志忠刻朱子《四書集注章句》重印，坿以趙氏鐵峯（德）《四書箋義纂要》、金氏仁山（履祥）《論孟集注攷證》，更取後儒申駁之語，如《四庫書攷證》例録殿卷尾，趙、金二氏箋攷尤未是者，亦加辨正（近儒所爲《論》《孟》新解，如唐文治《論語大義》《論孟新讀本》，姚永樸《論語直解》《孟子講義》、高步瀛《孟子文法讀本》、鄭浩《論語集注述要》等書，不廢朱子《集注》是矣，而捃選未能精切。恕意全存《集注》本文，于違失處以鐫圍識之，如阮伯元氏校經疏圈識異文例，附駁正語于卷末，申成其説者亦並載焉，斯盡善也。）

草案擬先條理《通典》《通鑑》《通考》三書，洵爲知要，《通典》所載議禮之文，有足申釋三禮者，有述後世禮制因革者，尤宜加意。《通考》則柯鳳蓀氏擬爲之注，尚未脱草。（其長男燕舲昌泗親爲恕言之）其初稿儻得迻録，續增演爲易矣。《通鑑》起周末，訖五季，當廣以劉氏《外紀》、金氏《前編》、畢氏《續鑑》、陳氏《明紀》（未知與夏氏《明鑑》孰爲優劣，取其卷帙減半耳），依胡梅磵氏注例注之，以施于新學，不無裨益也。清史則無編年善本，又定著云者，竊取劉子政校理舊文之意，必據有成書者，裁整而齊協之。

其前人所未爲，或須改作者，則有待乎纂輯，故次之。載籍雖已眾多，而《説文》後無字書，《經籍纂詁》訓義備矣，而體製不同，依韵編紀，而用《佩文》韵部，不審何指。纂詁而不纂舊音，亦爲偏闕，後出古籍，載有故訓，爲阮氏所不及收者，拾其遺闕，有待乎後之人。近日坊肆所編字書，以楊譽龍纂《實用大字典》（中華書局印本）差爲近正，以楊氏爲春在堂弟子也。然於文字見諸經子、《説文》者仍有刪除，于形之孳乳，體之變易，未悉泝考其本柢，且有正俗並存訓義不備之失，宜爲之補正。若見行《平民千字課》，肉食者爲之，昧于字例之條，故去取有失當者。恕意魏默深氏《蒙雅》（廣倉學窘印本）爲歌括體，便于記誦，須略訂正（以魏氏小學未精，其句讀復有失韵者），無待改作。前者北平四存學會月刊載有此書，説解出近人手（未全付印），而陳義失之曼衍，不適于吏民之用，是宜別爲詮釋者矣。佗如《尒疋》之體，《韵府》之編，續廣與采用者，大抵因仍舊式，未參新意。不載文例，罕録舊詮。於後代文家用字造語之有異古訓者，絶少措意及之。（如唐人文字用“僅”字多訓“庶幾”之“幾”，杜詩“山城僅百層”，韓文“初守睢陽時士卒僅萬人”，柳文“自古賢人才士被謗議不能自明者僅以百數”，杜牧之《上李司徒論用兵書》“淮西爲寇僅五十歲”，又云“父子相勉僅於兩世”，又《上宣州高大夫書》，晉用趙氏、魏氏、韓氏、狐氏、中行氏、范氏、荀氏、羊舌氏、欒氏、郤氏、祈氏子弟，召諸侯而盟者“僅三百年”，又云郭元振“鎮涼州僅十五年”，又《祭城隍神第二文》“黄境鄰蔡，治出武夫，僅五十年”等句，皆李涪所謂以“僅”爲近遠者，於多見少，與本義未甚乖隔，與今人文字訓爲但者則不同矣。雙字及連語成言爲《韵府》所遺者至多。數年前在北平以韓文授讀，曾略采摭古人文句以實講疏。如《曹成王碑》有“逃禍民伍”句，即引柳開《河東集·上竇僖書》“退而自度，其已……謂其材也，即文章不合於俗尚。謂其力也，即權勢下列於民伍”。鄒浩《道鄉集·謝翟司業啓》“託業儒流，脱身民伍”，以明“民伍”一語見于佗文者。而《韵府》於韓文及柳、鄒二集語俱失收也。若“伍”字與佗詞相聯，以别庶品，未爲《韵府》所甄録者，如“軌伍”見《賈子新書·輔佐篇》，“榮伍”“華伍”見沈約《宋書》，“仕伍”見《史通·仵時篇》，“朋伍”見李元賓《上房使君書》，“火伍”見柳子厚《段太尉逸事狀》，“佐伍”見杜牧之《燕將録》，“營伍”見温飛卿《湖陰詞序》，皆宜依其補藻例補之。《曹成王碑》又云“狐鼠進退”，“狐鼠”訓如本字，而與狐疑、首鼠二語同意，與沈休文《奏彈王源》“狐鼠微物，亦蠹大猷”，同以二物取喻，而所喻之情不同。高澄《與侯景書》“遂懷狐鼠之疑”，與韓碑語同意，似爲所本。然《梁書》《北齊書》引此文俱作“市虎”，疑宋人纂《文苑英華》者依韓文潤飾之，改爲“狐鼠”。嚴鐵橋氏《全北齊文》用《文苑》本作正文，以《梁、齊書》所引者入小注，非也。佗文用“狐鼠”作形況詞者，如柳柳州《乞討黄賊狀》“雖狐鼠之陋，無足示威”，陸宣公《賀吐蕃尚結贊抽軍迴歸狀》“狐鼠爲心”，歐陽文忠《祭丁學士文》“生則狐鼠”。其分用者，如《太平廣記》卷百卅《竇凝妾》條下云“何用狐狀鼠竄”，而《韵府》廛録《蕭穎士表》“狐鼠馮依”一語，官書之拘顱有如此者。《韵府》于經子文史篇目多不標出，又不録舊解，宜輯寫補之，不得有所加損也。又方言之書，亦沿襲雅體，後來史臣文家記載間用口語者，亦宜備采，至連語則兼重言與連緜雙字言之，固已有《别疋》《疊疋》《拾疋》《支疋》《續疋》《選疋》中之《釋訓篇》及《毛詩重言》等書，近人王静安氏《聯緜字譜》聲别韵繫分注所出，取材亦有斷限，而不録本文與其舊詮，則學人必覓檢所據以明所疑，有兩讀之煩矣。近人篹《文選類詁》者，誤沈果堂《釋骨》爲《尒疋》篇名，朱起鳳《辭通》案語多謬，然其書易于繙尋，便于初學也。）此一事也。

名彙總成爲書，前無此製，當依阮伯元氏篹《字詁》例爲之。先以經史爲斷（史籍至繁，或先録經子語，或廛鈔先唐書，庶易成編）。依所篹書，定所著名，兼載舊解舊音。其書注非一，音讀互異者，儻出自前人，必兩存之。外此者不録。以待續篹。檢括有所定準，庶少詿漏。後儒釋名之語，附載經史本名之下，可删節不可增改，其誤説不足采者，亦宜載其書名篇目，示有所擇用備考覽。此又一事也。

《史記》後無通史，其八書復病闕略，修史莫難於志，前史所爲，每詳於政令而忽於民事，載國用息耗而罕述民物贏詘，録經籍卷目而不及學術消長，教化則尟究其績效，風俗乃徒飾以虚語，此其蔽短，宜加糾察者。或補史志之遺，抑廣會要所闕，載作者考實以定其名也。前史志、表分列，竊謂今爲通史，志中亦附表以節繁文，表人以補史闕者，乃别著之，班氏人表即其先例，志中之表，以事爲綱，當時臣庶論奏及後儒史評因事附載之，詳注所見書目於下，庶合文省事賅之旨，此又一事也。又，宋明諸儒及當時臣工不爲經解而其疏奏、文集、雜著中依經裁事、闡發義蘊者，宜案經文次弟分寫會編，以明經世致用之方，以綜一代經術之要。於《韓詩外傳》爲其遠冑末孫，于竹坨《經義考》、梨洲《學案》又其支裔矣，此又一事也。又近之華士莠民號召學子爲口語而廢文言，且欲以羅馬字母擬音以革易漢字，導之於易而納之於邪，異説昌披，是非無正，其流及上，上之人患失而惑，惛於教以亂於治，以致今日之禍。時並習易，人誰去難，而口語卒不能達禮之精弘奥賾，昭事之繁複幽隱，攄情之悃款委屈，省詞之煩冗碎瑣，而文言之用以存。（近事如兩廣兵諫，中樞移書諭其息争，泯其口實，戰禍遂弭，其曉慰之詞即不用口語，知無以致其效也。）則必總其術、昭其方以善其用，以濟物成務，而文之時義大矣。冀致焕郁之業于今日書教稠濁之世，必踐亂人之迹，導民于易，斯能控引致勝，而學文之術尚矣。友人楊君遇夫（樹達）依做王伯申氏《經傳釋詞》、馬眉叔氏《文通》二書而改作者，襲其迹不沿其式，令之淺顯易曉，槩括致密，頗便於初學。霸縣高閬僊（步瀛）《文選李注義疏》、《古文詞類篹箋證》（已印者爲節本）、《唐宋文舉要甲乙篇》於本事訓義，囊括舊解，靡有闕遺，惟於論學、論政之文精選加注者，未見善本，宜於經子文史擇要集詮。（此不依昭明選例，于經子史三者，概從削略，以太炎先生讀經之議，即未爲把執政柄者所聽納，儻能寓讀經之旨于學文之中，亦聊勝于不讀也。）矧載籍繁多，學子不能周覽，莫知折中，教師既乏通才，尟求深解。儻先爲此以濟其窮，分印活葉本，不必成集，以敷布之，教施無疆矣。（先取書肆教本所選古文加注爲宜，蓋我輩所選者必難爲學校采用也。）於書肆教本所選時人白話、文言各篇，匡謬正俗，以張清議，勝爲文百篇印之國學報紙也。又坊肆印布小説、彈詞及故事，聯貫畫本、劇場編演新舊戲曲電影本事歌語，大抵妨民敗俗，亦宜以餘力別編，取而代之，不有所剏，難議有所革，其勢然也。雖此等文字，間用俚詞，必經潤飾稽譔之功出之，庶有異於不知而作者，亦考文會之餘事矣。（姚寶臣《唐文粹》未有加注者，明以來文人多爲八家所囿，鮮能造語用字者，此書可藥其病，第此專爲學文之用，爲之亦難比肩崇賢選注，故不入正論。）

次以迻録者。古先聖哲，仰觀俯察，類德通情，而十言之教以興，師蜂立君臣，師蟻置兵衛，何論今日四遠之國，與昔之戎狄文野大殊，且陵駕中夏而上之。日本維新敕語五條，其一曰求智識於寰宇，其遣赴歐洲游學者，必爲方聞之士，故以蕞爾國而爲東方雄長，今且以傳宣亞洲文明自任矣。其開拓學術以收政事之利，如影響也。處今日而言國學，宜恢擴之光大之。徒守文之是務，微之未已。遠邦之强，非廑以術藝象數之能擘鑽造極而致然也，於中土古籍亦復究心。恕近致日本人士新著數十種，以仁井田陞所輯《唐令拾遺》爲最精善。佗如瀧川龜太郎之《史記會注考證》，於張氏《正義》得見佚文溢出今本外者，多至一千二三百條（高閬仙先生方事輯録），其佚文中引《括地志》可補孫、曹二氏輯本之遺。青山定男之《支那歷代地名要覽》，別名《讀史方輿紀要索引》，可爲檢尋顧氏原書之用。森本角藏之《四書索引》（森本氏別譔《五經索引》，亦大勝葉紹鈞《十三經索引》，見其版樣，值昂未購。），安井小太郎、諸橋徹次之《左傳索引》，鈴木隆一之《國語索引》（二書簡而知要，森本氏索引則失之繁瑣矣。重澤俊郎、佐藤匡玄合編《左傳人名地名索引》引重澤俊郎之《左傳賈服注攟逸》，中土有此類書，不重譯也。），若城久治郎之《遼史索引》，亦同斯製。理董印布，正不難也。佗如申析經子旨趣，而斷以泰西玄理，鉤考中外往來情事，而證以彼土史跡，探究邊徼外邦地理，而參稽夫精繪圖本，平議古昔藝術短長，而取正於象數新説，非遍譯其羣籍，覃擘其學術不爲功，考文之會，尚未足以任此也。

綜上三業，定著者遵修舊文，纂輯者綜貫羣言彌縫前闕，迻譯者取諸人以爲善，有因無刱，善變爲工，必以利濟爲心，不背經通之旨，事存乎己，無假外求，會員自任可也。業有難易，才有短長，情有通塞，勢有同異，有非一人所可克堪者，會友協力爲之，遂意可必也。昔者魏著作淵與陸法言論韵曰："向來論難疑處悉盡，我輩數人定則定矣。"此在今日，經言奧賾，史事放失，前儒已發揮殆盡，網羅無遺。我輩無以取勝古人，儻修軌守文，有所就成，出稿取質，勵短引長，言之無隱，敦直諒之誼，資輔仁之益，則著作之語，尚其庶幾。而有志斯業者，有待乎會友之平議也。故以平議次之。

更次以傳寫刊印者。會友藏有善本，通段迻録，既可資以賞析，又得免於散亡，誠兩益也。非廑以廣異聞，夸多識，即定著簒輯之業，必有賴乎此。若孤陋庸淺者，曷堪肩修集之責乎？恕有朱述之（緒曾）《曹子建集考異》寫本（以藝風堂藏鈔本校，與《金陵叢書》本詩文次第間有不同，校語繁簡亦復微異，未及勘正。）、華紫屏（湛恩）校《吴都文粹》（廑依文正訛，別有孟超者用《吴郡志》校過。孟超何人，乞示。），以大箸書跋及此二書，欲從借鈔，先以藏書郵奉勘對。又考文之業，意在傳宣，故殿以刊印。會員論辨考訂之作，既有《國學論衡》《制言》二者可爲印布矣。定著簒輯之書，體制參用新意，書肆必樂爲墨版。四書疏解爲學海、南菁兩編所未收，焦、劉二氏《正義》所不及采者，如戴大昌《四書問答》、狄子奇《四書質疑》，印本至少。次如顧問編次閻氏《四書釋地》，依經文先後之，爲易繙檢。宋翔鳳《論語鄭注輯本》（附以羅振玉印行燉煌所出鄭注）、《四書簒言》（篋中廑有鄭注鈔本，《簒言》重印活字本）亦鮮流傳，儻加輯選，都爲一帙，縮印如徐積餘丈覆影《讀史記十表》版式，游説書肆墨版，必有任之者。以近時風氣，喜印叢書也。前者可收版權酬金百分之十五，後者可收百分之六（傅沅叔云出古本付印所得如此），儻出書借印與出稿墨版者，不私其所得，以充會費，刊印佗書爲書肆所不願任傳布者，則印費有所取足矣。近事如國學會募資刊印婁縣張聞遠先生《喪禮鄭氏學》及《羅念庵遺書》。恕謂羅氏書可不自刻，宜廣徵明儒著譔依梨洲《學案》名氏派别總爲一集，付書肆墨版，國學會且擬爲江寧江向之先生印布其新著，兹意至佳。恕意象山陳伯弢先生（漢章）爲宇内經師魁宿，所編《古姓氏人名韵譜》《羣經地名韵編今釋》，以畢生精力成之，於讀經子及治秦以前史事者，極便參稽之用，儻會集刻資，獻諸伯弢先生，以申羔雁之意，儻亦諸君子之所樂爲也。恕於《喪禮鄭氏學》付刊事，報王欣夫君書云擬出鉼金百版，於伯弢先生二書亦擬出百鉼贑之。足下願相贊助否？私意作此等事，較收會費印會報有益，而定箸篹輯之業，復視宣布論辨考訂之文爲當急也。且不欲足下立朋黨名以别於前之二會，宜師鏡道、咸閒陳卓人、柳賓叔、劉孟瞻、楚楨爲約分治經疏事，勗諸君子致力斯業，則新會之立爲不虚設，故言之覼縷如此，伏乞荃察，矜愚訓短而進教之，幸甚盼甚。惟今世學制與所行教本，無時無地不鼓其鑪冶以鎔鑄狂愚輕侻之人，逾一紀矣。昔之幼者已長，少者已壯，使之陳力就業，致遠任重，决其無能爲役也。淪溺將及，亡徵已見，是宜合羣力進讜言以議更張，尤要之要者。石遺、松岑諸先生未刱此議，蓋以肉食者不可與謀，實則捨此無佗事更重於此者。

原載《制言》第四十五期，民國二十六年（1937）七月一日出版。《徐行可與潘景鄭論學書刊誤》，載《制言》第四十六期，民國二十六年八月一日出版。

與明照論治通鑑書

明照賢倩足下：前承手帖，復蒙惠示《吕覽斠注》。近由郵人送致《四庫提要采證》六册，爲攘之託寄者，闕然久不報，以閒者秋水大上，寓舍地卑下，七年前有沈菑之危，書物多以壞敗，未被水者亦以分亂。洪流就平，續加購致。廚大小數溢四百，不給於用，乃與什器雜貯之，畏難憚煩，不遑理董。今者兵禍漸迫，黄濁巨浸稽天，已先儆之矣，能無加之慮乎！乃分别部居，昕夕從事。兒輩多留舊宅，無可爲辦助者。而人事繁劇，又復奪其晷刻，累月引久，紛然者乃就秩然。屢擬裁長箋，申積素，病未能也。前年夏中，以宗魯先生之介，得與足下相晤言。聞所擘覈揚摧者，非陽浮慕以自高異，深憙向先生之以相介見也。别後獲讀郵貺稿册，曾用作問，以竢申析，乃因臆處私斷之語削其舊章，何足下之與有同契邪。恕有七女，愛女甚於男，不減張侯；不以與凡子，又大類王適妻父侯翁。故文君伯魯前介陳季皋兄爲其子請續昏，向先生教學蘇汰如家，爲汰如子三人謀合，恕意少可，皆卻其請。宋孫燭湖（名應時，爲象山、晦庵二先生弟子）《昏啓》云：“竊有不孤之望，願尋可妻之言。”斯語難副，幸於吾子見之。以苔岑氣類之感，遂有葭莩託好之情，即先請之於向先生，求爲奉書尊翁大人，申以昏姻，遠辱寵答，幸有成言。年來國步斯頻，生業日蹙，繁憂總集。惟息女有託，得事君子，實稱所懷。六月中旬，足下書來，云向先生爲補正《劉子斠注》十餘事。初意卒讀有所發疑，用酬雅問，而匆匆匙暇，遂遲作答。惟入夏後，舅婿黄君清若約議同讀《通鑑》，間日一來寓舍，裁及廿卷。粗有甄明，可舉似者。以《鑑》文雖極條理之功，而不無漏失。胡氏新注長於地理，而説字輒多昧其本訓，其墨守一往注例，於徵辭繫事因文定詁，即本書可見者不加綜會，具令備悉，而顧自謂其博，反約未能，又不集羣書衆體之長，别綴圖表，屬緝名彙，備論法制經變，以揆其中失，俾學子省兩讀之煩，收旁通之益，亦其一蔽。第以身丁喪亂，始爲廣注，既失初稿，重事定著，卒得復完，成斯大業，則拘墟偏爽之病，不得以議胡氏。宋室顛隮，尚餘此浙東一老祖述家業（注序云然），構會甄釋，以緜國史之緒于不墜。今也則亡。辛壬以來，政教失，治學交敝，而經制未盡革易，邪説未大披昌，古文典册猶尚未輟誦習也。近則推摧一切矣。不鑒往以資治，顧絶學以召亡，故曰不知《通鑑》則不知自治之原、防亂之術。胡氏敍其《音注》云爾，今不其驗歟。大廈之將危，難支於一木。曲突之先識，終詘於爛焦。居今稽古，而希效用于當世。執斯二喻，能盡取譬已，第不爲無益，孰爲有益。胡氏兩爲《音注》，不以蒙兀兒之滑夏而中廢，以開迹於來兹。踐迹有作，則嚴永思氏，當明末造，年逾四十，始肆力温公之書，佐以及門談子，歲星再周，補《鑑》以成，其變更舊文，雖未盡善，而翼贊之功，胡氏後一人也。若清儒陳少章、錢竹汀、趙琴士訂注之書，少者僅盈一卷，多者裁及四册，爲不備矣。江鄭堂有《通鑑訓纂》，阮伯元爲之敍，見《揅經室集》，而其書不傳。程其功而不襲其迹，故擬刊正《通鑑》定本指例廿二事，以之發意。臣精銷亡，踵迹未能，述者之業，所賴吾子。指例類目如左。

斠譌　指瑕　廣異　復貫　甄遺　述制　省微　申敝　博論　訂詁　演注

明詞　正讀　精語　喻言　綴圖　系表　釋名　最目　捃疑　竢質　匡俗

（擬增括例一目于博論前，稱文一目于精語前。稱文本《屈原傳》，復貫從顔籀訓義，不用孟康説。）

右廿二目，就其題號，明其義類所存。或續廁注語當文之下，或殿卷尾，或附紀末，或别册賸本書，於注文亦未敢有所竄削也。

一目之中有可因類附見者，即推義以分繫之。以有非兩字所可成言所能達恉者，尚未别定子目，其區介自有封畛。心事怫鬱，不復備宣。足下深察名號，試隱度之，無竢恕詳説也。要之，廿有二目多循舊名，惟復貫申㪚二者，一究流失所極，傷刑政之苛；一以《鑑》文足徵，盡參會之致。前人於此，罕所屬意，偶有發揮，徒多枝言，而不悉索本證。以胡、嚴二氏注補之勤，尚在所遺。該而存焉，於吾子期之。秋日漸闌，涼風戒寒，遊子在遠，望其葆攝加餐飯也。手白，不宣。

原載《制言》第五十三期，民國二十八年（1939）六月二十五日出版。

仲姊氏李高行六十生日介壽文

昔在周世，《小雅》之人命《六月》之篇，紀詠宣王薄伐玁狁之績，而說詩者迹厲王教治之失，以敘曰：“《小雅》盡廢，則四夷交侵，中國以微。”後之幽王，棄禮不行，而天下俗薄，刺之以詩，傳者已詳，遂見敗犬戎驪下，故曰：“王迹息，而詩亡，而春秋作。”周室以東，若夫式微之詩於風也，以黎侯逐于狄而棄國，其從亡之臣傷之而作。漢師服子慎氏解《春秋傳》及此詩題篇之意云：“黎君用中國之道微。”道微，禮不行，教缺廢，異族遂以閒釁而動，振古如兹，今猶古也。辛壬以來，尸民上者，惟本兵炳，惟擅斡訾賄，莫能專心壹志，以甄陶風化爲先，民之從之，如水之走下。即妃匹之際，親子之恩，人之大倫，顧乃效慕于殊鄰疏俗。華戎同貫，遂有今日之憯禍。則以單寡之身持介特之行，繇胤嗣之遺，卓然自異于汙世，不亦足多乎。於仲姊生平，乃重有感矣。仲子之在室也，幽閒性成，見之沖齔，年□□歸李君德榮，德榮以教讀給朝夕，仲姊勤約自持，而奉尊章必洗腆致飲膳，嚴以律身而和於族婣。故戚疏幼長，一無非閒之言。詎險釁之來，德榮以病暴卒，子女二人，年在孩幼。仲姊既爽偕老之願，復深鬻子之閔，以完節字孤自矢，申母妻之分，饔飧所須藉鍼黹所入以營給之。而遺孤洪癯弱，常嬰疾，久弗瘳，輒祈天永命，俾保艾單緒，以全衰宗，感念存歿。重以人用之乏，鬱陶其心，目以失明。逮洪就傅之年，挈女秀偕來漢口，入學肄業，而旅食之當，莫由以自力致之。賴夫弟漢升，高嫂氏節行，推分分財不小靳，兩兒攻讀以不中輟。女秀以及昏年，歸沙市聶氏，無何被病，前之賀客竟爲弔賓矣。訊至，仲姊方慶女之有家，重悲其無禄，悢悢之情，如何可言。幸子洪竟所學得備員濱江郵局，生事始有所資，後由濱江移任上海局員，即其地與沈氏婚，旬歲閒舉一男，生之夕，仲姊夢神人手一兒與己，曰："若苦節是右，余汝佳兒授，俾熾昌爾後。"兒生以天保爲小字，字之者以此。傳曰"行道有福"，錫嘉之兆，其逢吉之徵歟。庚辰季春二十有八日，仲嫾壽躋六十。甥洪來，以介壽之詞請。余難以不文辭，顧稽合經語，則於女德曰"以攸遂"，見之《易》。云"無非無儀"，著之于《詩》。是庸行之常，有難以名言者。惟仲姊氏之生也，亂象已萌，而率舊之風未沫，其幼也，清芬之導訓也備至。其有行也，于妻母之義，終以不虧。有子克家，夫弟克讓，相因以相成也。今值搶攘之日，乃有純嘏之慶。遘屯利貞之效以昭，果普天率土于妃匹親子之道不愆其素，行見遏寇固圉之績，抑將以禮儀爲干櫓，雖一弱婦人與有責焉。披覽詩雅所陳也如彼，去鑒吾姊所行也若此，古今一體，余之有感而有以述者。僅此闊迂之語，撥亂之先事，不篤人紀，實無以持國紀也。史公云："譏小己之得失，其流及止。"中其理，于今猶信。援以爲言，默諭其旨。若吾仲姊者，其亦酌酒鬱摇引滿盡觴也乎。

原載《制言》第六十二期，民國二十九年（1940）三月二十五日出版。

大足楊氏燕喜屏風題辭

大足楊氏，以隱居行義名於州里。肇先之祖，遘明季昏黷，自黔徙蜀，遂留斯土。其辟地北遷也，中夏無君，邦邑難復，生事日蹙，淪薄羈貧。而司冥獨照，確然不撓，檃括在手，身與道謀，告子屬孫，有所循承。終滿珠僭號主堯服禹甸垂三百禩，雲仍繩繩，其於先訓服膺爲兢兢也。㧑涂就夷，踐迹斯易，《詩·頌》曰："有夷之行，子孫保之。"《易傳》曰：簡則易從則有功。其謀始也，有以慮其終，宜其能亢宗也。詒燕式國，以逮我女夫明照大父曼和公。公體清履真，以善自名，不忝其前人。其世澤之綿延也，抑又宜然。明照之父謙受公，其未男也，爰在岐嶷，潛識内含。粤承庭誥，力志典文，秀出桀立，孟晉追羣。惟其才也，見慈嚴考，偏寵倍摯，而立愛教睦，其有所試，迺命謙受公僇應秀士考選，俾效所學長短，固且試之，輒冠多士，承□非虛。父之親子，信有孚矣，而率由義程，意無撓傾，不令一受甄覆於學使奠，蘄無洿實以敗名也。謙受公亦好此徽聲，恬忽世榮，泊然介然，䌛䌛益固。爾時世政峻促，亂象已伏，家無財業，人用苦乏。聖有明訓："不試，故藝。"無藝則無業之人無生賴也。謙受公殫孥醫術，精於診處，參稽疑似同異之判，於己有斷，於古有述。適寒暑之節候，差年齒之耄幼，鑑質幹之豐瘦，究情習之煎寇，驗起居於葆就，審潛顯於營腠，別侵染之緩驟，詳徵象之主副，決攻治之先後，稱齊量之薄厚。心與法融，能知類以取通；藥與病會，不急功而遺害。慎疾以養生，慎術以生生。全性命於污世，衷物我之兼濟。仁心以宅，業是用侂。視疾餘閒，仍復勤習醫篇，如治儒業。然不廢丹鉛，蔽袪一偏，效期十全。其起廢固而瘉宿疴，有由然者，以其宅心之仁也。用復矜厄卹貧，除其疾疢，蘇其顰呻。勤斯民瘼，不德不責，至誠所格，功百湯液。

公身以醫晦，名以行顯，顧憂時如痛，而儒效未展。非樂志嘉遯，亦運會所限也。將年臻艾算，際辛壬丕變，乃三紀荐亂，華戎同貫。政失舊程，教無常經。負桀之羣興，忌克之情勝。趨官事者矯敓，處精横者輕侻。治化墮斯習俗譌，固達士所譏。趣舍不苟，以進退無咎，亦静者之守也。與公恥世雷同，執其介衷。鄉黨逡逡，處不離羣。同民患苦，默不和語。不自崖異，率導以理。曰：毋長亂，亂庶用緩。與暴爲鄰，菑必及身。分明好惡，僉誨哭哭，聽者悚怍。强圉警革，憚其繩責。原此曹□，黨朋聳昧，行無所擇，如病狂易。公盡規益，何減藥石，一鄉矜式。區壤所域，割雞牛刀，得非時命所遭邪。鄉人之化之者，公自致之。其家事治，自家之推也。公有丈夫子四人。長明燾，仲明照，次明恕、明聰。義方是協，咸有分業。燾承父志，能象類。照習教事，挾沈祕。恕與聰有澹雅之思，鋭精於殊方絶域文字。季也鼏篋戎車之貳，不習爲吏。叔也今參嘖室之議，學優而仕。帥公教戒，敦説匪解。愛不弛嚴，斥傲隆謙，訓業釋兼，寓時樂潛。出處弛張，示以周行。勖以自將之方，善其周身之防。公之教成於家，宜州黨鄉間樂爲觀摩，頌其孔嘉也。先民有言：“有聲聞之壽，有行仁之壽。”惟公實兼有之，宜其年跻遐耇而福耀昆後也。公覽揆之吉，以夏歲四月四日。先是二年乙酉紀節，已開八秩。以寇亂未央，國卹未忘，祝嘏之觴，未之設張。今則土宇皈章，反其故常，方將三換星霜矣。明照不遠千里，飛書馳恉，求以誦芬之迹彰施屋壁，恕忝末戚，兵戈閒隔，未親面儥，實難爲役。惟以尚齒養年之典，空聞於稽譔；抑長拔幼之政，方侈其理證。亂是用暴，反古之道也。《禮戴氏記》：有虞暨三代之盛無遺年者。班超嗤夷畏壯侮老，商之紂咈其胡耇。周之幽不尚有舊，乃召故老訊夢，近頑童窮固。管仲用周道，序顛毛爲民紀統，功以隆。楚共王棄壯之良，用幼弱，鄢之師以衄却。晏嬰歎齊之公聚朽蠧，三老凍餒，姜以殆，終以不胙。夫差棄黎老，比謀孩童，吴以沼。

漢之季，有鮑宣之奏、季固之疏。固疏云：“諸侍中並年少，無一宿儒大人可顧問者。”宣奏云：朝無大儒骨鯁耆艾魁壘之士，論議通古今，憂國如饑渴者。邃古之令典，夷俗之褊見，商周之顛隮，齊楚之隆替，吴王之弊，劉宗之蹶，斯前事之驗，後世之鑒也。公之仁静之操，未能於遠有耀而俾其高蹈，此可爲從政者告也。曰“昔人罔聞知”，云“父母何足算”，又今世士夫騰説之尤畔奂者。明照昆季，仁親爲實，勗虔致孝，固古訓是斆也。其務興藝經俗，傳宣揚亅，不有繼躅，聖業何續。其益修身慎行，用詒令名，克底於成，以增美其家聲。所宜與羣子論量者也。勉副來情，致語丁寧。誼託外姻，申其殷勤，令問有芬，聊復云云。雖詞不中程，亦有合於《春秋》傳信之經。

原載民國三十六年（1947）十一月十日《武漢日報·文學副刊》。

致□□書

更有可奉白者，月前恕爲戚友授課于一中學，其教本卷首有曹典球題字，爲《公益（印書館名）高級中學文選》第一册，中有柳子厚《答韋中立論師道書》，乃先取授讀。讀至“增與爲言詞”句，爲説“增”之本字爲“譄”。（近有紹興李應韶字蓀石者景印明萬曆本柳集云：“當從明本作憎字。”大非。）“增與”，即鄦書加字説解所云“語相增加”。漢宣帝元康二年詔之“增辭飾非”，元帝永元元年詔之“將從東方來者加憎之也”，劉子政疏之“傳相是非，傳授增加”，王嘉疏之“或持其微過，增加成罪”，意正同也。通以今語，所謂“架誣”，“架”即加之俗譌，加訓益。“與”正作“与”。与，有所益也。“增与”爲複詞，而曹本無注釋。下文云：“居長安，炊不暇熟，又挈挈而東。”“挈”爲彶之借字，聲近相通，即“孔席不暇暖”意。《尒疋》“契契，愈遐急也”，《釋文》“苦結反”，《毛傳》《楚詞》注釋爲“憂苦皃”，以情迫切而致憂苦也。《太玄》“干次三萗（箝之譌）鍵挈挈”，司馬氏《集注》：“急切皃。”爲柳子所本。其《解祟賦》敘云“筮以玄”，又以玄之測語名賦，知柳子深于玄也。其《永州法華寺新作西亭記》有云：“豈若吾族之挈挈于通塞有無之方以自狹邪。”易以它語，猶云“視今之修儒業者乃汲汲于顯晦得喪之塗而自廣其高下爲何如邪”。此“挈挈”，又同“汲汲”，欲速之意，雖二文所云，宅心行事詞意有别，而同取義于急則一。急，從心，及聲，隸變“及”作“刍”，其重言之者見賈子《新書·匈奴篇》云：“匈奴一國傾心而冀，人人忣忣，惟恐其後來有至也。”其作“忣”者，急之或體耳。莊子又借彶字爲之，其《盜跖篇》云：“子之道狂狂彶彶，詐巧虛僞事也。”《釋文》本作“汲”，云：“亦作彶，音急，又音及。”及，巨立切。急，居立切。古聲同也。而曹本注此書，語爲提携結束，直不識字之傖夫矣。又，它文中引“人心惟危”一語（其篇題失記），曹氏乃以“民心危險”四字詮之，其識解淺陋，何待申駁。

致□□書，前後闕，用“大興紙號”之稿紙，夾置於湖北省圖書館藏明崇禎六年（1633）蔣氏三徑草堂刻《韓柳全集》本之《唐柳河東集》，書影見《徐行可舊藏善本圖録》第243—244頁。

致伯剛書

今日以事外出，過一書紙攤，見《参同契闡幽》三册。取得奉覽。此丹經之最古者。朱子曾爲作注。九日，曾以漢陽葉氏叢書本《頤身集》一册託文史館傅女士代呈。唐君閲畢，求見還。以是鄂中刊傳之書，又爲叢書中三册也。敬頌

伯剛先生公綏　徐行可拜白，十日夕。

書面有“哲民珍藏”四字印，豈馬君家中散出者耶。

此攤尚有川人劉沅所著書多册，未買。

此件粘貼於湖北省圖書館藏民國四年（1915）守經堂刻《参同契闡幽》，今據之録文并擬題。

案：伯剛，或爲李伯剛。武漢市第三屆各界人民代表會議第一、二次會議代表之中，李伯剛、馬哲明均爲中國民主同盟代表。

示子書

（鈔録）若夫姒以敷土之典，夏后作貢之經，歷代之所講求，諸儒之所研究，猶且師承殊軌，授受岐轍。即如一大伾也，張揖以爲在成皋，臣瓚以爲在黎陽。一嶓冢也，班固以爲在氐道，魏收以爲在漢中。大別有安豐、漢陽之分，陪尾有江夏、泗水之異。三江之舊説非誤，而庾闡則以爲竝在吴。九河之故迹尚存，而王横則以爲淪于海。輾轉紛紜，訖無定論。（淩次仲廷堪《校禮堂文集・蒙城縣莊子廟碑》中語。）

此文于《尚書・禹貢》地望舊説有異者臚舉言之，極便記誦，故寫示兒輩。昔旹童蒙諷籀之書，如《急就》《千文》之類，詞句整比，且用韵言，今人那解此意。

原件某藏書家珍藏，據其惠示掃描件録文并擬題。

趙孝子墓表

二十一年新曆六月，友人謝研穀善詒自九江來，袖視所爲《無錫趙孝子傳》且督余楬書其事，表之墓道。迹君之孝行，施于孫子，信于戚鄰，著乎州里，焉用文重。然君之行足以風世，文之用在乎行遠，不爲皎述，曷以砭末俗、式來葉，乃本其事而約其詞曰：

君之幼也，甫九歲，赭寇擾及里居，繫累其父兄以去，不獲從行，後有覯君父崑山者，歸以告。君訣母，隻身肩爒豆，行鬻且食，食弗飽。出入危地弗卻，卒得達，而賊已去。君留崑山，迹父兄弗得，乃就業燭肆，月有澣衣錢三百弗用，自澣之。朔望例得肉食，君不預者三年，月得十錢以爲常。求有所畜，尋所親也。聞母病，急歸，侍藥問疾，彌旬弗懈，母乃弗瘳，竭三年之畜供葬具，歉然以弗備爲憾。君之自壯而老也，初司計錢肆，積資得自立邸店，遂以起業。境漸裕奉身如貧時，一羊裘服之三十年，毛色不渝其初。其居室，于亂後母氏手所繕完，雖湫隘囂塵而未嘗革其舊。君之卒也，病亟，目就瞑，家人將備芻馬，君覺而呼曰：止。吾母歿，未有是，吾何忍。

君諱梓文，字東昇，宋宗室魏悼王後，系詳家牒。先世自汴遷吴，卜居無錫，至君十八世矣。卒清光緒廿八年十二月十七日，年五十一，葬龍山仙人塢。祖紹虞，父錫鬯，隱德不燿。妃王氏，相成家道。子傳祺，歷掌蘇、皖、贛、魯、吉、黑等省税政，以廉能名，持躬儉如其父，不崇飾舊宅如初。研穀佐其江西幕事，身親見之，語余以實如是。詩云：孝子不匱，永錫介類。余于君之子不墜其教誠見之矣。銘曰：

求父童年，念母歿齒。於穆孝思，純終令始。天道不慆，君以有子。申頌明德，以貞人紀。

據私人收藏之鉛印本録文，朱印，一紙。王可萬兄見示照片。原件有墨筆圈改，幸未掩朱色之迹。原題“徐恕”，墨筆增“武昌”“行可”四字，加之謝研穀與徐行可友好，故據以確認爲徐行可之作。

附：《徐行可先生年譜》引用之徐行可書札

致張元濟書兩通

見《張元濟全集》。《徐行可先生年譜》民國二十年條鈔録。

致孫毓修書兩通

見馬驥整理《宗舜年、徐乃昌、徐恕致孫毓修信札》。《徐行可先生年譜》民國十年六月十二日、二十七日條鈔録。

致陳乃乾書十九通

十八通見虞坤林《徐恕致陳乃乾信札十八通》。《徐行可先生年譜》多次引用。第十九通，見《徐行可先生年譜》一九五九年春季條。

致楊樹達書一通

見夏金波《徐行可致楊樹達函稿一件略考》，《徐行可先生年譜》民國三十五年條鈔録。

致金毓黻書三通

見《静晤堂日記》。《徐行可先生年譜》民國二十三年七月十一日、二十七年二月十九日、三十五年四月條鈔録。

致王秉恩書一通

見《徐行可先生年譜》民國十八年八月一日條。

致甘鵬雲書一通

見《徐行可先生年譜》民國二十六年九月十四日條。

致馮德清書一通

見《徐行可先生年譜》民國二十一年十二月十二日條。

致盧弼書十通

見《徐行可先生年譜》民國二十九年七月十日、八月二十四日條，一九五一、一九五四年條。

致徐乃昌書一通

見《徐行可先生年譜》民國二十四年三月十一日條。

致劉承幹書一通

見《徐行可先生年譜》民國二十年三月二十一日條。

致劉承幹、施維藩、周延年一通

見《徐行可先生年譜》民國二十七年三月二十七日條。

致陳漢第書四通

見《徐行可先生年譜》民國二十一年條。

致王文祿書八通

見《徐行可先生年譜》民國二十二、二十三、二十四年條。

致歐陽蟾園書兩通

見《徐行可先生年譜》民國三十四年條。

古籍題跋

書傳附義二卷　清李重華著　清乾隆二十八年（1763）萬葉堂刻本

此其《三經坿義》之一，《四庫》入“五經總義”存目。刊于乾隆廿八年，無它刻本也。

詩經貫解四卷　清徐壽基集註　清末酌雅堂刻本

徐氏所輯《春秋釋地韵編》五卷，栞於光緒十二年丙戌。

毛詩異同説四卷附一卷　清蕭光遠編　清同治六年（1867）刻本

遵義鄭伯更（知同）爲其尊人子尹府君（珍）行述曰：辛酉咸豐十一年，先生主講湘川書院，得老友蕭吉堂光遠先生，耽易理，朝夕傾談。

吉堂《鹿山襍箸·鄭子尹徵君誄》云：咸豐戊午，子尹寄予《周易屬辭敘》，兩人神交，未獲聚処。辛酉主講湘川書院，始樂數晨夕，與莫君子偲丙辰同講時無異。

蕭氏譔《周易屬辭》十二卷、《通説》二卷、《通例》五卷，咸豐三年癸丑吉修堂刊本。

春秋尊王發微十二卷　宋孫復撰　清抄本

《春秋尊王發微》四册（以《通志堂經解》本校）。

康熙己未（十八年）興化李瀅（生萬曆四十六年戊午，卒康熙廿一年壬戌，年六十有五。此其六十二歲鈔。）鈔本。

焦循《揚州足徵录》卷九有吴世杰撰《李鏡月先生（瑩）墓誌》，應鈔裝卷尾。

孝經講義三卷　潘任撰　清光緒三十三年（1907）江南高等學堂木活字本

《重修常昭合志》：潘任字毅遠，《孝經集注》一卷，以嚴可均輯注、馬國瀚輯注及陸氏《釋文》、邢氏《義疏》彙爲一編。

四書偶談内編二卷外編二卷　清戚學標撰　清嘉慶涉縣署刻戚鶴泉所著書七種本

此書尚有續編，内篇分上下卷，外篇不分卷，版刻視此爲小，見《販書偶記》。

四書講義集説七卷　清李道南纂　清乾隆刻本

焦循《揚州足徵录》卷六有鄭兆珏撰《李進士傳》，應鈔弁卷首。

論語課程不分卷　清張錫恭撰　清光緒兩湖書院課程木活字本

此講疏爲婁縣張錫恭著，稱黄式三爲鎮海黄師之尊人，見本書《總義》第三篥注。張君撰《喪服鄭氏學》，有嘉業坣刊本。

孟子大義不分卷　唐迪風撰　民國二十年（1931）敬業學院鉛印本

歐陽竟無居士有《唐迪風墓志銘》，載所刊竟無詩文册中。云唐君以廿年五月十日死，述其行義甚備，一奇士也。弜誃。

爾雅二卷　晉郭璞注　附校譌一卷　日本天保十四年（1843）羽澤石經山房刻本

長興王修《詒莊樓書目》有日本寬文中覆宋本《尒疋》，前於此刻百數十秊。依據之本，勘對之士，未審視此刻何如也。

說文解字義證五十卷　（清）桂馥撰　清道光三十年至咸豐二年（1850—1852）刻連筠簃叢書本

《說文義證》，陳慶鏞、譚獻、張穆、孔氏《對嶽樓詩鈔》有論記此書語。

繆小山稱許印林爲此書立校例三：一曰補例，一曰刪例，一曰改例。又撰汪孟慈校語條辨，復增校例七條。印林因父病不能遠離，再移局于贛榆之清口鎮，距印林家止百里。咸豐辛亥始蕆事，未印多書而墨林、石洲先後殁，未能移版入都，版即庋印林家，辛酉八月捻逆竄日照，印林家破，室廬書籍均燬于寇，桂版亦燼焉。

莫伯驥得此書鈔本。桂氏有《說文諧聲譜攷證》。

集韵十卷　宋丁度撰　清光緒二年（1876）歸安姚氏川東官舍刻本

長洲王季烈《螾廬未定藁續編》跋其尊人蒿隱先生（名頌蔚，字芾卿，有《寫禮廎文集》）手臨段懋坣校本云：光緒甲午，先君子復得平定張氏所臨段氏校本，亦臨在一甲戌本上，命季烈互勘之。張臨本有而此本無者，别帋鈔出，黏諸眉耑，未及半而以試事反里舍。乙未七月，先君子殁于京師，遺書載以南歸，久未启視，去歲距先君子命勘此書時，已四十一載。理檢楹書，長夏寂静，續前未竟之業，三日而斁，竝录段張兩題于卷尾。下自注云：據張題則所增諸條有爲菉友所記，而非出自段校者。今不可復加别，但其中朱墨筆黏籤各條，疑出菉友，故臨寫時特于其下皆加朱墨籤記字以别之。

雙聲譜不分卷　清張穆鈔本

《雙聲譜》，此疑爲山西平定州張月齋先生穆手寫，彊誃。

殷商貞卜文字攷一卷　羅振玉撰　清宣統二年（1910）玉簡齋石印本

右録删訂各條，依羅福頤依其父振玉補正本，曾印入《攷古社刊》第五册。

十三經拾遺十六卷　清王朝榘述　清嘉慶五年（1800）刻本

同治十年項珂纂修《萬年縣志》卷六《人物門·儒林下》云：朝榘，珠田人，夙根深厚，以大儒自期，尤湛深經術，網羅散佚，有功後學不少。性嚴重，尚氣節，一時名公卿咸敬禮之。爲秦撫軍承恩課子七季，署中藏書無不搜討，由是學問淹貫，門下士多至顯宦，而已獨艱于禮闈，九試不遇，以鄉魁終。初由大挑任義寧州訓導，昌賢著。學使李鈞蕑方伯先福偕承恩合詞薦舉，擢直隸盬□知縣，計典卓異，當遷固辭，以目疾告歸。又，卷九《藝文門》列舉王氏譔述有《〈江西通志〉南唐前人物補遺》《萬年備徵録》《義寧備徵録》《寓潯道古編》四種，未見槧本。彊誃。

錢塘遺事十卷　元劉一清撰　清嘉慶四年（1799）席氏掃葉山房刻本

數年前遊巵濆，於書肆見此書舊鈔本，取席刻斠讀一過。

宗魯先生書來乞索此書，因以爲贈。徐恕。

天山自敘年譜一卷　明鄭鄤撰　清宣統二年（1910）刻本

繆氏藝風堂藏本，彊誃得之巵濆。

會稽典録一卷　晉虞預撰　清抄本　湖北省博物館藏

此書輯録晉虞預《會稽典録》十四紙，吴謝承《懷集先賢傳》、鍾離岫《會稽後賢傳》、孔皋《會稽記》各一紙，孔靈符《會稽記》四紙，戴延之《西征記》《益部耆舊傳》各一紙。前五書近會稽周作人所輯《會稽郡故書雜集》中有之，所録視此爲備，其訂正孔皋之名爲“曅”，“靈符”其字也，爲一人，及書中它文所校寫起訖亦視此爲覈，其本刊於乙卯，岠今將四十年矣，目無人購讀，遂少印行，乃以入之其兄樹人《魯迅全集》中，校者傖荒，遂多譌挩，且復漫施句逗，披覽者無人，雖重印又何益乎。此册無輯录者名氏，當出祥符周季貺（星詒）手，會稽固其本貫也。季貺服官閩中，絓誤遣戍，長洲蔣香生（鳳藻）資以三千金，季貺以所藏善本歸之，此册攙入其中，有由來也。香生之書，後復鬻之鄂城柯巽庵（逢時）。程燿駿同志爲文物會購柯氏書千數百册，恕從借讀，略取周本勘對，著其同異，未檢唐宋類書定其嫌疑也。徐恕。

補元和郡縣志四十七鎮圖説一卷　龐鴻書訂　清光緒學務處鉛印本

此書別有貴州調察局印本，無句讀圈識，多譌挩。弜誃記。

百粤風土記一卷　明謝肇淛撰　清鈔本　國家圖書館藏

弱中爲福建晉安黄世發字，黄氏著有《群經冠服圖考》，余曾爲鈔傳印行。書衣題字署名“杦如”者，爲長樂謝章鋌也，其所譔《賭棋山莊全書》，肆多有之，甚習見也。武昌徐恕記。

附　清黄世發跋：

乾隆壬寅花朝，借鈔廖香粟家，越十日蕆事，弱中識。

清謝章鋌跋：

醉經閣書賈林端植所贈，報以《致用課藝》一部，凡六本。癸巳秋日記，枚如。

先方伯《百粵風土記》一本，予舊有刻本亡之矣。

紅雨樓題跋二卷　明徐𤊹撰　清鄭杰輯　清嘉慶三年（1798）鄭杰刻本　國家圖書館藏

趙氏峭颿樓刻本，肙林鹿原輯本参校此本。因以趙本覆讎，知挩林景清《竹窗小稿》一則。其譌文奪字，亦標於書眉。原刻故自有佳處。

案：鈔自鄭振鐸撰、吴曉鈴整理《西諦書跋》，文物出版社，1998年，第83頁。原“竹”作“林”，今改之。原書藏國家圖書館。

重編紅雨樓題跋二卷　明徐𤊹撰　繆荃孫輯　民國三年（1914）刻本

（過録）竹窻小稿。林景清號竹窻，連江人……天啓三年夏日後學徐𤊹敬題。

右一則依汪韓居刻本補，按年次應編列《聞過齋文集》後。弨識。

汪韓居本分上下卷，於目下記其第數如右。弨識。

青谿題跋三卷　清程正揆撰　民國武昌徐氏藏棱庵鈔本

都一萬五千三百九十九字，用泉四十六百二十，藏棱闇主記。

（過録）《題江山臥遊圖》第一百九十六。野艇青溪客，高峰太白……世情何處好，清賞是吾曹。

此卷藏李芸陔先生家，據喬松年跋黄輔辰樵本録入。

湖北書徵十四卷　清張康遜　張國淦撰　民國油印本

前有壬戌樊增祥敘，冗詞，不録。

左紹佐敘云：朱子曰：左氏自是楚史倚相之後，故言楚事最詳。此與複姓之説爲允。又云漢御史大夫李延壽亦姓繁，字子惠，南郡人。其奏議見于蕭望之傳，史無專傳，廑著其名于《百官公卿表》。南宋詩家蕭、尤、范、陸竝世齊名，而蕭東夫德藻，一字千巖，復州人，集獨亡佚。庚申王葆心跋引張濂灣《楚北藝文志後序》，謂楚文多自爲法，不一轍，故名家者少。金會公美楚人能開諸子、騷賦、理學之先，鄧湘皋謂楚人轉移明代風會，三變而爲其總持。

周樹模敘及國淦自跋，均膚泛語，不録。

四千年史論驚奇十二卷　明張燧撰　民國鉛印本

此乃明張燧《千百年眼》，清乾隆世列入禁書。

童蒙觀鑑六卷附巧對一卷　清丁有美輯　清乾隆三十六年（1771）刻本

《童蒙觀鑑》六卷四册，漢陽葉潤臣先生藏書。刻此書者姑蘇穆大展，乾隆間剞劂名家也。

朱止泉先生朱子聖學考略十卷宗朱要法一卷　清朱澤澐撰　附録一卷　清王箴傳　民國十三年（1924）朱孫茀、朱孫芬刻本

姚春木先生（椿）得《止泉先生遺書》曰：此真宗守程朱而不欲以文著者，親拜其墓，申私淑之禮。

印史五卷　明何通撰　明天啓鈐印本

何氏《印史》首册有敘六篇。作者爲蘇宣尔宣，五葉。朱蘭，三葉。陳萬言居一，五葉。王亮開度，五葉。陳元素古白，三葉。

沈承君烈，四葉。目録卅二頁。醫者葉小秋有此書。

知言二卷　明郝敬撰　明萬曆刻本

郝楚望先生譔，此書後改名《時習新知》，此則初刊二卷本也。

敬齋古今黈八卷　元李冶撰　清蘇州刻武英殿聚珍版書本

施國祁《禮耕堂叢説》有舊鈔本十一卷《敬齋古今黈説》云：李仁卿名治不名冶，原本凡四百五十八則，聚珎本校之廑得十之六。此足本乃十二卷，繆荃孫《藕香零拾》中取以覆刊，坿逸文二卷。

信摭一卷　清章學誠撰　清宣統二年（1910）順德鄧氏鉛印風雨樓叢書本

内摘存程大中《攷古叢編》八則，見首三頁中。

世説新語三卷　南朝宋劉義慶撰　南朝梁劉孝標注　攷證一卷校勘小識一卷　清王先謙撰　引用書目一卷佚文一卷校勘小識補一卷　葉德輝撰　清光緒十七至十九年（1891—1893）思賢講舍刻本

朱子謂《世説》所載晉人風流處，許敬宗寫入《晉書》，多爲改壞，見益都楊峒《書巖賸稿·南北史捃華序引》。

三水小牘二卷逸文一卷附録一卷　唐皇甫枚撰　繆荃孫校補　清光緒十七年（1891）刻雲自在龕叢書朱印本

甲子八月八日，徐恕讀。

京本音釋註解書言故事大全十二卷　宋胡繼宗集　明陳玩直解　日本正保三年（1646）刻本

近年山陰沈氏《粹芬閣善本書目》有《新鐫名公釋義全備墨莊書言故事》六卷，古閩心寰呰窳子輯，明刊本。此刻題"胡繼宗集"，名氏既異，卷數復增半，而書名正同，要亦互相因襲，出於書賈之所爲耳。以清《四庫目》未入録，傳本復罕，過而存之，漫識于此。徐恕。

墨莊當亦胡氏故實，清代胡景孟承珙尚取目爲號，可證也。恕又記。

春秋經傳類聯不分卷　清王繩曾編　清雍正十二年（1734）多歲草堂刻本

此書有平湖屈嵋雪（作梅）補注，嘉慶壬戌紉蘭書塾刊本。

太上道德真經集註五卷末一卷　宋彭耜纂集　清光緒三年（1877）刻本

《彭氏集注》僅存此末册，印本少見，因購藏之。弜誃。

依《道藏》本，《集注》十八卷《釋文》一卷《雜説》二卷，此廑後二種耳。

前五册書友馮慕虚爲我于柯逢時劣孫鬻出亂書堆中覓得，竟成完帙矣。幸先購入此末册也。弜誃又識。

徐騎省集三十卷補遺一卷附録一卷　宋徐鉉撰　校刊記一卷　清李元英纂　清光緒十六至十九年（1890—1893）黟縣李氏刻本

《徐騎省集》八册，黟南李氏三校本。

庫目（一五二别集五），莫目（十三之一），丁目（十五之十二），蘇目（卅二之一）。

世敬堂集四卷　明趙文華撰　清至民國鈔本

文華有《趙氏家藏集》八卷，北平圖書館有石研齋鈔本。長興王修《詒莊樓書目》有惠定宇藏鈔本。

東遊草一卷　江翰撰　清光緒三十年（1904）刻本

此册所刊之詩均載入《慎所立垒詩集》，題爲《東遊絶句四十首》。弜誃記。

陽明先生文録十七卷　明王守仁撰　語録三卷　明徐愛録　明嘉靖二十六年（1547）范慶刻本

此嘉靖廿六年丁未吴郡刊本。《别录》版不存，未補刻。

李氏焚書　明李贄撰　清光緒國學保存會鉛印國粹叢書本

一書肆目録有此書，白紙鉛字印本，坿校勘記一卷，未之見也。識此待訪。弜誃。

依水園文集前集二卷後集二卷　清張縉彦撰　清順治刻本

傳是廔目有張縉彦《菉居封事》二卷，三册。弜記。

吴梅村先生編年詩集十二卷詩餘一卷詩話一卷詩詞補鈔一卷　清吴偉業撰　清程穆衡箋、楊學沆補註　民國十八年（1929）俞世德堂鉛印太崑先哲遺書本　缺詩集十二卷

此殘本，重出，然《詩餘》爲完本，復有《詩詞補鈔》十一頁坿卷末，爲初刻本所無者。而梅村所譔詩話，又爲自其手跡录出者，則此殘本，有可存矣。弜誃記。

黄岡杜于皇先生全集一卷　清杜濬撰　清康熙刻本

此刻乃原刊，傳本極罕見，以列入《禁書總目》故也。

頻羅庵遺集十六卷　清梁同書撰　清嘉慶二十二年（1817）陸貞一刻本　存三卷：十四至十六

此書沈楙德氏刊補《昭代叢書》中有之，在癸集。

辛壬韓江唱酬集四卷　清洪梧撰　清嘉慶刻本　存二卷：一至二

此集失後二弓，印本罕見。

唐雅同聲五十卷目録二卷　明毛懋宗輯　明朱謀垔補　明萬曆十六年（1588）毛謙刻天啓五年（1625）清順治十八年（1661）遞修本

日本《静嘉堂書目》有此書，毛懋宗編，朱謀垔校，五十卷，崇禎刊本。

唐詩韵滙一百二十卷譜三卷　清施端教輯　清康熙三年（1664）嘯閣刻本

明朱謀垔有《唐雅同聲》，廑十册，編選韵次一同此書，而取材爲不備矣。鄂城柯逢時家有朱氏書，順治季刊本，紙已渝敝，憀記于此，以竢訪購。弜誃。

唐詩百家選六卷　清黄世傑選　清光緒十六年（1890）黄氏家塾刻本

此書就《唐詩合解》《唐詩合選》《唐詩續選》《唐詩註疏》四種重選，疑三百首之疏，所見甚隘，疑非善本，原四種已非佳選。

宋詩選粹十五卷　清侯廷銓輯　清道光五年（1825）刻本

此書印本罕見，惜卷三（首廿三頁九家存五家魯士）、卷七（卅七家廑存三家，首五頁）後有捝葉。見《八千卷樓書目》。無自序，有龔麗正序（自珍父，段懋堂女夫。）

見《八千卷樓書目》，寶山侯廷銓。卷三少□家，卷七少卅四家。須覓本鈔補。無自序，有龔麗正（自珍父，段懋堂女夫）序，文頗佳。

《宋詩選粹》十五卷，寶山侯廷銓輯。卷三存廿三頁，余靖、歐陽修、林逋、石介、孔武仲五家。卷七存五頁，陳與義、李覯、陳造三家。孔平仲五詩、沈遼一詩未完。

篋衍集十二卷　清陳維崧輯　清康熙刻本

《匧衍集》初印本，内錢謙益、屈大均、馮班三家詩未鏟版，廑割去姓名。

桐溪詩述二十四卷　清宋咸熙録　清嘉慶二十五年（1820）桐鄉學署刻本

《江蘇國學圖書館書目》《販書偶記》均未收入此書，則傳本之罕，於此可見。

稼軒長短句十二卷補遺一卷　宋辛棄疾撰　校記一卷　林大椿校　民國十七年（1928）上海商務印書館鉛印本

廿九年三月商務書館景印《稼軒詞》，用汲古閣鈔甲乙丙丁四卷，卷尾編號爲八二五〇〇，在長沙南正路印。

北平圖書館有明小草齋鈔本《稼軒長短句》十二卷。

胡銓云：凡與人鬥，不搤其喉，不拊其背，不能全勝。而自淮以北爲天下之喉與背，建康是搤之、拊之之地。若以建康爲首都，即可下臨中原。趙鼎謂：荆襄左顧川陝，右控湖湘，而下瞰京洛，故經營中原當自關中始，經營關中當自蜀始，欲幸蜀當自荆襄始。陸游云：收復中原，要自長安開始，而取長安又必自隴右開始。虞允文云：恢復莫先于陝西。棄疾云：經營兩淮，先取山東。陝西乃虜人之尾。陳亮建議遷都建康，于武昌設行營，加强荆襄防務，以進取中原。謝枋得云：辛公没，西北忠義始絶望。

辛棄疾父文郁“攻儒助墨”，見辛《蘭陵王》詞。祖贊，仕金爲縣令、知府等官，以受累于族衆，降金（辛云）。又謂其祖常欲“投釁而起”，于奏疏中及之。與黨懷英同學。“負抱愚忠”“罄竭精懇”，《美芹十論》中語。

岳飛云：金人所以立劉豫于江南，欲荼毒中原，以中國攻中國，從中取利。請許臣提兵趨京洛，據河陽陝府潼關，號召五路叛將，叛將既還，再遣王師前進，敵必棄汴而走河北，京畿陝右可以盡復，然後分兵濬、滑，經略兩河。又云錢唐乃海邊偏僻之地，應建都上游，將士知皇帝有恢復決心，能人人用命。張浚云：中興當自關隴始。李綱云：以天下形勢言，關中最重，但以東南形勢言，建康可爲恢復之地。

樂府雅詞三卷　宋曾慥輯　清嘉慶二十一年（1816）江都秦氏享帚精舍刻光緒六年（1880）承啓堂重修後印詞學叢書本　存二卷：一至二

此少卷中及《拾遺》二卷，下卷首頁有漚尹丈方印，則評點爲古微丈手迹也。

本事詩十二卷　清徐釚編輯　清乾隆二十二年（1757）半松書屋刻本

錢謙益詩及詩話，屈大均詩，均未抽燬本。

隨園詩法叢話八卷　清袁枚輯　民國六年（1917）碧梧山莊石印本　存二卷：一至二

此爲苕水蔣雲會（瀾）所輯《蓺苑名言》，書賈乃改易爲袁隨園，非其實也。弜誃。

元曲選一百種　明臧懋循輯　民國七年（1918）上海商務印書館影印本

近人童伯章（斐）《選注元曲》云：王嬙不賂畫工事出《西京雜記》，毛延壽姓名後人所肊撰。王嬙沈江事亦輓史實。青冢在今内蒙古地，迄今尚存，去黑龍江絶遠。此劇云冢在黑江濱畔咀，既已大繆，且由漢往匈奴，無須取道先至黑江也。此劇主元帝而不主明妃，以明國政不修，即一美人不容自保。第四折寫“聞雁”，亦麥秀粟離之感云。

適園叢書十二集七十四種　張鈞衡輯　民國二至六年（1913—1917）烏程張氏刻本

武昌劉成禺禺生《世載堂詩·題張秉三家藏適園梅塢圖》其弟三首云：“青蒽玉樹張公子，整理皮藏守父心。板木叢殘書畫盡，那堪煑鶴又焚琴。”自注云：“《適園叢書》五百九十一本，主人張蒽玉篤守父書，亂後園破板亦焚。”

文道十書　清陳景雲撰　清乾隆十九年（1754）刻本

廑刊四種，而此本《紀元要略》仍失去，幸别購得《紀元補輯》《韓集點勘》足成之。

附佚名跋：

此吴中陳少章先生遺書也。其全書曰《文道十書》，原本完者難得。此書雖止二本，而《綱目訂誤》《紀元要略》《通鑑舉正》三種究係全璧，是以裝而存之。

論語首章講疏

伊川先生曰："學者當以《論語》《孟子》爲本。《論語》《孟子》既治，則六經可不治而明矣。讀書當觀聖人所以作經之意，與聖人所以用心，與聖人所以至聖人，而吾之所以未至者，所以未得者，句句而求之，晝誦而味之，中夜而思之，平其心，易其氣，闕其疑，則聖人之意可見矣。"

魏鶴山序黄直卿《論語通釋》云："是書之有傳，士得之以增長智慮而益劭所學，士之幸也。論説之益廣，士竊之以給取利禄而罔聞于行，余之憂也。"

論語首章講疏 全書名《論語博喻》

武昌徐氏是古東埻教本

《禮·學記》云“能博喻然後能爲師”，今竊坿斯義，以名吾講疏。楬此二字，非以自夸也，取諸人以爲善，盡心焉耳矣。顔介《家訓》云：“文字者，墳籍根本。”故以字詮先夫義訓，於“名物數度”亦未敢“襲浮踵陋，視若弁髦”，如王氏伯厚所譏者焉（《急就篇補注序》）。務湔緐文，於所援據前儒箋釋，非於原文悉加鈔内者，不箸其姓字。冣录其書名、傳本於卷末，學者沈孯極覽，當求原袌，卒讀而熟復之。此以道夫先路也。朱子有《論語訓蒙口義》之作前於《集注》，今佚不傳。（王應麟《玉海》卷四十一云：“朱文公本注疏，參《釋文》，會諸老先生之説，閒坿以聞於師友得之心思者爲詳説，舊云《訓蒙口義》者也。”袁桷《郭好德論語義序》云：“文公謂集義，義理詳而訓詁略，别爲《訓蒙口義》。今其書不傳。”案《朱子語類》云：“某近來作《論語略解》，以精義太詳，故作此書。”疑《略解》即《朱子訓蒙口義》初名。朱氏《經義攷》失載。）初意爲之補亡（元陳定宇櫟亦有《訓蒙口義》，以俌翼《集注》。其書未見傳本。），終以未能仰企先軌，爰易今名云尒。弜誃敎人。

學而第一（陸德明《經典釋文》陸氏字元朗，唐國子博士，其《釋文》中有《論語音義》。云：“以學爲首者，明人必須學也。”按荀卿書，首《勸學》。《揚子法言》象《論語》，亦先以“學行”題篇。其稟經持義，有由來矣。）

子曰學而時習章

子 許氏（名慎，字叔重，見《後漢書·儒林傳》。）《説文解字》（後省稱《説文》）云：“十一月，陽氣動，萬物滋，人以爲稱。”又“包”字説解云：“元氣起於子。子，人所生也。”故本其初以爲稱，

(馬融《論語》注："子者，男子通稱。"）後以爲稱所尊敬之詞。其係於氏、名、字、謚、國邑而並偁者，例如左。

以"子"係於氏者，如下章"有子""曾子"，《雍也篇》仲弓偁桑雩爲"子桑伯子"（《莊子·山木篇》作"子桑雩"，《大宗師篇》作"桑戸"，《楚辭·涉江篇》作"桑扈"。），《左氏傳》叔仲帶稱叔孫豹爲"子叔孫"（昭五年），齊侯稱叔孫州仇爲"子叔孫"（定十年），孔子稱季康子爲"子季孫"（哀十一年。〇近世村塾多用魏邦達《左傳句解》以教童蒙，於"子季孫"下注曰："汝之季康子。"是以子爲稱冉有之詞，大誤。），《公羊傳》之子沈子（隱十一年、莊十年、定元年），子公羊子（桓六年、宣五年），子司馬子（莊卅年），子女子（閔元年），子北宫子（哀四年），《國語》王孫雒稱范蠡爲"子范子"，范蠡稱之爲"王孫子"（《越語》下）。墨子書屢稱墨翟爲"子墨子"，荀卿書稱宋鈃爲"子宋子"（卷十二《正論篇》），《吕氏春秋》稱列禦寇曰"子列子"（卷十七《不二篇》）。

以"子"係于名者，如《左氏傳》稱王子頹爲"子頹"（莊十九年、廿七年。日本重澤俊郎、佐藤匡玄《左傳人名索引》脱莊廿七年條。于昭廿六年，僅稱爲"頹"，又誤爲"子頹"。），衛士子急、公子壽爲"急子""壽子"（桓十六年），晉公子卓爲"卓子"（莊廿八年、僖四年、九年，又見《國語·晉語一》），悼公周爲"周子"（成十八年，又見《國語·周語》），鄭世子華爲"子華"（僖七年、十六年、廿四年、宣三年。安井小太郎、諸橋轍次《綜合左傳索引》脱僖廿四年。），齊公孫明爲"子明"（昭四年。《左傳人名索引》于子明下僅著"鄭游眅子明""宋樂溷子明"，于"齊公孫明"下失書"子明"，見昭四年。），陳公子昭爲"子招"（昭元年。《左傳人名索引》于"子"下脱"子招"，于公子昭下亦然，又于"招"字均誤爲"昭"。），宋公子城爲"子城"（昭廿年。《左傳人名索引》"子城"下僅云見昭十年，不審爲齊之公子固，不與公子固及昭八年之作"子成”同録。)，楚公子元爲“子元”（莊廿八年、卅年），公子朱爲“子朱”(文三年、十年)，《戰國策》謂田嬰爲“嬰子”（《齊策一》《魏策三》，又見《中山策》），田盼爲“盼子”，匡章爲“章子”(同見《齊策一》，又六)，田文爲“文子”（《魏策二》），燕王噲爲“噲子”（《燕策一》），孟子亦稱燕王噲爲“子噲”（《公孫丑下》，又見《齊策二》《韓非子・難四》），匡章爲“章子”（《離婁篇下》）。司馬遷《報任安書》稱趙談爲“同子”，以避其父諱，故曰“同子”。

以“子”係于字者。如冉求稱“有子”（《左傳・哀十一年》），又稱“子有”（《史記・仲尼弟子傳》）。孟子所云陳仲子居於陵者，《齊策四》謂之“於陵子仲”（吴師道云：“孟子所稱者即此人。”）。《左氏傳》“梁餘子养”（閔二年），王引之云：“‘餘子’猶言‘子餘’。”（《春秋名字解詁》）

以“子”係于謚者。《論語》後篇所見有季文子（《公冶篇》）、季桓子（《微子篇》）、季康子（《爲政》《雍也》《鄉黨》《先進》《憲問篇》各一見、《顔淵篇》三見)、孟莊子（《子張篇》）、甯武子（《公冶篇》）、公叔父子（《憲問篇》）、孔文子（《公冶篇》）、陳文子（同上)、陳成子（《憲問篇》）諸人。

以“子”係于國邑者，如蘇子稱温子（僖十年經），先縠稱彘子(宣十二年)，晉悼公未爲君時稱晉子（《國語・周語下》），均見于《春秋經》内外傳。

在《論語》中，單言子者，則以專稱孔子。定公九年，孔子年五十，由司空爲大司寇。（本《史記・孔子世家》。黄以周《禮書通故》卷三十四《職官禮下》曰：“孔子由小司空爲小司寇，而言大司寇者，崔靈恩云‘侯國唯一司寇’，故亦稱大司寇。”）魯，侯國，下大夫五人（《周禮・大宰職》云：“諸侯立三卿，五大夫。”《礼・王制記》云大國：“下大夫五人。”崔靈恩云五大夫者，小宰、小司徒、小司馬、小司寇、小司空也。嚴元照《娱親疋言》卷四有孫志祖案語云“魯備六卿”，其説未是。公子翬之求太宰，猶趙孟之以冢宰稱鄭子皮，執政者之假號也。夏父弗忌之爲“宗伯”，爲宗人字誤。説詳黄氏元同《職官通故》卷二、卷四。臧孫紇之爲司寇，則五大夫之一也。)，孔子曾官其二，得稱“夫子”，故門人以爲稱，又省其文而曰“子”也。

大夫得稱“子”者。周制，公、侯、伯、子、男爲五等爵，子居其一。

公之孤眡（視之古文，在《説文》見部）小國之君。（《周官·典命職》文，又見《大戴禮·朝事篇》）

列國之卿，當小國之君（《春秋左傳·昭公廿三年》傳文）

鄭氏（名玄，字康成，有《毛詩箋》《周禮、儀禮、禮記注》）《周禮注》：“眡小國之君者，列于卿大夫之位而禮如子、男也。”杜預《春秋經傳集解》：公爲大國，子、男爲小國（成公三年），“子、男同等”（《孟子·萬章下》云：“子、男同一位。”），不可以並稱。故著子，去男，從其尊者。子，尊于男也。（顧炎武曰（《日知録》卷四“大夫稱子”條）：詩云“伯兮叔兮”，此大夫之通稱也。三桓之先，曰共仲，曰僖叔，曰成季。其後晉、齊、魯衛執政之稱子，僭也。他國惟鄭間一有之，餘則否，不敢與大國並也。晉之三家稱子。他如臧氏、子服氏、仲叔氏，皆以伯叔稱焉，不敢與三家並也。於此可見世之升降焉。讀《春秋》者，其可忽諸。)

稱子之例見《春秋》經傳者。王朝（謂周室）卿士，其没也，配謚稱公。其生也，稱子。例如左。

蘇子（見文十年經）

尹子（謂尹武子，見成十六、十七年經）

單子（謂單襄公朝，見成十七年經）

單子（謂單頃公，見襄三年經。日本重澤俊郎、佐藤匡玄《左傳人名索引》脱載。）

單子（謂單穆公旗，見昭二十二年經）

劉子（謂劉文公卷，見昭二十二年、定四年經）

列國大夫。生稱子，没配謚，亦稱子（此與王室異）。例如左：

季子來歸（謂公子季友，見閔元年經）

高子來盟（謂齊高傒，見閔二年經。鄭氏注《曲禮記》“列國之大夫……於外曰子。”云：“子，有德之稱。《魯春秋》‘齊高子來盟。’”）

春秋卿大夫稱子者，它無所見。

衛甯俞稱“甯武子”（見僖二十八、三十一年、文四年、哀二十六年傳）。

晉士會稱“范武子”（見宣十七年、成二年、十八年、襄廿七年傳），亦稱“隨武子”（見僖廿八年、宣十二年傳）。

春秋時大夫没，配謚稱子，見於《漢書·古今人表》上中等者，僅此二人。（閻若璩曰：“案《春秋》自莊十二年，衛大夫已稱子，‘石祈子’是也。大夫稱子莫先於此。”《日知録》卷四“大夫稱子”條下校語。）

（馬融注《論語》微子、箕子云：“微、箕，二國名。子，爵也。”鄭玄答其弟子張逸問云：微、箕，實是畿内采地之爵，故云子。則周制，卿士稱子，亦因於殷也。《荀子·議兵篇》稱“孫卿子”，《彊國篇》稱“荀卿子”，蓋爲荀學者所記。《經典釋文》敘《毛詩》傳授原流，所舉一説，亦號之曰“孫卿子”，必本之舊文，而被以尊名，亦緣荀氏仕齊祭酒，令楚蘭陵，位列大夫而然，非第如中壘《别録》所云蘭陵俗尚，司馬《索隱》謂爲時人尊號已也。宋義號卿子冠軍，如淳曰：卿者，大夫。子者，子男之爵。荀悦《漢紀》紀義諫項梁事，稱其官曰“故楚令尹”，以令尹稱子，是猶沿周制也。《國語·越語上》勾踐答大夫種之對曰：“苟得聞子大夫之言，何後之有？”賈逵注《文選·魏都賦》注，又《賢良詔》注，又《永明九年策秀才文》注，三引之。：“親而近之，故曰‘子大夫’。”賈君之説固然，實以“子”爲大夫通稱，具言之耳。《晏子春秋》内篇六見，外篇一見，《燕丹子》以稱其傅麴武、賈誼《陳政事疏》、漢武《策賢良問》、東方朔《答客難》、均有“子大夫”云云。楊雄《長楊賦》“子墨客卿”之假號，既曰“子”，又曰“卿”，亦具言之也。《魏志武帝紀》注引《曹瞞傳》云操呼許攸爲“子卿”，亦猶卿子之稱，而倒其文也。《通鑑注》疑爲“子遠許攸字卿來”之誤，强更舊文，以成己説，昧其由來矣。）

子字上，復以夫字加之者何？夫，丈夫也，从（今之“從”字）大，一以象簪也。人長八尺，故曰“丈夫”（本《説文解字》），以知帥人者也（本《小戴禮記·郊特牲》）。

又，夫者，扶也（本《大戴禮記·本命篇》）。大夫之爲言，大扶，扶進人者也（本《白虎通·爵篇》）。

周時，夫子爲大夫之稱呼以此。其見《論語》者如左，其稱“孔子”者，二十一章中三十一見，文多不録。〇顧炎武曰：“不直曰子，而加以‘夫’避不成詞也。”（見《日知録》卷四‘大夫稱子’條）説可互参。

《顔淵篇》：“惜乎，夫子之説君子也。”謂棘子成，衛大夫也。

《憲問篇》：“信乎，夫子不言不笑不取乎。”謂衛大夫公叔文子。

又，“夫子何爲”“夫子欲寡其過而未能也”謂蘧伯玉，亦衛大夫。

又，“夫子固有惑志於公伯寮”謂季孫，魯大夫也。

《季氏篇》“夫子欲之”，謂季康子。

《子張篇》：“夫子之云，不亦宜乎。”謂叔孫武叔。（日本森木角藏《四書索引》脱載此條）

（春秋時，爲大夫者例稱夫子。不以尊别，且不以親别。《左傳》《國語》《禮記》文句，有可徵者。）

（文元年傳：“秦伯繆公曰：‘孤實貪以禍夫子，夫子何罪？’”

“夫子”謂孟明。哀十四年傳：“公宋景公曰：‘夫子將食。’”“夫子”謂左師向巢。昭二十年傳：“康王楚王曰：‘宜夫子之光輔五君，以爲諸侯主也。’”“夫子”謂晉范武子。又，晉悼公未立時，適周，事單襄公，襄公語其子頃公，稱之爲“夫子”，見《國語·周語下》。衛公叔文子卒，靈公謚之爲“貞惠文子”，答其子請謚之詞，三稱之爲“夫子”，見《禮記·檀弓下》。）

是皆君稱其臣或異國之臣以“夫子”，不以尊别也。（文十五年傳：“夫子以愛我聞。”“夫子”謂孟獻子。稱之者，乃獻之祖公孫敖在莒所生二子也。）

此叔父呼從子爲“夫子”。

（襄二十七年傳：“夫子之身，亦子所知也。”杜解：“夫子，謂崔杼。”言之者，乃其二子成與彊也。）

（又，二十八年傳：“夫子愎。”杜解：“夫子，謂慶舍。”此舍女盧蒲姜稱其父也。）

（昭四年傳“夫子疾病”“夫子固欲去之”，杜解“誣叔孫”也。此皆豎牛之言，以稱其父叔孫穆子也。）

（《國語·楚語上》屈到嗜芰條，其子屈建兩稱之爲夫子。）

（《禮記·檀弓上》曾子寢疾條“曾元曰：‘夫子之病革矣。’”以稱曾子，其父也。）

子以“夫子”稱其父如此。

《書·洛誥》“朕復子明辟”，《詩·唐風·無衣篇》“不如子之衣”，此以“子”稱天子也。《公羊·隱四年傳》“百姓安子，諸侯説子”，此以“子”稱其國君也。故曰“子”亦爲尊稱。○《孟子·盡心下篇》：萬子曰：一鄉皆稱原人，孔子以爲德之賊，何哉？趙注：“萬子”即萬章也。孟子録之，以其不解于聖人之意，故謂之“萬子”。美之，亦以責之。臧琳《經義雜記》云：“趙説頗曲，萬章不問，則孟子未言鄉原之賊德，賊德者將接踵于世，而堯舜之道不可得人矣。”是“子”爲美稱，與尊稱略别。

不云“孔子”者，直稱本師，聖德著聞，師範來世。不須言其氏，人盡知之也。故後世沿襲爲師長之通稱。故公羊傳“子沈子”，何休《解詁》曰：“稱子，冠氏上者，著其爲師也，不但言“子曰”者，辟孔子也。”（《公羊傳》于孔子語但云“子曰”者，一見昭十二年，一見哀十四年。）

《春秋公羊·莊十年傳》曰：“字不若子”。（此爲荆敗蔡師發傳，分七等以寓褒貶。他如隱元年邾婁儀父稱字，不若莊十六年之稱邾婁子，例亦同也。黄以周《禮書通故》卷八“宗法門”曰：“凡稱子，貴于字。”後三桓專政，皆謚爲某子，而臧武仲、子服景伯等，猶以謚加字，此其差也。）故《論語》之書，亦言《春秋》稱號進退之例，于孔子弟子多稱其字，又不若曾子、有子之尊。

程子曰：“《論語》之書，成于有子、曾子之門人，故其書獨二子以子稱。”（朱子《論語集注序説》引之。金履祥《論語集注考證》以爲程伯子語。按朱子序次《二程外書》卷六云：“《論語》，曾子、有子弟子論撰。所以知者，唯曾子、有子不名。”下注“伊川”二字，則程叔子語也。其文句與《序説》略異者，則《朱子語類》卷十九已言之。甘節“問：《集注》引前輩之説，而增省改易本文，其意如何？’曰：‘其説有病，不欲更就下面安注脚。’”《序説》所引，蓋依伊川語潤飾。金氏以爲伯子，抑别有據。）案程子説本之柳宗元《論語辨》，前儒有致疑者（鄒漢勛《讀書偶識·附篇》言之極詳）。

《陸象山（九淵）集》（卷卅五語録下）曰：“王肅、鄭康成謂《論語》乃子夏、子游所編（云鄭康成本之《經典釋文》，兼言王肅未知所本）亦有可攷者，如《學而篇》“子曰”次章便載有若一章，又“子曰”而下載曾子一章，皆不名而以‘子’稱之。蓋子夏輩平昔所尊者，此二人耳。”姚鼐（《古文詞類纂·柳子厚〈論語辨〉》按語）曰：“《檀弓》（《禮記》篇名）最推子游，似子游之徒所爲，而于子游稱字，曾子、有子稱子，似聖門相沿稱皆如此。”

黄以周（《儆季雜著·經説三》）《字不若子説》曰：“伯牛、仲弓之稱字，不若曾子、有子之尊。樂正子之稱子，又別以公孫丑、萬章也。”

此外惟閔子騫（損，《先進篇》：“閔子侍側。”），冉子有（求。《雍也篇》“冉子請粟”“冉子與之粟”，《子路篇》“冉子退朝”。）稱子，僅一二見。

曰 詞也。詞者，意内而言外也。有是意，而後有是言。

曰者，人言之詞。其篆文作㘝，从L在ㅂ（古篆口字）上。L象氣。人將發言，口上有氣。

《論語》記孔子之言，以“子曰”冠之。

學 古文作斅。从斅冂，臼聲。故《説文》以屬斅部。斅，今字作教。冂，今字作冪（冪字，别體作幎，見《周禮》。亦作羃，見《儀禮》。），从冂者，以譬童蒙如冪之覆，冥而未明也，必待教而覺之。

故學訓覺（《白虎通義·辟雍篇》：“學之爲言覺也。”），篆文省攴作學，今則專用之矣。

《禮·學記》曰“學，然後知不足”（知不足，睹己行之所短也）“知不足，然後能自反也”（自反求諸己也）。知不足，能自反，所謂覺也。覺有先後，故後覺者必效先覺之所爲。以己之未知，而效夫知也。以己之未能，而效夫能也。故學亦訓效（伏生《書大傳》“學，效也”）自覺以復其性，善效以益其才。致學之方，具于斯矣。

荀卿書曰：“學，惡乎始，惡乎終。”“其義則始乎爲士，終乎爲聖人。”

故鄭康成曰：“所學者聖人之道，在方策。”（《禮·學記》注）蓋聖人先覺者也，“聖人與我同類者”（朱子自云十數歲時，讀孟子書言：“聖人與我同類者。”喜不可言。見《語類》卷一百四。），人而不爲聖人，是不爲也，非不能也。（朱子所序次《二程外書》卷十二引吕希哲發明義理云："二程之學，以聖人爲必可學而至，而己必欲學而至于聖人。"）

周時教民造士之制如左（造，成也）。

三物（物猶事也）。

一、六德：知（明于事），仁（愛人以及物），聖（通而先識），義（能斷時宜），忠（言以中心），和（不剛不柔）。

二、六行（德行，内外之稱。在心爲德，施之爲行。）：孝（善于父母爲孝），友（善于兄弟爲友），睦（親于九族），媚（親于外親），任（信于友道），恤（振憂貧者）。

（《師氏職》云："以三德三行教國子。"文有異同，蓋相互備也。）

三、六藝：五禮（吉、凶、軍、賓、嘉），六樂（雲門、大咸、大韶、大夏、大濩、大武），五射（白矢、參連、剡注、襄尺、井儀），五御（鳴和鸞、逐水曲、過君表、舞交衢、逐禽左），六書（指事、象形、形聲、會意、轉注、假借），九數（方田、粟米、差分、少廣、商功、均輸、方田、贏不足、旁要）。

（《保氏職》亦云：養國子以道，教以六藝。蓋與師氏所教，同爲小學。小學之道，無貴賤，一也。）

右《周禮・大司徒職》文，以通教萬民者。（清强汝詢《求益齋讀書記》卷五云："周以大師徒掌邦教，教民者也。大司樂，則教士者也。"）

四術：詩，書，禮，樂。

六德：中，和，祇，庸，孝，友。

右大司樂所掌成均之法，作教以造士。見《周禮》本職及《禮・王制記》。（《王制》云樂正："順先王詩書禮樂以造士。"鄭氏注："樂正，樂官之長。"即《周禮》之大司樂也。孔穎達《正義》

釋“順”爲依順。《朱子語類》卷廿云：“學而時習，不是詩書禮樂。”“然無詩書禮樂，亦不得。聖人之學與俗學不同，亦只争這些子。聖賢教人讀書，只要知所以爲學之道。”又曰：“學而時習”，雖是講學、力行平説，然講學意思終較多。觀“即以學文”“雖曰未學”可見。愚按孔子所删定贊修，信好傳述者，莫非《詩》《書》《禮》《樂》也。使學者不多識前言往行，將何所取效以畜其德乎。）

孔子自云教學之方如左：

入孝，出弟，謹，信，愛眾，親仁，餘力學文。

右以教弟子者，先行後文。

文，行，忠，信。

右以教成人者。先文後行，本之以忠信，忠信之人可以學禮。博文約禮，交修以致其極也。

《史記》記孔子施教之迹如左：

“孔子之時，周室微而禮樂廢，《詩》《書》缺，乃追迹三代之禮，序《書傳》。”正樂，弦歌《詩》三百五篇，以《詩》《書》《禮》《樂》教弟子，即崇樂正四術之教以爲教也。

本章不言所學爲何者，以時王學政條要已身施誨定程，弟子共喻，不須更爲説詞也。

而 本訓爲須也，象形。須，今自作鬚，謂頤下之毛。引申通借之爲語助，此文用爲承上接下之詞。上言學，下言習，二者有先後，而字間之，以聯其事也。

初習之謂學，重修之謂習。事有因仍，而字聯此二事，故世傳梁皇侃《論語集解義疏》（象山陳伯弢先生漢章定爲贗作，然其依託非唐以後人所爲，後省稱皇疏。）曰：“‘而’，猶因仍也。”（凡訓詁義隔而通之曰“猶”）玩“因仍”之義，“而”字用爲語助，以承接上下文者，皆可比例而知之也。下節“人不知而不愠”，“而”字用爲反折閒詞，有然字、乃字意，與此文平舉遞敘者，語勢略殊。

凡語助之詞，皆依聲託意，本無正字。

時 本訓爲四時也，即春夏秋冬之稱。引伸之爲凡歲月日刻之用。

習 《説文》爲部首，云鳥數飛也。以習字从羽从㿝（㿝亦古自字。自，鼻也。飛數，則氣急見于口鼻，故從白。），故説解如此，明其本義也。

《禮記·月令》“季夏之月鷹乃學習”，謂學習搏擊之事，引伸之爲習熟。

之 《説文》爲部首，本訓爲“出”也。篆作㞢。“象艸過屮”（屮者，草木初生，有莖有枝也。枝莖益大也，視屮有過之，故云“過屮”。）枝莖漸益大，有所之也。一者，地也。故㞢字形聲，與枝音同，與㞷（生）字同意。枝莖上達旁出，故之字引伸之義爲往。往，必有所指向，故借以爲指事之詞，猶云玆也，此也，是也。四字聲並相近。本文之字，則指所已學者言，即謂所已知之理所已能之事也。

時習 孔子之于學，爲之不厭（《述而篇》），時習也。曾子曰：“君子愛日以學，及時以行。”（《大戴禮·曾子立事篇》）子夏曰：“日知其所亡（亡與無，古字通），月無忘其所能。”（《子張篇》）二子時習之功，皆以省踐言之，故曰以行，曰所能也。朱子《論語或問》云：“學矣而不習，則表裏扞格，而無以致其學之之道；習矣而不時，則功夫間斷，而無以成其習之之功。”皇疏云“學有三時”，今録如左：

一、就人身中爲時。《内則》云：六年教之數與方名，七年男女不同席，八年始教之讓，九年教之數日，十年學書計，十三年學《樂》、誦《詩》、舞《勺》，十五年成童舞《象》。並是就身中爲時也。

二、就年中爲時。《王制》云：春夏學《詩》《樂》，秋冬學《書》《禮》。春夏是陽，陽體清輕；《詩》《樂》是聲，聲亦輕清。秋冬是陰，陰體重濁；《書》《禮》是事（《書》者，言事之經。《禮》者，行事之法。），事亦重濁。各以其時業之，爲易入也。（《詩》《書》《禮》《樂》，不可暫時而缺，但遂其陰陽，以爲偏主耳。）

三、就日中爲時。前身中、年中二時，所學並日日修習不廢。此時習之時，是日中之時也。

説　《説文》云：“説，釋也。”从言，兑聲。兑，説也，此从言兑會意，兑亦聲，弋雪切。説釋即説懌，古今字有不同也。説釋者，開解之意，故爲喜悦，於所學者以時反復而温繹之，斯能開解而無扞格，自得乎己也。

“説”字《論語》中凡十六見，如“子説”（《公孫篇》）、“非不説子之道”（《雍也篇》）、“子路不説”（同上，又《陽貨篇》）、又“巽與之言，能無説乎”（《子罕篇》）、“説而不繹”（同上）、“於吾言無所不説”（《先進篇》）、“近者説”（《子路篇》）、“君子易事而難説”（同上，此章六見）、“公則説”（《堯曰篇》）及此章“説”字，皆用爲喜悦義。

餘如“或問禘之説”（《八佾篇》）、“陳事不説”（同上）、“夫子之説君子也”（《顔淵篇》）、“道聽而塗説”（《陽貨篇》）則用爲談説之義。後人别音爲失爇切（兩意各音。事緣後起。談説，喜説，發聲小異。同在一韵，後人破讀，取便初學，音殊義别。隨文點發，可依音見義也。）

不　《説文》爲部首，篆作不，云：“鳥飛上翔，不下來也。从一，一猶天也，象形（謂朩也，象鳥飛去而見其翅尾形）。”引伸之爲不然之義。即借爲否字，从口，不聲，弗然之詞也。凡同聲字，多可通借用之。

亦　《説文》爲部首，篆作亦，云：“人之臂，亦也。从大，象兩亦之形。”（謂左右兩直）亦，今字作“腋”。臂與身之間，謂之“臂亦”。臂與身有重疊之意，故借爲複累之詞。故皇疏云“亦猶重也”。

重者，再也。其先見之義，或先事之詞，有見於上文者下文重言之則曰“亦”。其于上文無所承而云“亦”者，皆申重贊美之詞。如本章贊“學而時習之”有可説，是也。《論語》它文用“亦”字，而上無所承者，如“因不失其親亦可宗也”（《學而章》）、“君子博學于文，約之以禮，亦可以弗畔矣夫”（《雍也篇》，又《顔淵篇》重見）、“仁以爲己任，不亦重乎。死而後已，不亦遠乎”（《泰伯篇》）、“善人爲邦，百年亦可以勝殘去殺矣”（《子路篇》）、“善人教民七年，亦可以即戎矣”（同上）、“若臧武仲之知，公綽之不欲，卞莊子之勇，冉求之藝，文之以禮樂，亦可以成人矣”（《憲問篇》）等句皆是。

乎　《説文》篆作乎，在兮部，云“語之餘也，从兮，象聲上越揚之形”（此謂其首筆）。凡語意不盡，則用乎字以長言之。

不亦説乎　《孟子·滕文公篇》“不亦善乎”，趙岐注：“‘不亦’者，亦也，問此亦其善也。”是訓“亦”爲重。故皇疏釋此文云：“知學已爲可欣，又能修習不廢，是日知其所亡，月無忘其所能，彌重爲可説。”按此“亦”字雖上承“學”“習”二事，而説由“時習”而致，“不亦”二字，“乎”字，第以詠歎之詞出之，與亦字承上重言者實别。王引之云：“凡言不亦者，皆以亦爲語助，‘不亦説乎’，説乎不也。‘不亦樂乎’，不樂乎也。‘不亦君子乎’，不君子乎也。”（《經傳釋詞》卷三），其説郅塙。（《孟子·滕文公篇》“不亦泰乎”，《論衡·刺孟篇》“以”引作“亦”。《左·宣十一年傳》：牽牛而蹊者，信有罪矣，而奪之牛，已重罰矣。《淮南子·人間篇》作“罰亦重矣”。《晏子春秋·諫篇上》：“狗馬保妾，不已厚乎。民氓百姓，不亦薄乎。”以上引數書徵之，泰重厚薄，皆有等差之詞。以已同字，甚詞也，與語助無義者自别，“亦”字爲其異文，或與互言，意正不殊。然《論語》“説”“樂”“君子”上無所承，又無加甚之意。其爲閒句語助，自如王氏之説。）若邢昺疏云：可説可樂之事非一，此“時習”“朋來”亦説樂之事，君子之行非一，此其一行耳，故云“亦”也。似經意不尒也。

時習則説，故《論語》文句類此者，舊解多以則字易之。舉示如下：

《雍也篇》“居敬而行簡，以臨其民，不亦可乎”，魏何晏《論語集解》引孔安國曰：“居身敬肅，臨下寬略，則可。”也。

《子路篇》“如其善而莫之違也，不亦善乎”，《集解》引孔安國曰：“人君所言善，無違之者，則善也。”

朋 爲鳳字之古文，作𠣨，小篆改作“鳳”，从鳥，凡聲。故《説文》在鳥部，云：“象形（謂古文象其首及羽翼）。鳳飛，羣鳥从𠣨萬數，故以爲朋黨字。”又云：“𪂈（鵬），亦古文鳳。”朋字爲蒲弘反，與鵬字今音同。鳳字則馮貢切也（《康熙字典》以朋字入月部，大謬）。同師曰“朋”。故子夏曰“吾離羣而索居”（《禮·檀弓記》），鄭氏注“羣”謂同門朋友也。鄭氏以朋友釋“羣”，得其本訓矣。此文“朋”字並指弟子言之，謂來受學者。

有 《説文》爲部首，云：“不宜有也。《春秋傳》曰：日有食之，从月，又聲。”日之見食，非常也，而有食之者，故云“不宜有”（本無者，忽有之，所謂有也）。孰食之，月食之也（仰視不見日而有月，意日爲月掩）。月食之，故字从月。朋不必有來者而竟來，假設之詞，故云“有”（故漢人多以有釋或。鄭氏《攷工記·梓人》注：“或，有也。”《小疋·天保》箋、《論語》注皆云“或之言有也”。高誘注《淮南子》屢言“或，有也”。或，惑，古今字。或之者，疑之也），亦緣其本訓爲不宜有之之義而云然也。

方 《説文》爲部首，篆作㫃，云：“併船也，象兩舟省緫頭形。”（“下象兩舟併爲一，上象兩船頭緫于一處也。”）後出俗字作“舫”，故《通俗文》云“連舟曰舫”。舟行必有所向，故引伸之爲方向。舟行所止，必有其地，故又引伸爲方位義。此文“遠方”猶言遠地也。

遠 遼也。遐也。與近字、邇字義相反。

自 《說文》爲部首，云："鼻也，象鼻形。""皇"字下説解云："从自王。自，始也。始王者，三皇。自，讀若鼻。今俗以始生子爲鼻子。"（楊雄《方言》云："梁益之間，謂鼻爲初，或謂之祖。"初，裁衣之始；祖，人之始，與自字義訓，故相因也。）自有始義，故借爲从由之詞，言其于此始也，與至、迄、臻、及、逮、屆、曁等字相對言。

來 《說文》爲部首，云："周所受瑞麥來牟也，一麥二夆。（"夆"即今峯字、鋒字所从偏傍，謂麥之芒刺，如山峯之上聳，劍鋒之鋭末也。二峯即"雙岐""重穎"之謂，故云瑞麥。段玉裁注本改爲"二麥一夆"，王筠《句讀》改爲"一束二粹"，其《繫傳》校勘記又訂作"一來三縫"。成培元《説文引經證例》及近人陳衍《段注辨證》均从之，作"一麥三縫"。愚按《方言》陳楚之間，凡獸乳而雙產者，謂之釐孳。《廣疋》："釐孳，健孿也。"《玉篇》："釐孖，雙生也。"來，釐，古通。"來牟"，《魯詩》作"釐牟"，見《劉向傳》。名字詛詁，義有相承，作"二夆"者是。）象其芒朿（今字亦作鋩刺）之形，天所來也，故爲行來之來。"故杜預《春秋經傳集解》曰："來者，自外之文。"言自外至也。（去字，訓"人相違也"，言違離遠適也，故均與來字之義相反。）往字訓"之也"（《説文》），言去而之外也。

樂 "五聲八音總名"。象鼓鞞（白象鼓，幺幺象鞞），下從木者虡也（虡，今字作"簴"，"鐘鼓之柎也。"），五角切。樂能和人，令生喜心，故轉訓爲喜樂也，音洛。樂與説皆訓喜，而有蘊中著外之分。

樂之情，積于中而發越乎外。説則方得於内而未有以達乎外也。所以然者，以學之之正，習之之勤，則於既知之理，已能之事，有得乎己。其心與理相涵，而所知者益精，其身與事相安，而所能者亦固，喜豫之情，油然而生。本自中發，故曰"時習斯説"也。己立立人，己達達人，學者所有事。成己成物，道本一貫，學無二致也。此則朋來之應，有如影響，必不期而至。近者既來，遠者慕嚮（言遠方來則近者可知），善與人同（我之善，有以及乎彼），德則不孫（彼之心有以得乎我），心無繫吝，道不己私（吾之所知者，彼亦從而知之也。吾之所能者，彼亦從而能之也。），其歡欣宣暢之感，成乎中應乎外矣。故曰“朋來則樂”也。時習朋來，固有人己之殊，樂由説生，學者求其在我，斯先後之驗，相因而至矣。

人 天地之生，最貴者也。鈞是人也，而品目之，區以别矣。此文人字，謂得見君子者，宜知之而不知之，有其責而無其識也。

知 識詞也。从口矢。以矢之疾速，喻言之敏給也。

此文知猶不識也。《詩·大疋·皇矣篇》云：“不識不知，順帝之則。”重疊言之，故曰“知”也。由人曰知，自知曰覺。此文繫人字言之，故曰“知”也。人不知者，猶云“人不己知”，云“莫我知”，云“不見是”，云“不見知”也，此省言之。

愠 怨也。紆問反。本書《憲問篇》稱孔子之言曰：“莫我知也夫……不怨天，不尤人。”《禮·中庸記》子曰：“正己而不求於人，則不怨。上不怨天，下不尤人。”此皆孔子自道之詞。今詔學者以君子之行，亦以此也。《朱子語類》云：“不愠不是大故怒，但心裏略有些不平的意思，便是愠了。”又曰：“心下不甘，便是愠。愠，非忿怒之謂。”故朱子《論語集注》訓愠爲“含怒意”。

君子 成德之名。孔子《易·乾卦·文言傳》云：“君子以成德爲行。”《禮記·曲禮上》云：“博聞彊識而讓，敦善行而不怠，謂之君子。”（博聞彊識云者，必緣學習致之，以爲畜德之資，必畜德而後能成德也。）又爲有德有爵之統稱。《白虎通義》（《號篇》）云：“君之爲言，羣也。子者，丈夫之通稱。”王肅（《禮記·曲禮疏》引）云：“君上位，子下民。”鄭氏注《禮記·少儀》云“君子卿大夫若有異德者”，孔子述《易象》，於《大象傳》多言君子（言君子者五十三卦。孔穎達疏兼鄭、王二義説之。）以其進德修業堪爲人倫準的也。故論其品弟，則曰："聖人吾不得而見之，得見君子者，斯可矣。"（見本書《述而篇》）又曰："躬行君子，則吾未之有得。"（同上），又曰："君子道者三，我無能焉。"（《憲問篇》）又曰："君子之道四，丘未能一焉。"（《禮·中庸記》）以孔子之聖，希其得見，歎爲未有，屢謙言其未能。此文"不亦"云者，亦贊美之意。誘進學者爲君子儒，致力於躳行也。孔子自云"若聖與仁，則吾豈敢"（本書《述而篇》），於子夏則勗之曰"女爲君子儒"（本書《雍也篇》），故門弟子如言偃于孔子觀腊之嘆侍側有問曰："君子何嘆?"（《小戴記·禮運篇》）直以之稱孔子。陳亢問于伯魚，退有後言曰"喜聞君子之遠其子也"（本書《季氏篇》）亦同以爲稱。輯《論語》者，于《鄉黨篇》云"君子不以紺緅飾"，亦謂孔子。（子夏曰：君子有三變，望之儼然，即之也温，體其言也厲本書《子張篇》。按《述而篇》末云"子温而厲"，故元許謙《續四書叢説》云："此君子，指孔子言之。"）首章始于"不愠"，末章終於"知命"，皆以君子之行昭示來許，正唯子所疋言，立人之極，道本一揆也。

楊雄《法言》（《學行篇》）云"學者所以求爲君子也"，《論語》以此發端，竝後文言君子者凡八十五章，或以學言，或以德言，或以位言，或兼德位言之。宋朱公遷《四書通旨·君子門、君子小人門》（《通志堂經解》本），近人歐陽漸《論語十一篇讀·君子小人門》（支那内學院本）曾加鈔撮。學者取而觀之，以知所嚮往。或就本書輯録朝夕省覽之，是亦爲學之方也。

本節大意　《論語》述孔子之言曰："不患人之不己知，患不知人也。"（《學而篇》末），又曰："不患莫己知，求爲可知也。"（《里仁篇》），又曰："居則曰：'不吾知也。'如或知尔，則何以哉。"（《先進篇》），又曰："不患人之不己知，患其不能也。"（《憲問篇》），又曰："君子病無能焉，不病人之不己知也。"（《衛靈公篇》）。與本節凡六見，丁寧言之。

《易・乾・文言傳》："不見是而無悶。"《小戴禮・中庸記》子曰："君子……不見知而不悔。"《大戴禮・哀公問五義篇》紀孔子之言曰："仁義在己而不害不知……可謂君子。"又，《曾子立事篇》云："人知之則願也，人不知苟吾自知也。君子終身守此，勿勿也。"《孟子》曰："人知之亦囂囂，人不知亦囂囂。"又曰："尊德樂義則可以囂囂矣。"趙岐注："囂囂，自得無欲之貌。"此"不知""不愠"，所以爲君子之行，爲難能也。

《論語・憲問篇》記荷蕢之言曰："莫己知也，斯己而已矣。""斯己"己字，爲"人己"之己。陸氏《釋文》："'莫己'音紀，下'斯己'同"。朱子《集注》直音以，釋以"止"字，大誤。（詳後章）荷蕢者言孔子但當爲己，何用有心乎斯世，其識持狹矣。故孔子有末之之嘆。然以知君子之不愠，亦非與人世相絶絜身獨善以爲高，宜如聖人之用心也。

別解 何晏等《集解》解此節云："凡人有所不知，君子不怒。"皇疏後一解云："君子易事，不求備于一人，故爲教誨之道，若人有鈍根不能知解者，君子恕之而不愠怒之也。"劉寶楠《論語正義》云："教學之法，語之而不知，雖舍之亦可。無容以不愠即稱君子。"皇疏後解即何注義，不與經旨應。

修務覽 （《荀子》曰："善學者盡其理，善行者究其難。"（《大略篇》），又曰："知之不若行之，學至于行之而止矣。"（《儒效篇》）是循誦習傳者端其始，踐履施爲者要其終。爰案前賢辭迹，刺取其闡契經恉者，迻書章末，紹蹤先軌，庶有期于來學。徒綴訓故，稽數度以治經，抑末也。高誘訓《淮南王書・修務》名篇之意爲"修，勉。務，趨"，故緣以爲名。吕不韋書有《八覽》，世稱《吕覽》。文出鈔撮，事資觀省。今循其舊號，實賅兹義。漢世決科射策，得引《孟子》文以明事，謂之博文。見趙岐《孟子章句題詞》。韓太傅嬰《詩外傳》雜采古事古語，證以詩詞，深得言外之旨。清季魏默深源爲《詩古微》，以《詩外傳演》二卷綴末簡。玆覽所輯，實法夫前修云。）

《三國志》（卷十六）注引《魏略》曰："樂詳字文載……黄初中，徵拜博士，于時太學初立，有博士十餘人，學多偏狹（《後漢書·儒林謝該傳》注引作"學多褊"），又不熟悉……惟詳五業竝授。（"五業"謂五經也。漢季，宋衷"衷"一作"忠"應荆州牧劉表辟，爲五業從事。見《藝文類聚》卅八，《太平御覽》六百八引王粲《荆州文學記官志》。又見《隋書經籍志注》引《七録》及陸德明《周易音義敘録》，司馬光《太玄集注敘》。惟陸氏誤"五業"爲五等。温公誤"從事"爲主事耳。與儒士綦毋闓等撰定《五經章句》。見魏志卷六注引《英雄記》。又，《晉書·劉殷傳》云："殷："七子，五子各授一經，一子授《太史公》，一子授《漢書》。一門之内，七業俱成。"是其證。）其或難解，質而不解。（《後漢書注》删上"解"字及下句"而"字，則"難"字作去聲讀。）詳無愠色，以杖畫地，牽譬引類，至忘寢食。"（焦循《論語補疏》云："人有所不知，則是人自不知，非不知己也。我所知而人不知，因而愠之，矜也。"舉《後漢書·儒林·謝該傳》注所引《魏略》樂詳事爲證，此與皇疏後一説相應，非正解也。）

朱子《名臣言行録後集》卷八吕正獻公（公著）下引《吕公家傳》云："公每進講，多傳經義以進規……會講《論語》……至'人不知而不愠，不亦君子乎'，公言'在下而不見知於上者多矣，然在上者亦有未見知於下者也。故古之人君，政令有所未孚，人心或有未服，則反身修德，而不以愠怒加之，如舜之誕敷文德，文王之皇自敬德是也。'上知公意深切，每改容鞠躬，如在車之式。"（日本文學博士諸橋轍次著《論語人物考》，後附《論語故事逸話》，于首章之末録此一則，以爲處世箴鑒。意至善也。爰舉所自，删要存之。他山之石，攻錯之益，抑亦有取乎爾。○《論語人物考》引《言行録》"多傳經義"句，"傳"誤"傅"。)

後語 己卯冬，先業焜於兵火，生事不給，有執此經來就質者。申析疑難，爲草此疏。以舊注詮言簡略經意難明，後解猥多學者致書爲艱，莫定從違，兼斯二難，罕得究尋，意欲綜爲一編，削煩舉要，折中取正，以蘄不失經恉。脱稿後以寄霸縣高君閬僊（步瀛。高君爲桐城吴摯甫先生汝倫高足弟子，于去年冬逝世。遺著有《孟子文法讀本》《文選李注義疏》《古文詞類纂箋證》《唐宋文舉要甲乙編》《唐宋詩舉要》等書）於闕失處，有所匡舉。（顧炎武曰《論語》稱夫子諸文"不直曰子，而加以夫，避不成辭也"。（見《日知録》卷四"大夫稱子"條下）汪中曰："夫者，人所指名。""以夫配子，取足以成詞耳。"（見《述學·别録·釋夫子》）《講疏》初稿本之，以釋"夫"字。高君引《白虎通》及《左傳》昭七年疏訂之。）又以長箋致戚友常德余君季豫（嘉錫。余君撰述《四庫全書提要辨證》）商榷體例，其義有前序所未發者，兹録如左：

《論語博喻》名疏之意，喻者，詮詞取徑省而易曉；博者，事義尚兼綜而靡遺。務立是以廢非，不多端而寡要。故於通訓不録注文，以本誼先釋經字。蓋衆家生説，非異其所通。一字立詮，必根乎其本也。不鄙後儒之説，示無偏主，兼存别解之舊，用廣異聞。惟流學外義，後師曲説，亦在所略耳。疏中稱引文句，貫比事類，雖資别據，不漫移鈔。或即本書後篇之文，條列同異。或舉他經先事之例，參究始末。悉心斟量，極意捃選。要使質而不野，繁而非蕪，述元意於先聖，祛來惑於新學。非曰能之，請事斯語。復于疏義雜用朱墨者。昔貞白之補方書，元朗之釋經注，皆以朱字、墨書兩相識别，易爲辨分。前有矩製，今依寫放之。（更以旁證、録作子注）唐劉子玄所云："除煩則意有所吝，畢載則言有所妨。"志存賅博，遂乃列爲子注，若蕭大圜《淮南亂離志》（今佚不傳）、楊衒之《洛陽伽藍記》

（道光十三年，錢塘吴若準集證本，即依劉氏説，分别刻之）者（見《史通·補注篇》）。又其先例，俾較然於目，斯豁如於心也。素業怠荒，家塗空迫。成稿以草創急就，託意爲釋憤消愁，情存著撰，而用施講章，不知所裁，願安承教。謹先寫首章奉覽。謀評裁於友親，顔介詒作來則；好擊彈於文製，陳思侈爲孅談。古則有之，今亦所希也。

初草此疏，息男孝定佐余搜檢名例，見語云："《孟子·盡心篇》末於萬章問孔子斥鄉原賊德，獨稱之爲萬子（通行本"子"誤"章"），不如他章直書其名。趙邠卿注於稱謂之意又加詮識。是漢世傳誦之本是如，可資爲信據否？"余謂："趙本足正俗槧之誤（咸淳衢州本朱子《集注》亦作子，不誤）。林放以禮本爲問，孔子大之；樊須於崇修致詰，孔子善之。孟子於萬章所自言無可稱美，而喜其欲得申析。寵以嘉名，有由然也。"疏稿之作，以之私訓子弟，直欲不出户庭。高君復於去冬逝世，請益亭疑罕覯其人。陸法言云："交遊阻絶……質問無從。亡者生死路殊，空懷可作之歎。"默憶斯語，慨獨在余。索居之感，有加於前人。情話之樂，聊紀於今兹云耳。

《講疏》徵證事文，頗極精切。於常例有除削，於特稱無漏失。有"以'子'係于名"條不録齊公子糾致疑者，曰："《春秋》莊九年經傳既稱子糾矣，其人又見《論語》，略之不著，何也？"應之曰："何休云'君薨稱子某者，著其宜爲君'，從'未踰年稱子'例，賈逵云'愍之'。"案"公侯在喪稱子"，自是周公舊典，以未成君，繫父言之，故曰"子"也。與書"子般"（莊卅二年）、"子野"（襄卅一年）同例，遂從删汰，非有脱遺也。日者在女子中學敷講時，以來集聽者多女生，爲舉《春秋經》兩書"子叔姬"（宣五年經之"子叔姬"嬪於高固。叔姬歸寧，壻來反馬。反馬乃成爲婦。故以父母之詞言之。），魯女也。一適杞而出棄大歸，見文公十二年。一適齊而子死身執，見文公十四年。服虔云："閔之，故言'子'，爲在室詞。"孔穎達疏申之云："十二年，'子叔姬卒'，已被杞絶，是並在室也。"（成八年經書"杞叔姬卒"，亦魯女而見絶于杞者，終爲杞伯所葬。故稱"杞叔姬"，以一字見意。《春秋》之義，微而顯矣。）蓋嫁而絶昏，反在父母之室，如未嫁者然，故稱"子"自魯録之也。今世女教不修，昏姻道苦，覯閔者多矣。爰爲更舉太史公語，曰"禮之用，以昏姻爲兢兢"（《外戚世家敘》）。"兢兢"者，慎之又慎也。其《儒林傳序》又引武帝詔書曰："蓋聞'導民以禮，風之以樂'，婚姻者，居室之大倫也。今禮廢樂崩，朕甚愍焉。"馬端臨《文獻通考·學校門》引此詔文，特加注曰"是時論學者尚知本如此"。（朱子《小學》卷五載《胡文定公與子書》曰："治心修身以飲食男女爲切要，從古聖賢，自者裏作工夫。其可忽乎？"）以申儆女生之列前席者。際兹濁世，宜先自審所處，毋偏信西國自由之説，懼然顧化。（上四字本《史記·孟子荀卿列傳》。《索隱》曰："謂翳衍之説，皆動人心。見者莫不懼然駐想，又内心留顧而已化之，欲從其術也。化者，是易常聞而貴異術也。"）漫依律文離昏之條，遽爾義絶也。孟子曰："教亦多術矣。"《禮記·學記》曰："教也者，長善而救其失者也。""陳古以刺今"，又見之風詩。爲人師者鑒得失之迹，傷人倫之廢，思有以匡正之，必曲喻作譬，切中時弊，以施檢誨，庶免尸素之譏。今者宿素衰落，余以虚薄繆膺都講，援毫倚席之際，固於斯義，嘗竊取之矣。

（西歷一千八百七十年，普之勝法，其國人論其致勝之因，不曰"師武臣力"，而歸功于小學教師。逮至一千九百十四年，歐洲大戰，德師挫衄，其國數學家克氏 konpp 厲意爲級數論新著，視英之白氏 Brimwich、霍氏 Hobson 舊作有加密焉。丁丑歲，無錫顧澄譯而序之曰："亡國之民必偷，撰述乃藉以牟利，教育而意在營私。凡爾塞之和約，以之削德國之土地，耗德之貲財，毁德之軍械，限德之兵額，無所不盡其極，而不能抑德人之講學。克氏之説成于一千九百廿一年，一字一句無不有殷然爲國之念，其國復興之機可逆覩矣。”近者歐洲戰争復起，依去年十一月十八日電傳消息，德空軍勇將烏氏 Udet 以考驗一新軍器被傷殞命，年僅四十八歲。其人少時曾手鏝爲杇者十有五年，嗣爲鄉村教師。前大戰起時，烏氏不依軍籍而參列戎伍，未久即入空軍軍械部任事，身莅戰地，擊墜敵機六十二乘。逮後師敗兵熸，烏氏厲志航空，以飛行演劇冒險電影自活。及希特勒秉政，重建空軍，烏氏任機械部長，克奏奇勳，終成所願焉。綜斯三者，師資所就，學術所關，教化之消長，國家之興衰隨之，章章明矣。此外事之可爲殷鑒者。證之我國古先格言，如合符契。周濂谿先生曰：“師道立，則善人多。”張橫渠先生説教學曰：“嘗以因己而壞人之才爲憂，則不敢惰。”今之爲人師者，尚其三復斯言也。〇今時學子就業學校，直以爲梯榮階進之資，鮮能厲志于學，以修己濟物爲意。加以所受讀者既多非高文典册，所從學者復難覯哲彦名師，其程功又可豫測知之。以是學子必諷籀經史要籍，審端修業徑術，庶其有成。不此之務，徒虚耗十年在學歲月，换取一紙大學籍記，何所堪任，甚無謂也。孟子曰：“待文王而後興者，凡民也。若夫豪傑之士，雖無文王猶興。”斯言也，非第驗之于今爲然。證以前事，亦有可案迹者。唐世韓退之、柳子厚以文儒名世，卓然有立，以傳于今未泯，今披覽其遺文，于當時國學學風之媮，士習之糜，咸痛切言之。韓子之言曰：“國家典章，崇重庠序。近日趨競，未復本源……工商凡冗，或處上庠。”（《昌黎集》卷卅七《請復國子監生徒狀》）又曰：“準今年赦文，委國子祭酒選擇有經藝堪訓導生徒者……近年吏部所注，多循資敘，不考藝能，至令生徒不自勸勵。”《昌黎集》卷四十《國子監論新注學官牒》。柳氏之言曰：“始僕少時，嘗有意遊太學，受師説，以植志持身焉。當時説者曰：‘太學生聚爲朋曹，侮老慢賢，有墮窳敗業而利口食者，有崇飾惡言而肆鬬訟者，有陵傲長上而誶駡有司者，其退然自克，特殊于眾人者，無幾耳。’

僕聞之，悯駭怛悸，良痛其遊聖人之門，而衆爲是嗜嗜也，遂退託鄉閭家塾，考厲志業，過太學之城門而不敢跼顧，尚何能仰視其學徒者哉！”《河東集》卷三十四《與太學生喜詣闕留陽城司業書》。是則韓、柳二子之垂休名于後，非以庠序之教而致然，于其遺文徵之矣。矧在唐世，六藝之文猶未湮廢，累代之史尚未約削，如清季以來學制教本之爲者綿延餘數千載之史迹，夫豈如今日短書小册之國史教本所能備舉。無君之政制，均産之夸説，戀昏、絶昏之成風氣，胡舞、影劇之導淫僻，昌披漸染，于今爲極，又曠古所未有者。唐之亂外以藩鎮，内以奄寺，代宗時乃至以内侍監魚朝恩判國子監事，其亡也，李氏之帝系宗祚斬焉而已矣。撥亂制治，不嗜殺人，猶有如宋藝祖其人者以安一宇内也。辛壬革建，時盈二紀，教政不舉未有勝于今世者。學子生際屯蹇，乃于古先聖哲之微言大義，明王碩輔之經國鴻猷，莫之聞知，罕所傳習，以稔禍亂，亂靡有已，雖匹夫之賤，能逭其責邪？肇兹禍亂者，今之士夫，非即曩時之學子耶！若夫救時自救之策，舍自修無二途，他無可爲者。揆之《論語》，則朱子之詔門人固嘗申其義藴矣，其《語録》有曰：“《學而篇》皆是先自修而後親師友，‘有朋自遠方來’在‘時習’之後，‘親仁’在‘入孝出弟’之後，‘就有道而正焉’在‘食無求飽’‘居無求安’之後，‘毋友不如己者’在‘不重則不威’之後。今日都不去自修，只是專門靠師友説話。”朱子之讀《論語》，非尋行數墨者，故能達其微恉如此。“己欲立而立人，己欲達而達人”“修己而安百姓”，孔子固一再言之。故曰“救時自救之策，舍自修無二途”。論救時爲緩著，實是先著要著。論自救爲學子計，實未可稍緩，宜並學校課業兼修之也。〇頃年，購讀日本英文學者今井信之編輯《域外時論月報》，得覩遠西名士四人近著，于選文者之善擇，造論者之知言，均爲其國人痛下鍼砭，以藥時病，不失學者風度，極所企仰，乃迻譯之如左：

張伯倫氏 William Henry Chamberlin《論介士志槩》Credo of an

Individualist 曰："文明爲介特之士所導成，非由庸眾，亦決非暴君權姦所能致爲。余所私度者如是，儻列俊傑百人爲一表，其事匪難，此百人者爲哲人爲文士，抑居藝能，嫻音律，或理窮幽賾，技精創造，于風化大有裨益，于品物能令蕃殖，其功在人寰，視億兆氓庶，不已多乎。"

Civilization, as I conceive it, is the product of individuals, not of masses—and certainly not of tyrants and demagogues. It would be easy to compose e list of one hundred men of genius—philosophers, artists, writers, musicians, scientists, inventors—who have contributed more to the cultural enrichment and material progress of the human race than a hundred million ordinary people.

殷格氏 W. R. Inge《華士畔道談》La Trahison Des Clercs 此標題用法人 Julien Benda 書名（一九二七年成書，日本有木田稔譯本，書名譯爲《知識人之反逆》，小山書店版，價一圓五十錢。）以英文譯之，意爲 *Treason of the Literate*。華士二字譯語，用《韓非子·外儲説右上》太公望誅齊華士事。華士原爲人名，此用如公名。又其人之兄曰"狂矞"，狂矞亦疑非其長昆本名也，此事又見《劉子新論》第廿四《遇不遇》章。曰："多士之被教者益眾，其效值于學術者蓋寡。"又曰："吾人果自列定教學範程，必曰于涉及己身爲所須知者，爲宜知之。以不論有關吾人者爲何，不得不有以因應之也。修學云者，云其術徑，未謂其詣極。徑術所嚮，在究知夫善與誠與美，三者之殊異足貴而已。"

The more the masses are educated, the less value is placed on learning.

If we formulated our ideal of education we might say that the ideal is that we should know all that concerns us to know, in order that we may become all that towards concerns us to be. Learning is a means, not an end, a means towards the understanding of the absolute values, goodness, truth and beauty.

羅素氏 Bertrand Russell《處事談》A Philosophy in These Times 曰:"大羣而進于善,必原於小己之進善爲能致之。人皆於所遭際,能有所進取興作,有摯意而舍忿慍,有理遣而去褊衷,有娛適而遠咎悔。綜斯諸行所致,而人世善惡之判,區以別矣。"又曰:"時值危傾,固我生之不辰。第否剝之運,將有已時。吾人果如獨行之士,執持所願,具有生氣,非厭厭視息者,亂庶遄已也。"

A good society is produced only by good individuals. Everybody can do something toward creating in his own environment kindly felling rather than anger, reasonableness rather than hysteria, happiness rather than misery. The sum of such action makes the difference between a good and a bad world. It is our misfortune to live in a bad period, but it will end. And it will end the sooner if we as individuals keep hope alive.

赫德維克 J. C. Hardwick《論教化與小己》Education & Individual 曰:"使舉世而流於惡邪,將無人不爲所劫移。雖極意以利己之心自持者希冀脱此同運之厄,所難必也,其艱虞有如此者。"

For the trouble is that if society goes to the devil it carries everyone with it, and even the most extreme individualist need not expert to escape the common fate.

綜觀諸論,道本一揆。故時無今古,地無畛域。其言合於道者如符契然,如枘鑿適度之相入也。學子生於中土,宜先諷籀經史,準理於經,揆事於史,以諳熟國情。有能通遠西文字者,取作旁證,可也。)

《講疏》重加董理畢,係以十二絶句,集朱晦庵詩成之。沔陽歐陽伯濟過寓舍，見之案頭，曰：“足下從劉耘心先生受學，盍于時習之義，誦其所聞，闡以易理乎？”對曰：“余于師業，無能爲役。今辱見質，有可致答者。孔子説《大易·坎卦》曰：‘習坎，重險也。’又曰：‘習坎，君子以常德行，習教事。’晉王弼注之曰：‘至險未夷，教不可廢。習於坎，乃能不以險難爲困，而德行不失常也。’尋繹經注，皆就在上者言之。據坎五自乾來，在乾曰‘大人’，故在坎曰‘君子’也。有教者，必有受教者，所處世同，所教與所受又未有二也。不恒其德，則所學謂何？學焉而弗之習，又安能不困於重險邪。今世何世，固際大過棟橈之後，如坎之重險，載胥及溺之象也。學者同值斯世，身經喪亂，載歷年所，固習乎險矣，其何能淑以履險出險，亦曰‘象坎之德’，如水之不舍晝夜，習乎君子之有常，其處險若夷也乎。”伯濟欣然，許出近頃所得常熟丁秉衡國鈞《集斠齊民要術》未刻稿本假鈔。索居累年，作此冷淡生活者，今鮮其人。余與伯濟固於故紙攤頭舊書肆中時相邂逅，成相識也。爰附記之。

日本應神天皇之六年（當中土晉太康六年）百濟國博士王仁齎奉之書有《論語》十卷，是爲茲經傳布東國之始，後其國《養老令》云：“定爲大學教本，用鄭玄、何晏二家注。”逮寬平中（始唐昭宗龍紀元年，訖乾寧四年），佐世在奥輯《日本見在書目》（《古逸叢書》中有此目），於鄭、何二家注本外，尚有陸善經注六卷、皇侃《義疏》十卷、褚仲都疏十卷、無名氏《論語》六卷、無名氏《論語義》一卷、《論語音》一卷、《論語弟子録名》一卷、《論語私記》三卷，今惟皇侃《義疏》廑存，餘均亡佚。皇疏中土有乾隆季年王亶望重刊本，依汪翼滄所得日本寬延庚午（三年）根遜志刻本覆彫。（寬延三年，當乾隆十五年。莫友芝《郘亭知見傳本書目》謂“當康熙二十九年”，大誤。）屬鮑廷博任校訂，王以事獲譴死，其版歸鮑氏，以入《知不足齋叢書》第七集。雖山井鼎《七經孟子考文》稱皇疏之傳于其國，當在唐世，然江藩《隸經文》（卷四），徐心仲（復。〇有傳，見《漢學師承記》卷七。）《論語疏證序》斥爲贋作（日本高田真治撰《論語之文獻注釋書》引江説，云出《漢學師承記》，疑誤。），翟灝《四書考異》疑有竄改。（《述而篇》："子路曰：'子行三軍，則誰與？'" 陸德明《音義》曰："與，如字，皇音餘。" 而今本皇疏云："言必與許己也。"）故翟氏疑之。丁晏《讀經説》（附《頤志齋叢書》後）稱爲僞撰。近世碩儒象山陳伯弢先生（漢章。陳先生已於戊寅夏六月廿九日逝世。遺著有《綴學堂四部稿》一百一十七種。其巨帙精撰，如《五禮通考》《讀禮通考續考》《羣經地名韵編今釋》《古姓氏人名韵譜》，其審博雖並世師友如俞蔭甫、黄元同、孫仲容諸老宿未能過之也。叢稿已刊印者有《論語徵知録》《逸周書後案》《孔賈經疏異同評》《禮書通故識語》《後漢書補表校録》《遼史索隱》《列女傳校注》《歷代車戰考》《南田志略》《崇文總目輯釋補正》《集古録補目補》《史通補釋》《風俗通姓氏篇校補》《蘇詩注補》《綴學堂初稿》及《經學通論》《史學通論》等講疏），亦曰陸氏《釋文》所引"皇音""皇本"（一"子行三軍，則誰與"，一"君子温而厲"）皆爲今疏所無。宋邢昺《正義》以皇疏爲本而引熊氏（熊埋，非熊安生）、欒肇説（一説"反坫"，一説"予所否者，天厭之"），今疏乃無其文。晁公武《讀書志》引皇序十三家文，亦不見于今疏之序，其書在南宋初尚存，見《遂初堂書目》，故項安世《家説》引皇侃"曾音層"（"曾是以爲孝乎"），邵武士人僞孫奭《孟子疏》明引《論語》皇疏（題詞朱紫），質之今疏皆無之。其尤足致疑者，《禮記正義》引皇疏詳于禮制，今《論語疏》説禮制多不相合，豈梁世有二皇侃歟？且今疏開卷于"子曰"下引許氏《説文》"開口吐舌謂之爲曰"，大類唐李陽冰輩鄙説，爲《説文繫傳·祛妄篇》所必辨正者。又其疏公冶長知鳥語及夷、齊餓于首陽之下，竟如小説家言，絶非梁人真本。（疏云："遼西令支縣祐家白張石虎，往蒲坂採材。”遼西令支人，何必遠至今山西採材，其意不過附合蒲坂之首山耳，不知遼西亦有首陽山，何至牽就如此。）況山井鼎《七經考文》凡例謂古本《論語》與皇疏同。而今疏與古本異，詎可信邪。今本皇疏之僞，得陳先生之説爲定論矣。○鮑本皇疏雖依寬延本付刊，而有竄改文句者，如《八佾篇》“夷狄之有君”章其一也，爲列其異同如左：

寬延本（此章重中國賤蠻夷也。言夷狄雖有君主，而不及中國無君也。故孫綽曰：“諸夏有時無君，道不都喪。夷狄强者爲師，理同禽獸也。”釋慧琳曰：“有君無禮，不如有禮無君也，刺時季氏有君無禮也。”大正十二年重印皇疏，與此正同。）

鮑本（此章爲下僭上者發也。言中國所以尊于夷狄者，以其名分定而上下不亂也。周室既衰，諸侯放恣，禮樂征伐之權不復出自天子，反不如夷狄之國尚有尊長統屬，不至如我中國之無君也。）

鮑氏所改，當依乾隆五十一年内府刊本。（載《郘亭書目》，未見印本。○《四庫全書》收入皇疏，云“浙江巡撫採進本”，疑王亶望官浙時，詭更正文，以繕呈四庫館，又以墨版也。日本武内義雄《皇疏校記》云汪震滄[①]以獻遺書館，著録《四庫》。按《浙江採進遺書總目》前有王亶望序，題銜爲“浙江布政使”，《遺書目》編于乾隆卅九年，尚無此書。是後有續進者。）蓋爾時於明季史乘惡其害己而去其籍，臣工逢君之惡，删易《義疏》元文也。

日本近世編撰《論語》之書有資參證者，與影印何解、皇疏善本如左：

大阪正平版《論語》刊行會影印正平本何晏等《論語集解》（六册，昭和八年影印，後附《正平版〈集解〉考》。）

---

① 原書作“汪翼滄”，見武内義雄《武内義雄全集・論語篇》，角川書店，1978年，第420頁。

大阪懷德學會校印皇侃《論語義疏》(六册，大正十二年印，後附武内義雄撰《校勘記》，以舊鈔本十種合校。十五年前，蒙大阪懷德會松山直藏氏寄贈此書，祕之篋衍，永識嘉惠。人事倥傯，未取鮑本全部勘讀爲媿也。又卷首有西村時彦序，云方今學術多歧，舍本逐末，漢學謂中國儒術，非與宋學對言。大衰，而邪説昌熾，豈非教育之方有所偏倚，孔子之書棄而不講之所致歟？孔子之教，雖名漢學，實爲我國之學，棄而不講，可乎？而吾華極負時名之林語堂，則云"《論語》大類英國巴氏之成語彙編 Bartlett's familiar quotations 且曰："《論語》咸視若孔子教典，其書于孔子所告時人者漫合成帙，未加類别，非爲精纂，其所爲言者，有何啓示，與他章又有何聯繫乎。"其侮聖人之言，一至於此。邦之杌隉，莠言自口者，得不尸其咎邪。)

(The Wisdom of Confucius, The Analects: The Analects is generally regarded as the Confucian Bible, being a miscellaneous, unclassified and unedited collection of the remarks of Confucius on various occasions, mostly without any suggestion as to the circumstances in which the remarks were made and certainly torn from their context.)

竹添光鴻《論語會箋》(十六册。《崇文叢書》第二集本。竹添氏《左傳會箋》引書不著著者姓氏，此箋能不自蹈己失，讀者易於覆檢原書，大是一適。惟説"禹，吾無閒然矣"云："'然'字當承'無'字，不當承'間'字。"按："無間"二字自是相屬，"然"字當如王引之説，云"用如焉字"，無異解也。又説"子罕言利與命與仁"云："《論語》中與門弟子言仁者甚多，此仁者僅就慈惠及人者言之。"按：博施濟眾，堯舜猶病，固宜所罕言，而仁之道大，非慈惠之行足以盡之。此章所舉"利""命""仁"三者，難與常人言也。不可與言而與之言，知者不爲，聖如孔子而爲之乎？竹添氏書尚未購得，依高田真治《論語注釋書》所引者，爲平議之如此。）

林泰輔《論語年譜》（二册。上册於其國及中土遠西有關《論語》史實及本經與注釋本刊印歲月無不備載，依年爲次，故曰“年譜”。其采及西國譯本者，亦本其國天皇敕語所云“求智識於寰宇”之意而爲之也。下册爲《論語》古本書影。）

高田真治《論語之文獻注釋書》（一册。昭和十二年四月春陽堂印《論語研究篇》本。以文獻名書，如元馬貴與氏之《通考》，依其門類，因事見人，非以人著事，于“獻”訓“賢者”之意，已覺未合。高田氏以之名篇，踵其誤矣。是書上篇論《論語》之文獻，取材于林氏泰輔《論語年譜》，而依通論體爲之，約省其詞，施于新學，可以得其大較也。下編論《論語》注釋書，視其國大正三年研經會編印《四書現存書目》亦由林氏泰輔總其成僅録書名、撰人、卷數、刊印年月者爲加詳審，于著録之書咸能别其指歸，語其中失，甄輯羣言以爲之，不皆自下己意也。）

諸橋轍次《論語人物考》（一册。昭和十二年五月春陽堂印《論語研究篇》本。是書以弟子及古人、時人原稱一般之部爲二部，後附《論語》故事逸話，已將所附《學而章》後逸話録于前幅，惜其搜輯未廣耳。是書印成後高田氏《論語之文獻注釋書》一月，而“王孫賈”下未采王筠《四書説略》。《説略》云：“《説苑·權謀篇》之‘王孫商’即此人，賈其名，商其字，商賈同義。賈當讀如古。今人讀如假者，非也。”知二君屬稿時未共商榷，故有此失。王孫商事見《説苑》，王氏《説略》原本誤爲“《荀子》”，《荀子》無《權謀篇》。高田氏未加勘審，故爲舉正。）

森本角藏《四書索引》（二册。大正十年目黑書店印本，首册爲四書正文，次册爲索引、序目、檢字、檢部、索引本文、補遺、用字次數多寡表、後跋，都一千七百六十版一版當中土書半頁。可謂詳矣。余所藏者，爲昭和八年重印者，知其國人購讀者多，故得重印。

森本氏篹此書成，得受奬學賞賚金，續編《五經索引》，以直昂未購，而兵事起矣。）

右列日本竹添等五君譔述，以中土作者衡之，要未爲巨製鴻篇，然其書咸使庸衆易曉，有功于士林匪細也。柳子厚《陸文通先生（質）墓表》所云“使庸人小童，皆可積學以入聖人之道，傳聖人之教”者，時在今日紹往開來之業，其以此爲先務乎。

昔周原伯魯不悦學，魯閔馬父惕之曰：“不學將落，原氏其亡乎?”“周其亂乎?”（見《左氏·昭十八年傳》）。孟子之言曰：“下無學……喪無日矣。”學之本原于六藝，《論語》又“六藝之喉衿也”（語本趙岐《孟子題詞》）。故敷講時，先出舊擬疏稿，以示共學之士，兵事終有已時，國于天地必有與立，不學則無以立也。矧國勢之危，危如累卵。“其亡其亡，繫於苞桑。”“傾否”之責，繫乎邦人諸友，能守聖人之教，爲安固之道，如苞桑之繫邪，否邪。余少違庭誥，晚學無成，未敢久尸講席，而睠念宗國，有未能已於言者，故於職名、聘幣一無所受，惟於見惠購致書册費，資以博關群籍，未之辭也。偶閲西國碩彦近論二册，揆以余之中情，有相類者，故譯附篇末。

（英國文學鉅子韋爾斯氏 H. G. Wells. 近著一文，題爲《戰後事物變化迹朕論》*The Shape of Things to Come out of the Present War* 曰：“凡于衆人有加以指撝、制馭、導率之爲者，余所極惡也。以此三者雅非余所從事。所覬幸者，操持一心，毋俾有所梏役，未敢强要餘子以相從，卑視之若門人徒衆也。”又曰：“學者所有事，在示人以塗徑，非居嚮導之責。”I have a strong dislike for managing, controlling or leading people. That is not my business. I want to keep my mind free and there is nothing so exacting and enslaving as disciples and followers... The role of the man of science is to show the way and not lead the way. ）

（英國教士赫德維克（名氏原文具前幅）《論教化與小己》（原題見前）曰："與世相違，抑不與世事。""任與惡同趨，徒執斯義，而欲遂其介操，非自捄之策也。" The problem of attaining individual freedom is not to be won simple by "cutting loose" from or contracting out of society, and leaving it to go to the devil.）

近三百年經儒之業，推朱竹垞（彝尊）《經義攷》、阮伯元（元）《經籍籑詁》二書爲巨著。朱氏《經攷》都三百卷，刻甫及半，遘疾而卒，任校事者皆其弟子門人，非僅初刻之百六十七卷爲然，至二百一十四卷以前卷尾具書里貫氏名各一人，皆在門弟子籍者，其徒役之盛，紹修之勤，詎能見之於今世邪。阮氏《纂詁》實承戴東原（震）初議朱竹君（筠）遺志，萃浙士之秀，以綜爲玆帙，人踰四十，纂書分韵，成於眾手，其姓字列之卷端，時際升平，乃克臻此。我國在大地上肇啓文明，舉世莫之或先，而經文無定本（如漢《熹平石經》、唐《五經正義》所引顏師古定本）。《説文》後無字書，羣經則新疏弗具，國史則名彙尚闕（日本平凡社編印《東洋歷史大辭典》都九册，洵爲要書，惟數典不舉其朔，如"御史"條乃録及時人所撰《御史沿革考》，豈史志無可采邪!）。學之不講，士夫之恥。講學云者，非徒呻其佔畢騰其口説已也，非萃俊彦總羣力以爲之，弗克底於成。故以修軌之業，勖我邦人君子。（頃於友人案頭得見朱慶麒君譯述日本加藤繁《宋金茶絲貿易》一文，爲非浪耗紙墨，以在史册爲散見羣籍，《會要》《通考》諸書又語焉弗詳，宜繙爲華言，詔學子以讀史之方也。加藤氏尚有《唐宋時代金銀之研究》一書，儻譯外籍爲叢編，則玆書與仁井田陞所輯《唐令拾遺》宜列入首帙。）

《論語講疏》寫成，讀《朱文公集》，集句得十二絶，綴之末簡。

朱子敘其《論語或問》云："讀《論語》四十餘年，與師友門人互相答問不下數十萬言，過後追思，有不合者相半也。"又語其門人云："《論語集注》如秤上稱來無異，不高些，不低些。"前賢之研精覃思，所自道者非加言也。余之駑下，何敢企望古先塵躅，第以《集注》之書，詞尚省要，以既于當代名儒舊義有《論語》精義之輯（會萃程明道、伊川、張横渠三先生及范淳夫、吕與叔、謝顯道、游定夫、楊中立、侯師聖、尹彦明諸家説爲之），後復以及門之士於《集注》有未通釋，反覆就問者録爲《或問》，爲之祛疑辨惑，其撢綜經誼極其所詣，功不在許、鄭下也。學者必合三書觀之，始有以知夫朱子之用心，庶以究夫經恉。然《集注》之於古義有所緣襲，與所削略創發者于注文中未之著白，又必先讀何晏等《論語集解》及清儒陳簡莊（鱣）所輯《論語古訓》、劉楚楨（寶楠）《論語正義》三書，於訓詁名物數度有所究審，以端其始業，且以明夫《集注》所本也。余承先人素業，未竟所學，夙膺匪莪之悲，復深微箕之歎。怠荒於早歲，勵志於中年，不揆檮昧，綴集前聞，一字之解詁，一章之意蕴，輒屢削稿，總解注訓義爲一書，省學子兩讀之煩，兼包小大之義，俾不與兹污世同其波流，怪舊藝而善野言，於大聖垂教修齊治平之道罕所聞知，庶以惠此中國，輯安東土也。昔明季徐昭法高士（枋）有言曰："馬遷成書，流連於太史之顧命；思廉作史，慷慨於吏部之遺言。夫惟有哀思惻怛之心，斯爲述作論著之本。"（見《居易堂集》卷十五《書成告家廟文》）至哉言乎。小子不敏，纂修前緒，不敢以當達者，而願言注輯，意在斯乎，意在斯乎。

年來衰嬾罷書淫（《謝劉平甫惠水梔》），舊喜安心苦覛心（《困學》）。槁項不堪冰雪映（《次張彦輔賞梅韵》），神州荆棘欲成林（《次子有聞捷韵》）。

世情分逐流年去（《次劉秀野極目亭韵》），勳業今從鏡裏休（《次傅丈武夷道中韵》）。攬轡未妨聊矍鑠（《送謝周輔入廣》），只應西望轉悠悠（《過樟木鎮晚晴》）。

笑殺吹竽濫得癡（《寄江文卿劉叔通》），不須日飲教袁絲（《和劉叔通懷游子蒙韵》)。如今白黑渾休問(《黑梅》),更待金風滿意吹(《次劉正之芙蓉韵》)。

死灰那復飛揚意(《次傅丈武夷道中韵》),不數淮山桂樹叢(《香界》)。舊學難酬香一瓣(《次晦叔寄弟韵》),從教人事馬牛風(《送林熙之》)。

傳來舊學荒蕪盡(《次二劉公瑞巖留題韵》),誰把羊裘與醉披(《謝劉子澄寄裘》)。珍重九原如可作(《追次趙清獻瑞巖留題韵》),歲寒心事不相違(《瑞巖道閒絶句》)。

(幼從父執黄陂劉耘心師鳳章問業。袁世凱將僭帝號,長省政者及教育會列名勸進,師拒不署諾。遺著有《周易集注》三卷。〇朱子《謝劉子澄》詩,以"披"字與"違""歸"二字韵。)

故老幾人今好在(《次子有聞捷韵第一首》),有疑誰講過誰箴(《送林擇之赴選》)。十年殄瘁無窮恨(《次范伯崇滕王閣感舊韵》),不忝憂時一寸心(《次子有聞捷韵第三首》)。

(庚午冬遊江寧,獲與象山陳伯弢先生漢章奉手。翌年秋教學北平,復與霸縣高閬僊步瀛、歙縣吴綖齋承仕二君相得晤言。兵事起,皆先後殂謝矣。近事友人巴縣向宗魯承周遘疾終於峨眉山寺。向君著有《説苑疏證》,從予乞假羣籍,以續纂阮伯元氏《十三經注疏校記》後録。當未脱稿,而賫志以歿。痛矣傷哉!)

交游半落丘山外(《和劉叔通懷游子蒙韵》),兩地相望共此心(《用擇之韵别陳休齋》)。賸喜故人頻獻納(《卓國太生朝》),真同百蟄聽雷聲(《次子有聞捷韵》)。

極知此道無終否(《恩許休致賦上陳昭遠丈》),即此身心是太虚(《自警示平父》)。縱使腐儒東鄉坐(《和人都試之韵》),莫將題柱比相如(《次延之韵題紹德庵真如軒》)。

潘令閒居不足追(《拙政堂》),滔滔欲説定從誰(《次韵雪後書事》)。九流未讓圜機士(《方拙寮》),卻怕山前荷蕢知(《讀李賓老玉澗詩》)。

故將間日付新亭(《次秀野韵題臥雲庵》),止酒詩成恨獨醒(《呈秀野丈兼簡王宰》)。禾黍誰言不陽艷(《次秀野觀刈稻韵》),後生誰與屬遺經(《兼山閣雨中》)。

考槃無復碩人寬(《次劉圭父遊將軍巖韵》),莫遣因循學晏安(《題平父兄重建一枝堂》)。道喪時危今日意(《别袁州》),此來端不爲盤餐(《送四十叔父》)。

年深歸路始駸駸(《寄吴公濟兼簡李伯諫》),只向韋編絶處尋(《公濟和詩勉以教外之樂》)。析句分章功自少(《鈔二南寄平父》),便應從此正人心(《方廣聖燈次敬夫韵》)。

孔子之言曰:“予欲無言。”又曰:“吾無隱乎爾。”孟子之言曰:“予豈好辨哉,予不得已也。”

I have much to say that I would rather not, and much to leave unsaid that I would rather say.

余欲無言,而終爲是喋喋也,不爲不多矣。所欲言者,而竟以默默也,亦多矣。

敬告爲人父兄者,宜率其子弟,毋忽視國學,徒以英文、算數爲先務。

經 《孝經》(鄭玄注、唐玄宗注) 《論語》(朱子《集注》、劉寶楠《正義》) 《孟子》(朱子《集注》、焦循《正義》) 《左傳》(杜預注、洪亮吉詁) 《禮記》(鄭玄注) 《易》理深蕴、《書》辭奥賾、《詩》義婉曲,故三經宜緩讀。

史 《綱鑑正史約》(陳弘謀撰,大勝《王袁綱鑑》) 《通鑑輯覽》(清代官書。欲求深造,必徧讀司馬温公《資治通鑑》,畢沅《續通鑑》,陳鶴《明紀》,夏燮《明通鑑》及紀事本末等書。) 馬端臨《文獻通考》

子 《荀子》（王先謙《集解》） 《莊子》（郭慶藩《集釋》）

集 《史記》（史家之宗。學子欲嫻於文事，必籀誦是書。）《文選》（總集之祖。李善注又復詳贍。） 《經史百家雜鈔》（曾國藩撰，别有簡編，宜先熟讀。） 《唐宋文舉要甲編》（高步瀛編，於古文加注，無出其右者。）

字書 《説文解字》（段玉裁注） 《廣韵》（陸法言[①]撰，欲正音讀，必備是書。） 《經籍籑詁》（阮元輯，是書集詁訓之大成。）《説文通訓定聲》（朱駿聲撰，是書説通假略備）以上治國學者必讀之書。

爲父兄者必具此等弘願（一爲家門導訓子弟，二爲宗國作育英才，三爲世界恢廓文明，四爲後代扶翼正學）。

敬勗邦人君子，于經史要籍，信好敏求，毋徒耽玩近時鄙倍猥褻之書，逃難而就易也，更譯遠西人士嘉言二則，附于左方，以資取鑒。

克體斯氏 Philip Curtiss 述其教女事，特撰一文，題曰《一學塾爲一人設者》。*A College for One* 其言曰："要之余所選書，寧取古籍，而捨近著。以吾女於見時流布之書，早晚即可成誦。余信其能如是也。"又曰："余于學術之藝種也，當以何時，抑在何所，與循何方徑，俾其萌達，匪我思存。"（曾滌生先生云："莫問收穫，第問耕耘。"克氏語意，將無同。）譯自一九三八年七月美國《萃報月刊》。

Ingeneral, I have chosen old books rather than recent ones, because I believe that my daughter will sooner or later read current books anyway.

I am sowing scholarship without any thought of when, where, or in what direction it may sprout. —From the Reader's Digest, July 1938.

美國《心理家言》雜誌《讀書樂》一文，曰："艾德勒教授所著

---

① 底本作"陸法言"，應爲陳彭年、丘雍等撰。

美國《心理家言》雜誌《讀書樂》一文，曰："艾德勒教授所著書已有六册，其新撰之《讀書術》（嘉柔德書肆版，價八先令六辨士，郵費四辨士）爲美國人士購取者，多至六萬册，其書號爲自修指南。"其所詔示，與所持據，謂："讀書於人生良好行徑中爲必須之器用也。"又曰："艾氏終言之曰：使汝（謂讀其書者）能讀高文典册，則於淺近之書，不難曉了。彼（謂艾氏）於讀書最善之法，以所擬議告讀者曰：汝所當籀誦者寧取其書能自取益者，無取其無以相益者。"（艾氏書，日本洛陽書院有山田浩一譯本，書名爲"本ヲ如何ニ讀ムベキカ"，價一圓三十錢。）

Professor Mortimer J. Adler has written half-a-dozen books himself, the latest being How to Read a Book（Jarrold, 8s. 6d., postage, 4d.）which sold 60, 000 in America. Labelled a guide to self-education, it explains and defends reading as a basic tool in the living of a good life.

Professor Mortimer J. Adler's own last word is that if you learn to read the great books, you will have no difficulty in reading the easy ones. But he thinks it is best that, you should read books from which you can learn something, rather than easy ones which tell you things you know. How to Enjoy Reading Books: From Psychologist.